ウォルト・ボグダニッチ＆マイケル・フォーサイス
Walt Bogdanich & Michael Forsythe

中山 宥 訳
Yu Nakayama

マッキンゼー

世界を操る権力の正体

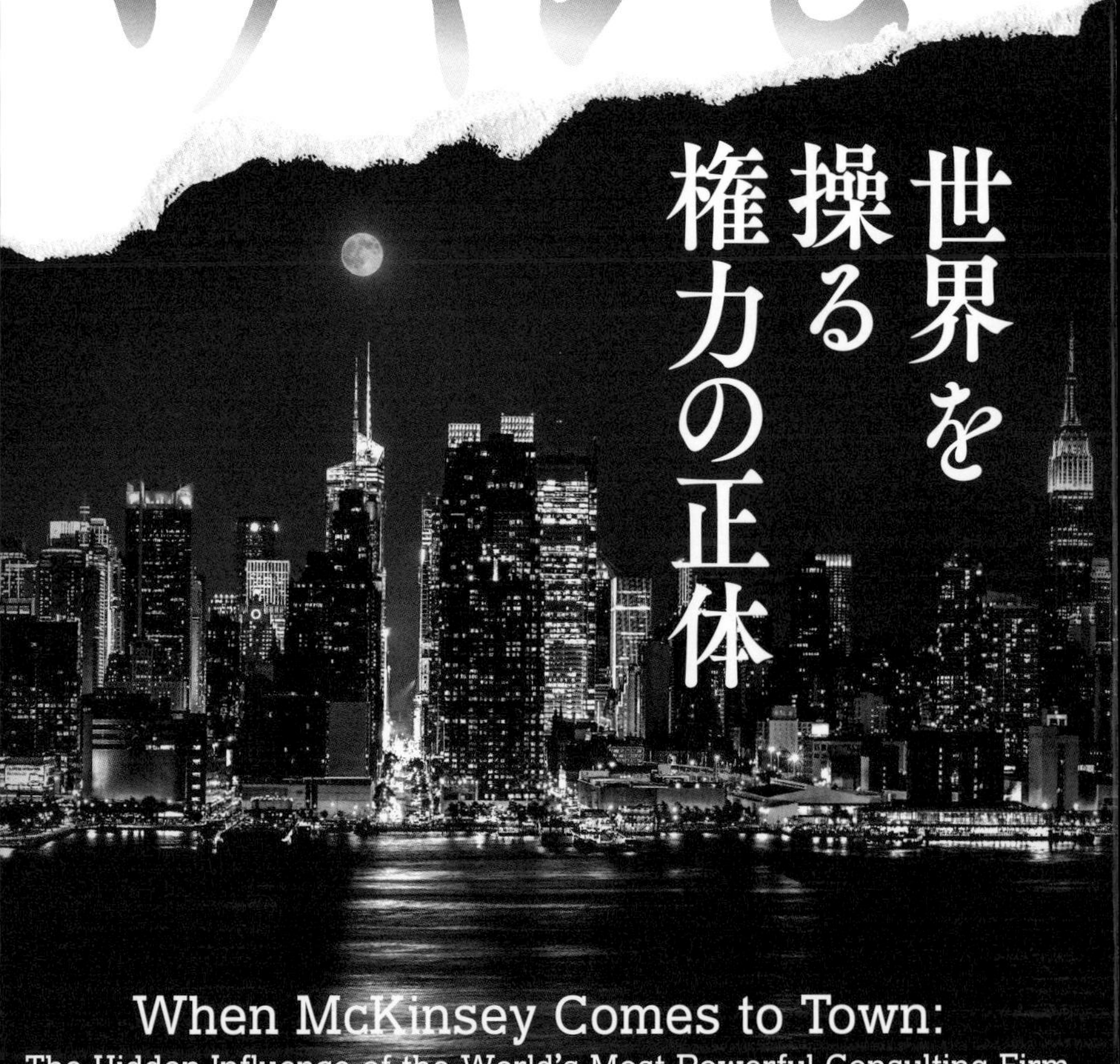

When McKinsey Comes to Town:
The Hidden Influence of the World's Most Powerful Consulting Firm

早川書房

マッキンゼー

――世界を操る権力の正体

WHEN McKINSEY COMES TO TOWN

The Hidden Influence of the World's Most Powerful Consulting Firm

by

Walt Bogdanich and Michael Forsythe

Translated by
Yu Nakayama
First published 2024 in Japan by
Hayakawa Publishing, Inc.
This book is published in Japan by
arrangement with
Northwest Courier Corp and Hong Forsythe LLC
c/o ICM Partners acting in association with
Curtis Brown Group Limited
through The English Agency (Japan) Ltd.

装幀／鈴木大輔（ソウルデザイン）

ステファニー、ニコラス、ピーターに
レータ、エイダン、リーアムに

目次

はじめに　マッキンゼーが街にやってきたら……7
第一章　罪悪感なき豊かさ――マッキンゼーの価値観……29
第二章　勝者と敗者――不平等マシン……50
第三章　両立――政府を助けてみずからの身も助く……75
第四章　マッキンゼーと移民問題
――「政策はやらない。やるのは実行だ」……105
第五章　中国政府との仲睦まじさ……128
第六章　冥界の門番――タバコと電子タバコ……151
第七章　オピオイドの販売促進……177
第八章　炭鉱をダイヤモンドに変える……202
第九章　有毒な債務――ウォール街のマッキンゼー……231
第一〇章　オールステートの秘密のスライド
――「勝負はゼロサムゲーム」……257

第一一章 エンロン・アストロズ …… 275
第一二章 アザラシを殴る
――南アフリカにおける大失態 …… 300
第一三章 サウジ国家への奉仕 …… 327
第一四章 チャモクラシー
――イギリス国民保健サービスの半世紀 …… 348
エピローグ …… 371
情報源について …… 374
謝辞 …… 378
訳者あとがき …… 385
原註 …… 443

はじめに　マッキンゼーが街にやってきたら

インディアナ州ゲーリー。いくつもの錆《さ》びついた橋や、はげ落ちたペンキ、鉄道の切り換え駅を過ぎた先に、周囲とはやや違う、整備された緑地がある。灌木や樹木に覆われたその小高い土地には、往年の輝きを失った巨大な製鋼所が、くすんだ茶色のわびしい姿をさらしている。かつて世界最大の収益を上げていた企業、[1] USスチールの主力工場の現状だ。

右方向を見ると、北東の空を背景に、何本もの煙突と溶鉱炉がそびえている。ここで塩基性鋼がつくられ、熱で鍛えられ、火山から流れ出る白熱の溶岩のようになる。外から見渡すかぎりでは、柔らかなものや温かみのあるものは皆無だ。コンクリートと煙と金属だけ。左手に目を向けると、切妻屋根の建物が西の地平線まで続いている。ここでは、鉄の強度を増すための処理が行なわれ、その後、巨大なコイルに丸められ、近隣や遠方へ出荷される。

湖畔に一〇キロ以上にわたって広がるこの敷地内には、のべ三〇〇キロを超える線路が敷設《ふせつ》されており、[2] 病院や消防署、警察まである。かつてこの企業は、地元に貢献するため、美しい声の従業員たちにシルクハットをかぶらせて、市内のあちこちの小学校へ派遣し、クリスマスキャロルを歌わせたものだった。

緑のオアシスのなかには花崗岩でつくられた祈念碑があり、製鋼所内のさまざまな事故で計五一三人がどのように死亡したかが書かれた記録帳が置いてある。厚いビニールと煤《すす》に覆われたこの「死者の書」には、鉄道車両やトラックや鉄鋼に押しつぶされた作業員たちのことがつづられている。[3] ほかにも、転落死、爆死、窒息死、溺死に加え、火傷や生き埋めで命を落とした者もいる。感電死も四一人にのぼる。労働問題にくわしいジャーナリストのジョゼフ・S・ピートによれば、鉄鋼業に携わる労働者の葬儀は密葬になることが多いという。[4]「死者の書」に記されている死因の数々を眺めると、理由はおのずから明らかだ。[*]

かつて、ここゲーリーの街は、二〇世紀の工業国アメリカの洋々たる前途にあふれていた。より良い生活や、大学の学費、有給休暇、年金を求める者たちの「人種のるつぼ」だった。堅実な中産階級が形成され、二名のノーベル賞受賞者やジャクソン・ファイブが輩出された。[5] しかしその半面、公害が生じ、大気や水路を汚染した。[6]

二〇世紀最後の四半世紀に入ると、国外からの安価な鋼材の流入、設備の老朽化、不透明な経営などがたたって、USスチールの業績は急降下した。従業員数は八〇〇〇人を割り、[7] 部署が相次いで廃止または縮小された。

勢いの陰りは、ゲーリーの街そのものにまで及んだ。そもそもここは、USスチールが一〇〇年以上前、「科学的な計画の大いなる成果」とうたって生み出した街なのだ。[8] しかし二〇世紀末には、無人となったオフィスビル、店舗、教会などが並び、ゴーストタウンと化した。取り壊すのも金がかかるため放置され、『エルム街の悪夢』や『トランスフォーマー』などの黙示録映画やホラー映画の撮影ロケ地となった。[9] ミニシリーズ『チェルノブイリ』のワンシーンもここで撮影された。

犯罪が急増し、[10] 一九六〇年には一七万七〇〇〇人だった人口が、六万九〇〇〇人に減った。[11] 製鋼所の南側の柵に沿って立つ雑多な看板は、精神的なよりどころを失った人々の姿を反映している。「煩悩から解き放たれたければ、イエスにすがりなさい」と書かれた看板の横[12]に、ストリップクラブ、カジノ、傷害事件専門の弁護士といった広告が続く。

ところが、二〇一四年、ゲーリーの製鋼所で働く従業員たちにひと筋の希望の光が差し込んだ。あらたにCEOに就いたマリオ・ロンギが、斜陽のUSスチールに新しいアイデアを注入しようと、超一流コンサルティング会社のマッキンゼー・アンド・カンパニーと契約したのだ[13]。マッキンゼーは長年、複雑な問題を理論的に解決する会社として、顧客からの信頼を得ている。CIA、FBI、国防総省なども、幹部に欠けている知恵や能力をマッキンゼーなら有するとみており[14]、世界じゅうの優良企業や政府機関がマッキンゼーのコンサルタントを雇っている。

USスチールに関してマッキンゼーが掲げた目標は、アメリカ国内の橋や建物、さらには外敵を倒すための武器を製造する企業として、業界を代表する地位を取り戻すことだった。「経済的な利益、顧客、コスト構造、技術革新といった面を徹底的に見直し、安全性や環境を犠牲にすることなく、本来の精神を取り戻す」と約束した[15]。ゲーリーの労働者たちは、アイビーリーグのビジネススクールを卒業した高給取りのコンサルタントからどんな要求を突きつけられるのか、ほとんど想像がつかなかった。

＊　一九七〇年代、わたしはUSスチールで働く二万七〇〇〇人のうちのひとりだった。父をはじめ、兄や親戚のほとんどが同社に勤めていた。わたしは、金属製の長いフックを使って、熱した鉄の棒をロールラインから引き抜き、それを束にして金属製のワイヤーで縛る仕事をしていた。鉄鋼業が危険なことは承知していた。わたしが入社して数週間後、同じ部署で一二年間働いていたロバート・プランクが、赤熱した鉄棒の下敷きになって亡くなった。想像を絶する痛みのなかで息絶えたに違いない。――ウォルト・ボグダニッチ

しかし間もなく、マッキンゼーが街にやってくると何が起こるかを痛感するはめになる。

＊＊＊

USスチールのゲーリー工場は、一九〇六年、同社の会長であるエルバート・ゲーリーの指揮のあと、建設が始まった。彼は元判事で、街に自分の名前を付けたがったものの、みずからこの街に住もうとはしなかった。[16] ある歴史家から「陰気なモラリスト」と呼ばれたこともあり、住民の福祉よりも、製鋼所の効率や収益性を重視した。[17]

彼はヨーロッパの王族を訪ね歩き、ルネッサンス期の美術品を収集した。[18] その一方で、製鋼所の労働者は、「パッチ」と呼ばれる、不衛生で未整備の地区で暮らすことを余儀なくされた。この地区には〈バケット・オブ・ブラッド（血のバケツ）〉といった店名の酒場が二〇〇軒も並び、労働者たちは一日一二時間、週七日働いていた。このような週八四時間にも及ぶ労働をめぐって、ある教会団体は「文明の恥」と批判し、議会の委員会は「産業奴隷の残忍なシステム」と呼んだ。[19] しかしゲーリーは、おかまいなしだった。労働組合に反対し、労働組合のリーダーを社会的な弱者と見なし、自社の従業員たちはなるべく長く働きたがっていると信じて疑わなかった。[20]

マッキンゼー・アンド・カンパニーの創業者であるジェームズ・O・マッキンゼーは、ミズーリ州オザーク出身の会計士であり、ゲーリーと同様、効率と収益性を重要視していた。みずからの会社を設立してまもないころ、大恐慌の時代を迎え、USスチールへの経営アドバイスを始めた。たちまち、この製鉄会社が最大の顧客となり、四〇人以上のコンサルタントを担当にあてた。[21] 一時は、マッキンゼーのニューヨークオフィスの売上高の半分以上をUSスチールが占めたほどだ。一九三五年に成立したワグナー法により、賃金や労働条件の改善をめぐる労使交渉に応じることが各企業に義務づけられると、マッキンゼーは専門チームをつくり、経営陣に対処法を助言した。[22] だがやがて、USスチール社内でマッキンゼーを最も支持していた人物が職を去り、一九五〇年代、両社の蜜月はいったん終わった。[23] しかしその六〇年後になって、USスチールが低迷するなか、新CEOのマリオ・ロンギが両社の関係を復活させようと決意したのだ。

ブラジル生まれのロンギは、二〇一三年にUSスチールのCEOに就任した。[24] バトンを受けた当時の同社は、古くて効率の悪い製造方法が足かせになっていた。新技術を採用した中小企業に大きなビジネスチャンスを次々に奪われ、年次決算は何年も赤字続きだった。[25]

かつてのゲーリー会長に似て、ロンギは口ひげを生やし、贅沢な生活を好んだ。フロリダに購入した豪邸には、浴室が一〇もあり、独立したゲストハウスやジム、メディア対応用の応接室、プールが備わっていた。[26] のちの売却額は九八〇万ドルだった。[27] さらに、マイアミ沖のフィッシャー島にも不動産を所有していた。きわめて富裕な人々だけが集まる島で、行くにはフェリーかヘリコプターか自家用ヨットが必要になる。[28]

ロンギは、それまではおもにアルミニウム関連の大手企業アルコアで実績を積んできた人物であり、大規模で総合的な鉄鋼会社を率いた経験はなかった。しかし、自分を手引きしてくれる人々を知っていた。それがすなわち、長年の信頼できる相談役、[29] マッキンゼー・アンド・カンパニーのコンサルタントたちだった。

ロンギの指示のもと、マッキンゼーは、急進的なイノベーション事業計画を立て、USスチールの共同創業者アンドリュー・カーネギーにちなんで「カーネギー・ウェイ」と名付けた。[30] USスチールの将来にとってきわめて重要な計画として、二〇一四年の年次報告書のなかでは四九回もカーネギー

・ウェイに言及している。この計画の最も大きな目標は、老朽化した設備やインフラをより合理的に、コスト効率よく維持する方法を見つけることだった。マッキンゼーは、効率化にかけては世界最高の権威として広く知られており、維持コストの改善にはうってつけのコンサルティング会社だった。

翌年一月、ロンギは業界誌に、USスチールの改革は驚異的な成功を収めている、と語った。[31]その根拠として、コンサルタントたちが「われわれがやっていることを見守っている」とし、「わが国で、これほど深く、幅広い変革の取り組みが行なわれているところはない」と述べた。外部の者が「収益性を高めるために、あらゆる選択肢を検討したのか」と疑問を呈すると、ロンギは堂々と反論した。「われわれは、求められていることをすべてやっている――しかも、きわめて効果的に」

新しいCEOと再建計画の実施により、USスチールの株価は上昇に転じ、[32]二〇一四年には六年ぶりに年次決算が黒字となった。[33]しかし、再建が順調に進んでいるというのは、希望的な観測にすぎなかったらしい。二〇一五年第1四半期には七五〇〇万ドルの損失を計上した。[34]業績後退の影響は、投資家だけでなく労働者にも及んだ。ゲーリーを含む同社の工場で働く九〇〇〇人の従業員が、近くレイオフの可能性ありとの通知を受け取った。ことさら大きな打撃をこうむったのはメンテナンススタッフだった。数十人が実際に解雇された。ほかにも二〇〇人が、大幅な減給となったうえ、固定の仕事を奪われ、必要に応じて工場内の不慣れな場所で働くはめになった。[35]

組合側は、カーネギー・ウェイは社のコスト削減計画の隠れ蓑にすぎず、従業員の安全を脅かすと見なし始めた。[36]組合のマイク・ミルサップ第七地区委員長は、マッキンゼーには製鋼所の経営に携わった経験がなく、従業員を身の危険から守るためには何が必要かわかっていない、と非難した。

この警告の予言は的中した。六月、ゲーリーで働くチャールズ・クレムケという作業員が意識不明で倒れているのを同僚たちが発見した。頭部に、最も重いⅢ度の火傷を負っていた。USスチールの広報担当は、この作業員が助からなかったとだけ発表した。検死の結果、感電死と断定されたにもかかわらず、何カ月ものあいだ、会社は死因を明らかにしなかった。[37]

この死亡事故をめぐって、インディアナ州当局は、USスチールが重大な安全違反を四つ犯したと指摘した。[38]メンテナンス作業前に通電を解除しなかったこと、通電の確認作業について適切な従業員教育を行なわなかったこと、メンテナンス作業前に通電が解除されているかどうか機器をテストしなかったこと、閉鎖区域の通電箇所付近で作業する者たちに保護服を提供しなかったことだ。

レイオフや安全上の懸念をよそに、USスチールは二一七〇万株の新株発行計画をそのまま進めた。この特別増資により、八月、四億八二〇〇万ドルを調達したが、それはちょうど、組合がメンテナンススタッフの削減を非難したのと同時期だった。[39]安全性の問題に腹を立てた組合側は、八月二六日、ゲーリーにあるUSスチールの正門まで抗議のデモ行進を行なった。異例の事態だった。通常なら、組合の抗議行動は労使交渉のときに限られる。従業員たちは「マッキンゼーは最低だ！　マッキンゼーは最低だ！」と連呼し、自分たちの思いを伝えるプラカードを掲げた。[40]

「おいマリオ！　マッキンゼーをお払い箱にしろ」

「マッキンゼーは略奪者」

「マッキンゼー＝契約違反」

「組合にイエス、マッキンゼーにノー」

「マッキンゼーは大泥棒」

「マッキンゼー、出て行け」


海軍の退役軍人であり、ふたりの子供の父親でもあるジョナサン・アリゾラは、クレムケの死亡事故があって以来、メンテナンス作業が危険になってきたと心配し、ほかの仕事を探し始めた。実際、最近の作業中に軽い感電をした、と妻のホイットニーにも打ち明けていたという。「夫は、マッキンゼーが労働者を減らし続けていることに、いつも不満たらたらだった」と彼女はザ・タイムズ・オブ・ノースウエスト・インディアナ紙に語っている。[41]「同僚たちがしょっちゅう、あわやという目に遭っていた」

そして二〇一六年九月末、四人チームでクレーンの電気トラブルを直そうとしている最中、アリゾラは四八〇ボルトの電流に触れて感電死した。[42]

「あの連中はお金のことしか頭にない」。夫の死を知った彼女は言う。「わたしは夫を失い、子供たちは父親を失った。家のローンも車のガソリン代も生活費も、この先どうやって払えばいいのか、見当もつかない。わたしは専業主婦で、何の経験もない。夫が頼みの綱だった」友人や有志の尽力により、GoFundMeという募金活動を通じて、彼女のもとに一万四〇〇〇ドルが集まった。[43]

カーネギー・ウェイの時代に全米鉄鋼労組一〇六六支部長だったビリー・マッコールによれば、アリゾラはみんなに好かれていたという。「USスチールはあらゆる動きをマッキンゼー方式にした。[44]その結果、彼は得意な持ち場を奪われ、不慣れな作業場へ配置換えされた。それが、彼が死亡した直接の原因かもしれない」

＊＊＊

クレムケとアリゾラの感電死に対して、政府はUSスチールに総額四万二〇〇〇ドルの罰金を科したが、交渉により一万四五〇〇ドルに減額された。[45]会社側は、同様の事故を防ぐため、一〇項目の是正措置を講じることに同意した。[46]クリントン大統領時代の元労働者安全規制最高責任者アダム・フィンケルによれば、この種の罰金はそもそもが低いばかりか、話し合いで下がる一方だという。「従業員を死なせるより、国営放牧地の野生のロバに嫌がらせをするほうが、罰金が高い」[47]

安全性に対する不満は、組合だけでなく投資家にも広がり、USスチールは会社の財務状況の誤認を招いている、として集団訴訟を起こした。[48] 投資家たちは、一一人の現・元従業員（多くは管理職）との極秘インタビューにもとづいて、カーネギー・ウェイは建て前にすぎず、大規模なレイオフや、ぜったいに必要なメンテナンス・修理の先送りによる極度のコストカットの隠れ蓑であると指摘した。一連の新方針により、「設備のメンテナンスや修理のやりかたを知らない、経験の浅い工場従業員がぎりぎりの人数で作業に当たらされたせいで、週九〇時間もの長時間労働を強いられ、その結果、想定外の深刻な事故率にまで達した」との主張だった。[49]

同社のアメリカ国内の各工場で使う機械部品を発注していた元購買担当者によると、社を挙げて「買わずに済ませろ」という方針をとっており、管理職者がどうしても必要と判断しないかぎり部品その他を購入しない決まりだったという。本格的に修理すべき場合でも、メンテナンスチームは、再稼働できる程度に「応急措置」せよと命じられていた。[50]

一部の部品の注文に関しては、マッキンゼーと工場長からなる「司令塔」の承認が必要だった。[51]「司令塔のシステムが導入されて以来、承認の回数が激減した」と投資家たちの訴状には書かれている。また、同社のアメリカ国内のある施設の元メンテナンス部長によれば、構造物のきわめて重大なメンテナンスについても、マッキンゼーはコストがかさむからと耳を貸そうとせず、理由を尋ねたがらず、コンサルタントが中心になって修理やメンテナンスの予算を削減したという[52]（これに対し、マッキンゼーとUSスチールは、コンサルタントには部品購入の承認権限はない、と反論している）。

元組合員のビリー・マッコールは、「USスチールが節約できたとされる経費の何割かを、マッキンゼーが成功報酬として受け取っていたと思う」と語った。[53] そればかりか、マッキンゼーは、USスチールの財務実績と一部連動するかたちでも報酬を得ており、経費削減を推奨したマッキンゼーの動機には疑問符がつく。

二〇一六年一一月、ブルーカラーの雇用回復を約束したこともあって、ドナルド・J・トランプが大統領選挙で勝利すると、ロンギとその側近のデイビッド・バリットは、現金を調達するタイミングだと判断し、八日間の取引でふたり合わせて二五〇〇万ドルの株式を売却した。[54] CNBCの取材に対し、ロンギは、規制緩和や税金の引き下げを活かして一万人の雇用を回復させたいと語った。[55]

ロンギは二〇一七年初めに入ってもなお楽観的な観測をやめず、投資家たちに向けて、最悪の事態は終わったと請け合った。トランプは、大統領に就任してまもなく、「製造業雇用イニシアチブ」を立ち上げ、構成メンバーとして二八人のビジネスリーダーを指名した。そのひとりがロンギだった。[56]

そんな空気のまま三カ月が過ぎ、やがてUSスチールが二〇一七年の第1四半期決算を発表する日が来た。アナリスト筋は健全な利益を期待していた。ところが、明かされたのは一億八〇〇〇万ドルの純損失だった。ウォール街に衝撃が走り、株価は二七パーセント下落。[57] 同社株の一日の下げ幅としては、四半世紀以上のなかで最大だった。

アクシオム・キャピタル・マネージメントのゴードン・ジョンソンは、「米国の鉄鋼の市場価格が例年に比べて高かっただけに、これほどの赤字は心配なニュースだった」と述べている。[58] 続けて、「この業界は、オバマ政権でもトランプ政権でも、輸入品の悪影響を受けないように手厚く保護されてきた」と指摘した。「好条件のなかでこれほど業績が悪いとなると、ことしの残りの時期は『エルム街の悪夢』のような展開になるのではないか」。ゲーリーの街がその映画の撮影地だったのは皮肉な偶然だ。

決算報告から二週間もしないうちに、ロンギは四五四万ドルの退職金を手に、USスチールを去った。[59] 彼だけではない。自慢のカーネギー・ウェイも、ミシガン湖の砂浜の足跡のようにはかなく消えていった。二〇一六年のUSスチールの年次報告書では、カーネギー・ウェイが四〇カ所以上で言及されていたが、二〇一七年の年次報告書では一回も触れられていない。[60] まるでソ連のような流儀で、そんな歴史的事実は無かったことにされたわけだ。

USスチールは企業編成に踏みきり、二〇一八年、新しい計画だけでなく新しいスローガンまでつくった。

「われわれの努力の根底にあるのは、規律にもとづく企業として活動しなければならないという信念だ。その規律とは〝ゲーリーにおける原則〟と基本的な価値観に根ざした行動規範である」と同社は記している。さらに、基本的な価値観を五項目にまとめ、頭文字をつなげて「STEEL」と表現した。すなわち、「安全（Safety）第一、信頼（Trust）と尊敬、環境に（Environmentally）やさしい活動、倫理的（Ethical）な行動、合法的（Lawful）な事業活動[61]」。

STEELには、思想家アイン・ランドの影響もうかがえる。げんに、USスチールの新しい最高経営責任者に就任したデイビッド・バリットは、元組合役員のビリー・マッコールに意外なクリスマスプレゼントを贈った。[62] アイン・ランドの長篇小説『肩をすくめるアトラス』だった。「これが現在の社の指針というわけだ」とマッコールはあるインタビューで語っている。「これが企業の指針なのだ、信じられるだろうか」

ロンギとカーネギー・ウェイの賞味期限が切れたあとも、マッキンゼーとUSスチールの関係は続いた。マッキンゼーの記録によると、二〇一八年から二〇二〇年までに少なくとも一三〇〇万ドルの手数料を受け取っている。[63]

マッキンゼーの三人のコンサルタントは、臆面もなく、「メンテナンススタッフはなぜ重要なのか」を説く記事まで書いた。[64] その文中には、メンテナンススタッフの人員配置は慎重に行なわないと失敗しかねない、との警告も含まれていた。「あまりに拙速に、あまりに大量に削減すると、信頼性が損なわれてしまう。しかも、失態を挽回するのは難しい」

とくに従業員が命を落とすケースでは、と付け加えてもよかったかもしれない。

***

「地球上で最も幸福な場所」が売り文句のディズニーランドには、「死者の書」など存在しない。ウォルト・ディズニーは、純粋な夢の世界をめざしてテーマパークを設計した。「来場者の人たちには、ふだん自分が住んでいる世界を見てほしくない」とディズニーは語っている。[65]「別世界にいる気分を味わってもらいたい」。ディズニーランドには過去と未来が入り交じっている。冒険があり、船があり、写真撮影に応じてくれるキャラクターがいて、テーマに沿ったジェットコースターもある。なかには客を怖がらせるアトラクションもあるが、危険にさらすものはいっさいない。ウォルト・ディズニー（一九六六年没）の指揮のもと、[66] ディズニーランドは模範的な安全記録を残し、安全性において業界トップという評判を得た。[67]

開園から数年後、ディズニーランドはすでに文化的な現象になっていた。冷戦時代の真っ只中、ソ連のニキータ・フルシチョフ首相が「魔法の王国《マジック・キングダム》」とも呼ばれるこのテーマパークを訪れようとしたものの、[68] 入場を拒否された。「なぜ駄目なのか、と詰め寄った」とフルシチョフは語っている。「あそこにミサイルの発射台があるわけでもないのに」

最初のディズニーランドの成功に後押しされ、ディズニーの世界は勢いよく広がっていった。オーランドに最大規模のディズニー・ワールド・リゾートをつくったほか、各地にテーマパークをオープン。映画製作、出版、テレビ番組、ブロードウェイの舞台などにも積極的に進出した。やがて一九九四年、玩具会社の副社長だったポール・S・プレスラーがディズニーランド社長に就任した[69]。

ハンサムでカリスマ性を備え、ディズニーの最高経営責任者であるマイケル・アイズナーのお気に入りだったプレスラーは、社にみずからの業績を残そうと考え、マッキンゼーに依頼して、ディズニーランドの運営を徹底的に評価させた[70]。

一年以上にわたる調査のすえ、一九九七年五月一三日、マッキンゼーは「メンテナンスの変革――ディズニー水準の策定」と題する機密報告書をプレスラーに提出した[71]。

マッキンゼーは、ディズニーランドを効率化し、質を落とさずに利益を増やす方法を見つけたと公言したものの、実現のためにはメンテナンスのやりかたを見直す必要があった。「直感か、科学か？」。マッキンゼーは、プレスラーへの報告書のなかでそう疑問を呈し、分析の結果、正解は科学であると断じた。

すなわち、メンテナンス関連の判断は、ベテラン従業員の直感に頼るのではなく、メンテナンスの履歴、故障、コストを分析して行なうべきだという。「信頼性最優先のメンテナンス」と呼ばれるこのプロセスは、もともとは、安全が何より重視される航空産業から生まれた。

しかし、ディズニーランドの場合、このプロセスはやがて、おもに経費削減の指令というかたちに進化した。マッキンゼーは、「コスト回避」という表現のもと、ディズニーランドのメンテナンスの削減、雇用の削減、給与の引き下げ、外部業者への委託などを提言した。また、不満の噴出を振り切って、ほとんどのメンテナンス要員を夜勤に回した。マッキンゼーは、このような突然の異動によるショックを緩和するため、睡眠、栄養、人間関係などの問題に対処するカウンセラーを導入するよう勧めた。また、夜勤者ひとりひとりにワーキング・ナイツ紙の定期購読一年分をプレゼントすることにした。

日中の機械故障に対応するのは、メンテナンス・レスポンス・チームという少人数のグループだけだった。そのグループすら、いずれ規模を三〇パーセント縮小できるとマッキンゼーはみていた。

コンサルタントたちは、エンターテインメント界の羨望の的となっているテーマパークを再編成するリスクを当然、承知していた。けれども、この改革を実行すれば、「ワールドクラスのメンテナンス」ができ、最終的には何百万ドルも節約できると主張した。

マッキンゼーは、この改革に熱意を燃やし、プレスラーにこう伝えた。「大きな機会ではあるが、大きすぎてたじろぐだろう。これほどの大規模な変化は、管理すべきものではなく、導いていくものである。この難題に対処するために、リーダーたちは、真の変革チャンピオンを育成し、鼓舞しなければならない」

そのような「真の変革チャンピオン」を見いだすのは難しそうだった。なにしろ、マッキンゼーはディズニーランドの管理職者の多くを低く評価し、重要なスキルを欠いているとの判定を下していた。結果として、ディズニーランドの管理職者の五〇パーセントを解任するか、再配置するかが必要だった。ある職域を調査したところ、「会議、管理、安全に時間を費やしすぎていた」と指摘している。さらにマッキンゼーは、「間接費の割合と金額にもとづく業績評価」によってコストを削減するようにと進言した。また、マッキンゼーはコスト削減の方法として、「間接費の割合と金額にもとづいた業績評価」を行ない、「各店舗における間接費は、店舗マネージャーに責任を取らせる」べきだと提案した。

「経費を節約すること自体は悪くない」と、元メンテナンス監督者のマイク・グッドウィンはロサンゼルス・タイムズ紙に語った。「しかし、安全に運営し続けるという最優先事項を犠牲にしてはいけない」

マッキンゼーは、別のメンテナンス監督者、ボブ・クロストライクに、「記録によるとジェットコースターの安全バーはいちども故障していないのに、なぜ毎日検査するのか」と尋ねた。

二〇年間ディズニーで働いてきたクロストライクは憤慨した。「故障しない理由は、わたしたちが毎晩チェックしているからだ[72]」

グッドウィンによれば、ディズニーは安全バーを点検しないことを「許容範囲内のリスク」と判断したという。「まるでパイロットが『しばらく墜落していないから、飛行前の点検作業は省略しよう』と言っているようなものだ」

マッキンゼーがメンテナンスコストの削減を提言してから五カ月後、クロストライクは、ディズニーランドで安全に対する不安が高まっている、と社に警告文を送った[73]。「ご承知のとおり、わたしはかねてから、みなさんやほかの方々に深い懸念を表明している。経営陣の心構え、意欲、能力が著しく低下し、ジェットコースター・チームが担当する各種の高速アトラクションを適切かつ安全にメンテナンスしようとしていない。わが社の人員の配置や労働力の配分は、日々の効果的な予防管理とは相いれないものだ」

しかし、何の反応もなかったという[74]。

翌年のクリスマスイブ、ディズニーランドで死亡事故が発生し、業界に激震が走った[75]。マイクロソフトに勤務するプログラマー、ルアン・ドーソン（三四歳）と薬剤師の妻は、昔ふうの川船「コロンビア号」に乗る順番を待っていた。船は園内を一周して戻ってきたところだった。重量級の船を停泊させるには、訓練と経験を通じたスキルが必要だ。ところがこの日は、ある従業員が欠勤したため、同船にまつわる訓練を受けたこともも、停泊作業をしたこともない上司が、代役を務めていた。

船がじゅうぶん速度を落としていないうちに、その上司は代用のナイロンロープを金属製クリートに結んだ。クリートを固定する木が腐食していたせいで、まだ動いている船がクリートを勢いよくもぎ取った。クリートは爆弾の破片のように宙を飛び、それが命中したドーソンが死亡。妻も、息子の目の前で重傷を負った（ドーソン家の弁護士、クリストファー・エイトケンが提出した法廷記録による）。

作業した上司も負傷し、入院した。

以前は、強い圧力がかかると自然に切れる安全なロープが使われていたが、この日は使われていなかったという。

＊＊＊

この死亡事故をきっかけに、遊園地の安全性が全米規模で見直された。カリフォルニア州では、重大事故については第三者委員会が調査するよう義務づける州法が制定された（それまでは、遊園地の関係者が調査していた）。ドーソン家はディズニーと内密に和解し、その和解金は二五〇〇万ドルにのぼったといわれる。[76]

マッキンゼーのコスト削減策が、コロンビア号やその他の事故の直接的な原因である、とエイトケン弁護士は主張した。[77]

マッキンゼーの提案にもとづいて、ディズニーは、「ライドリード」と呼ばれていた専門職を廃止した。ライドリードとは、〈コロンビア号〉を含む各種のアトラクションを安全に運行させるための責任者であり、仕事の専門性が高いだけに、雇うには高額の報酬が必要になる。しかし、廃止の結果、メンテナンスにも支障が出た。トラブルを発見した従業員が整備士に電話しても、すぐには対応してもらえず、やがて、連絡しても無駄だとあきらめるようになった。そのうえ、乗り物のことをよく知っている従業員たちが夜間勤務に追いやられ、事態はさらに悪化した。[78]

一九九九年二月、〈コロンビア号〉の事故から二カ月後、クロストライクは、社内の首脳陣に、以前の警告文を再送付した。「アトラクションの劣化は、添付の文書を作成した当時よりもさらに深刻になっているのではないかと思われる」と彼は書き添えた。[79]

その年の暮れ、クロストライクは解雇された。彼自身は、内部告発に対する報復ととらえている。ディズニー側は、彼が健康上の理由から夜間勤務を拒否し、日中には職の空きがなかったため、と説明した。クロストライクは訴訟を起こしたものの、却下された。[80]

二〇〇〇年七月、安全性の不安がいっそう顕著になった。〈スペース・マウンテン〉の乗り物から車輪の部品が落下し、九人が負傷したのだ。[81] 整備不良が原因とされた。

その二カ月後、四歳の男の子、ブランドン・ザッカーが〈ロジャー・ラビット〉の乗り物から落ちて、ほかの車両に轢かれ、一〇分後にようやく救出された。しかしすでに心肺停止の状態で、脳に回復不能な損傷を受けており、以後、歩くことも話すこともできなくなった。事故の原因は、従業員が、男の子の体格に照らして安全ではない座席に座らせたうえ、安全バーを完全には下げなかったことだった。男の子は一三歳で亡くなった。[82] 州当局は、ディズニーに対し、この乗り物の安全性を向上させるために大幅な変更を行なうよう命じた。

ディズニーランドについての著書や論文が多いデイビッド・コーニッグによると、同社がマッキンゼーのような会社を求めたのは、経営陣がテーマパークの運営にコストがかかりすぎていると感じていたからだという。「マッキンゼーは、ディズニーランドの経営陣に対して、人員を減らし、トレーニングを減らし、メンテナンスを減らすように勧め、何もかも削減して安全性が失われる状況を招いた」とコーニッグは述べている。[83] マッキンゼーの勧告が悪いのか、それを実行したディズニーが悪いのか、その点については言明を避けた。「ただ、マッキンゼーが発端であることは確かであり、その行き着く先は誰もが知っている」

イリノイ大学の雇用労働関係学部で教鞭をとるジョン・J・ローラーは、経営コンサルタントはおもにクライアントの目標を正当化する役割を担うと考えている。[84]「クライアントは、自分が正しいことをしていると評価されたがる」。彼はさらに、「ベストプラクティスとされる経営手法はコンサルティング会社によって広められることが非常に多く、結果的に、そのような手法がビジネス界で制度化されることになる」と指摘する。

この事故はディズニーランドの評判に大きな打撃を与えたが、コスト削減策を推進したポール・プレスラーは、出世を続けた。「フロリダのディズニー・ワールドの支配人など、ほかの重役を飛び越して昇進した」とロサンゼルス・タイムズ紙は伝えている。[85] やがて、ディズニーのＣＥＯであるマイケル・アイズナーの側近になった。

とはいえ、履歴書は事故まみれだ。プレスラーのメンテナンス方針や、それを推奨するマッキンゼーについて、あらたな疑問が生じるのも、そう遠くないことだった。[86]

＊＊＊

二〇〇三年夏の終わり、機関車を模したジェットコースターが〈ビッグサンダー・マウンテン〉を疾走中、異音がすることに従業員が気づいた。整備士がガイドホイールを交換したあと、運行が再開された。ところが、カチッカチッという同じ異音がふたたび発生したため、整備士が再度、車輪を取り替えた。そのうえで、この〈I・Mブレイブ号〉には、使用禁止を意味する黄色いタグが付けられた。にもかかわらず、以後も使用し続けられた[87]。

二〇〇三年九月五日、気温が三〇度を超えた午前一一時過ぎ、マルセロ・トーレス（二二歳）と三人の友人たちが〈ビッグサンダー・マウンテン〉のアトラクションに乗り込んだ。当日のもっと早い時間帯に、相変わらず異音がするのを従業員が気づいていたが、その車両の運行をやめて検査に回そうとはしなかった[88]。警告の黄色いタグも残ったままだった。

トーレスと彼の友人たちは、以前から機械的な異常があることなど知らないまま、乗車してしまった。前月には、この車両が故障し、乗客が避難する騒ぎも起きていた。それよりも重大なのは、直前の運行中に車軸から二本の固定ボルトが外れ、ホイールガイドが人知れず線路に落下していたことだった[89]。

午前一一時一七分、欠陥を抱えた車両は、二四人の乗客を乗せ、この日の一三回目の運行に出発した。スリル満点の三分間のライドだ。曲がりくねったコースを秒速一五メートルで走り抜ける[90]。

発車後なおも異音が続いたため、この一三回目の運行が終了したら、車両を撤去して点検に出すことにした。しかし、それでは遅すぎた。カーブを曲がったところで、車軸が折れてしまった。ぶら下がった車軸がやがて軌道の枕木に引っかかった。はずみで先頭の機関車が押し上げられて、後方へ引っくり返り、客が乗っている一両目にのしかかった。押しつぶされたトーレスが死亡、一〇人が負傷した。その後、州の検査官が、線路沿いに車両の部品が落ちているのを発見した[91]。

州の調べにより、メンテナンスとトレーニングの深刻な不足が明るみに出た。車輪を固定する二本のネジがきちんと締まっていなかったばかりか、車輪部を組み立てるうえで必須のはずの安全ワイヤーが付けられていなかった。また、車両のオペレーターは、ジェットコースターの異音にどう対応すべきかの訓練を受けていないばかりか、タグの意味も理解しておらず、「問題のある車両は待避させて修理を待つ」というシステムであることを知らなかった。メンテナンスを担当するグループは「信頼性チーム」と名づけられていたが、その名に反して、各種の乗り物のタグ使用に関して適切な手順に従っていなかった。[92] また、作業完了の署名は、整備士であれば誰がしても構わない、つまり、担当した本人でなくてもよいことになっていた。

カリフォルニア州は、〈ビッグサンダー・マウンテン〉に携わる社外の整備士すべてと、「信頼性チーム」に配属された従業員すべて（管理職者も含む）に再トレーニングを実施するようディズニーに命じた。また、異音を感知した場合の対応に関して、全従業員に明確な指示を出すよう義務づけた。整備士たちに対しては、自分が行なっていない仕事について署名することを禁じた。[93]

＊＊＊

トーレス家の代理として、クリストファー・エイトケン弁護士の法律事務所が訴訟を起こし、マッキンゼーの提言を受け入れたディズニーを非難した。「安全やメンテナンスの作業を大幅に減らせば、遅かれ早かれ市民の安全に重大な悪影響が及ぶ。ディズニーはそのことを知っていた、あるいは知っておくべきだった」。この裁判のなかでは、ディズニーが従業員に対して乗り物の運行を停止しないよう圧力をかけていたこと、コストを節約できた場合に報奨金を与える制度が存在したこと、「壊れるまで動かせ」という方針があったことなどが明らかにされた[94]。

ディズニーは遺族と秘密裡に和解し、マッキンゼーは「わが社の業務は、ディズニーランドにおける悲劇的な事件とは無関係である」と声明した[95]。

マッキンゼーの助言を受け、実行に移したディズニーの上級幹部、ポール・S・プレスラーは、〈ビッグサンダー・マウンテン〉で死亡事故が起きた当時、社にいなかった。じつはその前年に退社し、衣料品店チェーンのGAPの最高経営責任者に就任していた。新天地でのミッションは、またしても「コスト削減」。だが、四年後にその座を追われた[96]。

＊＊＊

マッキンゼーは、USスチールやディズニーランドで起こった事故の責任を問われることはなかった。誰もマッキンゼーを訴えなかったし、政府機関もマッキンゼーの不適切な提言を非難しなかった。コンサルタントは、金をもらってやるべきことをやっただけ――命令ではなくアドバイスを出しただけ――なのだ。

結果として何か悪いことが起きても、スポットライトを浴びることはなかった。顧客の業績がよくなっても表には出ないが、逆に、自分たちの提言のせいで会社が傾いたとしても、長年、責任を取らなかった。

USスチールとディズニーランドは、まるきり性質の異なる企業だ。一方は、かつて隆盛を誇ったブルーカラー企業の名残。もう一方は、最新のテクノロジーを駆使した陽光あふれる夢の国。マッキンゼーにとってみれば、どちらも、きわめて収益性の高いクライアントというわけではないし、きわめて扱いづらいクライアントでもない。しかし、マッキンゼーが経営コンサルティング界の「首領《ドン》」にのし上がったのは、コスト削減のためなら冷酷なアドバイスをためらわないからであり、USスチールとディズニーランドの事例はその典型といえる。

このようなコストカット重視の姿勢は、マッキンゼーがおおやけに認めている基本方針のなかには記されていない。しかし現実には、マッキンゼーは何度も、各社の経営陣に密かにそういう姿勢を勧めている。世界各国の労働者や地域社会もやがてそれに気づき、マッキンゼーが街にやってくるとどんな変化が起こるかを悟るはめになる。

第一章　罪悪感なき豊かさ――マッキンゼーの価値観

非常に優秀な大学生の目から見れば、マッキンゼー・アンド・カンパニーで職を得ることは、富と名声につながる道に思えるかもしれない。と同時に、ビジネスの世界できわめて困難な問題を解決していけるのだから、自分の能力の証明になり、やりがいがあると思うだろう。

マッキンゼーは、経営コンサルティング会社として唯一無二の地位を築いており、それ相応の振る舞いをしている。毎年の新規採用時には二〇万人の応募者が集まり、採用率はわずか一～二パーセントにとどまる。たとえ短期間だろうとマッキンゼーに勤務した経験があるとなれば、世界じゅうに広がる元従業員のネットワークとつながることができ、産業界や政府機関に顔がきく生涯有効のパスポートを得られる。[1]

ほかの一流企業も、富やそれに伴う地位を約束してくれる。ただ、マッキンゼーの場合、それだけではない。自分の才能を崇高な目的のために使う機会、つまり、世界をより良い場所にするための機会を与えてくれるのだ。[2・3]マッキンゼーは、応募者に向けて「意義のある変革」をアピールし、罪悪感のない豊かさを売りにしている。「わたしたちは価値観にもとづく組織である」とマッキンゼーは主張する。

マッキンゼーは、みずからをたんなる利益追求の企業ではなく、心のある企業だと訴え、地球温暖化、不平等、人種差別といった問題に関心を持つ理想主義の若い学生たちにアピールしているわけだ。強力な売り込み文句である一方、ウォール街をうろつく未来の狼たちに対して、応募するには及ばないという強いメッセージにもなっている。しかし、この会社は、人を魅了するさらなる要素も持っている。影響力だ。

マッキンゼーは、過去一世紀にわたり、世界的に有名な優良企業に科学的な経営哲学を売り込み、優れたコンサルティング会社という名声を確立してきた。フォーチュン五〇〇に選ばれたほとんどの企業が、いちどはマッキンゼーにアドバイスを求めたことがある。また、世界じゅうの一〇〇以上の政府機関がマッキンゼーに助言を求めている。

マッキンゼーは、どんな顧客と契約し、どんなアドバイスを与えているかを公表しないため、医療の費用や質から子供の教育費に至るまで、この企業が自分たちの生活に大きな影響を与えていることに世間の人々はほとんど気づいていない。現実には、アメリカばかりか、世界各国に影響力を強めている。

社内文書も含めて各種の記録を調べたところ、[4] マッキンゼーは、ほぼあらゆる大手製薬会社とその政府規制当局、さらには医療保険会社、航空会社、大学、博物館、兵器製造会社、未公開株会社、カジノ、ブックメーカー、プロスポーツチーム、ニューヨーク・タイムズ紙をはじめとするメディア企業にアドバイスしていることが判明した。[5] コンサルタントの多くは、オバマ政権のころも、トランプ政権に代わったあとも、同じように関係者に助言している。

マッキンゼーは六五カ国以上で活動し、専制君主であろうと選挙で選ばれた指導者であろうと、その耳元でささやくことができる。うち一五カ国では、軍、警察、防衛、法務の各省庁に助言している。

マッキンゼーのコンサルタントたちは、装甲兵員輸送車、掃海艇、駆逐艦、潜水艦のメンテナンスやサポートにも関与している。[6] また、各国の一兆ドル以上の政府系ファンドの顧問を務めている。みずからの高収益を活かして、上級パートナーのためにプライベートなヘッジファンドも運営している。その運用資産三一五億ドルの大部分は、英仏海峡に浮かぶ租税回避の島にある複雑なダミー会社ネットワークの陰に隠されている。[7]

マッキンゼーの評判をさらに高めているのが、かつてコンサルタントだった著名人たちだ。アーカンソー州選出の保守系米国上院議員トム・コットン、米国運輸省長官ピート・ブッティギーグ、ルイジアナ州元知事ボビー・ジンダル、フェイスブックのシェリル・サンドバーグ、IBMとアメリカン・エキスプレスで存在感を示したルー・ガースナー、モルガンスタンレーとメリルリンチのジェームズ・P・ゴーマン……。[8] 米国以外でも、ロシアの政府系ファンドのトップであるキリル・ドミトリエフ、英国の元外務大臣ウィリアム・ヘイグ、クレディ・スイスの元CEOティジャン・ティアムなど、マッキンゼーから巣立った人々が高い地位に就いている。

マッキンゼーという社名は創業者のジェームズ・O・マッキンゼーにちなんで付けられたものだが、精神的な指導者はむしろ、一九三三年に入社したマービン・バウワーだった。彼はかつて働いていたクリーブランドの著名な法律事務所を模倣し、プロフェッショナリズムの時代を切り開いた。バウワーは聡明だが妥協を許さず、コンサルタントの仕事のやりかただけでなく、服装まで規定した。また、マッキンゼーは「カンパニー（company）」ではなく「ファーム（firm）」と名乗るべし、「ビジネス（business）」ではなく「プラクティス（practice）」を行なうべし、クライアント向けの業務は「ジョブ（job）」ではなく「エンゲージメント（engagement）」と心得るべし、などと主張した。マッキンゼーの公式の社史のなかで、あるコンサルタントは「従業員が〝コマーシャル

(commercial)〟という語を口にしようものなら、神を冒瀆する言葉を発したに等しいと見なされた」と語っている。[9] バウワーの強い理念のもと、マッキンゼーの業績は大きく上向いた。彼が最も重視したのは「顧客ファースト」だった。

ハーバード・ロースクールとハーバード・ビジネススクールを卒業したバウワーは、コンサルタントは若いうちに採用し、社内で育成するのが最善であると考えた。「優秀な人材は、形成期に育成するほうが簡単で効果的だ[10]」逆に言えば、コンサルタントが過去のビジネス経験（や、場合によっては直感）に頼ってクライアントに助言することを嫌った。

バウワーはまた、ハーバード・ビジネススクールのベイカー奨学生（学業優秀で卒業クラスの上位五パーセントに入った学生）を積極的に採用し、同校との貴重な絆を深めた。[11] マッキンゼーとハーバード・ビジネススクールの関係についての著書を持つダフ・マクドナルドによると、二〇一〇年の時点で、ハーバード・ビジネススクールの卒業生約五〇〇人がマッキンゼーで働いており、採用時のおもなライバルであるゴールドマンサックス、グーグル、マイクロソフトよりも多いという。[12]

ハーバード・ビジネススクールの評判が高まるなか、マッキンゼーに採用される卒業生の数がさらに増え、ハーバード・ビジネス・レビュー誌にマッキンゼーの話題が掲載される回数も増えた。一九五九年以来、同誌は、その年に掲載されたなかで最も優れた実践的かつ画期的な経営思想に「マッキンゼー賞」を授与している。

もし、「クライアントから利益を最大限に搾り取った企業」がもらえる賞があるとしたら、マッキンゼーは受賞の有力候補になるだろう。あるシニアパートナーは、若い新入従業員たちに、かつて自分が入社したとき、クライアントとの関係を築くコツをこんなふうに教わった、と語った。「くさびのように食い込み、アメーバのように広がれ。いったん入ったら、その組織のなかで自分の存在を広げ、あらゆることをやるべきだ。つまり、〝トロイの木馬〟のように行動する」[13]

マッキンゼーは、ニューヨークを拠点としながらも、世界の各都市に半独立したオフィスを構えて活動している。ニューヨークは眠らない街と呼ばれるが、マッキンゼーも眠らない。技術スタッフは常時待機し、異なるタイムゾーンのコンサルタントがマッキンゼーの標準フォーマット、すなわちパワーポイントのスライドで報告書を作成できるようサポートしている。

＊＊＊

ノートルダム大学を卒業したロジェ・カルマは、マッキンゼーのセールストークに心を惹かれた。人々の生活を改善する機会が得られる、という熱いメッセージを聞いて、この会社に応募しようと決めた。「ゴールドマンサックスの誘い文句とは違い、エクソンモービルの誘い文句とも違いました」[14]彼は現在、ニューヨーク・タイムズ紙の記者エズラ・クラインのポッドキャスト番組のスタッフを務めており、長期的な視野からこう語る。「マッキンゼーに入ると、社会に出てから変革者になるために役立つ行動様式、いわばツールキットを学ぶことになる。自分が何をしたいのか、どんな影響を与えたいのかにかかわらず、そういうツールキットを手に入れられる」[15]

ある大学卒業生は、ゴールドマンサックスに勤めたあと、マッキンゼーに入社し、これ以上ないほど顕著な違いを感じたという。ゴールドマンでは、こう教え込まれた。「自分たちは鮫であり、だからこそ最高であり、誰もがここで働きたいと思うのだ。そういうありのままの姿以外のものになろうとするな、絶対に。夜、自分の心に嘘をつく者などいない」

マッキンゼーは、みずからを「ほかとは一線を画す存在」と位置づけた。同社の元マネージングパートナー、ケビン・スニーダーは二〇一八年にこう書いている。「クライアントとの仕事を通じて、クライアントの業績だけでなく、社会全体への影響をじゅうぶんに考慮する必要がある。この点がかつてなく明らかになってきた」。そうした高い目標の実現に向けて、女性や、不利な立場に置かれている若者、有色人種の生活を向上させるプログラムを支援し、ほかにも非営利活動を手がけるようになった。

エリック・エドストロームは、地球温暖化と戦うためにマッキンゼーに入社した。一方、ライス大学を卒業したケイトリン・ローゼンタールは、こうした状況を知らないままマッキンゼーのヒューストンオフィスに入り、思いやり深い同僚たちの姿に非常に驚いたという。「仕事の初日、わたしは『石油会社のためには働きたくない』と言った」と彼女は振り返る。前出のロジェ・カルマは、製薬会社のためには働きたくないと要望した。するとマッキンゼーは、ふたりの要望をこころよく受け入れた。ローゼンタールの初仕事は、地元の博物館に関わるものだった。彼女は現在、カリフォルニア大学バークレイ校で歴史学の教授を務めている。

「善良な行為が好業績を生む」と訴える企業はほかにもある。グーグルはかつて、「邪悪になるな」というシンプルなモットーを掲げていた。ただ、マッキンゼーのコンサルタントだったスンダー・ピチャイが最高経営責任者になったあと、そのモットーは二〇一八年、社の行動規範の大前提から消えた。

マッキンゼーのように「価値観」を採用ツールとして熱心にアピールする企業はほとんどない。たとえば、マッキンゼーはナイジェリアでワクチンの流通を改善したという実績がある。そこで、就職面接の際にも求職者に「アフリカにおいてワクチン流通を改善するにはどうすればいいと思うか」などと問いかけ、自社の姿勢をアピールする。「マッキンゼーに入ったら、いつもこんな仕事ができるんだ、と思わせるような内容だった」とカルマは言う。

＊＊＊

あるハーバード大学の学部生は、マッキンゼーの社名に聞き覚えがなかったものの、友人が応募するというので応募してみた。「マッキンゼーのコンサルタントになることを夢見て育つ人なんていない」と彼は言う。[16]しかし、ある日、授業が終わってワインを飲みながら、応募書類を書いた。そして二回の面接を経て、内定を得た。「その場で契約させるためになら、あそこは何でもする」契約すると、担当者がシャンパンのボトルを開けてくれたという。

マッキンゼーでは、ビジネススクールの卒業生が一年目でボーナス込み一九万五〇〇〇ドルもの収入を得られるが、その代わり、夜遅くまで働き、厳しい出張スケジュールを要求されることが多い。[17]コーネル大学産業労働関係学部で経済史を教えるルイス・ハイマン准教授は、「わたしは一年で辞めた」と話す。「働き始めてから伝えられたフィードバックの一つは、『アカデミックすぎる』というものだった。『うちにはアカデミックは必要ない。必要なのはアスリートだ。痛みに耐えながら、チームに貢献し、勝利のために全力を尽くす人間だ』と言われた」

新入りの従業員は、短いオリエンテーションの後、何らかのプロジェクトに配属される。プロジェクトはエンゲージメント・マネージャーが運営し、そのマネージャーはパートナーに監督される。新入りの従業員が昇進するには、知名度や収益性の高いクライアントの仕事を手配できるようなパートナーと関係を深め、シニアパートナーから注目を浴びる必要がある。信頼関係を築けない従業員は、社内の業務サイクルから外れてしまい、いずれ仕事が回ってくるのを待つか、みずからプロジェクトを立ち上げるかしかなく、いわば「オン・ザ・ビーチ（失業中）」の身となる。

あるマッキンゼーのパートナーは、「一年目のアソシエイトだったころ、ほかのスタッフがプロジェクトに配備されて研究を進めているかたわらで、自分だけ〝オン・ザ・ビーチ〟の状態だと、とても焦りを感じた」と回想する。[18]「いま思えば、そんな自分を笑い飛ばしたい気持ちだ。〝ビーチ〟で顧客開拓をやらされたからといって、いら立つべきではない。新しい顧客を見つけなければ、会社が衰退してしまうのだから」

マッキンゼーには約三万四〇〇〇人の従業員がいるが、その多くは、あまり良い評価を得られないまま自主退職するか、マッキンゼー流に言えば「退職を助言」[19]される。残った者は、コンサルティングの腕前を高く評価されるだけでなく、社内の重要人物とのパイプも太くなり、出世の道が開かれる。最終的にはパートナーやシニアパートナーに選ばれ、数百万ドルの年収を手にする人も少なくない。

マッキンゼーを辞めるのは、けっして不名誉なことではない。むしろ大学の卒業に似ていて、ハイレベルな人脈を手に入れ、将来の仕事につなげることができる。マッキンゼー側としても、元従業員をビジネス界に送り込めば、見返りとして新しい顧客を獲得できると承知している。

マッキンゼーは知名度が高いおかげで、ほかの会社から見れば厄介あるいは不適切と思われるような業務にも、ほとんど批判を受けずに取り組むことができる。たとえば、同じ市場で競合している複数の企業に対して同時にコンサルティングを行なう場合もある。つまり、あるコンサルタントグループはA社にB社を打ち負かす方法を伝え、別のコンサルタントグループはB社にA社を打ち負かす方法を伝えているかもしれない。[20]げんに、マッキンゼーはＦＤＡ（米国食品医薬品局）に助言する一方で、少なくとも一九社の製薬会社のコンサルティングを行なっている——どの製薬会社もＦＤＡの規制対象なのだが。

マッキンゼーは、「機密情報が不適切に共有されないよう、じゅうぶんな保護措置を講じてある」として、このようなコンサルティングも問題なしとしている。

おおやけには流通していないマッキンゼーの公式の社史には、わが社の価値観はたんなるマーケティングツールではなく、われわれの守護天使にもとづいている、と述べている。[21]「社として過ちを犯したり、野心が行き過ぎたりしたときには、この価値観が歯止めをかけてきた。価値体系が、組織全体の長期的な成功に不可欠な基盤として機能している」

マッキンゼーの従業員は、世界各国のオフィスが共同主催する「バリューデイ」というイベントに参加するよう求められる。このイベントの場では例年、シニアパートナーたちが、マッキンゼーの価値観を日々の仕事にいかに活かすかを解説する。二〇一九年には、オーストラリアのマネージングパートナーであるジョン・ライドンが、「最低限、人を傷つけたり殺したり、顧客を騙したりするクライアントとは仕事をしない方法」をテーマに講演を行なった。[22]

同社の会長だったギルバート・クリーは、一九六八年に死去する直前、この価値観の重要性についてこう述べている。「各個人がどんな分野に興味があり、人生でどんなことをやりたいかにかかわらず、わが社は二つの点で大きな満足感を与えるに違いない。その一つは、毎朝、鏡で自分の姿を見て、『恥ずべきことは何もない』と胸を張れることだ[23]」

＊＊＊

これは、ひと昔前のマッキンゼーのリーダーの誇り高き言葉だ。しかし、マッキンゼーを見て、その姿を好ましく思わなかった人も、じつは数多くいる。近年たびたび、同社の行動は、自慢の価値観に背《そむ》いているように見えた。二〇一八年以降、メディアによる暴露が相次ぎ、マッキンゼーの評判が危うくなってきた。長く誇らしい社史のなかで異例の事態だった。経営陣は必死で、名誉の回復をめざした。緊急会議を開き、謝罪を行ない、新しいマネージングディレクターを就任させ、リスク管理方針を強化した。

社を挙げて、さまざまな問題の裏側を探っていくうち、あまりにも当たり前すぎて見落としてしまいそうな、一つの問題が浮かび上がってきた。それは、マービン・バウワーが会社を築いたときの基盤そのものだった。

＊＊＊

最近まで、マッキンゼーのウェブサイトには、「企業としての長期的な戦略と、クライアントへの日々のサービスのありかたを示す」ものとして、一五項目の具体的な価値観が記されていた。[24] 多くは日常的で当たり前の内容であり、たとえば「信頼にもとづく永続的な関係を築く」「経営実践のイノベーションをすべてのクライアントにもたらす」などだ。

しかしなかには、「思いやりのある実力主義を維持する」というように、コンサルタントが活躍しやすい環境づくりを志向するものや、「異論を唱える義務を守れ」といった自由な発想を奨励するものもあった。

こうした価値観は、時代とともに少しずつ変化してきたが、最も基本的な価値観――リストのトップ――である「会社の利益よりもクライアントの利益を優先させよ」は、一貫して変わらない。マッキンゼーはかつて、クライアントが第一、会社が第二、マネーが第三、個人の利益が第四という、もっと包括的な標語を掲げていた。しかし、プロフェッショナリズムにこだわる場にはふさわしくないと感じられたのか、「マネー」という言葉は影を潜めた。[25]

＊＊＊

クライアントはマッキンゼーの価値観に安心感を覚えた。彼らの立場からすれば、当然だろう。マッキンゼーのサービスには割高な料金がかかるのだから。数年前、ある通信会社が助けを求めたとき、マッキンゼーからの請求額は二年間で一億二〇〇〇万ドルを超えた。[26]それだけ高額となると、クライアントは望むものを手に入れられて当たり前だ。

マッキンゼーでまず最初にヒューストンオフィスに勤務したローゼンタールによれば、クライアントの利益を優先させるという社訓は、無私無欲に聞こえるかもしれないが、公共サービスと混同してはいけないという。「クライアントサービスにまつわる文言を聞くと、クライアントに尽くすこと自体に価値があるように思え、その企業が何をしているかは二の次と見なされている気がする。[27]何の資格もないクライアントサービスがもてはやされるのは不愉快だ」

ポッドキャスト編集に携わるロジェ・カルマは、製造業などの会社で働くことと、マッキンゼーで働くことの違いを指摘する。「一般的な企業では、製品への忠誠心や、人への忠誠心も必要になってくる。価値観にいくつかの側面が出てくるだろう。ところがマッキンゼーでは、仕事の目標はただ一つ。株主を儲けさせることだ[28]」

この点に照らすと、マッキンゼーが価値観として二番目に重んじている「高い倫理観の遵守」がはたして本当なのか、検討の余地が浮かび上がってくる。[29]もし本当なら、有害な行為に及んでいるクラ

ではない。

イアントや、利益を過度に重視して従業員に不利益をもたらしているクライアントとは、コンサルティング契約を結ぶべきではない、ということになるのではないか？　「われわれにとって、人材以外のおもな資産は評判である」としばしば発言してきたマッキンゼーとしては、けっして小さな問題ではない。

もしクライアントが、死を招くおそれありと知られている中毒性の高い製品を販売したり、移民への思いやりのある治療を拒否したり、腐敗した非民主的な政府を支持したりといった場合、どうするのか？　これらは空想上の問題提起ではない。いずれも現実にあったケースだ。しかし、マッキンゼーには選択肢があったにもかかわらず、クライアント側に味方した。「倫理を優先し、倫理的な仕事をしたいのなら、高い利益の出る機会であってもいさぎよく断わらなくてはいけない。マッキンゼーにそのような意志があるとはわたしには思えなかった」とローゼンタールは話す。[30]

イェール大学ロースクールからマッキンゼーに入社したセス・グリーンも、同様の意見を持っている。「もし、こうしたビジネスに道徳的な目的を持ち込まないなら、目的は必然的に、クライアントと、クライアントが達成しようとしているものになります」。現在シカゴ大学の学部長を務めるグリーンはそう語る。[31]　フォーチュン誌に掲載されたエッセイのなかで、彼はこう問いかけている。「業績不振のタバコ会社に、もっと野心的なマーケティング戦術を取るよう、臆することなく助言する。それは、われわれの価値観を実践しているといえるのだろうか？　もしそうなら、価値観とはいったい何なのか？」[32]

ギャリソン・ラブリーは、刑務所内の暴力を減らす方法を見つけるため、マッキンゼーに入社した。彼は二〇一九年のエッセイにこう書いている。[33]「わたしはマッキンゼーのコンサルタントとして、内側から世界を変えたいと願い、仕事に取り組んできた。進歩するための最良の方法は、権力の舵取りをする人々に影響を与えることだと考えたのである。善のための力となるはずが、気がつくと、わたしは世界に影響を与える最も有害な力に加担していた。権威主義を復活させ、市場へ継続的に忍び込んで、生活のあらゆる部分に干渉する当事者になっていた」

過去数十年間、マッキンゼーは世間の注目を浴びるケースがほとんどなかった。顕著な例外は、エンロン事件くらいだろう。さほど脚光を浴びてこなかった理由の一つは、マッキンゼーが「顧客の秘密を厳守する」という価値観を掲げているせいだ。一般大衆や政府当局は、マッキンゼーが何をし、誰に向かって何を話しているのかを知りようがないから、可も不可も判断できない。

＊＊＊

二〇一八年になってようやく、ニューヨーク・タイムズ紙とプロパブリカ紙が先頭に立って、メディアがマッキンゼーの問題点に深く切り込み始め、同社の若いコンサルタントの多くが、自分たちと雇用主とでは価値観の解釈が異なっていることに気づいた。ニューヨーク・タイムズ紙は、こう報じた。「民主主義やその基本的な価値がますます攻撃を受けている昨今、アメリカを代表するこの企業は、ときにはアメリカの利益に反するかたちで、世界じゅうの腐敗した政府や権威主義者の地位を高める手助けをしてきた」[34]

マッキンゼーのクライアントには、ロシア、南アフリカ、マレーシアといった国の腐敗した政府が含まれていた。クリミア半島を占領したプーチン大統領を罰するため、国連の制裁下に置かれたいくつかのロシア企業も、同社のクライアントだった。中国の国有企業も同様だ。そうした企業は、強力な支配者である習近平主席に経済的・軍事的支援を提供しており、同主席はマッキンゼーが標榜する

「反対意見を唱える義務」には間違いなく従わないだろう。

その後も、さまざまな論争が続いた。たとえば、マッキンゼーがトランプ大統領の移民規制策に協力したことをめぐって、ワシントンDCのオフィス内で反乱が起きた。また、温室効果ガス増加の最大要因である世界的な企業と幅広い協力関係にあることに対し、一一〇〇人以上のコンサルタントが世界規模の抗議を行なった。

しかし、最も衝撃的だったのは、マッキンゼーが、オピオイドの販売会社の業績アップを手伝っているのが明らかになったことだ。オピオイドの濫用により、すでに大量の死者が出ているというのに。ふたりのシニアパートナーが、記録を消去できないか話し合ったことも発覚した。明らかに自分たちの関与を隠すのが目的だった。オピオイドが蔓延するうえでの同社の役割について、数十人の州検事総長が調査に乗り出し、結局、マッキンゼーは六億ドル以上を支払うことに同意した[35]。加えて、珍しく謝罪し、シニアパートナー二名を解雇したものの、違法なことは何もしていないと述べた。

元マッキンゼーのコンサルタントで、『Winners Take All: The Elite Charade of Changing the World』の著者であるアナンド・ギリダラダスは、こう語った[36]。「これは〝悪の凡庸さ〟のMBA版だ。彼らは何が起きているかを知っていた。そのうえで、直視せず、見て見ぬふりをするすべを編み出した。唯一の関心事は、平常時なら、クライアントをいかに儲けさせるかであり、包囲網が狭まってきたら、いかにして自分たちを守るかだからだ」

ある元シニアパートナーは、オピオイド騒動は会社の経営体制の不備に原因があるとし、会社規模が大きくなりすぎ、信頼にもとづくパートナーシップというかたちではもはや統制できなくなった、と指摘している。「あそこは素晴らしい会社だった。〝だった〟と過去形にしたのは、現在の状態については保証できないからだ[37]」

マッキンゼーの抱える問題が、やがては二〇二〇年の民主党大統領予備選の争点になった。前サウスベンド市長のピート・バティギーグが世論調査で人気上昇するなか、マッキンゼーに関してあらたな報道が相次ぎ、バティギーグがほとんど言及しない話題に世間の関心が向いた。すなわち、彼はこれまでマッキンゼーのコンサルタントとしてどんな仕事をしてきたのかだ[38]。当初、彼は、マッキンゼーと交わした秘密保持契約を理由に、そのような質問にはこたえなかった。しかし、なぜ口を閉ざすのかばかりが注目され、選挙戦のテーマがかき消されそうになったため、彼はマッキンゼーに許可を取り、コンサルタント時代の話題にも応じ始めた。

マッキンゼーは、無用な詮索を受けることに不快感を覚え、バティギーグに当時の職務について説明させるという異例の措置をとったのだ。結局、いたって平凡な職務だった。ザ・ニューヨーカー誌に語ったところによれば、マッキンゼーでやった仕事を誇りに思っており、食料品の価格設定や再生可能エネルギーに関する問題などを扱っていたという。「素晴らしい学習機会だった[39]」

なのに、マッキンゼーの暗黒面が暴かれ、オピオイド産業や独裁国家を支援しているとの報道に接して、怒りを覚えたとのことだった。「良心を揺さぶられる思いだった。人殺しの独裁者が、欧米のコンサルティング会社、それも、きわめて権威のある会社の正当性を悪用して、自分たちの目標を推し進めることが可能だとは」。また、ニューヨーク・タイムズ紙のインタビューのなかで、彼は、マッキンゼーが株主を偏重する姿勢に強く異議を唱えた。「経済がますます不平等になり、技術的には合法であるはずの企業行動も容認されなくなっている現状では、そのような姿勢は妥当といえない[40]」

マッキンゼーの有名な元コンサルタントであり、頻繁に批判を繰り返しているトム・ピーターズ（ビジネス書のベストセラー『エクセレント・カンパニー』[41]の著者のひとり）は、さらに感情的な反応を示した。マッキンゼーのオピオイド産業への取り組みについて、「吐き気がする」とコメントした。[42]「ショックだ。呆れるし、腹が立つ」

ピーターズは、マッキンゼーがオピオイドの販売を「ターボチャージ」していると聞くまでは、履歴書に同社の名を記載することに、漠然とした誇らしさを感じていたという。「でも、いまは違う。そんな行動を取っておいて、価値観重視の会社を装うなど、おかしな話だ。よくもまあ、〝バリュー・デー〟なんてやるものだ。信じられない」

さらに大きな問題は、大きな利益を優先するあまり、人への投資が行なわれなくなったことだ、とピーターズは指摘する。「株主価値の最大化というのは、この国にどんなことよりも害をもたらしてきたと思う。それは〝不平等の父〟であり、不平等は〝トランプの父〟だ」

元コンサルタントの何人かは、あんなに親切で思いやりのある人たちがいる会社が、どうしてあんなに評判の悪いクライアントを引き受けたのか理解に苦しむ、とコメントした。シカゴ大学の学部長であるセス・グリーンは、「元同僚のうち一〇人中九人は、タバコ会社や非民主的な政府のためには働きたがらないだろう。ところが、マッキンゼーの名のもとに、となると働く」

マッキンゼーでは、コンサルタントは自分のモラルに反する仕事を拒否することができる。拒否リストの筆頭に挙がるのがは、タバコや炭鉱に関わる会社の仕事だ。しかし、同社のベテラン従業員たちの証言によれば、この制度によって倫理的、道徳的な選択ができるのは下級のアソシエイトだけであり、社の上層部には当てはまらないという。また、仕事を断ると評価が下がり、ときには、会社を辞めるように進言されるケースもある。

セス・グリーンは言う。「社内の上層部では、独自のモラル評価がなされていた。つまり、優れた上級幹部をどう評価するかといえば、獲得したクライアントの数が基準だった。疑問符の付くようなクライアントだろうと、獲得すると称賛されていた」。しかも、難のあるクライアントを引き受けたほうが、出世のチャンスにつながりやすかったという。「クライアントに対しては完全に責任を持っているが、社会全体に対しては責任を感じていない」

ポッドキャスト編集者のロジェ・カルマは、自分のなかで何かが変わった瞬間があったと振り返る。あるクライアントが全世界で一五〇〇人の従業員を解雇するのを手伝うことになったときだ。「困難な任務だったからではなく、マッキンゼーが儲けを増やすのに夢中だったからだ。訴訟沙汰を引き起こさずに、できるだけ早く、効率よく、従業員を解雇したがっていた」[43]。彼としては、そこで心が折れた。「自分が一生懸命働いてきた成果が、他人の生活を悪くするために使われていると思うと、毎日出勤する気になれなくなった」

マッキンゼーのコンサルタントたちは、きみたちは優秀だ、企業のきわめて複雑な問題を解決するのに最適な人材だ、と繰り返し聞かされるうち、自分は何も間違っていないかのように錯覚してしまう。表計算ソフト——数字に強いマッキンゼーのコンサルタントの生命線——とばかり向き合っていると、自分の決断によって損害を被りかねない人々のことなど、ますます眼中になくなる。

みずからは宣伝したがらないものの、マッキンゼーは、コンサルティング業界のなかで最も人員削減に熱心で、大量の解雇に関与している。新入従業員向けのオリエンテーション冊子には、ビジネスのこのような側面が密かに述べられており、「本冊子はマッキンゼー・アンド・カンパニーの従業員だけが読めるように書かれ、内密に印刷されたものである」と強調されている[44]。その著者は、現在シニアパートナーを務めているマニッシュ・チョプラだ。彼はマッキンゼーに入社して間もなく、ある自動車部品メーカーを担当することになり、そのメーカーの新社長が人員削減を望んでおり、苦しい決断に迫られたと述べている。なぜ業績の向上をめざそうとせず、人件費の削減を優先するのか、疑問に思った。「人を解雇する方法を模索するのは倫理に反すると思ったし、自分たちがやってきた理由は従業員に知れわたっており、クライアントの本社に出入りするのが憂鬱だった[45]」

そこでチョプラは、価格設定の適正化を図ってクライアントの収益を上げる道を追究した。ところが、そのせいで上司と数え切れないほど頻繁に言い争いになった。「わたしがやるべき仕事をやっていないと考えて、上司は腹を立てていた[46]」。チョプラは、このぶんではマッキンゼーでのキャリアは絶望的だと覚悟したが、意外にもそうではなかった。「わたしたちの会社の価値観の素晴らしいところは、反対意見を述べることが許されるどころか、反対意見を述べるように義務を課せられていることだ。何かが間違っていると感じたら、口をつぐんでいてはならない」

それも事実かもしれないが、一方で、まったく抵抗なしに人員削減を提言するコンサルタントもマッキンゼーには少なくない。国家規制研究所のカール・ペッシュマン所長は、マッキンゼーとの出会いについてこう語る。


「けっして忘れられないのは、ニューヨーク公共サービス委員会のわたしのオフィスにマッキンゼーの若い男がひとりやってきたときのことだ。財政難に陥っている州内の電力会社をいかに合理化するかを熱心に説明し始めた[47]。わたしが『それはつまり、従業員をレイオフするということかな?』と尋ねると、『レイオフではなく、〝人員の適正化《ライトサイジング》〟です』との返事だった。わたしは『きみ自身が、そのありがたい〝人員の適正化〟の対象になることを祈るよ』と言った。結局、この馬鹿な連中が、電線の位置などの地域情報を知る電線工たちをリストラしてしまい、後日、彼らをコンサルタントとして雇い直さなければいけなくなった」

＊＊＊

二〇一八年二月、マッキンゼーは、五六〇名のシニアパートナーの投票により、グラスゴー出身のケビン・スニーダーをグローバル・マネージングパートナーに選出したと明かした。[48] スニーダーは、創業以来一二人目のパートナーとして、同社を率いることになった。

マッキンゼーはこの発表と併せて最近の業績をアピールし、過去一〇年間でパートナー企業の数が倍増して二〇〇〇社を超え、「デジタル変革、高度分析、デザイン、新規導入」の業務を強化するかたわら、若者の失業問題に対処するNPOを設立したほか、一二社を買収したなどと述べた。「マッキンゼーはつねに、世界で最も権威のあるコンサルティング会社と呼ばれ、トップ企業の経営陣にアドバイスを提供し続け、一世紀近くにわたってリーダーたちからの信頼を得てきた」と胸を張った。近年はもはやアドバイスの提供にとどまらず、「クライアントの組織内のあらゆるレベルにおいて密接に関与し、〝インパクトパートナー〟として、クライアントの能力構築と戦略実行を支援している」

あらたに指揮を執るスニーダーは、南アフリカ共和国の自社オフィスを再建する必要があると気づいていた。同国で政治スキャンダルが持ち上がり、大統領が失脚するなか、騒動に巻き込まれて通常業務を維持できなくなっていたからだ。マッキンゼーは同国から一〇〇万ドル以上の報酬を得ていたが、圧力を受け、返済に応じるはめになった。[49] もっとも、それ以外の問題については対処可能と思われた。スニーダーは、「われわれは、マッキンゼーの基本的な価値観に忠実であり続ける」と宣言した。[50]「みなさんの前にあるこの会社は、いまなお、昔かたぎのマッキンゼーだ。けれども、われわれがクライアントのためにできること、わたしたちが与える影響は、経営コンサルティングという職業をたえず再定義している」

スニーダーは、会社の運営方法を見直さなければならないとも感じていた。そこで二〇一九年五月一一日、あらたな職業行動規範を採用した。その多くがクライアントの選定とクライアントの行動に関するものだった[51]。「われわれひとりひとりが、クライアントサービスにおいて最高のプロフェッショナル水準を維持し、従業員が尊敬され、刺激を受け、意欲を持てる環境をつくり、われわれの行動が社会に与える幅広い影響を配慮し、会社の評判を守る義務がある」（傍点は著者による）

その年の暮れ、ワシントンDCのオフィスで開かれたタウンホールミーティングで、シニアパートナーのノラ・ガードナーが、新規クライアントを審査する社内委員会のメンバーとして、進捗状況を報告した。「コンサルタントのあいだで、クライアントをより厳しく審査する必要性が認識されるようになり、法人審査のために提出される案件が三〇パーセント増加した。そのうちの約五〇パーセントは、討議の結果、〝このまま進めても、おそらく問題なし〟となった[52]。三五パーセントほどは、〝条件付きが妥当〟と判断し、この部分の仕事は避けること、などの修正を求めた。残りの約一五パーセントは、〝却下。この仕事は引き受けない〟と退けた」

拒否したクライアントの名前は明らかにしていない。

しかし、旧弊を断ち切ることは難しい。その一例が、二〇二一年一月に発覚した事例だ。マッキンゼーは声明のなかで、「社会に対する責任を果たす」と、人権の重要性を強調していた。「われわれが人権にコミットしていることは、誰に、どのようなテーマでサービスを提供するかに表われる。人権侵害を支持または可能にするような仕事は行なわない」

ところが、クレムリンを批判し毒殺されたアレクセイ・ナバルニーの処遇をめぐってモスクワで抗議デモが計画された際、マッキンゼーは突然、従業員が抗議デモを支援することを禁止した。オンラインニュースサイトのモスコー・タイムズによると、「社の方針に沿って、マッキンゼーの従業員は公的にも私的にも、いかなる政治活動も支持してはならない」というメッセージが従業員に送られたという。[53]

マッキンゼーのモスクワオフィスのメンバーはこの指令に動揺し、社外にリークした。世論の圧力が高まり、マッキンゼーはメッセージを撤回して、遺憾の意を表明した。広報担当者は「モスクワオフィスのメッセージは、当社の方針と価値観を根本的に誤解させるものだった」と述べた。[54]「マッキンゼーの従業員は、個人の資格において、市民活動や政治活動への参加も含め、表現の自由を行使する自由がある」

マッキンゼーへの非難が高まったとはいえ、数字を見るかぎり、採用活動に影響はなかったらしい。二〇二一年二月三日、グローバル採用担当のパートナー、ブライアン・ロルフェスは、会社のウェブサイトに朗報を掲載した。「ことしは、会社の歴史のなかで最も多くの新しい仲間を採用できるのではないかと思う」

もっとも、この新しい仲間たちは、変革を推し進めたマネージングパートナーのケビン・スニーダーには頼らずに前進することになる。二〇二一年二月、シニアパートナーたちがスニーダーの解任を決めたからだ。三年の任期を一回終えただけでの退任は、四五年ぶりだった。[55]

七カ月後、スニーダーはゴールドマンサックスに迎え入れられた。[56]

第二章　勝者と敗者――不平等マシン

二〇世紀後半に入り、アメリカ人が何よりも渇望していたのは「安定」だった。大恐慌、世界大戦、労使の激しい対立を乗り越えてきたせいで、劇的な変化はもうごめんだと感じていた。家を建て、子供を育て、豊かさを楽しむ――そういう安定した生活に、ようやく手が届きそうだった。

このような時代の流れは、全米自動車労組と世界最大の自動車メーカーであるゼネラルモーターズとのあいだで結ばれた重要な労働協約に反映されている。デトロイト条約と呼ばれるこの協定により、労働者たちは、健康保険、生活費調整、年金など、中産階級への切符を初めて手に入れたのだ。[1] それと引き換えに、労働者側がストライキを起こさないことに同意したため、ゼネラルモーターズは、混乱なしに安定した利益を見込めるようになった。双方とも、おおむね予測可能な未来を確保したわけだ。これの結果を受けて、フォードとクライスラーもすぐさま同様の労使協定を結んだ。

一九五〇年という年は、アメリカの労働者にとって重要な年だった。サム・ウォルトンという人物が、アーカンソー州ベントンビルに移り住み、五セント・一〇セント均一ショップを開店した。[2] これがやがて、ウォルマートに成長する。ウォルマートは、いまやアメリカ最大の民間雇用主であり、安価な労働力で企業帝国を構築するテンプレートとなった。一方、マッキンゼーでは、マービン・バウワーがマネージングパートナーに就任し、同社をアメリカの有力企業の御用達にした。そして、ゼネラルモーターズの幹部たちは、一般の労働者が成し遂げたことを目の当たりにし、わが身を振り返った。自分たちはじゅうぶんな給料をもらっているだろうか?

答えを出すため、同社はマッキンゼーに依頼し、三七社の役員報酬を調査してもらい、報告を受けた[3]。マッキンゼーが見出した現実は、予想外のものだった。労働者の賃金が、役員報酬よりも速く上昇していたのだ。

この研究がどれほど重大になるか、誰も予想していなかった。結果的に、今日《こんにち》のアメリカで最も政治的な、かつ腐敗した問題の一つである所得と富の不平等を生み出すのに寄与したのだ。一九五〇年、典型的な大企業の最高経営責任者は、生産労働者の収入の二〇倍を稼いでいた。二〇二〇年、最高経営責任者は少なくとも三五一倍を稼ぐようになる[4]。しかも、この数値計算には、アウトソーシングや企業再編――マッキンゼーが誇るコンサルタントたちが推奨しがちな経営判断――によって職を失った労働者は含まれていない。

このマッキンゼーの調査結果は、ハーバード・ビジネス・レビュー誌とフォーチュン誌に発表され、実業界に大きな衝撃を与え、その後何年にもわたって反響を呼び起こした[5]。このとき初めて、経営者は自分の仕事の市場価値を知ることができたのだ。マッキンゼーのコンサルタントで、この調査の責任者であるアーチ・パットンは、「経営者それぞれの給与は、企業にとってきわめて秘密とされていた」と書いている。しかしここにいたって、経営者たちは、自分が競合他社と比較してどの程度のレベルにあるのかを知ることができたわけだ。

パンアメリカン航空の創業者で最高経営責任者のファン・トリッペが、パットンに自社のストックオプションに関する仕事を依頼した。その後、ほかの企業からも同様の依頼が相次いだ。「パットンの魔術を頼って、さらに金持ちになろうと、遠くから人が集まってきた」と同社の元経営委員であるマック・スチュワートは言う。[6]

鉄道会社、公益会社、銀行などの幹部は、自分たちの給料が自動車、繊維、鉄鋼などの業界より低いと知って落胆した。給料が低水準だった業界のある社長は、パットンに手紙を送り、「あなたのせいで、われわれの業界は五年ぶん時代遅れということになった」と書いた。[7] 経営陣の給料の低さは、経営陣の価値が低いことを示唆している、と感じたらしい。たんに自慢したいがために、もっと収入を増やしたい、と考える幹部もいた。いずれにしろ、底辺にいることを望む者などいない。トップをめざす争いが始まり、一〇年ごとに激化の一途をたどった。

パットンは、高額の重役報酬と会社の利益は連動するとして、報酬の増額を正当化した。たとえば、ボーナスを出す会社は、出さない会社の二倍の利益を出している、と指摘した。また、利益分配、株式報酬、オプションなどのかたちで報酬をアップする方法もあるとし、「累進課税に伴う意欲の喪失」が起こらないようにする[8]――要するに、節税効果につながる――ような特典がとくに価値が高いほか、ストックオプションは、会社の利益を上げながら、幹部が財産を形成するのに最適な方法である、と推奨した。

パットンの研究報告は、工場労働者やサービス業従事者の利益になるようなものではなかった。なにしろマッキンゼーは、経営コンサルタントであって、労働コンサルタントではない。一九三五年のワグナー法によって、ほとんどの労働者が組合に加入し、雇用主と団体交渉を行なう権利が与えられた二年後、マッキンゼーは労使関係にまつわる業務を開始した。同社の社内史によれば、「労働組合が現場の組織化で大成功したことを利用しようとしたのは間違いない」という。[9]

マッキンゼーの創業者であるジェームズ・O・マッキンゼーが、シカゴの老舗大型デパート、マーシャル・フィールズを評価した際、労働者に対する無関心さがニュースとなった。マッキンゼーは、自分の提言を確実に実行に移すため、マーシャル・フィールズの最高経営責任者に就任した。しかしそれに伴い、非情なリストラが断行された。一二〇〇人近い従業員が解雇され、「マッキンゼーの粛清」と呼ばれた。この粛清がもたらした結果は、みずからの社史に生々しく記されている。「マーシャル・フィールズには従業員を重んじる伝統があったが、一変してしまった。株主を守るため、退職金も年金もほとんど与えず従業員を解雇する、大恐慌時代にありがちな冷酷な企業、と世間から見なされた。単純に、それもこれもマッキンゼーのせいとされた[10]」

パットンは、会社の幹部にきわめて同情的だった。注目を浴びた幹部報酬の調査研究を年々更新した。マッキンゼーのコンサルタントは裏方であるべきとされていた時代、彼は企業から名指しで依頼される存在だった。マッキンゼーの社史には、こうある。「パットンの最先端の著作は、彼自身の名声と会社の利益を引き寄せた」。マッキンゼーの社史には、こうある。ついには、パットンは、マッキンゼーが企業に請求する額の一〇パーセント近くを占めるようになった[11]。さらにパットンは、社内のほかのコンサルタントたちにもあらたな道を切り開き、企業のさまざまな問題点に対して助言できるようにし、社の増収に貢献した。あるパートナーはこう振り返る。「調査研究を行なって、クライアントが抱えるほかの問題点をあぶり出し、信頼を得て、また次の調査研究、また次、と進めていったわけだ[12]」

パットンの仕事ぶりが社内の誰からも称賛されたわけではない。一九七二年に保険数理会社タワーズペリンからマッキンゼーに入社したピーター・ウォーカーは、パットンの結論に疑問を呈し、数字を故意にねじ曲げているのではないかと示唆した。「先に結論ありきで、ＣＥＯの報酬が低いことを証明しようとしている。あまり褒められたやりかたとは思えない[13]」

一部の同僚たちがパットンをこころよく思わなかったのには、別の理由もある。彼の調査研究が利害の矛盾を含んでいる、と考えたのだ。すなわち、自分たちを雇って報酬を払う経営者の価値を、コンサルタントが客観的に評価できるだろうか？　しかし、不快感と利益は別物であり、パットンが推進した幹部報酬アップの手法は、三〇年間継続された。三〇年経つころには、良くも悪くもマッキンゼーを手本にした幹部報酬コンサルタンティングが増え、一大ビジネスになっていた。その結果、幹部報酬が増加し続け、一般従業員との格差が広がった。

ウォーカーはやがて、企業幹部のカントリークラブ会員権の分析を任されたが、仕事内容に疑問を持ち、社内でみずからの存在価値を高めるような働きはせずに終わった。「わたしが依頼された仕事は、まったく無意味だった」とウォーカーは言う。彼の人事考課は〇点となり、上司から説教を受けた。説教の中身はごく単純で、マッキンゼーがいかに高い誇りを持ち、増収増益に邁進しているかを示すものだった。彼の上司はこう言った。[14]「きみはMBAを持っていない。ユニオン大学での数学専攻の評点も、四点満点中二・七だった。本来なら採用面接すらしないところだが、タワーズペリンで幹部報酬のコンサルティングを担当した経歴があったからこそ、採用したのだ。もう報酬の調査研究をしたくないのなら、マッキンゼーにきみの居場所はないだろう」。ウォーカーはすぐさま、保険関係のコンサルティングに配置転換を希望し、社に残って長く豊かなキャリアを積んだ。[15]

企業が発展するにつれ、優先順位は変化し、従業員に対する考えかたも変わった。一九五〇年代から一九六〇年代にかけての巨大コングロマリットの時代、CEOはリスクを避け、長期的な視野に立って将来のために努力することをよしとした。一九六七年に出版された『新しい産業国家』のなかでジョン・ケネス・ガルブレイスが書いているように、[16]こうした企業は、利益の最大化よりも安定化を優先し、人々の生活を向上させる製品を開発するために時間を割いた。また、さまざまな制約がありながらも、従業員たちが――裕福とまではいかなくても――満足して働き続けられるように努力した。

必ずしも全員が望みどおりとはならなかったものの、ほとんどの従業員は、従来より安定し、安心できる暮らしを送れるようになった。

マッキンゼーの元コンサルタントで、経済史家でもあるルイス・ハイマンは、このアプローチの利点をこう述べている。「中流階級の事務職員たちは、この先、家族が成長しても仕事を失うことはない、と安心できた。肉体労働者たちも、工場は来年も操業しているだろうし、労働組合のおかげで賃上げもあるはずで、革命など起こらない、とわかっていた[17]」

だが、アメリカ社会の美徳としての安定は長くは続かなかった。一九六〇年代には、社会が抱えるさまざまな問題を解決するために、抗議運動が盛んになってきた。前述のガルブレイスの本が出版されてまもなく、社会の安定した柱だったアメリカ企業は、ウォール街の気まぐれに奉仕する存在へ変貌を遂げた。従業員とその周囲のコミュニティに不利益が及ぶ場合も少なくなかった。「より大きく」ではなく、「より無駄なく」が目標になった。マッキンゼーは、その時々に合わせて助言を行ない、クライアントにいわば流行の服を着せた。

この変化は、ハイマンの言葉を借りれば「財務面からのみ見たあらたな企業評価、すなわち、生産よりも株や債券の価格を優先し、長期投資ではなく短期的な利益を優先する理念」から生まれた[18]。ハイマンによると、コンサルタントたちはこの変化を強く支持し、多数よりも少数に、社会よりも投資家に報いる方向に各企業の舵を切らせたという[19]。「その結果、企業は長期的な事業体ではなくなった。あすの発展ではなく、きょうの株価に価値を見出す、はかない集合体になってしまった[20]」

マッキンゼーは時代に合わせて最新の経営理論を採り入れた。社内のパートナーたちの多くは、たんなる市場調査にとどまらず、経営戦略、組織設計、分析的な難題に喜々として取り組んだ[21]。しかし、当時マッキンゼーのコンサルタントだったトム・ピーターズは、この軌道修正を歓迎しなかった。顧客サービスを改善する、従業員の価値を認めるといったビジネスの基本を経営陣が見失っているのではないか、と考えた。[22]

まだマッキンゼーに在籍中、ピーターズはウォール・ストリート・ジャーナル紙のコラムで同社を痛烈に批判した。「多くの場合、彼らは、MBAを利用して〝最新〟の戦略計画テクニックで武装したい、という誘惑に惑わされている」こうしたコメントをマッキンゼーが不快に思っていることは、ピーターズ自身も承知しており、あるパートナーからは解雇をほのめかされた。[23]しかし、解雇とはならず、ピーターズはみずから辞職して、その後、『エクセレント・カンパニー』をはじめ、何冊ものベストセラーを出版した。

経営陣とそのコンサルタントが、アメリカ企業のありかたを見直したいと考えたのには、もっともな理由がある。とくに自動車産業では、安価で高品質な日本車が米国メーカーに挑んできた。そこでゼネラルモーターズはふたたびマッキンゼーに助けを求めた。[24]ところが、ゼネラルモーターズとマッキンゼーは、日本の成功の大きな要因である品質管理の問題に焦点を当てようとせず、大規模な企業再編に着手した。[25]結果的に、労働者にしわ寄せが行き、失業という大きな代償を払わされることになった。

一九八〇年代にはさらに不安定さが増し、瞬く間に大金持ちになる者が現われる一方で、敵対的な企業買収やレバレッジド・バイアウトが相次ぎ、かつて安定していた企業も魅力が薄れだした。ニューヨーク労働研究所の所長で『Runaway Inequality』の著者であるレス・レオポルドは、「国内企業を買収し、多額の負債を負わせることで、莫大な利益が得られた」と述べている。[26]一部の人間がそのような利益をむさぼる状況を、彼は「アメリカの脱工業化」と呼んだが、買収を擁護する者たちは、これで企業の効率性が高まったと胸を張った。たしかに、あるていど落ち着いた会社もあったものの、たいがい、買収者側は企業を解体し、断片を売却して、大量の従業員を失業させた。「これは市場の見えざる手ではない。財務抽出プロセスだ」とレオポルドは指摘する。[27]

国内の有力企業のトップたちからなる組織、ビジネス・ラウンドテーブルは、企業自体の安泰が何より大切であるととらえ、社会的な利益を優先させるべきだとは考えていなかった。企業は「所有者たちに経済的利益をもたらすものでなければならない」というシンプルな理念にもとづいていた。所有者とはつまり、株主だ。

企業がウォール街に忠誠を誓った結果、雇用の安定は重要視されなくなった。マッキンゼーの三人のコンサルタントは、著書『The War for Talent』のなかで、「一九八〇年代後半の企業のダウンサイジングにより、安定した雇用の見返りに会社への忠誠を誓う、という従来の契約方式が初めて崩壊した」と書いている。[28]「わずか数年のうちに、転職にまつわる古いタブーは消え去り、履歴書に複数の会社名を並べることはむしろ名誉になった」。この本に収録されている図表には、たとえば次のようなキャプションが付いている。「古い現実：従業員は忠実。新しい現実：人々は流動的であり、忠誠心は短期的」

雇用の安定に対するマッキンゼーの考えかたは、自社内の「アップ・オア・アウト」という慣行によく表われている。各個人が定期的に再評価される制度だ。業績がさえない従業員は「カウンセリング」を通じて退職を促される。大半は素直に退職する。多くの場合、社内でもはや肩身が狭いか、本人が仕事を気に入っていないか、あるいは、もともとマッキンゼーを踏み台にしてみずから会社を設立するつもりだからだ。もっとも、マッキンゼーを辞めることは、ブルーカラーの労働者が職を失うこととは大きく異なる。マッキンゼーに在籍した履歴書があれば、次の高収入の仕事はほぼ保証されている。これに対し、ブルーカラーの労働者は、世界が厳しく、選択肢は少ない。

イェール大学のダニエル・マーコビッツ法学部教授は、ジ・アトランティック誌に掲載した「マッキンゼーはいかにして中産階級を破壊したか」という記事のなかで、会社への忠誠心の喪失について次のように書いている。「コンサルティング会社は、経営者を特定の業界や企業から引き離し、全般的な経営理論に結びつけて、すべての企業に共通する〝株主のために稼ぐ〟ことを受け入れさせた」[29]。マッキンゼーによれば、ほどほどの利益ではもはや許されないという。「突出した企業は生き残る権利を獲得できるが、長期にわたって平均、あるいは平均よりやや上しか株主に見返りを与えられない企業は、生き残れない」とマッキンゼーのコンサルタントは書いている[30]。

「突出した企業」をつくるためには株価を高く保つ必要があり、ふつう、収益をアップするより、レイオフでコストを削減したほうが簡単で手っ取り早い。最高経営責任者は、株価と連動して報酬が増える仕組みだから、株価が上がれば利益を得られる。レイオフは、効率化のためには必要であるかのようにさかんに言われてきた。企業の人員削減を進めるという点で、マッキンゼーの長い実績に匹敵する会社は存在しない。ダウンサイジングと呼ぼうが、リストラと呼ぼうが、結果は同じで、従業員が職を失う。マッキンゼーの歴史を書いたダフ・マクドナルドは、マッキンゼーのビジネスのこのような側面をこう表現している。「マッキンゼーは、現代史のどの時点、どの場所、どんな人物よりも、大量解雇を合法化する最大の当事者かもしれない」[31]

労働組合は、影響力が低下し、労働者の保護にほとんど役立っていなかった。一九五四年の時点では、時給や月給で働く人々の三四パーセント以上が組合員だった。しかし、一九八〇年代にはわずか二〇パーセント、二〇二〇年には一〇パーセントに低下した[32]。

社内の労働者に対して忠義を果たそうとせず、企業は、中産階級の良い仕事を賃金の安い南部の州にアウトソーシングするようになった。このような雇用の喪失は、まだほんの始まりにすぎなかった。

新しい技術により、何千キロも離れた場所でも簡単にビジネスができるようになったからだ。マッキンゼーは、みずからをアメリカの会社ではなく、国際的な会社と見なし始めた。「われわれは、グローバルなアウトソーシングやオフショアリングのさまざまな機会において、どのように、どこで、誰と提携すればいいか、組織に対して比類のないアドバイスをしている」とマッキンゼーは誇らしげにコメントした[33]。

二〇〇八年、ニューヨーク・タイムズ紙で労働関連の記者だったスティーブン・グリーンハウスは、こう書いている。「オフショアリングは、恐慌以降のどんな経済力よりも、ブルーカラー、ホワイトカラーの両方に影響を与え、アメリカの労働者に恐怖心を与えた」「グローバリゼーションは、初めはバドワイザー層（わりあい低所得の人々）だけを苦しめたが、現在ではスターバックス層（もっと高所得の人々）まで苦しめている」[34]

マッキンゼーは当初、インドに着目した。教育水準が高く、英語を話す人々が多いインドを、安価な労働力を求めるアメリカ企業の受け皿として積極的に売り込んだ。こうしたマッキンゼーの後押しもあって、インドは世界一のオフショアリング拠点となり、「オフショア・イスタン」というニックネームが付けられた[35]。インド人エリートの影響力の高まりについて書いたアニータ・ラガヴァンによると、マッキンゼーのインドでの成功は、一九九四年から二〇〇三年まで同社のマネージングパートナーだったラジャット・グプタと、シリコンバレーでインターネット業務を展開していたアニル・クマーという二名のベテランの功績が大きいらしい[36]。クマーは傲慢で無愛想なため、社内での人気はそれほど高くなかったが、インドの経済発展を促したいと同じく願うグプタが強い味方になった。

マッキンゼーは、業界団体のＮＡＳＳＣＯＭと、情報技術やビジネスコンサルティングを専門とするインフォシスという、インド最大のアウトソーシング企業二社と緊密に連携していた。ごく最近の二〇二〇年まで、マッキンゼーはインフォシスに助言を与え続けた。オフショアリングはアメリカの労働者を苦しめたが、インド経済には大きな好影響をもたらした。「当社のストックオプションにより、給料制で雇われていながら富豪になる人々がインドで初めて誕生した」とインフォシスはウェブサイトで誇らしげに述べている。

マッキンゼーは社の方針としてクライアントの名前を具体的に明かさないものの、あるオフショアリング推進人によると、インドに最も多くの仕事をアウトソーシングしているアメリカ企業は、マッキンゼーのクライアントであるフォード・モーター、アメリカン・エキスプレス、マイクロソフト、ゼネラル・エレクトリック、シスコの五社だったという[37]。

マッキンゼーは、オフショアリングに最適な場所を見つけるため、インフラ、人材、コスト、ビジネス環境などの観点から、低賃金の二八カ国を評価した。オフショアリングの有用性をたびたびおおやけに述べ、二〇〇六年には『Offshoring: Understanding the Emerging Global Labor Market』という本を出版した[38]。オフショアリングの利点として、経済成長、技術革新、消費者が製品を低価格で購入できることを挙げている。

マッキンゼーはこのように説明している。「企業がビジネスサービスを海外に移転させるのは、より多くの利益を得られるからである。アメリカにとっても、雇用を受ける国にとっても、富が生まれる」。すなわち、その恩恵は、みんなで分け合える「いままで以上に大きなケーキ」だという。さらに、航空会社がオフショアリングによってどれほど経費を節約できているかを紹介した。「安い労働力を活用してコストを抑えつつ、航空会社は、以前なら放置せざるを得なかった延滞中の売掛金を積極的に回収できるようになった[39]」

すでにオフショア事業を展開している企業に対しても、さらなる規模拡大を奨励し、「企業はオフショアリング・プログラムをまだ最大限に活用していない」と意見した。[40] 一方で、ゼネラル・エレクトリックの一部の事業所が、買掛金、規制当局への届出、税務コンプライアンス、資金管理などの財務業務を三五～四〇パーセントもオフショア化できたとして、マッキンゼーは高く評価した。

マッキンゼーは、高い評価を得ている独立系シンクタンク、マッキンゼー・グローバル・インスティテュートを通じて、オフショアリングに関する見解を発表していた。[41] ただ、この研究所が実際にどのていど「独立」していたかは疑わしい。マッキンゼーは、二〇〇三年に発表したオフショアリングに関する報告書のなかで、この研究所のおもな目的は、「マッキンゼーのクライアントとコンサルタントの利益のために、世界経済についての理解を深めることである」と述べている。

リベラル寄りのエコノミック・ポリシー・インスティテュートでリサーチディレクターを務める経済学者のジョシュ・ビベンズは、マッキンゼー・グローバル・インスティテュートを懐疑的に見ている。この研究所は、自分たちを「中立的で公的な知識人で、客観的な証拠をただ見ているだけ。すごいだろう?」とアピールしたがる、とビベンズは言う。[42] しかし実際には、この研究所は、利益を上げるための努力に「知的な輝き」を与えたいだけだ、と。「彼らは、勝ち組に焦点を当てて、負け組は無視するか、存在しないことにしたがる」

国内の雇用喪失を懸念して、アメリカ連邦議会はアウトソーシングに関する公聴会を何度も開催した。たとえば二〇〇七年六月一四日には、技術者代表のマーカス・コートニーが、サービス産業の三三〇万から一四〇〇万人の雇用がオフショアリングによって危険にさらされているとの推測を述べた。また、過去五年間にソフトウェア、半導体、電気通信の分野ですでに一一〇万人以上の雇用が国外に流出したとする報告書を引き合いに出した。[43,44]

マッキンゼーは、短期的には一部のアメリカ人労働者が苦しい立場に陥るかもしれないと認めつつも、そのせいでメリットが覆い隠されてしまってはならないと述べている。[45]「オフショアリングの議論を雇用の喪失に集中させるのでは、最も重要なポイントを見逃すことになる。オフショアリングは、アメリカ企業に価値をもたらし、ひいてはアメリカ経済に価値をもたらす」[46]。また、オフショアリングによってあらたな収益が生まれ、その収益が本国に送金されれば、離職した労働者の雇用を間接的に創出する効果もある。なかには、「別の高付加価値活動」に再就職できる人もいる、とマッキンゼーは論じた[47]。

いずれにせよ、「経済再編成のプロセスはたえず続く。その点はアメリカ経済もじゅうぶん承知しているはずで、雇用の喪失は、そういうプロセスの一部と見なされるべきだ」[48]。もっとも、そんなマッキンゼーの説明は、扶養家族を抱えつつ失業した労働者にとっては、ろくな慰めにならないだろう。ノーベル賞を受賞した経済学者ジョゼフ・E・スティグリッツは、自由貿易とグローバリゼーションをめぐるマッキンゼーの見解には難があるとし、ニューヨーク・タイムズ紙にこう書いた。「古くさい自由貿易理論は、たとえ最高の条件下であっても、勝者が敗者を補償することが〝可能〟だとしているだけで、実際に補償するとは言っていない。げんに、補償したためしはなく、現実はむしろ正反対である」「にもかかわらず、いんちきで、すでに否定されたこの経済理論は、いまだに人気を保ち、まかり通っている。きわめて裕福な人々の利益に寄与するからである」

製造業やデスクワークの仕事が減っていくなか、マッキンゼーは経営者の報酬を上げることを支持し続け、経営者の才能をめぐって競争が激化している以上やむを得ないとした。幹部報酬に関わる業務は終了していたが、なおもCEOの報酬アップを公然と主張した。同社のコンサルタントたちは、「有能な経営者は、大金を稼いで当然である」と書いている。

では、何をもって有能と見なすのか？　マッキンゼーの三人のコンサルタントは、著書『The

War for Talent』のなかで、この問いにこたえようとした。「才能とは魅惑的な言葉であり、人々は暗黙のうちに理解しているように思われる。そして、自分と才能の関係について考える。自分は〝有能〟なのだろうか？　どうしたら才能を伸ばせるのだろう？」[49]。これを執筆したコンサルタントが自身に向けて発した質問に違いない。続いて、浅薄なアドバイスが書かれていた。「有能な経営陣がより良い業績を生むことは、データによって裏付けられている」[50]。自分の有能さを裏付けるデータをマッキンゼーが持っていない場合はお気の毒、というわけだ。

マッキンゼーは特定の企業の幹部報酬について言及しないが、破綻したエネルギー企業エンロンの給与体系を眺めれば、マッキンゼーの考えかたの一端を知ることができるだろう。マッキンゼーは再三、エンロンを現代の成功企業の典型としてもてはやした。エンロンは、マッキンゼーの元パートナーが経営し、マッキンゼーのコンサルタントたちの助けを借りており、うち一名は取締役会にも名を連ねていた。フォーブス誌によれば、エンロンのトップ幹部五名は、一年だけでなんと三億ドル近く、二〇〇〇年までの五年間では五億ドル以上を手にしたという。そのほとんどはストックオプションの現金化によるものだった[51]。エンロンは結局、不正疑惑のなかで破綻し、数千人の雇用が失われた（マッキンゼーは何の罪にも問われなかった）。

アーチ・パットンが推進した流れをくむ報酬コンサルタントたちの働きもあって、エンロンの幹部報酬は想像を絶する高額にのぼっており、アメリカ下院議会の委員会が調査に乗り出した。二〇〇七年一二月に開かれた公聴会では、全米の二五〇の大企業の半数近くが、中立性を欠く報酬コンサルタント――報酬制度に助言しつつ、その結果から直接または間接的に利益を得るコンサルタント――を起用していることが報告された。委員会の調査により、中立性を欠く度合いが高いほど、CEOが受け取る報酬も高い傾向にあると判明した。ヘンリー・ワックスマン下院議員は、こう発言した[52]。「昨今のCEOは、基本給をもらっているだけではない。ストックオプション、制限付き株式、繰延報酬、役員年金制度、有利な退職金に加え、専用ジェット機から税務・財務計画サービス、カントリークラブ会員権にいたるまでの膨大な特典を手にしている」。ある調査によると、CEOが受け取る報酬の約八〇パーセントは株式関連だ[53]。

二〇〇二年、マッキンゼーは、経営者が株価を維持するための秘訣をまとめたレポートを発表した。そのレポートによると、経営者は時間をかけて大口投資家の心の動きを理解すべきだという。そうすれば、企業の新しい重要な決定を聞いても、投資家がパニックになって株を投げ売りし株価を下げてしまう、といった事態を避けられる。しかし、非公開の情報を開示せずに投資家の反応をつかむのは難しい。そのため、マッキンゼーは経営者に、「インサイダー情報の漏洩」とは見なされない方法で、投資家の意見を聞くようにアドバイスしている[54]。株価が高ければ、もちろん会社にもCEOにもメリットがある。CEOの報酬が株価と連動するケースが増えている。

中産階級が苦境に立たされ、アメリカの労働者の苦境が無視できなくなるにつれ、マッキンゼーも、企業が株主の利益に固執することは社会にとって良くないかもしれない、と気づき始めた。「株主資本主義が大きな進歩をもたらした一方で、気候変動や所得格差など、深く悩ましい問題への対応に苦慮している」とマッキンゼーは二〇二〇年に認めた[55]。

さらには、無条件に称賛していたオフショアリングについても見直した。ブルームバーグの報道によれば、マッキンゼーのシニアパートナーで、ロンドンのマッキンゼー・グローバル・インスティテュートに所属するリチャード・ドブスは、グローバリゼーションに対して社の姿勢が変化した点を「進化」ととらえているという。「マッキンゼーは現在でもグローバリゼーションを支持しているが、〝例外〟もある。例外的なケースをさらに意識する必要がある[56]」

＊＊＊

ウォルマートが新しいコミュニティに進出するとどうなるかは、よく知られているだろう。安価な商品と強力な市場力に押されて、地元の小売店は価格の引き下げや閉店を余儀なくされ、地域内の賃金がおおむね下がる。[57]だが、一五〇〇万人のアメリカ人にとって、ウォルマートは自分たちに必要なもの——仕事とそれに付随する自尊心——を提供してくれる存在だ。ただし、ウォルマートは、中流階級への道を簡単に切り開いてくれたり、中流階級にとどまるための確実な手段を与えてくれるわけではない。

二〇〇五年の時点で、マッキンゼーのクライアントであるウォルマートの従業員の平均年収はおよそ一万七五〇〇ドル。アメリカの世帯収入の中央値はおよそ五万ドルだった。[58]アソシエイトと呼ばれるウォルマート従業員たちの子供の半数近くが、メディケイド（低所得者向け医療費補助制度）に加入しているか、または無保険だった。ウォルマートは労働組合を毛嫌いしており、社内に労働組合が存在しないため、従業員の待遇改善を促すためには、世間に実態を公表し、経営者に圧力をかけるしかなかった。

二〇〇五年、ウォルマートはマッキンゼーに依頼し、従業員コスト、とくに医療費の増加を抑える方法を模索していたが、その半面、世間の風当たりを無視できなくなってきた。ウォルマートの幹部であるスーザン・チェンバーズは、マッキンゼーの協力を得て作成した取締役会向けの機密文書に、「わが社の医療給付は、いま直面している評判管理上の問題点の一つであり、きわめて緊急性を要する」と記している。[59]「資金力と組織力のある批判者たちや州政府の役人たち」がウォルマートの福利厚生をつぶさに調べているせいだという。

チェンバーズは、保険料が低所得者層にとっては高額であること、アソシエイトとその子供のうちのかなりの割合が生活保護を受けていることなど、いくつかの批判は妥当であると認めた。そのため、同社の保険に加入している従業員の割合は、一般的な国内企業と比べて少なかった。「もう一つの問題は、〝認識〟にある」とチェンバーズは述べている。「わが社の医療保険がいかに手厚いものであるかを、世間に効果的に伝えてこなかった」

これらの問題を解決するため、ウォルマートはマッキンゼーに依頼し、一五人からなる専門チームに提言をまとめてもらった。

その専門チームによって明らかになった問題点は、ウォルマートの従業員の勤続年数が長くなり、会社の財政に深刻な影響を与えていることだった。勤続年数が長くなればなるほど、福利厚生や有給休暇を取得できるアソシエイトが増えるからだ。「さらに重要なのは賃金である。賃金は勤続年数と連動して上昇し、多くの手当のコストに直接的な影響を及ぼす」

企業によっては、「勤続年数が長いのは、従業員が忠誠心を持ち、経験を積んでいる証拠」だと喜ぶかもしれないが、どうやらウォルマートはそのような企業ではなかったらしい。「在職期間が賃金や福利厚生に与える影響を考えると、在職期間七年のアソシエイトひとり当たりのコストは、在職期間一年のアソシエイトひとり当たりより五五パーセント近く高いものの、両者の生産性には差がない」と専門チームは報告した。「さらに、多くの給与と手当を支払っているせいで、在職期間が長くなればなるほど、そのアソシエイトは、労働市場の一般水準からずれていき、ウォルマートにとどまりたがる可能性が高まる」[60]。かつてのデトロイト条約は、労働者にとってより安全な未来、すなわち、彼らの子供が親よりも良い生活を送れるかもしれないという未来を約束をしていたが、そのころとは労働に対する考えかたが大きく変化したことが如実に表われている。

ウォルマートのアソシエイトは、たいがい、自分自身や家族のために全米平均の約二倍の医療費を支払っていた。また、子供の定期的な予防接種はウォルマートの保険の適用外だった。[61] 専門チームの報告書には、「各州政府は医療費に対する懸念を強めており、ウォルマートが問題の一端を担っていると見る向きが多い」とある。ウォルマートは、州が企業に対して、従業員のうち何人がメディケイドの適用を必要としているかを報告するよう義務化するのではないかと恐れていた。実際、ミネソタ州の議会がその義務化を検討し始めたとき、ウォルマートは猛烈な反対運動を展開し、この法案は「ことし一〇万人の新規雇用を創出しようとしているビジネスに対する見当違いの破壊的な攻撃にすぎない」と書面で抗議した。[62]

専門チームはマッキンゼーの協力を得て、パートタイム労働者の割合を増やすことを提言した。ただし、そうすると医療保険への加入率が下がり、会社の社会的な評判に悪影響が及ぶおそれもある、と付け加えた。また、利益分配や401（K）プログラム（退職金貯蓄プラン）への投資を全般的に減らし、会社負担の生命保険料を下げ、従業員を「消費者主導型」の医療プランに移行させることも検討すべきとした。さらに、メディケイドを必要としている従業員が多すぎるという批判をかわすために、メディケイドは「ウォルマートだけの問題ではなく、あらゆる人々の問題である」と世間に示唆して議論の的をずらすよう提案した。

ウォルマートはほかの大企業とはかなり異なるが、あるビジネス手法は同じだ。すなわち、低賃金の国で製品や消耗品をより安く購入できる場合、そういった国からの購入に踏みきる。二〇〇五年、ウォルマートのスプリンクラーを長年供給してきた業者が、従業員をほぼ全員解雇した。チャールズ・フィッシュマンの著書『ウォルマートに呑みこまれる世界——「いつも低価格」の裏側で何が起きているのか』によれば、その業者の社長は、ウォルマートがスプリンクラーを中国で安く生産するよう強く主張したせいだと明かしている。

フィッシュマンは、長年勤めたスプリンクラー会社の職を失った従業員たちを訪ねた。彼らは苦さと悲しさ、そして心配に見舞われていた。

ローズ・ダンバー　家に帰って、一週間泣き続けました。困り果てました。どうしたらいいのかわかりませんでした。ネルソンに入社した当初の時給は四ドル五〇セント。一五年後、一〇・八五ドルまで上がったのに辞めざるを得なかったのです。わたしは六〇歳です。引退するには早すぎます。なのに、わたしは望まれていません。離婚して、あまり収入のない娘と、孫娘ふたりを抱えている状況です。

テリー・グレアム　ことしの初め、会社側に雇われた人たちが、工場を歩き回り、わたしたちが働いている姿をビデオに撮っていました。ひどい、本当にひどい話です。わたしたちの目の前で、そんなことを……。

サリー・ストーン　うちの会社はいま、チームリーダーやメンテナンス担当者たちを中国に派遣し、現地の人々を訓練したり、現地に機械を設置したりしています。

こうしたインタビューだけでは、ウォルマートが安価な外国人労働者にどれほど依存しているかじゅうぶんには伝わらないだろう。二一世紀に入って最初の数年間で、ウォルマートは中国からなんと三〇〇億ドル相当もの商品を輸入した。パット・ウォーカー――半世紀前、CEOの報酬の妥当性をめぐってアーチー・パットンに異議を唱え、物議を醸した人物――は、その後、中国における業務を幅広く手がけており、FOXニュースの司会者にこう語った。「もしマッキンゼーの仲間が今日ここにいたら、わたしと同じ意見でしょう。自由貿易が時代の主流であり、ごく当然の話として、自由貿易の推進に向けて尽くすべき、どんな商品をどこでつくろうがかまわない世界をめざすべき、と言うはずです[63]」

フィッシュマンの著書は、ウォルマートはほかにも好ましからざることをやっていたと読者に指摘した[64]。あるときは、従業員を夜通し店舗に閉じ込めた。タイムレコーダーに退出を記録させたあと残業を強要したり、夜間、非正規雇用の移民に店舗を清掃させたりする例もあった（これらの事例にマッキンゼーは関与していない）。さまざまな事例を踏まえ、フィッシュマンはこう結論づけた。

ウォルマートは、本質的な事実を把握できていないようだ[65]。同社に対する世間の不評はまさに当然だという事実を。いや、価格の安さについてはいま以上に高く評価してしかるべきだろう。しかし、創業者サム・ウォルトンが掲げていた方針を破棄して従業員の扱いを下げ、執拗な圧力をかけて企業を空洞化し、製品の品質を低下させ、サプライヤーやコミュニティをいたぶり、腐敗した秘密主義を貫く……これらはどれも、けっして憶測の産物ではないし、些細な事柄でもない。

フィッシュマンの著書以来、ウォルマートは、医療保険制度を充実させ、環境保護に取り組み、社会的責任にもとづく行動を取るなど、批判を浴びた一部の姿勢を改めている。また、ある店舗で起きた銃乱射事件を受けて、拳銃と軍用武器の弾薬の販売を禁止した[66]。とはいえ、従業員たちが日々の生活費のやりくりに苦労している実態に変わりはない。二〇二〇年、ウォルマートは五〇〇〇店舗で、特定の従業員の最低賃金を時給一一ドルから一二ドルに引き上げるプランのテストを始めた。[67]

マッキンゼーは、いまなおウォルマートにアドバイスを続けている。直近の二年間で、ウォルマートはマッキンゼーに五〇〇〇万ドル以上の報酬を支払ったほか、若年労働者の就職支援を目的としたマッキンゼーのイニシアチブに三二〇〇万ドルを拠出した。[68]

＊＊＊

二〇一七年一一月末、AT&Tの最高経営責任者であるランドール・スティーブンソンは、エンパイアステートビルの五〇階にあるニューヨーク経済クラブを訪れて、トランプ大統領の減税案を称賛し、従業員たちにある約束をした。壇上で椅子に深くすわった彼は、トランプ大統領の一兆五〇〇〇億ドルの減税が実現したら、従業員を七〇〇〇人増やし、少なくとも一〇億ドルの設備投資を行ない、二〇万人の従業員に一〇〇〇ドルのボーナスを支払うと述べた。また、あらたに加わる従業員の仕事はエントリーレベルではない、と語った。「七〇〇〇人の新規雇用者は、地面にファイバーを敷設する工事に当たってもらう。年収が七万ドルから八万ドルにもなる仕事だ[69]」

ボーナス支給の対象者は、組合員、非管理職従業員、第一線の管理職だった。

AT&Tには、寛大な措置を取るだけの余裕があった。トランプ大統領の提案が通れば――支援を必要としない大企業を利するだけの政策だ、と民主党は批判したが――AT&Tはさっそく二一〇億ドルを節税できる。「クリスマス前に大統領が法案に署名すれば、休暇中にボーナスを受け取れるだろう」とAT&Tは従業員に通知した。[70]

＊＊＊

クリスマスの三日前、トランプは法案に署名し、AT&Tなどの企業に向けて感謝の気持ちをツイートした[71]。「われわれの大規模で非常に人気のある減税・改革法案は、思いがけない新しい〝愛〟の源《みなもと》を手に入れた――大企業や法人が、労働者に気前よくボーナスを配ることになったのだ」AT&Tの広報担当者によれば、ボーナスは約束どおり支払われたという[72]。

減税後の三年間で、AT&Tはマッキンゼーに三五〇〇万ドル以上を支払った[73]。AT&Tの約束がほころぶのに時間はかからなかった。アメリカ通信労組によると、AT&Tは雇用を増やすどころか、トランプの減税が法制化されたあとの半年間で一万一〇〇〇人近い雇用をカットした[74]。しかも、雇用削減はさらに続いた。二〇二〇年六月までに四万人以上の雇用が消滅したと同労組は報告している。ある元マッキンゼーのコンサルタントは、AT&Tの一部を再編することで利益を得た、と証言する[75]。

コネチカット州のAT&Tのコールセンターで二〇年以上働いていたスティーブン・スミスは、何の前触れもなく、会社が自分のコールセンターを含む三つの地域のコールセンターを閉鎖することを知った[76]。四六歳にして、新しい仕事を探さなければいけなくなった。ガーディアン紙の取材に彼がこたえたところによれば、約九〇人の従業員が、退職金を受け取るか、ジョージア州やテネシー州へ転勤するかを提案されたらしい。しかし、配偶者が働いていたり、学校に通う子供がいたりする従業員にとっては、現実的な選択肢ではない。シンディ・リディックは、二〇一八年に閉鎖されるまでの一二年間、ペンシルベニア州ハリスバーグにあるAT&Tのコールセンターで働いていた[77]。「夫が重病で、健康保険も切れそうだし、この年齢で就職活動をやり直すのは厳しい」とリディックはこぼす。

CWA（アメリカ通信労働者組合）のオハイオ州アクロン支部のジョー・スナイダー支部長は、こう語った。「AT&Tは、低賃金の請負業者に仕事を押し付けているようだ。そういう業者は、CWAの組合員に匹敵する訓練を受けておらず、経験も忠誠心も持っていない。会社側が節約した金は、短期的な利益を求める裕福な株主の懐に入る」[78]。AT&Tへの助言は、マッキンゼーに非常に大きな儲けをもたらしている。一九九〇年代初頭のたった五年間で、AT&Tはマッキンゼーに九六〇〇万ドルを支払った[79]。

別の通信会社ベライゾン・コミュニケーションズは、二〇一八年と二〇一九年に少なくとも総額一億二〇〇〇万ドルをマッキンゼーに支払った[80]。二〇〇人近くのコンサルタントがベライゾンに関わる仕事をしていた、とマッキンゼーの元従業員がインタビューで明かしている[81]。「一五から二〇のチームが稼働していた」。ほかのコンサルティング会社からも同じくらいの数が出向いていた。「昼食時、かつての同級生にしょっちゅう再会した。まるで笑い話だ」

マッキンゼーの元従業員によれば、ベライゾンの従業員と同じ数のコンサルタントがいたこともあったらしい。ベライゾンは、マッキンゼーに払った一億二〇〇〇万ドルのうち少なくとも一部を、正規の従業員を雇う、あるいは既存スタッフの給料をアップするといったほうに回すこともできたのではないか？　別の言いかたをすれば、ベライゾンやAT&Tは、自分たちがやるべき仕事をコンサルタントにアウトソーシングしていたわけだ。そうしたコンサルタントたちは、企業に対して忠誠心などほとんど持っておらず、入れ替わりも激しい。雇ってくれた経営者を喜ばせることや、後任のコンサルタントたちも同様に歓迎されるように取り計らうことくらいしか、興味がない。

二〇一八年後半までに、一万人以上のベライゾン従業員が早期依願退職に応じた。マッキンゼーは、「給与の削減はわれわれの仕事の焦点ではない」と述べている。それでも、CWAの調査コーディネーター、ネル・ガイザーは、人員削減はウォール街の期待に応えるために行なわれたと指摘した。
「人員削減がいちばん手っ取り早い[82]」

＊＊＊

　元マッキンゼーのコンサルタント、アナンド・ギリダラダスは、政府が所得格差に対処できていないことが、政府への不信感を生み、人々のあいだの対立にもつながっていると考える。著書『Winners Take All』のなかでこう分析している[83]。「右も左も関係なく、何百万人ものアメリカ人が、共通して一つの感情を抱いている。それは、〝自分たちに対してゲームが不公平に仕組まれている〟という思いだ。おそらくこれが、〝システム〟を非難する声が絶えない理由だろう」

　ワシントンDCの連邦準備理事会の調査には、こう記されている。「過去四〇年間、企業各社の増大する市場力が、社会の最も手に負えない問題の一因となっている。その問題とはすなわち、生産性が向上しつつも賃金の伸びが停滞し、国内企業の税引前利益が急激に上昇する一方で所得格差が悪化し、金融の不安定性が増大するなかで家計の負債が増加していることである[84]」。二〇一九年八月には、ビジネス・ラウンドテーブルでさえ、「企業は株主の利益のみを追求すべき」という立場を見直した。この動向をマッキンゼーは「緊張の高まりの反映」と述べた[85]。

　オフショアリングがワシントンの多くの政策決定者に支持されなくなったことに対し、マッキンゼー・グローバル・インスティテュートは、グローバリゼーションを支持する立場をあらためて表明し、「アウトソーシングと労働組合の弱体化が所得格差のおもな原因、とみるのは間違い」と反論した。本当の原因は「経済の好不況のサイクル」と「技術の進歩」である可能性が高いとし、「この問題では、雇用の喪失や移転が話題にのぼることが多いが、急進的な変化に注目すべきである」と述べている。[86] アナンド・ギリダラダスは、マッキンゼーの問題は、アドバイスする相手だけにとどまらないと指摘する。「マッキンゼーの仕事の多くは、労働者の取り分を減らして、投資家の取り分を増やすというものだ[87]」

ほとんど一時間おきくらいの頻度で、マッキンゼーは、所得格差に企業が対処する方法についての考えや提案をインターネット上に発信している。その内容は「マッキンゼー流」の一覧目録といっていい。「あなたの会社の主たる存在理由は何か?」とマッキンゼーは問いかける。[88]「必要なことはわりあい明確だ。企業のアイデンティティー、つまり、何を本当に大切にしているのかを深く考えることなのだ」。問いは明確でも、こたえるのは難しい、とマッキンゼーは続けている。「どうすれば、アイデンティティーを具体化できるのだろう? 具体化し、現実化するためには、どのような仕組みが必要なのだろうか?」

マッキンゼーは、ニューエイジふうの知恵を提示した。「あなたのビジネスのスーパーパワーとその社会への影響を結びつけようと努力すれば、その過程で、将来的に追求し、達成したいと考えるさまざまな目標や活動が、きらびやかな星座となって見えてくるはずだ」。みずからの信念を見きわめられない場合は、「ソフトウェアツールを通じて、自社の価値観や目的を探るとともに、そうした探究を可能にする職場のつながりを構築するといい」

マッキンゼーが過去のあやまちを謝罪することはほとんどないが、幹部報酬の引き上げを推進する旗振り役になったアーチ・パットンについて振り返るのは有意義だろう。彼は後年、かつての自分の仕事がもたらした影響についてどう感じているかとある記者に質問された。

彼の返事はひとことだった。「有罪だ[89]」

第三章　両立——政府を助けてみずからの身も助く

一九九〇年代半ば、マッキンゼーのコンサルタントチームが、ユートピアの夢を追い求めて、イリノイ州の州都スプリングフィールドにやってきた。その夢とは「再編成された州政府の力を借りて、貧困層を福祉から自立させ、貧困の連鎖を断ち切る」というものだ[1]。コンサルタントたちを呼び寄せたのは、かつてのパートナーであるゲーリー・マクドゥーガルだった。彼は数年前にマッキンゼーを辞め[2]、事業を成功させたあと、政界に転身し、一九八八年のジョージ・H・W・ブッシュの大統領選挙運動に参加した人物だ[3]。

人生に不安定な時期が訪れ、離婚などを経験したマクドゥーガルは、心機一転を図ってヒマラヤを旅し、あるアイデアを思いついて帰ってきた。自分のリーダーシップ能力と政治的なコネクションを活かせば、政府が貧困問題により効果的に取り組めるように導くことができるのではないか、と。共和党の仲間の多くと同様、福祉が貧困をはびこらせていると考え、受給者が自立するのを支援しようと思い立った[4]。

マクドゥーガルは、同じ共和党のイリノイ州知事ジム・エドガーに、専門チーム発足の承認を求めた。マクドゥーガルがチームの責任者となり、貧困救済制度を研究し、目標を定め、進捗状況を調査するという意図だった。[5] すると知事は、自分の保健アドバイザー、フェリシア・ノーウッドと手を組んではどうかと提案した。ノーウッドはイェール大学ロースクールを卒業した若く優秀な人物で、州政府を熟知しており、信頼できる相談相手だった。[6]

任務の複雑さを考え、マクドゥーガルは助けを求めるため、個人的によく知り尊敬している人々、つまりマッキンゼーにいる元同僚たちに連絡した。元同僚たちは呼びかけに熱意をもって応え、シニアパートナーを含む七人のコンサルタントチームを派遣し、イリノイ州議事堂の隣にある大きなオフィスに陣取った。コンサルタントたちは数カ月間、断続的に働き、州の機関や民間の慈善団体が運営する一八のプログラムを通じて支援を受けている三六五世帯のファイルを調査した。また、福祉受給者や政府の役人にインタビューを行ない、貧困地域を訪れた。やがてマクドゥーガルは、このコンサルタントたちが公的援助の組織的な短所を誰よりもよく理解していると述べるに至った。[7]

何より、マッキンゼーはすべてを無償奉仕で進行し、現在の価格から推定すると数百万ドル相当にのぼる現物支給を行なった。「マッキンゼーはボランティアで時間を提供し、イリノイ州をクライアントにしようとは考えていなかった。おかげで、信頼が高まった」とマクドゥーガルは述べている。州政府と契約しなかったのは、政府内にいては真の変革はできないと判断したからだという。[8]

しかし、本当の変化が起こったのは、一九九七年に新しい法律が制定され、州内の医療サービスが改革されたときだった。マクドゥーガルによると、この改革の最初の年に、生活保護受給者数が二二パーセントも減少したらしい。[9] マクドゥーガルとその協力者の功績だ。「一九〇〇年以来、州政府としては最大の改革だった」とマクドゥーガルは言う。彼はその後、イリノイ州共和党の議長を務め、貧困問題に関してほかの州にも助言した。[10]

のちに判明したところでは、マッキンゼーの無料奉仕活動は、マクドゥーガルが思うほど崇高な目的ではなかったようだ。マッキンゼーは、無料奉仕を行なって州政府の業務内容を知り、いずれ営利目的の仕事を獲得するための土台を築いていた。

この戦略はイリノイ州で大きな成果を上げた。同州では、「管理医療《マネージドケア》」を通じてメディケイドを民営化していた。管理医療とは、患者を特定の医師や病院に誘導し、コストや質を部分的にコントロールする制度だ。二〇一七年初め、州当局はこの制度を拡大して六五万人を追加登録したいと考えたものの、支援なしには実現できないと判断した[11]。そこで登場したのがマッキンゼーだ。マッキンゼーは、数年前にゲーリー・マクドゥーガルと仕事をしたおかげで、この州をよく知っていた。

新知事となったブルース・ラウナーは、保守的で企業寄りの共和党員であり、マッキンゼーの元幹部を副知事に任命した[12]。また、州のメディケイド担当理事になったフェリシア・ノーウッドは、先だってマッキンゼーが州政府の改革を行なったときに同社に精通した。また、マッキンゼーの顧客であるエトナのマネージドケア部門にも長年勤務していた[13・14]。

歳出削減と労組の弱体化を公約に掲げたラウナー知事は、瞬く間に政権運営に行き詰まった。民主党議員との対決により、州の予算がゼロという異常事態が二年以上にわたって続いた[15]。知事の財政的な判断力をチェックするため、有権者はスサナ・メンドーサをイリノイ州会計監査役に選出した。

メンドーサは、小柄ながら闘志を燃やし、ホスピスや老人ホーム、病院を訪れ、予算の行き詰まりが困窮者に与える悪影響を直接目にした。心配や苦しみが広がっていることも知った。高齢者の在宅介護を行なうある会社は、州から八〇万ドルが未払いのせいで、利用者数を九〇〇人から三〇〇人に減らさざるを得なくなった[16]。「困窮者たちは、文字どおり、助けを求めて叫んでいました」とメンドーサは言う[17]。「わたしはカーボンドールの家庭内暴力センターへ行った。三〇〇キロ圏内で唯一のセンターだった。もし閉鎖されたら、女性たちは死んでしまうだろう」。困窮家族を支援する団体を運営しているアンドレア・ダービンは、こう語った。「最も大きな打撃を受けたのは、病気の人たちだ。国からの支援を得て、安全かつ健康に立ち直りたがっている」[18]

この予算危機のさなか、メンドーサは驚くべき発見をした。

人の命に関わるサービスに予算が出せない状態だというのに、イリノイ州の役人は、マッキンゼーのコンサルタントたちに何百万ドルという報酬をそっと渡していたのだ。メンドーサによれば、こうした決定は、立法府の監督や承認なしに、闇のなかでなされることが多いという。新しい仕事に就いてわずか三カ月後の二〇一七年三月、彼女は、州が技術的アドバイスの見返りにいくつかのコンサルティング会社に支払うはずだった二一六〇万ドルを凍結した。大半はマッキンゼー向けだった。[19]

メンドーサは「高齢者センター、ホスピスケア施設、教育機関などの重要なサービスをさておいて、民間のコンサルタントが優先的に支払いを受けているように見える」と思い、理由を知りたいと考えた。彼女は知事に具体的な質問を送り、五日間の猶予を与えたが、回答がないまま期限を迎えた。[20]

メンドーサはまだ知らなかったが、これをきっかけに、大きな構図が暴かれることになった。マッキンゼーはあらゆる側に味方して医療帝国を築こうとしており、州政府が進んでその共犯者になっていたのだ。

州議会は巨額のコンサルティング料についてほとんど知らず、シカゴのグレッグ・ハリス議員の要請により、財政難のなか、なぜマッキンゼーに七五〇〇万ドル以上も支払うはめになったのか、三回にわたる公聴会が開かれた。[21]ハリス議員は、まず二つの単独契約、総額約二四〇〇万ドルに注目した。[22]この二つの契約は、州側がほかの企業には一社も打診せずマッキンゼーに発注していた。[23]

ある公聴会で、ハリスは、この契約を発注したノーウッドに対し、懸念を表明した。[24]「入札もなく、ほかに誰がいるか、誰がより良い経験や価格を持っているかを比較する機会もなく単独契約を結んだとなると、……当然ながら、多くの疑問が浮かび上がる[25]」

ノーウッドは「大丈夫」とこたえた。自分も仲間もマッキンゼーの仕事ぶりをよく知っているから、よそと比較する必要はない、と。

「この仕事の一部を組織内でこなせないのでしょうか？　そうすれば、外注して、何千万ドルも費やさずに済むのでは？」とハリス議員は質問した。

ノーウッドの返事は「ノー」だった。「この仕事は、内部の職員にはぜったいにできない」。組織の変革を戦略的に進めることは、職員の能力を超えているとの判断だった[26]。

マッキンゼーとの契約に異を唱えたのは、議員たちだけではなかった。州政府の調達責任者が、契約の一つ、一二〇〇万ドル相当を無効とした[27]。その翌日、メンドーサがさらに一つ、マッキンゼーとの契約を凍結した[28]。

しかし、最も懸念されたのは、マッキンゼーが別の支出に関与していたことだった。マッキンゼーの助言のもと、ノーウッドは六三〇億ドルという州史上最大の金額をマネージドケア企業七社に支払って、医療サービスの管理・決済を任せ、メディケイド制度を拡大したのだ[29]。立法府の監視を受けずに決定された支出であり、メンドーサはこの判断がとんでもない間違いだと指摘した。「つまり、たとえばペーパークリップを購入する契約は、独立した監視のもとに結ばれているのに、この巨額契約のほうは、監視を逃れている[30]」

マッキンゼーとしては、たとえ政府関係の仕事であっても、第三者の監視を受けるべきだとは感じていなかった。ある公聴会でハリス議員は、マッキンゼーには秘密主義の傾向が強いと訴え、州当局と同社が結んだ契約のなかにこんな条項があると指摘した。「この契約に関し、州とマッキンゼーは、ニュースリリースを含む外部とのやりとりのなかで、相手について言及したり、情報の提供先として相手を名指ししたりすることはできない」

「これはイリノイ州が結ぶ契約の標準的な条項なのでしょうか?」とハリス議員は尋ねた。

ノーウッドは「そうだと思うが、はっきりとは言えない」とこたえた。

「透明性の観点から好ましくないように思えます」とハリス議員は言った。[31]

ここでもまた、ノーウッドは「大丈夫」と断言した。たとえば、マネージドケアの大型契約は、入札で決められ、利害関係のない人々が妥当性を評価するからだという。[32] ノーウッドはかつて、一九年近くマネージドケア・プランに携わっていたが、彼女も、医療業界とつながりのある二名の同僚も、評価には参加しないとのことだった。

発言内容に嘘はなかったものの、ノーウッドは、契約の仕様書を誰が書いたかなど、ほかの重要な問題には触れなかった。仕様書しだいで、特定の会社を利することもあり得るはずだ。この点について追及されたノーウッドは、マッキンゼーの助けを借りつつ州の職員が契約書を作成した、とこたえた。[33] また、副知事のひとりトレイ・チルドレスをはじめ、州知事事務所のスタッフも手伝ったという。チルドレスは、一年後にマッキンゼーのシカゴ事務所に入社した。もっとも、ほかの場面では、ノーウッドは証言を変え、チルドレスは参加しなかったと言っている。あらたにインタビューを求めたものの、ノーウッドからの返答はなかった。

公聴会では、マッキンゼーに利益相反の疑いがないのか、誰も尋ねようとしなかった。マッキンゼーのクライアントリストは極秘であり、州政府関係者が入手することは不可能だったのだ。しかし、本書の著者であるわたしたちはそのリストを独自に入手し、マッキンゼーがマネージドケア産業と財務的に深いつながりがあることをつかんだ。

近年、マッキンゼーはマネージドケアを提供する企業から二億ドル以上の報酬を得ており、同社にとって最も収益性の高い分野の一つとなっている。[34] さらに、ノーウッドが認めた六三〇億ドルのメディケイド契約を見ると、この契約に関わった七社のうち四社は、のちにマッキンゼーのクライアントによって買収されている。また、五社目のブルークロス・アンド・ブルーシールド・オブ・イリノイの親会社は、マッキンゼーのシカゴオフィスの大家だった。この保険会社が所有するビルの上層階三フロアをマッキンゼーが借りたのだ。この賃貸契約についてクレインズ・シカゴ・ビジネス誌は、巨額のビル建設費の回収に困っていた保険会社にとっては万々歳、と評した。[35]

マッキンゼーは、これらの関係をおおやけにしていない。同社の広報担当者によれば、コンサルタントがクライアントの競合他社から機密情報を入手した場合も、その情報が重要な競争力を持つかぎり(通常二年間)、情報提供は禁じられているという。「クライアントは、われわれが機密情報を安全に保つと信頼しているからこそ、われわれと仕事をするのだ」

州議会は、マッキンゼーが毎月約一〇〇万ドルの報酬を得て何をやっていたのかを知りたがった。コンサルタント用語でいう「成果物《デリバラブル》」は何だったのか？[36] 公聴会で書類に目を通したハリス議員は、気になる点を見つけ、質問した。「成果物の報酬が毎月同じだ。なぜ変動なく一定額なのか？　当然の疑問だと思うが」

「もっともだ」とノーウッドはこたえた。

ハリスは、中身があいまいな成果物があると指摘した。たとえば、「プロバイダーとのエンゲージメントセッションをリードする担当者に対して、セッションを適切な間隔《キャデンス》で開催するためのサポートや準備を行なう」とは、いったいどういう意味なのか？　議場に笑いが起こった。[37]「適切な間隔は定まったんですか？」とハリス議員は皮肉を込めて尋ねた。[38]

「それがあなたの質問なのか？」

ます」

「ええ。この書類を眺めながら、わたしたちは一〇〇万ドル払って何が得られたのか疑問に思っています」

「こちらが支払った金額と、受け取った成果物が具体的にわかるように、あらためて書類を用意する」とノーウッドは約束した。

その六カ月後、ノーウッドは州の仕事を辞め、マッキンゼーの最大のクライアントである大手マネージドケア企業、アンセムに転職した。[39] マッキンゼーは二〇一八年以降、アンセムから合計九〇〇〇万ドル以上の報酬を得ている。[40] そのかなりの部分は、ノーウッドがアンセムの政府事業部門の社長を務めていたときに発生したものだ。マッキンゼーはアンセムのほかにも、少なくとも九社の保険会社にコンサルティングを提供している。[41]

ノーウッドが州政府を去る前に、ウィリアム・デイビスという議員から質問が出た。マッキンゼーが過去、このような仕事をクリーンにこなし、信用できる実績を上げたという保証はあるのか、と。[42]

非常に高い評価を得ている会社でも、「あるとき突然、誰かがその会社を掘り下げて調べ、タマネギの皮を一枚むいてみると」問題が発覚するケースがある、とデイビス議員は補足した。

「あなたが知る範囲で、この会社に問題はないんですか？」とデイビス議員は尋ねた。

「わたしの知るかぎり、この会社には何の問題もない」

「間違いないですか？　重ねて訊きますが」

「確かだ」

＊＊＊

もしイリノイ州当局がタマネギの皮を一枚むく気になっていれば、ミシシッピ川を渡ってミズーリ州セントルイスに行き、さらに六〇〇キロ先のアーカンソー州リトルロックまで足を伸ばそうと考えたかもしれない。もしそうしていれば、マッキンゼーが州政府との契約をどのようにして勝ち取るかについて、示唆に富む裏話を知ることができただろう。

イリノイ州の例でわかるとおり、マッキンゼーは、マネージドケアの細部だけでなく、州の意思決定者にアプローチする方法も心得ている。ミズーリ州の場合、前知事エリック・グレイテンズとつながっていた[43]。

二〇一七年一月にミズーリ州知事に就任したグレイテンズは、わずか数日後、わざわざ新しいポジションをつくり、かつてマッキンゼーでパートナーを務めていたドゥルー・アードマンという人物を迎え入れた。アードマンは以前、国家安全保障会議でイラクとイランを担当するディレクターだったこともある[44]。まもなく、ミズーリ州はマッキンゼーを――またも無償で――雇った。「大きな成果を上げる組織を構築するうえで必要な、おもなリーダーシップ要素および文化的要素の理解をサポートしてもらうため」だった[45]。

無償奉仕のあと、マッキンゼーは資金回収の準備に取りかかった[46]。アードマンがメディケイドの改革に意欲を示した結果、州は同年末、メディケイド制度に関する契約について、入札によって業者を選定することになった。メディケイド制度を迅速に評価してもらい、改善案を示させて、無駄・不正・濫用の防止などに役立てるという意図だった。マッキンゼーのほか四つのコンサルティング会社が入札に参加した[47・48]。

それぞれの会社が出した提案書が公示されたものの、マッキンゼーの提案書は、公的な観点から分析しようにも不可能だった。何十ページにもわたって、全体あるいはほとんどが黒く塗りつぶされていたからだ[49]。ほかのコンサルティング会社の書類には、そのような処理はされていなかった[50]。セントルイス・ポスト・ディスパッチ紙のコラムニスト、トニー・メッセンジャーは不審に思い、こう書いた。「アードマンが起用されて以来、マッキンゼーがミズーリ州政府で主要な役割を果たすようになった。彼らの仕事の大きな特徴は、秘密主義にあるらしい[51]」。州検事総長も、黒塗り処理は不適切とコメントした。

大量の黒塗りは、その後の展開の予兆だった。

当初、州政府は「コスト四〇パーセント、手法四〇パーセント、経験二〇パーセント」の基準で落札者を決めるとしていた。ところが、この基準は数日で突然撤回され、コストを重視しないあらたな評価システムが発表された[52]。評価に占めるコストの割合は四〇パーセントから一五パーセントへ下がった。つまり、入札の際、ためらいなく高い報酬を要求できることになった。

実際、そのとおりになった。契約を落札したのはマッキンゼーで、金額は二七〇〇万ドル。最も低い入札額の三倍にものぼり、入札額の低い三社を合計した額よりも高かった[53]。ミズーリ州の職員はコピー&ペーストでもしたのか、マッキンゼーに対して複数のセクションに同一の評価を与え、それぞれに一〇〇パーセントのスコアを付けた[54]。一方、競合他社についてはもっと厳しく評価し、具体的な批判を加えた[55]。

ほかにも奇妙な出来事があった。最終入札が締め切られたあと、マッキンゼーは、州当局に面会を求め、提案書を修正する許可を得た。締め切りから一カ月以上もあとだった[56]。入札を競ったナビガントが、「マッキンゼーには、入札審査に使われた資料をあとから修正して再提出する機会が与えられた」として抗議し、そのことが州の記録で確認できたと述べた[57]。もともとの締め切りの前、ナビガントが期日延期を求めたのに却下されたという経緯がある。

　さらにナビガントは、マッキンゼーの提案書が広範囲にわたって黒塗りされている点に異議を唱え、競合他社がコンプライアンスや内容に関して計画を見直そうにも、それができないと訴えた。[58]「入札プロセスは、完了した時点で公開され、透明性があるものでなければいけない。今回はまったく異なっている」。州は「入札時の提案書の全文をオンラインで公開する義務はない」としたが、その後、黒塗りを削除した。州当局は、適用されるすべての規則が遵守されたとして、ナビガントの抗議を退けた。[59]

　ミズーリ州議会下院の少数派のリーダーである民主党のゲイル・マッキャン・ビーティーは、グレイテンス知事ひきいる州政府がマッキンゼーの選考プロセスを不正に操作したと訴えたが、アードマンを含む州当局者は否定した。[60]別の下院議員、ピーター・メリデスは、この契約成立は疑わしさを拭えないとし、マッキンゼーを「一秒たりとも信用できない」と言った。[61]また、マッキンゼーがSNSでミズーリ州の議員をフォローしていることも不審に感じた。「わたしがSNSに投稿すると、ニューヨーク在住のある男がたいてい最初に〝いいね！〟を押す。なぜだろう？」

　消費者団体のミズーリ・セルスケア・フォー・オールも、マッキンゼーについて疑問を呈した。「マッキンゼーに利益相反があるかどうか、いまどんなクライアントと契約しているかが不明なので、知りようがない」[62]

　この疑問は的を射ていた。ミズーリ州が新しいメディケイド制度の運営を依頼した三社はいずれも、マッキンゼーのクライアントか、クライアントになりそうな会社だった。[63]そのうちの一つ、セントルイスに本社を置くセンテン・コーポレーションについて、デモイン・レジスター紙は二〇一八年、「運営が不適切であったとして十数の州で重大な告発を受け、少なくとも二三六〇万ドルの罰金を科された」と報じた。[64]マッキンゼーは告発の対象になっていなかったものの、不適切とされたなかには、貧困層や高齢者と医師を結ぶサービスも含まれていた。マッキンゼーは二〇一八年と二〇一九年にセンテンから五〇〇〇万ドル以上の報酬を得ている[65]。

前記の消費者団体の政策担当者であるショーン・ダブルーは、「ミズーリ州民は、マッキンゼーに二七〇万ドル支払ったわりに、たいした見返りを得られなかった」と語った。マッキンゼーの報告書には良いアイデアがいくつか含まれていたが、その多くはすでに州当局が知っているものだったと、同社みずからも認めている[66]。

「わたしたちが良いと認めた点に関しても、誰でも思いつける内容だった。社会福祉省に行って何人かにインタビューしさえすれば、一日かそこらでまったく同じ報告書を書けただろう」とダブルーは述べた[67]。さすがに、それはおおげさかもしれない。しかし、このマッキンゼーの報告書には、ほかにも疑問点がある。

ダブルーが所属する消費者団体は、「〝変革〟に関する主要な提言はほとんどすべて、マッキンゼーのウェブサイトにあるほかの報告書にも記されている[68]」と指摘した。「ミズーリ州は、自分たちの州に向けてカスタマイズされた助言を得ているのか、それとも、汎用のおざなりな助言を得ているだけなのか？　疑問に思うのは当然だろう」

マッキンゼーの報告書は、ミズーリ州の与党である共和党の議員からは反感を買わないようにつくられていた。「この報告書は、州の財政難をメディケイド制度のせいにして、度重なる減税の影響を無視しているように思える」と前記の消費者団体は書いており[69]、さらに、全体としてマッキンゼーは医療サービスへのアクセスよりもマネージドケアの利益を優先しているように見えると述べた。

二〇一九年に入るころには、メディケイドサービスを提供するミズーリ州の新体制は明らかに失速した。メディケイドの登録者数、とくに子供の登録者数が急激に減少したのだ。ミズーリ州病院協会の最高責任者であるハーブ・クーンは、この事態を憂慮した。「五万人以上の子供がメディケイドから外れたとなると、州が適切な検証を行なっているのかどうか、疑問が湧きます」[70]。州の下院議員のメリデスは、五万人以上どころか一〇万人に近いとした[71]。

マッキンゼーがこうした事態を防ぐような計画を勧めなかったか、あるいは州がマッキンゼーの助言を無視したかのどちらかかもしれない。第三の可能性は、ミズーリ州の経済が好転したことだが、貧困層の擁護者たちはそれを否定している。東ミズーリ・リーガル・サービシズは、メディケイドのコスト削減を推奨したマッキンゼーの報告書におもな原因があるとした。「この報告書はコスト削減に重点を置いているため、提言が医療アクセスやその結果に及ぼす潜在的な影響全般を分析できていない[72]」

メリデスによれば、マネージドケアは別の点でも失敗したという。「マッキンゼーはコスト削減を売り込んできました」。しかし、ミズーリ州の患者ひとり当たりのメディケイド費用は全米で最も高い水準にある[73]。このような高コストに対して、マッキンゼーがどのていどの責任を負っているかは疑問だ。

マネージドケアは、正しく運営されれば、コストの抑制につながり、医療成果を向上させ、質やコストではなく量に応じて医療費を払う従来のフィー・フォー・サービス方式（個別のサービスに応じて料金が決まるシステム）よりも優れた価値を提供できる。しかし、マネージドケアがそういう原理に従わない場合、業界はロビイストに投資してメディケイドの規則をより有利にするよう働きかける、とジョンズ・ホプキンズ大学の医療政策専門家であるジョシュア・M・シャーフスタイン博士は指摘する。「メディケイドのマネージドケアに反対しているわけではないが、マネージドケアプランの導入は、魔法のような解決策ではない[74]」マネージドケアプランを本来の意図どおりに機能させるには、州がしっかりとした監視を行なわなければならないという。

マッキンゼーが保険会社と密接な関係にあることは、隣のアーカンソー州でも明らかだ。大手保険会社のブルークロス・ブルーシールドは、メディケイドプログラムの評価をマッキンゼーに依頼するなら、州に一五〇万ドルの助成金を出すという異例の提案をした。州はこの金を受け取り、さらに一五〇万ドルを追加して、「緊急」の単独契約によって合計全額——三〇〇万ドル——をマッキンゼーに渡した[75]。

この契約の締結から数カ月後、アーカンソー州でも驚くべき出来事があった。医療経済学者のアンディ・アリソンが、アーカンソー州のメディケイド担当理事の採用面接を受けたところ、マッキンゼーのシニアパートナーであるデイビッド・ヌザムが居合わせたのだ。「わたしの面接にマッキンゼーのパートナーが同席していた[76]。わたしが採用されたらどんな働きができそうか、州はマッキンゼーに助言を求めていたのだ」。われわれ著者はヌザムに事情を聞こうとしたが、拒否された。しかし、マッキンゼーによると、ヌザムは「アリソンと数分間話すために即席で招かれた」だけで、アリソンの採用の可否にはいっさい関与していないとのことだ。

アリソンは採用された。本人は、メディケイドの資金を使って、低所得者向けの民間医療保険を購入することを望んでいた。もっとも、いちばん得をしたのはマッキンゼーだった。最初の三〇〇万ドルの契約を足がかりに、入札すら経ず、総額一億ドル以上の州との大型契約につなげた[77]。全米でもきわめて貧しい州にとって、大変な負担だった。その後、立法府の監査により、アリソンが着任する前に結ばれた一五〇万ドルのブルークロスとの契約は不適切であり、入札にかけるべきだったと結論づけられた[78]。

アリソンは本書向けのインタビューのなかで、マッキンゼーが単独契約を受けたのは、メディケイドの改革に必要なスキルを持つ企業がほかになかったからだ、と述べている。[79]「イノベーションや支払い改革には、医療市場に対する深い理解が必要だ。マッキンゼー以外にそういう改革を実現できるコンサルティング会社はない」。もし競争入札を行なっていたとしても、マッキンゼーが最善として浮上しただろう、アリソンは語った。「同じこたえにたどり着いただろう——ただし、もっともっと、はるかに時間がかかったはずだ」

マッキンゼーはアリソンを気に入ったに違いない。アリソンは州政府の仕事を辞めた半年後、二〇一五年に同社に入社した。この展開は看過できない、と立法監査局は考えたようだ。のちに、立法監査局は州のメディケイド資金の管理について非常に批判的な報告書を作成し、そのなかでアリソンのマッキンゼー入社の件に触れている。[80]

イリノイ州、ミズーリ州、アーカンソー州におけるマッキンゼーの成功は、たんなる運や地域的な知識のおかげではない。州を越えて、医療業界のサプライチェーン全体からその監督官庁に至るまで、大量のクライアントを擁しているのだ。それだけに、競合する者たちの双方に助言し、利益相反の状況を生み出しているおそれも限りなく高い。

医療が大きな利益を生む可能性があることに気づいたマッキンゼーは、一般の政府職員では訓練や経験が足りず、医療経済の微妙な違いを理解できない、としてみずからを売り込み、州政府や連邦政府の機関に深く食い込んだ。また、世界じゅうのクライアントから集めた膨大なデータをもとに、独自の分析ができると宣伝した。[81] 広く浅い知識では太刀打ちできない専門分野だけに、マッキンゼーのスタッフには、医師、研究者、元政府規制当局者などが顔をそろえた。

マッキンゼーは大成功を収め、州政府や連邦政府とのコンサルティング契約額が一〇億ドル以上にのぼった。多くの場合、競争入札なしで獲得した契約だった。かなりの数の契約が、マッキンゼーのクライアントである製薬会社、病院、保険会社を規制する側の、政府機関への助言に関わるものだった。

＊＊＊

オバマ大統領が「オバマ・ケア」とも呼ばれる「医療保険制度改革法《アフォーダブル・ケア・アクト》」を推進するうえで、マッキンゼーのヘルスケアチームは重要な役割を果たし、反対勢力からおおいに攻撃された。この法案は、半世紀前に制定されたメディケアおよびメディケイド以来、最も重要なヘルスケア法案だった[82]。民主党は長年にわたって、無保険者の救済策に苦慮しており、この新法が成立すればようやく失態に終止符を打つことができるのだった。メディケイドの対象が、貧困層だけでなく貧困層に近い人々にも拡大されるため、何百万人ものアメリカ人が手ごろな保険に入れるようになる。所得の問題でメディケイドに加入できない人は、税額控除を利用して公的市場で保険を購入することができ、既往症を理由に保険加入を拒否されることはない。

この法案に、共和党の指導者たちは激怒し、政府が医療を支配する世界への第一歩だと受け止めた。保険会社側は、おおやけには法案を支持しつつ、陰では法案を潰そうと、アメリカ商工会議所を通じて何千万ドルもの資金を密かに流し、法案に反対するロビー活動を行なった[83]。

保険業界は、医療保険制度改革法を葬ることはできなかったが、議員に圧力をかけて、「パブリックオプション」を削除させ、一矢を報いた。このオプションは、保険会社の過剰な利益を防ぐため、競合する保険を政府が提供できるとする条項だった[84]。オバマ大統領は、可決を勝ち取るため、コネチカット州選出のジョー・リーバーマン上院議員の賛意を得ようと、この条項を削除した。コネチカット州には大手保険会社がいくつか本社を置いているからだ。アメリカ連邦議会の共和党は敗れたものの、法廷闘争などを通じて新法を弱体化させようとする動きを止めなかった。

二〇一一年六月、共和党は予想外の後押しを受けた。マッキンゼーが、二〇一四年にこの法律が完全に施行された場合、雇用者主のほぼ三分の一が医療保険の提供を「間違いなく、あるいはおそらく」中止するだろうという調査を発表し、ワシントンDCに衝撃を与えたのだ。[85]もしそうなれば本末転倒であり、新法は施行前に意義を失ってしまうおそれも出てきた。

マッキンゼーの調査結果は、ランド・コーポレーション、アーバン・インスティテュート、超党派の議会予算局などによるほかの調査結果と食い違っており、民主党はマッキンゼーに調査方法の公開を要求した。[86]

マッキンゼーは二週間近く、独自に考案した方法だとして公表を拒否し、民主党議員をさらにいらだたせた。下院の経済金融委員会の民主党議員は、マッキンゼーの経営パートナー、ドミニク・バートンに書簡を送り、「この調査結果は、ほかの評価と著しく異なるため、どのように、なぜ作成されたのかを含め、さまざまな疑問が生じるのは当然である」と述べた。[87]「この報告書には、医療保険制度改革法の意味合いについてマッキンゼーが回答者に〝教育〟したと書かれているが、その〝教育〟の内容についてはまったく触れられていない」。上院財政委員会の委員長であるマックス・ボーカス上院議員も、バートンに向けて同様の書簡を送った。[88]

「上院財政委員会の委員長と下院の三つの委員会が同時に、このような調査の内部情報を企業に要求することは、そうめったにあることではない」とワシントン・ポスト紙のコラムニスト、グレッグ・サージェントは書いている。[89]「これは本格的な圧力といえる。共和党が医療保険制度改革法に反対する武器としてこの調査を繰り返し引き合いに出しているいま、民主党としては綱渡り状態に追い込まれていることがうかがえる」

結局、マッキンゼーは政治的な圧力に屈し、自分たちの調査はほかのもっと厳密な調査とは比較にならないこと、そして予測を目的としたものではないことを認めた[90]。それでもボーカス上院議員は納得せず、この報告書は「都合の良い事実だけを集めてあり、偏った質問に満ちています」と非難した[91]。オバマ政権の高官だったナンシー・アン・デパールも、マッキンゼーのこの報告書に疑問を呈し、調査回答者の半数近くがこの法律における雇用者の責任についてほとんど何も知らず、四分の一近くがまったく知らなかった、と指摘した[92]。ただ、マッキンゼーがこのような報告書を書いた動機については推測を避けた[93]。

マッキンゼーが医療保険会社とどれほど親密な関係にあるかを知っていれば、民主党はさらに深く追及したかもしれない。

この報告書からは、マッキンゼーのお決まりのこんな手法が垣間見える。「問題が潜んでいるのを突き止めた。人々が思っている以上に深刻であり、被害を回避し繁栄を実現するためには迅速な対応が必要だ。解決策はある。マッキンゼーなら、解決の手助けをすることができる――有料ではあるが」

マッキンゼーは、存在感を高めるために、アメリカ医療制度改革センターを設立し、「規制の変化が市場や消費者の動きに与える影響を追跡し、モデル化するため」だとした[94]。同センターは、ターゲット層について明確に述べている。「戦略的バイヤーやプライベートエクイティなどの投資家が、最新の法律や規制改革の動向から生まれる機会を理解し、医療のバリューチェーン全体で魅力的な投資領域や資産を特定できるよう支援する」

マッキンゼーは二〇一八年四月、文面でこのように明かした。「過去五年間で、当社のヘルスケア

・プラクティスは、医療システム、民間保険会社や政府支払機関、専門病院、学術医療センター、補助的サービスプロバイダーなどと二五〇〇件以上の契約をこなしてきた」。大手マネージドケア企業二〇社、アメリカ最大の病院システム九社、上位一〇のうち七つの学術医療センターのほか、「連邦政府や州レベルの複数の政府機関から支払いを受けている。一二州を含み、機関運営の変革およびマネージドケア手法の強化を行なっている」。さらに、「大手の小売薬局、業界団体、未公開株式への投資会社、国内最大級の雇用主の多く」にもサービスを提供している[95]。

マッキンゼーには、医療業界を代表するクライアントがおり、高い評価を得ているから、政府機関を軌道に引き込むことができるのは容易に想像できる。

＊＊＊

二〇一七年一月にドナルド・トランプ大統領が就任したとき、この新政権にマッキンゼーの問題解決スタイルがどのくらい受け入れられるかは不透明だった。マッキンゼーは、どんなに複雑な問題であっても、ほとんどの問題は何らかの数字によって見きわめられると考えていた。一方、トランプ大統領は、問題に対する最良の解決策は忠実な友人から得られると考え、とくにそれが自身の政治的・経済的利益と一致する場合は友人からの助言を重視していた。

政策の違いもあった。トランプ大統領はオバマケアに強硬に反対し、同法の根幹を切り崩そうとした共和党議員の試みを──失敗に終わったとはいえ──支持していた。これに対し、マッキンゼーは、各州のオバマケアへの適応を支援し、大きな利益を得ていた。ただし、マッキンゼーという会社は、適宜どちらの陣営の味方にもなれるくらい柔軟性に富んでいる。

ワシントンDCでは、政治献金に応じて、誰の利益が重視されるかが決まる。マッキンゼー在籍者のなかできわめて多額の個人献金を行なった四人は、ヘルスケア分野の有力コンサルタントだった。同社にとってこの分野がいかに重要かがわかる。この四人の献金額の合計が、マッキンゼーの数千人のアメリカ人従業員からの献金額の約半分を占める。[96] 最も多額だったのは、シニアパートナーで同社の製薬業務のリーダーであるマーティン・エリングだ。二〇一五年から二〇二〇年にかけて、民主党に約一〇〇万ドルを寄付した。[97] ウィキリークスが公開したメールによると、彼は候補者たちへの資金提供を募る活動もしており、党幹部とのコネクションを利用して、二〇一六年のフィラデルフィアでの全国大会の際、寄付者に快適な宿泊施設を用意したという。[98]

二番目に献金額が大きい寄付者は、アメリカの公共部門の実務を指導し、ヘルスケアユニットを共同で率いたあと、二〇二〇年にマッキンゼーを退職したシニアパートナー、ビビアン・リーフバーグだった。[99] 三四万六四五〇ドルを寄付し、ほとんどが民主党向けだった。彼女はマッキンゼーと連邦政府機関との契約を監督しており、その政府機関がマッキンゼーのクライアント各社を規制するという関係性だった。

額が三番目のポール・マンゴは、おもに共和党に献金していた。彼は医療保険改革に焦点を当てたマッキンゼーのユニットを率い、二〇一八年にFDAを含む保健福祉省の政策担当副主任に任命されたあと、トランプ政権で健康について影響力のある発言者となった。[100]

マッキンゼーは、トランプ政権下の四年間で、オバマ政権下の八年間よりも多くのFDAビジネスを獲得した（総額七七〇〇万ドル）。[101] また、少なくとも一九の製薬会社（すべてFDAの規制対象）と三つの大手医薬品販売会社に助言を行ない、最近の三年間で少なくとも総額四億ドルの報酬を得ている。[102]

マッキンゼーは、「大手製薬会社のクライアントは、頭がよくて若いアイビー・リーグ卒業生よりもっと上の人材を求めているのでは」と考え、元ＦＤＡの職員をスカウトして採用し始めた。ある求人広告でマッキンゼーは、ＦＤＡの規制当局で五年以上働いたことのある人材を求めた。応募資格は、「調査官や地方局との関係、リーダーシップについて知っていること」だった。[103]「関係」の定義はしていない。求職者は、薬事規制やＦＤＡの警告書への対応について「すぐにできる最善の方法」を知っていることも要求された。

マッキンゼーが求めていたのは、肥大化した予算から脂肪をそぎ落とす効率化の専門家ではない。製薬会社が国民の健康を脅かすようなトラブルを避けるための人材だった。

企業とその規制当局の両方に助言しても、コンサルタント同士ではクライアントの情報を共有しないので客観性が損なわれることはない、とマッキンゼーは主張している。しかし、クライアントである製薬会社は、マッキンゼーが両陣営と仕事をしていることを知っておいても損はないだろう。マッキンゼーは、シカゴにいるとあるパートナーの経歴を紹介するなかで、品質とコンプライアンスの問題に関して、「製薬、医療機器、消費者関連企業および規制当局にサービスを提供している」と誇らしげにつづっている。[104]「アメリカ国内の主要規制機関」のベストプラクティスのための「包括的な行動計画」を作成したこともあるという。

いくらコンサルタント同士で機密情報を共有しないとしても、マッキンゼーが製薬会社とＦＤＡの両方と並行して仕事をしている点は、少なくとも、すべての当事者を気まずい立場に置くことになる。ただでさえ、ＦＤＡは、大手製薬会社と親密になりすぎているとの非難を浴びていた。さらに、ＦＤＡが製薬会社のバイオジェンと密接に協力し、有効性が不確かなアルツハイマー病治療薬アデュカヌマブを推進したため、ＦＤＡの公平性に関して一気に疑問が高まった。[105]

アルツハイマー病の患者に効く見込みがないとして、二つの治験が中止されたにもかかわらず、その後、ＦＤＡは水面下でこの薬を支持し、最終的には、独立した専門家からなる諮問委員会の強い反対を押し切って承認した。一一名の諮問委員のうち一〇名は、この薬の有効性を示す証拠は不十分であると結論し、残る一名も「不明」との意見だった。[106] ＦＤＡの決定に抗議し、三人の委員が辞職した。そのうちのひとり、ハーバード大学医学部教授のアーロン・ケッセルハイム博士は、ＦＤＡのこの決定を「近年のアメリカ史上最悪の医薬品承認決定だろう」と述べた。[107]

承認の見返りは莫大だった。アルツハイマー病の患者は六〇〇万人に達しており、ひとり当たりの年間コストは五万六〇〇〇ドルと推定され、バイオジェンに数十億ドルもの利益をもたらす可能性がある[108]（バイオジェンはのちに価格を値下げしたが）。しかし、医療専門家のなかには、「この薬は、どんな治療法でもいいからと切望するアルツハイマー病患者の家族に偽りの期待を抱かせるうえ、メディケア制度に計り知れない金銭的負担を強いる」と反対する声もある。

消費者のための有力な擁護団体であるパブリック・シチズンズ・ヘルス・リサーチ・グループは、ＦＤＡがアデュカヌマブ（商品名アデュヘルム）を承認したことを「弁護の余地がない」「無謀」として、連邦当局に調査を求めた。[109]

アデュヘルムをめぐる論争がメディアで大きく取り上げられる一方で、世間が知らなかったのは、マッキンゼーがこの薬の推進に果たした舞台裏の役割だ。本書の執筆取材に関連して入手した文書には、マッキンゼーがアルツハイマー病治療薬を強力に支援していたことが記されている。ＦＤＡの専門家委員会がアデュヘルムの有効性に疑問を呈した数カ月後の二〇二一年四月、当時マッキンゼーのマネージングパートナーだったケビン・スニーダーは、この薬を「アルツハイマー病に対する初の疾患修飾療法である」と称賛し、よってバイオジェンは「この薬とこの病気に対する世間の大きな関心」を集めるだろう、と述べた。[110]

この製品の発売を後押しするため、マッキンゼーは、バイオジェンが一部出資する非営利の支援運動団体USアゲンスト・アルツハイマーズと提携した。その成果として、病気を心配する家族をサポートするウェブと音声のサービスを生み出すことができた、とスニーダーは言う。このサービス「ブレインガイド」は、マッキンゼーとアマゾンウェブサービスの共同チームによって開発され、ABCテレビの「グッドモーニングアメリカ」で発表された。

ヘルス・リサーチ・グループのディレクターであるマイケル・A・キャロームは博士は、本書の著者に質問されるまで、FDAとバイオジェンがマッキンゼーという共通項を持っていることに気づかなかったという。[111]同博士は、この関係は明らかな利益相反であると断じた。二〇一八年、マッキンゼーはFDAの医薬品承認プロセスに関するアドバイスを行ない、一一六〇万ドルの報酬を得た。[112]そのかたわら、ほぼ同時期にバイオジェンから一〇〇〇万ドル近くの報酬を得ていたことが、同社の記録に書かれている。USアゲンスト・アルツハイマーズとの共同作業のほかに、マッキンゼーがバイオジェンのために何をしたのかは明らかではない。

FDAによるアデュヘルムの承認が広く批判を浴びた一カ月後、FDA長官代行のジャネット・ウッドコックは、同薬の承認前にFDAがバイオジェンとどのように関わったかを政府が第三者として調査してもらいたい、と求めた。そこで、マッキンゼーは二〇二一年夏、従業員に対し「アデュヘルムに関連してバイオジェンのために行なっている、または行なった仕事に関する資料をすべて保存しておくように」と指示した。

政府の記録によると、マッキンゼーは製薬会社とFDAの関係を緊密化したいと考えている。同社は、医薬品承認プロセスがわりあい最近変更されたことが、規制当局と産業界の関係が劇的に改善された理由の一つであると指摘した。しかし、さらなる関係強化が必要だとして、「迅速さと機敏さ」がＦＤＡの新薬規制に反映されるよう、さらなる変更を行なうべきである、と提言している[113]。

マッキンゼーとＦＤＡ職員とのつながりは、ときにはプライベートな場で培われる。たとえば二〇一九年九月、マッキンゼーの主導により、ニュージャージー州で製薬業界の会議が開催された[114]。メインの講演者は、ＦＤＡ内の生物製剤評価研究センターで所長を務めるピーター・マークス博士だった。同センターは、ワクチンや遺伝子治療など「生物学的製品の安全性、純度、効力、有効性」を確保するという重要な任務を行なっている[115]。

この会議に参加すれば、ＦＤＡのなかでもとくに重要な発言者であるマークス博士に会い、直接話を聞くことができた。会議のテーマは「患者は待てない」だったが、そのわりに、患者たちを会議に参加させるつもりはなかったらしい。マスメディアも含め、部外者はお断りだった。「当日の飛び入り参加はお断り。メディア立入禁止」とプログラムに書かれていた[116]。このプライベートな会合は、製薬会社の関係者に、マークス博士とのつながりをつくる場を提供するものだった。また、プログラムによれば、「マッキンゼーの見識」を聞くことができた。マッキンゼーの三人のコンサルタントが、講演者やセッションの司会を務めた。

その年のもっと早い時期、マッキンゼーはマークス博士に本格的なインタビューを行なっている。そのなかで博士は、医薬品承認に関するＦＤＡの考えかたを強調した。臨床試験について「われわれは、厳格な臨床エンドポイントの測定には非常に時間がかかると認識しています」と語り[117]、そこで一部の特定の医薬品に関しては「最近、早期承認の可能性について助言するガイダンスの草案を出しました」と述べた。

この会議でマッキンゼーがマークス博士とどのような会話をしたのかも、バイオジェンの話題が出たのかさえも定かではない。しかし翌年、ＦＤＡの諮問委員会の圧倒的多数がバイオジェンのアデュヘルムの有効性を否定したにもかかわらず、マークス博士はほかのＦＤＡ幹部とともに、この薬の承認プロセスの加速をさせ、最終的に承認までこぎ着けた。

＊＊＊

オバマ政権とトランプ政権のあいだ、マッキンゼーは大成功を収め、州政府や連邦政府とのコンサルティング契約額が一〇億ドル以上にのぼった。多くの場合、競争入札なしで獲得した契約だった。そのうち、ＦＤＡとの契約が少なくとも一億三〇〇〇万ドル含まれている[118]。

マッキンゼーはこのような契約を積極的に追求した。ときには積極的すぎるほどだった。のちに不道徳で法律違反のおそれありと見なされるケースもあった。たとえば、マッキンゼーが一〇年以上にわたって入札なしでＦＤＡと数百万ドルの契約を結んできたことに対し、連邦監査官が打ち切りをほのめかしてきたとき、政府のある職員に、便宜を図るよう求めた[119]。

更新オプション付きのこの契約は、企業側にはありがたい条件設定になっている。政府がいったんその企業の信用を審査し、特定のサービスに対して固定価格を設定したら、連邦政府機関は入札を行なわずに商品やサービスを反復して購入できる[120]。しかし政府側としては、効率化できる半面、通常なら競争によって実現されるはずの低価格が得られないという欠点がある。

二〇一五年にマッキンゼーがこの契約を更新しようとしたとき、政府関係者たちは発注前監査を行なうよう主張した。しかし、マッキンゼーが要求された記録の提出を拒否したため、これを受けて監査官は、連邦政府の大部分の契約を処理する機関である一般調達局（ＧＳＡ）の契約担当者に、記録を入手するか契約をキャンセルするかの二択を迫った[121]。

この時点で、監査プロセスは頓挫した。マッキンゼーの要請により、GSAのディビジョンディレクターが介入し、監査記録を取得しようとした契約担当者を解任したのだ。そのディレクターは独断でマッキンゼーに契約を発注した。しかし、その一部は市場価格を一九三パーセントも上回っていた[122]。しかも、同庁の監察官による二〇一九年の報告書によると、そのディレクターはただでさえ膨れ上がっていた契約に、まず一〇パーセント、その後さらに三パーセントの料金引き上げを上乗せした[123]。GSAの不当な値上げにより、アメリカの納税者は推定六九〇〇万ドルの損害を被ったという[124]。この数字には「根拠のないチームベースの価格設定に関連する潜在的なコスト」は含まれていない、と監察官の広報担当代理は取材にこたえている[125]。

この契約維持に成功したマッキンゼーは、続いて、メディケア・アンド・メディケイド・サービスセンター、海洋大気庁（NOAA）、内務省の三つの連邦機関との契約を確保すべく、同じGSAディレクターに特別な支援を求めた。この要請は、異例かつ不適切といえる。三つの機関がいずれもGSAの契約システムの外で運営されており、GSAディレクターには介入する資格がないうえ、いずれにせよ特定のベンダーを擁護してはならないからだ[126]。それにもかかわらず、ディレクターは協力に同意した。

「昨日の件と、NOAAと話をしてくださった件、ありがとうございました」とマッキンゼーはGSAディレクターへのメールに書いている。「われわれは、要請がないかぎり、財務情報を共有しないことを望んでいます」。別のメールでは、マッキンゼーはこう書いている。「内務省の下記の人物と会談できるようご協力いただけると非常に助かる。この人物は、わたしたちが持っていない時間単位の情報を求めてきている（あなたもよくご存じのとおり[127]）」

それとは別に、マッキンゼーは、GSA以外のある連邦政府機関から同社の提示価格が「馬鹿馬鹿しく、根拠がない」として何度も拒否されたにもかかわらず、この契約を獲得できるよう、GSAディレクターに協力を要請した。マッキンゼーは再提出を許され、契約を獲得した。[128]

監査局はこのGSAディレクターを厳しく批判し、「法律、規制、GSAの方針を遵守せず、無効な価格比較を行ない、裏付けのない情報に頼った。また、締結した契約を正当化するための分析も不十分」と述べた。さらに、このディレクターが「公平な契約担当者としての役割を放棄した」ため、不適切な状況を生み出し、マッキンゼーに不当な競争力を与えた可能性があると指摘した。[129]

GSAはこのディレクターを特定することを拒否したが、記録によると、この人物は二〇一九年、懲戒処分を下される前にいち早く同局を辞職している。[130]

監査局による調査が行なわれている一方で、マッキンゼーは、GSAやそのほかの連邦政府機関の職員を対象とした教育サミットを何度も開催するという、大胆な、ある意味では疑問符のつく決断をした。[131]この会合は、マッキンゼーのビジネス利益について判断を下すことになるかもしれない連邦政府の契約担当者と交流し、親睦を深める機会を提供するものだった。

サンフランシスコでの開催が決まったあるセッションについて、マッキンゼーは「政府の未来に関する革新的サミット」と宣伝し、「政府におけるイノベーションの障壁を取り除くために、互いに学び合うこころざしを持った人々」をターゲットにしている、とした。数カ月後、マッキンゼーはニューヨークで「ブートキャンプ」の開催を決め、「完全に没入型でインタラクティブな二四時間のワークショップシリーズ。ことしは顧客体験の変革の価値を引き出す方法について学ぶことに焦点を当てる」と約束した。

連邦政府の契約担当者に向けてイベントを主催するのは不適切、という声があるのを認識していたのか、マッキンゼーはＧＳＡ職員に「あなたの参加が適切かどうか、ＧＳＡの倫理担当者にあらかじめ相談してください」と勧めた。しかし、この会議は契約調達とは無関係であり、「したがって問題ないとは思いますが」と付言した。

＊＊＊

トランプ政権最後の年、マッキンゼーは、深刻な医療緊急事態――コロナウイルスの大流行（二〇二一年三月時点で九〇万人以上のアメリカ人が死亡）――に乗じて、存在感を増そうとした。[132] パンデミックに加え、警察による暴力をめぐっての抗議運動、熾烈な大統領選挙で国内が混乱するなか、マッキンゼーはＣＯＶＩＤ-19に関する立場表明書《ポジションペーパー》を量産し、注目を浴び続けようとした。ある声明書は「生き残りから繁栄へ」と題されていた。[133]

マッキンゼーのリーダーであるケビン・スニーダーもこの活動に加わり、ブラジル代表サッカーチームが何年も前にどん底状態から脱却し、ふたたび威風堂々たるチームになった理由として「イノベーション」――マッキンゼーが好んで使う万能用語――を挙げ、新型コロナで打撃を受けた企業に対して「次のノーマル」に向けて、五つのＲ――決意《リゾルブ》、回復力《レジリエンス》、復帰《リターン》、再構想《リイマジネーション》、改革《リフォーム》――を堅持するよう助言した。[134]

マッキンゼーが何を売ろうと、各政府はそれを買い求めた。パンデミック発生から数カ月以内に、マッキンゼーは、地方、州、連邦政府関係者に危機への対応策をアドバイスし、一億ドル以上の報酬を得た。[135] マッキンゼーは、マッキンゼーのＣＯＶＩＤ関連の仕事の成功は、高額な費用と不確実な結果などから、ときおり批判も受けた。

マイアミ・デイド郡の副市長であるジェニファー・ムーンは、郡検事局の弁護士に電子メールを送り、マッキンゼーの行政業務について苦言を呈した。非営利報道機関プロパブリカが入手した彼女の電子メールは、こう書かれている。「わたしがいままで自分ひとりでやっていたことをやるのに、スタッフのサポートを含めて五人必要らしい」。マッキンゼーは、カリフォルニア州、ワシントン州、テネシー州、ニューヨーク州、ニュージャージー州でもCOVID関連の州契約を獲得した[136]。

民主党の米上院議員三人が注目したのは、別の理由からだった。二〇二〇年四月にホワイトハウスの倫理担当官に宛てた書簡で、次のように述べた。「われわれの第一の懸念は、大統領の義理の息子であるジャレッド・クシュナーが、民間企業やマッキンゼーのコンサルタントらをメンバーとする、COVIDに関する影の専門チームを運営していることである」[137]。公的な説明責任が果たされていないばかりか、ペンス副大統領がすでにホワイトハウスの公式コロナウイルス対策本部を率いており、いったい責任者は誰なのか、と議員たちは疑問を投げかけた。

さらに、連邦政府が進めている人工呼吸器や個人防護具の調達・納入が大きくつまずいているのは、クシュナーの専門チームがおもな原因である、と非難した。もっとも、わずかながら良い情報もある。この専門チームは、どうやら無償で働いていたらしい。

＊＊＊

マッキンゼーは、医療保険制度改革を推進する企業であることを示すために多大な努力を払っているが、現代において最も重要な健康問題については沈黙を守ってきた。すなわち、タバコ、電子タバコ、オピオイドの濫用に反対する闘いを主導していない[138]（三つの分野すべてにマッキンゼーのクライアントが含まれている)。また、薬価の高騰や、製薬会社の直接消費者向け広告の洪水に対して、強く反対しなかった(マッキンゼーのクライアントである製薬会社五社が議会に喚問され、価格引き上げや幹部報酬について弁明した)[139]。さらに、ヘルスケアサービスの統合について、おおやけに警鐘を鳴らしていない(このような反競争的な経営判断で利益を得たと思われるクライアントも擁していた)。

マッキンゼーは、より合理的で価値にもとづく医療システムの実現を約束するための専門知識と影響力を有している。その目標の達成に向け、わずかながら成功を収めている。しかし、患者の健康状態を改善して変化をもたらすことは、マッキンゼーの存在意義ではない。結局のところ、マッキンゼーは営利企業であり、自社とクライアントのために、ときには名誉あるかたちで、ときにはそうでないかたちで、利益を獲得してきた。その意味で、マッキンゼーは、勇気のある企業とは呼べないものの、文句なしの成功を収めているといえる。

第四章　マッキンゼーと移民問題 ――「政策はやらない。やるのは実行だ」

晩秋の太陽がアーリントン国立墓地に沈むころ、マッキンゼーの従業員二〇〇人がワシントンDCのビルの一〇階にある会議室に集まっていた。ある緊急案件を話し合うため、経営陣が金曜日の午後に会議を招集したのだ。

マッキンゼーは攻撃を受けていた。

マッキンゼーという会社は、つねに統制の取れた状態に慣れていた。ところが、最近のさまざまな出来事により、多くの従業員が驚きと不安を覚えた。[1] 一年半ほど前から、マッキンゼーの判断力や倫理観を疑うような記事がメディアに出始めていた。南アフリカの腐敗した電力会社に対する業務、破産業務における利益相反の疑い、オピオイド製造業者、独裁者、独裁政治家に対する業務に関する騒動などだ。

マスメディアから批判されるよりも称賛されることが当たり前だったため、マッキンゼーは、相次ぐありがたくない報道が徐々に消えてなくなることを望んでいた。

しかし、そうはならなかった。

二〇一八年六月、ニューヨーク・タイムズ紙は、南アフリカにおけるマッキンゼーの仕事に関する長い調査記事のなかで、同社は移民税関捜査局（ＩＣＥ）と関係している、と短く言及した。[2]たちまち、マッキンゼー内部や、定期的にメールで報告を受けている数万人のマッキンゼーＯＢのあいだで、批判の嵐が巻き起こった。世界各国にいるコンサルタントたちが辞職をほのめかした。ロンドン在住のあるコンサルタントは「社内で大問題になった」と振り返る。

マッキンゼーは、ＩＣＥとの契約はおもに「管理・組織上の問題」であると弁明した。

当時、マッキンゼーのマネージングパートナーに就任して間もなかったケビン・スニーダーは、マッキンゼーの従業員やおおぜいのＯＢに向けて、マッキンゼーがめざすのはたんなる金儲けではない、と断言した。「マッキンゼーの価値観と相容れない政策を推進したり、支援したりするような仕事は、世界のどこであろうと、いかなる場合も引き受けない」[3]。また、ＩＣＥ関連の仕事はすでに終わっている、と付け加えた。

社内では、ＩＣＥをめぐる論争は沈静化した。

それが一変したのは、二〇一九年一二月三日火曜日だった。

その日、非営利報道機関プロパブリカが、マッキンゼーとＩＣＥ——不法移民の一斉検挙や強制送還を行なう連邦政府機関——の関係の記録をニューヨーク・タイムズ紙に大きく掲載したからだ。

一年以上ものあいだ、国境で泣き叫ぶ子供たちが親から無理矢理引き離されるといった、忘れがたい光景や音声が報道されてきた。ある者は収容所に押し込められ、檻と変わらない鎖の囲いのなかに入れられた。ある記者は、テキサス州の収容施設で、幼い少年少女が母親や父親を求めてすすり泣く音声を入手した。[4]

実務に当たるコンサルタントは、自分たちの会社がこのような政策のきっかけになったのかもしれないという現実に直面するはめになった。

トランプが大統領に選出されたあと、マッキンゼーの分析的で秩序だった政府観と、科学を信用せず、視聴率重視のテレビ番組からヒントを得て大小の陰謀論を受け入れた大統領とが、どうかみ合うのかが疑問となった。トランプ大統領のやりかたは、マッキンゼーのデータ駆動型の政府運営方法とはまったく相容れないように思われた。

いざ蓋を開けてみると、トランプ政権がやらなかったのは、マッキンゼーのためにパーティーを開くことくらいだった。政府機関全体で数十のコンサルティング契約を結び、同社に数百万ドルの収益をもたらした。

しかし、二〇一九年一二月初旬、大統領の弾劾を数日後に控え、トランプ大統領の過酷な移民排斥政策がマッキンゼー社内を引き裂いた。

前述の記事では、マッキンゼーがどこまでクライアントに貢献できるのか、いくつかの不都合な真実が明らかにされている。[5] 記事によると、マッキンゼーはＩＣＥに対し、食料、医療、拘留者の監督にかける費用を減らすよう提言したという。この提言はＩＣＥの一部の職員でさえ警戒心を抱き、そのような削減が人的コストを正当化するものかどうか疑問視した。

だが、ＩＣＥの幹部は「最終的な退去命令を受けた外国人の退去までにかかる時間を顕著に減少させた」と、マッキンゼーの仕事を高く評価した。[6]

この記事は、社外にも波紋を広げた。[7] 当時の予備選の大統領候補で、マッキンゼーのワシントンオフィスに勤務していたピート・バティギーグは、同社の行為を「最低」と非難した。同じくマッキンゼーの元コンサルタントで、オバマ政権下の元保健当局者であるアンディ・スラビットは、ツイッターでこの提言を「残酷」と呼んだ。

マッキンゼーにとってもっと重要なのは、現在の従業員がこのニュースをどう受け止めたかだ。その日の午後、会議室に集まった若く理想主義的なコンサルタントの多くは、マッキンゼーの採用選考者たちが日ごろマッキンゼーの社会貢献活動を強調していることに心を動かされていた。入社した従業員たちは、世界をより良い場所にすることをめざす、と抱負を語っていた。

なのにいま、自分たちが引き受けた仕事の暗黒面を受け入れなければいけなくなった。キャリアが危機に瀕していた。発言して結果に直面するか、多額の給料と一流の仕事を失う可能性に縛られて沈黙するか?

列席者のうち少なくともふたりは、心に焼き付いた個人的な経験のせいで怒りを燃やしていた。その日の午後、ひとりが発言した。もうひとりは、数日後、社内に向けて大量の電子メールを送った。しかし、ほかの人々、とくにシニアコンサルタントは、もっと冷静だった。

＊＊＊

マッキンゼーの従業員のなかには、同社とICEの協働をめぐって、じつは三年前、トランプ政権発足時の混乱した数週間のころから、魂の叫びを上げている者もいた。

マッキンゼーは、オバマ大統領の最後の年に、二〇〇〇万ドル以上の価値のある契約をICEと結び、仕事を始めていた。二〇一七年一月二〇日のトランプ大統領就任時には、チームはすでに任務を順調にこなし、ポトマック川近くの同庁本部内に陣取り、二名用に設計された窓のないオフィスで四人一組で仕事をしていた。

しかし、移民をめぐって威勢のいい発言を続けるトランプ大統領に対し、会社の若手メンバーたちから懸念の声が出ていた。

マッキンゼーのICEとの協力は、南部国境を守るというトランプの主要な選挙公約を達成するうえで必要なため、さらに重要な意味を帯びてきた。トランプの姿勢は、多くの白人国民に受け入れられ、移民に対する薄っぺらい人種差別的な放言にも好意的な反応が目立った。トランプは二〇一五年六月一六日、マンハッタンのトランプタワーのロビーで正式に立候補を宣言した際、このテーマを明確に打ち出した。

四五分の演説を始めてから二分後、トランプはこう発言した。[8]「メキシコが人々を送り込んでくるとき、最善の人々を送ってきているわけではない。麻薬や犯罪にからむ連中や、レイプ犯を送り込んでくる。なかには善良な人もいるだろう。けれども、わたしは国境警備隊と話し、何が入ってきているかを聞かされた」。続けて、聴衆に向け、移民は「ラテンアメリカをはじめ南米じゅうから」来ており、「おそらく中東からも」来ていると訴えた。

「それを止めなければならない。しかも、早く止めなければならない」

政権を握ると、トランプは速やかに行動した。大統領就任から五日目、二つの大統領令に署名した。[9]一つは、二〇一五年の演説で約束した、南部国境に壁の建設を許可するものだった。もう一つは、すでにアメリカ国内にいる不法滞在の移民に関連し、「多くの者は連邦、州、地方の刑務所に服役した犯罪者である」と断じていた。彼らを追い出したいと考え、それを実現するためにICEに一万人の新しい職員を雇うよう指示した。

トランプは予告なしに一部のイスラム諸国からの渡航を禁止し、有効な米国ビザ保持者や永住者でさえ、多くが入国できなくなり、事態は混乱に陥った。

マッキンゼーのワシントンオフィスは突然、政治的な混乱の渦中に置かれるはめになった。チームのなかには、貧困や暴力から逃れてきた人々の生活をさらに困難なものにすることを良しとしない者もいた。あるコンサルタントは、なんと高校生のころ、目の不自由な人を助け、刑務所改革運動を主導した経験があった。大統領就任式の翌日、反トランプの「女性のための行進」に参加した者もいた。

プロジェクトリーダーのリチャード・エルダーは、トラブルの発生を予感し、朝八時、シニアマネージャーを含むICEチームのメンバーと、複数の都市を結んで電話会議を行なった。参加者は各自、懸念を表明することが許された。しかしそれだけではなく、エルダーはあるメッセージを発しようとしていた。マッキンゼーはこの仕事から手を引くつもりはない、と。

「ICEは方向性を変えつつあります。それに合わせて変化するのがマッキンゼーの仕事です」とエルダーは発言した[10]。

この発言によってあらたな疑問の声が相次ぐと、エルダーは、ありきたりな返答をした。マッキンゼーのパートナーたちが倫理的な厳しい決断を回避するときに使う、都合のいいせりふだった。

「われわれは政策はやらない。やるのは実行だ」

その説明に誰もが納得したわけではなかった。ICEチームの若いメンバーが鋭く発言した。「その理屈なら、どんな独裁者とでも、たとえナチスとであっても、いっしょに働くことを正当化できるじゃないですか」。彼の発言は、ポーカーになぞらえるなら〝全賭け〟だった。結果は完勝か完敗しかない。彼はこのとき、マッキンゼーに自分の未来はないと悟った。辞めるべきタイミングだと判断し、社を去った。後悔はなかった。

マッキンゼーのワシントンDC関連の仕事が若い従業員のあいだに不和をもたらしたのは、これが初めてではない。一九六〇年代後半には、ベトナム戦争に反対するコンサルタントが、ロバート・マクナマラ率いる国防総省との仕事を拒否した[11]。

ICEの契約をめぐっては、さらに深刻な内部混乱が生じることになる。しかし、二〇一七年二月の時点では、それは未来の話だった。エルダーは自分なりの任務を果たし、コンサルタントたちに不平を吐かせた。そして仕事は続行された。

マッキンゼーは、ICEの執行移送部（ERO）――不法移民を拘留し送還する責任を負う部署――に「成果物」を提供しようと急いでいた。二〇一六年に始まったこのプロジェクトは「ERO 2・0」と名付けられ、ICEの広報担当者の言葉を借りれば、その目的は「EROの運営とミッションの実行、組織モデル、人材と文化のマネージメントの見直し」だった。

マッキンゼーの社内ウェブサイトには、この仕事に関して、専門用語のつなぎ合わせでこう短く記載されている。「逮捕数を増やすための変革デザイン。被拘束者の処理時間を短縮し、組織の健全性を向上させる」[12]

元ICE高官によると、マッキンゼーのコンサルタントはICEのリーダーたちを支援し、アイデアを提案し、ワシントンDCをはじめ国内各地の支局の職員にインタビューし、メモをまとめ、可能な施策について「数字を計算した」という。もちろん、パワーポイントのスライドも何百枚と用意された。

トランプ政権発足から一カ月も経たない二〇一七年二月一三日、マッキンゼーは高度な編集を施した「人材マネージメント」と題する一六枚のスライドをICEに納品した。[13] その内容は、後日、非営利報道機関プロパブリカが情報開示訴訟を起こした結果、一般に公開された。

トランプ政権下のICEのあらたな現実が、一四枚目のスライドから始まるプレゼンテーションで示されていた。そこには「この採用システムは、より良く機能し、大統領令によってもたらされた追加の採用ニーズに対応できる」と書かれていた。[14]

すなわち、トランプの大統領令だ。

マッキンゼーの大きな構想は「スーパーワンストップ採用」だった。このコンセプトは、翌月にICEの首脳陣に提示された。採用プロセスのできるだけ多くのステップを、一日、一カ所に集約する計画だった。「採用までの時間を三〇～五〇パーセント（数百日）短縮することが目標」とあるスライドに書かれていた。

移民局の職員をあらたに一万人を雇用すると、年間契約人数はこれまでの四・五倍にもなる。しかし、不況のなかで優秀な職員を確保するのは難しい。しかもアメリカ国内はほぼ完全雇用に達しており、早急な増員は不可能に近かった。

「トランプが大統領の座にいるいま、誰がそこで働くのだろう？」とマッキンゼーの若いコンサルタントは不思議に感じた。[15] こたえは、「移民に関するトランプの意見に賛同する多くの人々」だった。マッキンゼーが提案した採用のスピードアップの方法のいくつかがICEで採用されたものの、予算の都合上、トランプの目標には達しなかった。

マッキンゼーは、ニューヨーク・タイムズ紙に掲載されたプロパブリカの記事に対し、「マッキンゼーの仕事を根本的に誤解している」と反論した。[16] また、これまで同紙の記事に反論したときと同様、グーグルに料金を支払い、ウェブ検索の際、記事よりも上位に自社の反論が表示されるようにした。マッキンゼーは、「われわれの仕事の範囲と目標は前政権時代に確立されたものであり、政権交代後も重大な変更はない」と述べている。

しかし、マッキンゼーみずからが作成したスライドは、異なるストーリーを物語っている。同社はICEがトランプの移民政策を実行するのを手伝っていた。疑問の余地はない。

＊＊＊

マッキンゼーは、最も得意とするコスト削減をＩＣＥで成功させた。ＩＣＥは年間三億八五〇〇万ドルのコスト削減が可能、とマッキンゼーのコンサルタントたちは主張した。そのほとんどは、コアシビック（旧コレクションズ・コーポレーション・オブ・アメリカ）――ＩＣＥが全米で使用している二〇〇以上の拘置所の多くを運営する会社――などの民間企業との契約条件を見直すことによるものだった。[17]

コンサルタントたちは、経費を削減できる六つの分野を見つけ、それぞれに数字とアルファベットを付けた。[18] １Ａが「スタッフ」、１Ｂが「メディカル」、ほかに、消耗品、資本支出、税金などの分野がある。そのなかで、ＩＣＥ内部で激しい抵抗が起きたのが、１Ｃの「食料」だった。

マッキンゼーは、ＩＣＥが一部の施設で「業界標準」を上回る食費を費やしていることを突き止めた。マッキンゼーによれば、「二〇一一年から見直され強化されたＩＣＥの食品品質基準は高すぎる」といい、それを裏付けるスライドが作成された。

世間のイメージとは裏腹に、ＩＣＥの高官たちは、被収容者の生活の質を向上させたいと本気で考えており、マッキンゼーの提案に抵抗した。マッキンゼーが表計算ソフトを使い、クライアント向けの重要業績評価指標（ＫＰＩ）を上げることを重視したのに対し、高官たちは、食費の削減がどんな影響をもたらすか、人間の顔を思い浮かべながら検討した。

ＩＣＥのある元高官は、マッキンゼーの提案の多くに異論を唱え、こう語った。「ＩＣＥは拘束に膨大な費用を費やしている。食事から小銭を削るのは正しい戦術とはいえない」[19]

すると、この仕事を担当していたマッキンゼーのパートナー、トニー・デミディオが激怒した。[20] 彼は、その高官が「業務妨害」をしている、と高官の上司に訴えた。ただし、彼本人はそのようなことはなかったと否定している。
プロパブリカの記事のあと、マッキンゼーは、「品質、安全性、使命を犠牲にすることなく」コスト削減を追求していると弁明した。言うのは簡単だ。現実は違った。
たとえば、マッキンゼーが各施設の「一日当たりのベッド使用料」を調べたところ、一部の施設はほかよりはるかに安いことがわかった。それなら、安い施設に収容者を移動させ、そこのベッドを先に埋めてしまえばいいのではないか？　表面的には理にかなっているが、現実には、たいてい、市や郡の刑務所内にあるせいでベッドが格安なのだった。地方の郡はICEに契約を持ちかけ、空いた監房に収容することで利益を得ていた。
国土安全保障省のある元職員は、「汚らしい保安官の刑務所だから、料金が安い。連中は、ただ金が欲しいだけだ」と吐き捨て、「屑ベッド」と呼んだ。[21]
マッキンゼーがターゲットにした施設の一つは、テキサス州ディリーのICE家族収容所だった。リオグランデ川とサンアントニオのほぼ中間にあり、母子の収容が認められた数少ない場所の一つだ。二〇一八年のある時点では、二歳以下の子供一六人が収容されていた。[22]
二〇一七年八月、電子メールによると、マッキンゼーのコンサルタントたちがポトマックセンターノース――ワシントンにあるICEのオフィスビル――でICEの「首脳陣」と会談した。[23]マッキンゼーのチームには、見せたいパワーポイントのプレゼンテーションがあった。
ICEはコアシビックに年間一億五七〇〇万ドルを支払い、家族収容所としては最も大きいディリーの施設の運営を任せていた。マッキンゼーのスライドによると、「本来あるべきコスト」は大幅に低い四〇〇〇万ドルで、七五パーセント近い削減が可能とのことだった。現実的に考えても、最大九〇〇〇万ドルの契約減額を要求できるだろう、とマッキンゼーは推測した。よけいなコストはどこにかかっていたのか？　詳細は伏せられているが、「人員配置」「食料品・消耗品」「減価償却費」「その他」などが減額されている。ページ下部の未編集のメモには、教育や医療は「交渉の焦点としない」との但し書きがある。

コアシビックからの電話連絡も役立って、ICE当局は、マッキンゼーの計画を阻止した。コスト削減案は実現しなかった。しかし、もしマッキンゼーの案が通っていたら、ディリーやほかの収容施設にどれほど深刻な人道的危機が押し寄せていただろう、と一部の関係者は考えた。

ディリーは二〇一八年三月、生後一九カ月の少女マリー・フアレスが肺炎にかかり、退所後すぐに死亡した場所だ。[24] 彼女の母親は、六〇〇〇万ドルの不法死亡の訴えを起こし、ディリーにおける医療上の不備の数々を詳細に明かした。[25] 収容中、マリーは一回しか医師の診察を受けられず、鼻づまり用にヴィックスヴェポラッブを処方されただけだった。

人権弁護士として知られるマーティン・ガーバスは、二〇一九年初めにディリーでボランティア活動を行ない、女性とその子供たちがアメリカで難民申請のチャンスを得られるよう、「信憑性のある恐怖」の面接――自国で直面している恐怖や迫害に信頼性があるかどうか調べる審査プロセス――をクリアする手助けをした。アメリカ国内に入る前、彼女たちの多くは、国境警備隊員が運営する「イエレラ」と呼ばれる拘束室《アイスボックス》を経験していた。レイプ、売春の強要、残忍なギャングによる暴力など、中米での悲惨な生活から逃れてきて、心に深い傷を負っていた。「わたしは、子供を抱えた彼女たちほど無力な人を見たことがない」とガーバスは語った。[26]

「わたしは、南アフリカの警察が、子供を連れた母親を含むデモ隊を暴行するのを見た。アメリカ南部で、公民権運動のデモ隊が反対者たちに襲われるのも見た。労働運動家セサール・チャベスの支持者たちが殴打され、銃撃されるのも見た」とガーバスは言う。[27]「けれども、ディリーで見たものは永遠にわたしの心に残るだろう」

＊＊＊

ICEの職員のなかには、マッキンゼーのコンサルタントが本部ビル内にいることに不満を募らせる者もいた。マッキンゼーのチームは入れ替わりが激しく、キャリアを積んだ職員は、次々とやってくる二十代のコンサルタントに庁内の仕組みを説明しなければならなかった。さらに悪いことに、一部のICE職員は、マッキンゼーの能力を疑問視し始めていた。

マッキンゼーがICEに提出したもう一つの「成果物」は、「リーダーシップ開発ツールキット」で、[28]七八ページに及ぶパワーポイントのプレゼンテーションというかたちだった。南北戦争の戦場跡やニューヨークの9・11メモリアルでリーダーシップセミナーを開催してはどうか、といったアドバイスが記されていた。

二〇一七年一〇月、マッキンゼーの契約は更新時期を迎えた。[29]内部に強い抵抗があったにもかかわらず、ICEのある職員は、ERO 2・0には「定量的なメリット」がある、と社内連絡に書いた。マッキンゼーが仕事を続けなければ、これらの変更をやり遂げられる可能性は非常に低い、と。

ICEのブライアン・D・コックス報道官は、マッキンゼーのおかげで「サービスを低下させることなく」契約のなかから一六〇〇万ドルを節約でき、[30]ERO 2・0が「ミッションの成果において測定可能な改善をもたらした」と述べた。

マッキンゼーは強制送還を早めようとしていたが、「特定の個人のケースについて最終的な法的判断が下された場合のみ」である、と説明した。[31]

二〇一八年四月、トランプ政権は「ゼロ・トレランス」政策を展開し、不法に国境を越える者を全員、刑事訴追すると宣言した。ゼロ・トレランス以前は、家族が逮捕された場合、アメリカ国内で解放され、審理を待たせるのがふつうだった。

しかし、両親が刑事拘留されるゼロ・トレランスでは、子供たちはそのような施設に収容できないため、親から引き離さなければならなかった。トランプ政権の対移民強硬派は、この厳格な措置によって、ほとんどの人が国境を越えるのを思いとどまるだろうと期待していた。ところが、六月中旬までに、四歳以下の一〇〇人以上を含む少なくとも二五〇〇人の子供たちが親から引き離され、場合によっては何百、何千キロも離れた場所に移動させられてしまう事態となった。それを報じる映像やすすり泣く子供の声が、国民に衝撃を与えた。

マッキンゼー内部にも衝撃が走った。だが、当初の騒ぎが収まると、マッキンゼーは別の移民取締機関であるアメリカ税関国境警備局と仕事をするようになった。

＊＊＊

二〇一九年一二月三日火曜日の夜、スコット・エルフェンベインはタクシーでマンハッタンでの夕食に向かっていた。近い将来の義理の両親と食事をとる予定だった。車内で携帯電話を使い、プロパブリカが掲載したニューヨーク・タイムズ紙の記事を読んだ。マッキンゼーの経営陣はどう釈明するのだろうか、と彼は思った。記事の内容は、何百ページにもわたるマッキンゼー自身のパワーポイントのスライドや電子メールによって裏付けられており、否定するのは難しい。

エルフェンベインは、ハーバード大学の学士号とウォートン・スクールのＭＢＡを取得し、マッキンゼーに入社したばかりの新米アソシエイトだった。マッキンゼーの最近の悪評に胸を痛めていたものの、コンサルタント同士であってもクライアントの秘密は厳守だけに、自分の会社が、さらには一部の同僚が、ＩＣＥにどう関わっているのかをそれまで知らなかった。

今回の記事を読んで、いままで築いてきた平和が打ち砕かれた。

去ること一二年前、エルフェンベインは、ある親友から夜中に電話を受けた。

「エルフ、おれは強制送還されることになったから、電話でお別れを言いたかったんだ」とその友人は言った。

エルフェンベインは、たちの悪い冗談だと思い、電話を切ってしまった。すぐにまた電話がかかってきた。「切らないでくれ！　聞いてくれ、おれは逮捕された。国外追放になる。さよならを言うために電話してるんだ」

その友人は、マイアミの高校でスター生徒だった。学校の成績はほぼ満点、アドバンスト・プレースメントの試験でも一一科目でトップだった。卒業後、エルフェンベインはハーバード大学へ進学することになった。ところが、二歳のときにアメリカに来たその友人は、コロンビア人の両親のビザが切れていたため、不法滞在の状態だった。学資援助が受けられず、彼は地元のコミュニティ・カレッジに入学した。しかしこんどは、移民局の捜査官に一家全員が拘束され、留置場に放り込まれたのだ。ボゴタへの片道切符という結果は避けられそうになかった。

ＩＣＥのことを初めて知ったのはこのときだった、とエルフェンベインは振り返る。[32]

エルフェンベインをはじめとするクラスメイトたちは、憤慨して心を痛め、すぐさま行動を開始した。移民弁護士に相談したが、どうにもならないと言われた。地元の議員にも助けを求めた。しかし、それも駄目だった。

ただ、フェイスブックという新しいウェブサイトが流行し始めていた。そこで、その友人がいかに素晴らしい人物かを投稿で書き込んだ。すると、南フロリダのＦＯＸ系列局が取り上げてくれた。「十代の若者たちがテクノロジーを使って社会的な不正義に注意を喚起したことが、地元の放送局の関心を惹いたようだ」とエルフェンベインは言う[33]。

続いて、ＣＮＮもニュースに取り上げ、前に助けを求めた議員があらためて彼らに連絡してきた。やはり、友人として何かできることがあるかもしれない。高校を卒業したばかりの彼らは、狭い地下室で寝泊りしながら、ワシントンに向かった。計画は単純で、連邦議会の廊下を歩き回るつもりだった。

結果として、コネチカット州選出のクリス・ドッド上院議員とフロリダ州選出のリンカーン・ディアス＝バラート下院議員が私案を提出してくれ、エルフェンベインの友人とその兄の運命の日は延期された。だが、両親はすぐに国外退去となった[34]。

その友人は、やがてジョージタウン大学を優秀な成績で卒業した。

この事件は、ニューヨーク・タイムズ紙などに掲載されて全米で注目を集め[35]、「ドリーム・アクト」と呼ばれる法案の勢いを高めた。この法案は、子供のころに親のせいで不法滞在となった何十万人もの若者を合法化することをめざしていた。エルフェンベインはそのあと、ハーバード大学で移民擁護団体を設立した。

さて、プロパブリカの報告記事を読んで、エルフェンベインは、それまで自分の人生が描いてきた軌跡とマッキンゼーの方向性が相反することを知った。結婚式が数日後に迫っていたにもかかわらず、彼の婚約者も、あっけらかんとした口調で言った。「いますぐ辞めないと、あなたは何にも立ち向かえない人間ってことになるわよ」

例の友人――いまはブラジルで銀行家として成功している――に電話すると、「おれのせいで人生を棒に振るような真似はするなよ」とやはり率直に言われた。

エルフェンベインは、辞めたところで「わたしの小さな声など意味がないだろう」と思っていた。その金曜日、彼はワシントンDCのオフィスの会議室に入っていった。彼の声は、間もなく大きな意味を持つことになる。

＊＊＊

マッキンゼーのワシントンDCオフィスは、海軍の退役軍人が多く、今回のような緊急時のミーティングを「全員が甲板に集まるべきイベント」と称している。

通常、こうした「タウンホール・ミーティング」に集まるのはせいぜい五〇～八〇人だ。しかしその日（二〇一九年一二月六日）は、ワシントンDCにいるマッキンゼーの従業員のほぼ半数に当たる約二〇〇人が集まった。いくつかの会議室の仕切りを取り払ってつくったスペースに、人が押し寄せた。

このような緊急集会が、もはや日常茶飯事になってきていた。ネガティブな報道に対処するため開かれたほかのタウンホール・ミーティングでは、当然ながら「記者が意図的に偏った記事を書いたに違いない」「政権AやB社のために行なった仕事は正当である」「わが社はあらゆる欠点を改善すべく行動している」といった通達が出席者になされた。

しかし、今回は違っていた。まず、ＩＣＥとの仕事は、ほかならぬこのオフィスが手がけていた。さらに重大なことに、このオフィスがＩＣＥとの仕事について内部から非難されるのは、今回が初めてではなかった。マネージングパートナーのスニーダーが、一昨年、この問題を取り上げていた。マッキンゼーのスライドに裏打ちされた新しい記事は、スニーダーほか同社の上層部に疑問を投げかけるものだった。スニーダーは、前任者のドミニク・バートンとは違う舵取りをすると当初から明言していた。バートンは、背が高く都会的で、最初の妻はカナダの大手ビールブランド、ラバットの創業一族の出身だった。マッキンゼーのマネージングパートナーを辞めたあと、駐中国カナダ大使になった。これに対し、スニーダーは背が低く、闘争心が旺盛で、困難を抱えたグラスゴーの出身だ。テレビインタビューでよく、グラスゴー出身であることをアピールした。しかし、彼は問題を無視することはなく、その年の初めには、将来的に不利になるような見出しを避けるため、新しい審査プロセスを導入した。

＊＊＊

タウンホール・ミーティングの会場は満席になった。ワシントンDCのオフィスを率いるシニアパートナーのノラ・ガードナーも出席した。ＩＣＥのプロジェクトを日々統括してきたパートナー、デミディオと、税関国境警備局を担当したエド・バリボールとジョナ・ワグナーの二名のジュニアマネージャーも、顔をそろえていた。

「わたしたちの多くは、非常に、非常に強い信念と感情を共有している」とガードナーは会議の冒頭で述べた[36]。「まず、移民、人権、移民の経験に対する強い情熱、信念、そして敬意だ」そのうえで、多数のコンサルタントが移民局との仕事に対して怒りを感じている事実を認め、理解を求めた。「わたしたちは価値観を共有しているのだから、仲間を大切にし、仲間に最善の気持ちを抱いてほしいと思う」

次にバリボールが発言した。彼は、自分が民主党員であることを強調し、「ここ（ＩＣＥ）はわたしが奉仕したい機関なのだろうかと思った」と述べた。

オバマ政権時代、マッキンゼーは移民局に雇われ、連邦政府機関の仕事に対する満足度調査でつねに最下位にランクされ、士気の著しく低い移民局の改善を支援した、と彼は語った。バリボールらは、ＩＣＥがより良い人材を確保する方法や、業者、とくに多くの被収容者を収容している民間刑務所会社から「明らかなぼったくり」を受けるのを防ぐ方法を探っていた。マッキンゼーは、収容者に低品質の食事を出すことは擁護していない。同じ食事でも場所によって値段がまったく違うのはなぜかと質問したにすぎない、と説明した。

調達や採用に加えて、第三の任務があった。バリボールはそれを素早く説明した。

「職員たちは日々の仕事に非常に苦労していた」。マッキンゼーがＩＣＥで仕事をともにした職員のほとんどが「母国できわめて深刻な犯罪を犯した者を見つけて逮捕すること」に関わっており、この点はマッキンゼーが「助けることができる」種類の事柄である、とバリボールは説明した。

また、「新政権になってから、明らかに状況が大きく変わった」とも述べた。

続いてワグナーが、マッキンゼーと税関国境警備局の仕事に関し、「われわれが個人的に誇りに思っていることと一致しており、全員が誇りに感じられると思う」とコメントした。

そのあと、出席者からの質問を受けた。

会場にいたジュニアコンサルタントのモバシール・プーナワラは、バリボールとワグナーの発言を聞きながら胸をえぐられる思いだった。彼は生活保護を受けて育ち、両親と四人の兄弟と２ＬＤＫのアパートメントで暮らしていた。一生懸命に勉強し、ウォートン・スクールに入学した。しかし、兄のほうは恵まれていなかった。子供のころアメリカに来て、不法滞在者の身だった。オバマ政権時は「ドリーマー」としてあるていど保護されていたが、トランプの移民取り締まりと「ダカ（幼少時に親にアメリカに連れて来られた不法移民を保護する制度）」廃止の方針により、プーナワラの兄が強制送還されるおそれが現実味を帯びてきた。マッキンゼーは先だって「最終的な法的判断が下された人」の強制送還についてICEに協力しているだけだとおおやけに釈明したが、まさに自分の兄がそういう立場だったため、プーナワラは腹を立てた。彼は挙手した。

「うちの家族は、玄関のベルが鳴ったら兄を隠す、という生活を続けてきた」とプーナワラは言った。続いて、こう提案した。

「政治的な支持において党派を問わないと釈明することには、おおいに異議がある。政治上やイメージ上の理由ではなく、われわれは自分たちの価値観にもとづいているという理由で、この仕事はもうやらないと明確な姿勢を打ち出してはどうか」

これには拍手が起こった。「胸がいっぱいになったよ」とガードナーは感想を告げた。「意見の共有ありがとう。この部屋には、同じように感動し、同じような経験をしている人たちがいるだろう。ひたすら感謝に堪えない。われわれの会社が、このような非常に大きな問題に対して、政治的な立場をとることは難しいと理解してもらえると思う」

フィラデルフィアオフィスに配属されていたエルフェンベインは、この場では発言しないでおこうと思った。しかし、後味が非常に悪かった。マッキンゼーは、きわめて人間的な問題に人間らしい感覚で取り組んでいない、と感じた。ICEは最も議論の的となる政府機関だろうに、ICEへの助言は政治的ではないなどと会社側が厚顔無恥な弁明をしたせいで、怒りがこみ上げてきた。

会議に出席したエルフェンベインをはじめとするコンサルタントたちは、記事の内容を信じないように言われた。しかし、マッキンゼー自身がつくった数百枚ものスライドまでもが添付ファイルとして公開されており、削除されている部分がかなりあるとはいえ、記事の内容を裏付けていた。

エルフェンベインは、仕事に集中するのが難しくなった。タウンホール・ミーティングの前日には、マッキンゼーの採用候補者であるウォートン・スクールのMBA学部生たちと話をする場合の注意点を告げられていた。ICE問題は避けるか、採用候補者を安心させるようなことを言いなさい、こちらからICEの件を持ち出してはいけない、と。

「そのときこそが、いわゆる〝堤防が決壊した〟瞬間だった」とエルフェンベインは語る。

彼はその夜、同期で入社したウォートン・スクールMBAのクラスメイトたちや、同校を担当するマッキンゼーのトップ採用担当者たちに向けてメールを送り、マッキンゼーがおおやけに語っていることと、社内で入手可能な証拠、すなわちICEプロジェクトのコンサルタントたちの経歴ページに記載されているプロジェクトの説明文とのあいだに矛盾がある、と指摘した。

そのうえで、翌日、ワシントンDCオフィスで開かれたタウンホール・ミーティングに出席したのだった。デミディオやバリボールが悪びれもせず仕事を正当化したため、エルフェンベインはさらに怒りを覚えた。次の月曜日、前のメールにさらに加筆して、こんどははるかにおおぜいの社内メンバー――最高責任者のスニーダーや北米責任者のリズ・ヒルトン・シーゲルも含め、約一二〇〇人――に送った。マッキンゼーが長年、社の方針として掲げている「異議を唱える義務」の限界を試したわけだ。

メールの出だしはこうだった。「わたし個人は穏やかならぬ状態だが、このメッセージは、健全な状態の心から発せられたものと解釈してもらえるよう期待したい」。続いて、彼はある友人について書いた。「午前三時にベッドから引きずり出され、恐ろしいICE拘置所に入れられた。いまだに悪夢を見るという」

「わたしの見るところ、わが社は危機のなかでリーダーシップを発揮していないし、困難な状況下でも自分たちの価値観が真に有効であることを示していない」

彼は、箇条書きで提言をした。「マッキンゼーは、ICEのために働いたことを公式に謝罪し、この仕事をまたやると言うのをやめる」「合法性を倫理のバロメーターにするのはやめる」。後者については、とくに辛辣で、括弧付きでこう書き添えられていた。「一八五〇年代に南部の州の〝農業資産の収量向上〟を支援していたとして、われわれは、いまでもそれを支持するだろうか？　これまでの流れだと、こたえは〝するかもしれない〟になる気がする」

さらに彼は、給料のなかにICEの仕事に起因すると思われる金があれば還元したいと考え、同僚も寄付できるように会社のメールアドレス（TakeItOutofMyPay@mckinsey.com）を設定した。

また、このメールには、マッキンゼーがICEのためにどのていどの仕事をしているのか、世界各国のコンサルタントに伝えていないとの見解も示されていた。

彼は送信ボタンを押した。

「吐きそうな気持ちだった」と彼は言う。

エルフェンベインは待った。二分、いや三分ほどが過ぎた。

携帯電話が鳴った。

社内で尊敬を受けているあるリーダーからの電話だった。マッキンゼーに入社して何年も経って、自分がいかに理念のために立ち上がる人間でなくなっていたかを痛感した、とその人物は語った。エルフェンベインのメールに心を動かされたのだ。さらに、「見ていてくれ」と言った。

その人物は、「スコットに賛成だ。わたしの給料からも引いてくれ」と書き、「全員に返信」ボタンを押した。

　ドイツ、アイルランド、イギリス、日本など、世界各地から何百人もの人々がエルフェンベインに賛同し、メールを送ってきた。また、エルフェンベインのメールを社内の数千人もの従業員に転送した。ワシントンDCのタウンホール・ミーティングに参加したある人は、「反乱だ」と言った。「マッキンゼーで、若手コンサルタントとアソシエイトパートナー以上とのあいだで反乱が起きたのだ」

　数日後、ICEプロジェクトの担当パートナーであるデミディオが、みずから大量にメールを送った[37]。件名は「和解と癒しの呼びかけ」だった。

「わたしのクライアントを恐れて暮らしている家族や友人の方々への深い同情」や「多くの方々の不安、恥、不信、怒りの原因となってしまったことへの罪悪感」が箇条書きでつづられていた。

　しかしそのあと、文面は一転して、「倫理観、目的意識、価値観がないと非難するいくつかの痛烈なメール」に傷ついたこと、ICEプロジェクトの同僚が「中傷」されて怒りを感じていること、チームの仕事が「不正確に描写」されて「フラストレーション」に見舞われていることなどが列挙され、自分のチームがもたらした「インパクト」を誇りに思うと書かれていた。そして「お互いの傷を癒すことができるように願いつつ」対話を呼びかけていた。

　エルフェンベインは解雇されなかった。スニーダーがわざわざ、あのメールは「適切」だったとエルフェンベインに伝えたほどだ。しかし、別のシニアパートナーが、マッキンゼーらしい質問をエルフェンベインにぶつけた。彼のメールによってどれだけ生産性が損失したか知っているか、と。

　この経験を通じて、エルフェンベインは、マッキンゼーを冷めた目で見るようになり、やがて二〇二一年末に退職した。希望に燃えて入社した当時、採用担当者たちから「ユニークな仕事を通じて、社会を前進させることに貢献できる」と約束されていたのだが。

「あそこは過大評価されているかもしれない」と彼は語った。

第五章　中国政府との仲睦まじさ

二〇一三年末、中国の浚渫《しゅんせつ》船団が中国本土から一〇〇〇キロほど南下し、ファイアリー・クロス礁に到着した。[1] この船団には、一時間に一〇〇万ガロン以上の砂を海底から吸い上げることができるアジア最大の浚渫船「天鯨号」も含まれていた。以後二年間にわたる作業のようすが、衛星写真に記録されている。この岩礁はかろうじて水面から顔を出しただけの居住不可能な露頭だったが、二年後には二・七平方キロメートルの島に変貌を遂げた。

中国政府は、南シナ海にあるフィアリー・クロス礁や近隣の岩礁、島々を軍事化することはないと言明していた。しかし、二〇一五年九月二五日、それが真実ではないことを世界じゅうが知った。権威あるジェーンズ・ディフェンス・ウィークリー誌が、衛星写真を使い、中国の長距離爆撃機に対応できる三・一キロメートルの滑走路が岩礁上に完成したと報じたのだ。[2] ミサイルシステムも間もなく完成するとみられた。

同じ日、北へ三〇〇〇キロ以上離れた北京では、天鯨号の所有者である中国通信建設集団のチェン・フェンジャン社長が、最高幹部を集めて大切な会議を開いた。

中国通信はふつうの会社ではない。中国の国家安全保障と経済活力にとって重要であるため、中国政府によって管理されている九六の国有企業の一つだ。これらの企業は、中国の兵器を製造し、作物を栽培し、流通させ、電話やインターネット網を運営し、石油を精製し、鉄を鍛え、石炭を採掘し、中国通信のように中国の外交政策の道具として世界各国に橋や道路、港を建設している。これらの重要な「中央企業」のトップを務めるチェンらは、共産党組織局から抜擢された人物だ。

運営を円滑に進めるため、チェンはアメリカ企業であるマッキンゼーを雇い、指導に当たらせた。[3] 近年、マッキンゼーは中国政府が中央企業に指定した九六社のうち、少なくとも二六社に助言を行なっている。

チェンが開いた会議には七〇二人が参加した。世界各地にある同社の拠点からテレビ会議システムで参加した者もいた。[4] 会議の目的は、中国政府が掲げる「経済五カ年計画」のなかで、同社をどのように位置づけるかを議論することだった。四〇年近い経済改革を経た現在でも、この毛沢東時代の遺物は大きな影響力を持ち、政府の膨大な資源を好ましい産業に振り向けている。

その日は、マッキンゼーのチームが提言を発表した。具体的な内容は秘密だが、中国通信は、マッキンゼー——中国の高学歴のエリートたちが就職を夢見る会社——とのつながりを熱心に宣伝した。中国通信の声明によれば、マッキンゼーは同社の「市場環境」を分析し、「全体的な戦略目標」と「事業ポートフォリオ戦略」について提言を行なったという。

中国通信をクライアントに迎えることは、マッキンゼーにとって、まさに画期的な成功だった。この国有企業は、中国の影響力を高める戦略の一環として、世界各地で中国政府のインフラ契約を獲得していた。浚渫事業が好調なことから、外国での株式上場も検討されていた。

マッキンゼーにしてみれば、世界最大級のエンジニアリング企業である中国通信は、あらたな収益源を意味していた。しかし、アメリカにとっては、同社の島嶼建設が太平洋のパワーバランスを根本的に変えてしまうことになった。[*]

最近、こうした新しい島々の近くを通過する米軍艦は、中国海軍の艦艇や補助艦艇から定期的に付きまといや嫌がらせを受けており、核武装した二国間で致命的な事故が起こる可能性がかなり高まっている。ある事件では、中国軍艦が新島の近くで米駆逐艦の艦首から四五メートル以内に接近し、米艦は衝突を避ける操船を余儀なくされた。[5] ワシントンのシンクタンクは、二〇三〇年までにこの海は「事実上、中国の湖になる」と述べている。[6] バイデン大統領の海軍長官は公聴会で「中国は、権威主義的な体制と南シナ海や世界への断固とした侵攻により、つねに海軍の脅威となっている」と述べた。[7]

係争水域に島を建設した中国政府系企業とマッキンゼーの仕事は、はるかに重要なクライアントである国防総省の目標と相反するものだ。マッキンゼーは近年、国防総省から何億ドルもの報酬を得ている。マッキンゼーの社内記録によると、二〇一八年から二〇二〇年初めまで、アメリカ国防総省はマッキンゼーのトップクラスのクライアントだった。この期間、同社の売上高上位にランクインした中国企業はない。

マッキンゼーが中国通信に助言していた二〇一五年、同社は一方で、アメリカ陸軍が弾薬製造のための国内産業基盤を維持するなかでどうすればコストを削減できるかも研究していた。[8] マッキンゼーは、中国との紛争で使用される兵器の開発を支援するバージニア州ダールグレンの海軍水上戦センターとも連携している。[9] 二〇一九年、海軍はマッキンゼーと一五七〇万ドルの契約を結び、F35戦闘機の「コスト効率化プロジェクト」に取り組ませた。[10]

同社のコンサルタントたちは、定期的にペンタゴンのポストにも就いている。パートナーのひとり、エリック・チューニングは、トランプ大統領時代に国防長官だったマーク・エスパーの首席補佐官を務めており、二〇二〇年にマッキンゼーに復帰した。また、マッキンゼーのジェシー・サラザールは、バイデン政権で産業政策担当の国防副次官補に就任した。

マッキンゼーは長い道のりを経て、アメリカの自由企業のトップへのアドバイスだけではなく、アメリカの戦略的・経済的ライバルである中国の軍事基地建設のために中国国営企業へのアドバイスまで行なうようになったのだ。

南シナ海の滑走路が稼働するころまでに、マッキンゼーは、ほかの企業が敬遠するようなクライアントにも積極的に協力する姿勢を示してきた。歴代のマネージングパートナーが、中国政府のさまざまなレベルの仕事を引き受けるよう、同社を誘導してきた。党機関紙『人民日報』の記事によれば、マッキンゼーはほかの外資系企業と同様、上海オフィスに共産党の党支部まで設立したという。[11] ただし同社は「一般的に、従業員の私的政治活動は把握しておらず、追跡もしていない」としている。

マッキンゼーが中国で最も戦略的に重要な国有企業と関係を深めることになったのは、二つの要因による。第一は、二〇〇〇年にナンシー・キレフェラーがクリントン政権の財務省を退いてマッキンゼーに復帰し、公共部門向けの業務を立ち上げ、社にあらたな収益源をもたらしたことで、政府関連業務への意欲が高まったことだ。第二は、マッキンゼーのたゆまぬ国際展開だ。一九八〇年代には、社内の外国人パートナーが、アメリカ人パートナーの数を上回った。また、モスクワ、ドバイ、ヨハネスブルグなど世界各地にオフィスを開設した。

中国は、国外で最大の金脈、かつ最も可能性を秘めた金脈だった。何世紀にもわたって、世界で最

＊　一九九〇年から一九九七年までアメリカ海軍の将校だったマイケル・フォーサイスは、誘導ミサイル巡洋艦の航海士として、南シナ海を何度も横断した。当時、当時、中国海軍の拡大はまだ何年も先であり、最大の心配事は水深だった。中国海軍に航行を妨害されるなどとは、頭の片隅にも浮かばなかったという。

も人口の多い国であり、世界で最も優れた経済の中心地だった。外国による占領、革命、戦争、飢饉と、一五〇年にわたる困難な歳月を経てきたものの、一九九〇年代初頭、経済が活況を呈し、硬直化した国有産業の改革に指導者たちが意欲を見せるなか、中国はマッキンゼーのビジネスノウハウを必要としていた。また、フォルクスワーゲンなど、マッキンゼーにとって最も収益性の高いクライアントが中国に将来を賭けており、マッキンゼーの上層部も、中国に進出する必要性を感じていた。

＊＊＊

昔はそうではなかった。中国がまだマルクス主義の泥沼にはまり込んでいたころ、マッキンゼーは中国を重要なビジネスチャンスと見なしていなかった。一九七〇年代には中国銀行からリストラの相談を受け、一九八五年には中国政府がマッキンゼーにソ連時代の鉄鋼業の再建を依頼したことがある。マッキンゼーの社史によると、「いずれの場合も、自分たちが影響を与えられるとは思えない、とわが社の上層部が判断したため」マッキンゼーは依頼を断ったという。[12]

しかし、一九九〇年代初頭の中国は、ＧＤＰ成長率が一九九二年に一四・二パーセント、続く二年間は一三パーセントを超える驚異的な経済成長を遂げ、世界の注目を集めた。一九八九年の天安門事件で政治改革は凍結されたが、経済面では、外国からの投資を受け入れ、新しい民間企業の台頭を容認し、老朽化した国有銀行、製油所、電話網、製鉄所、造船所などの見直しを図ろうとした。

マッキンゼーは一九八五年に香港にオフィスを開設し、多くの欧米企業と同様、当時イギリスの植民地だった香港を拠点に中国本土に進出した。九〇年代半ばには、上海と北京に相次いでオフィスを置いた。同社は、中国で成功するために、数百万ドルを投じて世界各地のコンサルタントを訓練した。

また、多くの中国人採用者をヨーロッパに派遣し、仕事の基本を学ばせた。一方、アメリカのビジネススクールからマッキンゼーに入社したＭＢＡの一部は、中国語を習得するため、北京の清華大学に入学した[13]。

マッキンゼーの中国での初期の仕事は、グローバル企業の中国での事業立ち上げの支援に重点が置かれていた。一九九〇年代は、ゼネラルモーターズや３Ｍといった大手多国籍企業が、世界で最も急速に成長している主要経済圏から利益を得ようと躍起になっていた時期だ。「マッキンゼーのコンサルタントたちは、中国でのビジネス展開の複雑さを克服するために、企業を指導する役割を担っていた」一九九〇年代後半に上海と北京に駐在した元シニアパートナー、オリビエ・カイザーはそう振り返る[14]。

当時は、中国にとってエキサイティングな時代だった。経済が欧米企業に開放され、数十万人の中国の学生たちが一流の教育を受けるためにアメリカに留学した。中国のインターネットは、ほとんど管理されずに急成長し、起業家の才能を開花させた。一九八九年の弾圧以降、政治的な暗雲が立ち込めていたにもかかわらず、個人的なレベルでは、中国の人々はほんの数年前には想像もできなかったような自由を享受していた。もはや、決められた労働単位に縛られることなく、好きな場所で働き、好きな場所で買い物をし、好きな相手と結婚することができた。近いうちに世界貿易機関（ＷＴＯ）に加盟し、経済の自由化に伴い、政治的な権利の要求が高まるだろうと多くの人が期待していた。

二〇〇〇年、クリントン大統領は、中国のＷＴＯ加盟への支持を呼びかけ、「自由の魔神は二度と壺のなかには戻らないだろう」と述べた[15]。

マッキンゼーの中国チームも、その楽観主義を共有していた。「経済が発展すれば民主化が進み、共産党がやがて社会への支配を緩め、中国はやがて香港のようになるという予感があった」とカイザーは中国滞在時を振り返る。「歴史の方向性は明らかだった」

カイザーをはじめ、ゴードン・オアー、ジョナサン・ウェッツェル、トニー・パーキンス（アメリカ人で現在はモルモン教会の長老）など、初期の中国拠点のコンサルタントは、中国事業を成功させるためには、経済の頂点に立つ共産党監督下の国有企業を含む現地クライアントを獲得する必要があるとわかっていた。そこで、上海と北京のホテルの会議室で会社役員向けの講演会を開催し、会社の戦略や組織について無料でアドバイスを提供した。会場には、おおぜいの参加者が集まった。[16]

カイザーたちコンサルタントは、上海に拠点を置く政府系コングロマリットの仕事を引き受けた。この会社は、数十万人の従業員を抱えていた。マッキンゼーを辞めてから一八年、その仕事から四半世紀近く経ったいまでも、カイザーはその会社の正体を明かそうとしない。いずれにしろ、この会社は、ほかの多くの国有企業と同様に、時代遅れになりつつあった。国有企業は国内および国際企業からの競争にさらされ、何百万人もの余剰労働者が失業の危機に瀕していた。

「時間との勝負だった」とカイザーは言う。「規制緩和が進んでいた。失業は避けられなかった。しかし、失われたぶんを新たな雇用が補うことができるかどうかは、期待するしかなかった」

カイザーたちは、中国の国有企業に解雇を指示する外資系コンサルティング会社になるのではなく、売上げをアップすることに焦点を当てた。社会主義時代の老朽化した営業部隊に基本的な改善をいくつか施し、新しい収入を得るのはわりあい簡単だった。「いったん信用を確立できれば、これはマッキンゼーのおかげで儲けた金だ、と言ってもらえるようになる」とカイザーは話す。

中国本土に進出して二年後、マッキンゼーは、のちに最高のクライアントとなる企業を獲得した。「平安保険」だ。

マッキンゼーは一九九七年に平安保険に資本参加し、そのあと四半世紀かけて、一地方の保険会社であった同社を、時価総額で世界第二位の保険会社にまで成長させた。[17] マッキンゼーのコンサルタントたちは、平安保険との仕事が気に入っていた。「彼らはマッキンゼーの言いなりだから」「プロジェクトの説明が終わると、何も質問せず、ただひたすら実行してくれた」とマッキンゼーの中国国籍のある元コンサルタントはインタビューで語った。

マッキンゼーのグローバル保険部門を統括するひとり、ピーター・ウォーカーは、平安保険との関係が深化し、マッキンゼーがさらに多くの中国の保険会社をクライアントとして引き受けるようになるにつれ、中国に滞在する時間が長くなった。

マッキンゼーのコンサルタントで、平安保険との提携を主導したルイス・チャンは、平安保険に移籍し、二〇〇四年の香港での新規株式公開を前に、同社の社長に就任した。のちに、彼はチャン・ツェーミン（江沢民）元国家主席の孫と未公開株式投資会社を設立することになる。

平安保険の新規株式公開（ＩＰＯ）は、マッキンゼーが中国の民間企業と協力しながらも――意図的か否かはともかく――全権を握る中国政府との関係を築いていたことを示している。[18] マッキンゼーは、ハーバード大学のＭＢＡプログラムで優秀な成績を収めたリュウ・チュンハンを雇っており、彼は中国の次期首相であるウェン・チアパオ（温家宝）の娘婿だった。二〇〇三年まで副首相として、平安保険をはじめとする金融サービス業界を監督していた。温家宝の妻はＩＰＯの前に平安保険の莫大な株式を取得し、その多くを温家宝の高齢の母の名義で隠していた。マッキンゼーは、リュウ・チュンハンを採用したのは彼の能力にもとづく決定であり、コネクションではないと述べている。「リュウが不正な目的で雇われたとする示唆は事実ではなく、誤解を招くものである」と同社は二〇一八年にコメントしている。

温家宝の娘婿がマッキンゼーに入社したという事実は、マッキンゼーがいかに中国の欧米系エリートにとって権威のある会社であったかを示している。[19] マッキンゼーは成功から成功へひた走った。一九九〇年代半ばに数十人だった中国でのコンサルタントが、一〇年後には三〇〇人を超える規模になった。[20] 中国の大きな国有企業が世界的な株式市場で株式を売り出そうとしていたタイミングで、マッキンゼーは支援に乗り出した。

マッキンゼーが政府機関や半官半民のために多くの時間を割いていることを、すべての従業員が喜んでいたわけではない。民間企業のCEOにアドバイスするのが会社の筋だと考える者もいた。

そのひとりが、ロン・ダニエルだった。一九七六年から一九八八年までマネージングパートナーだった彼は、九〇歳を過ぎてもマンハッタンのミッドタウンのオフィスに毎日出勤していた。ある日、ダニエルは、二〇〇三年から二〇〇九年まで会社を率いたイアン・デイビスを呼び止め、「自分はパブリックセクターというものに熱意が湧かない」と告げた。

デイビスの返事は歯切れが悪かった。「つまり、われわれは中国で仕事をしないほうがいいということか？」[21]

こたえは明らかだった。

＊＊＊

中国の経済成長が加速するなか、マッキンゼーは、共産党が支配する中央集権的な「公共部門」に飛び込んでいった。

今世紀の最初の一〇年間、中国の主要な国有企業は長年にわたるソビエト式の中央計画を脱却し、マッキンゼーが得意とする西洋式の「ベストプラクティス」を採用してリストラを行ない、中国の成長に拍車をかけるような大規模な効率化を実現した。二〇〇七年の経済成長率は一四・二パーセントで、一九九二年からの猛烈なペースに匹敵する。アップル、ゼネラルモーターズ、マクドナルド、フォルクスワーゲン、ボーイングなどの企業が、何世紀にもわたって欧米の商人たちがろくに実現できなかった夢をついに実現したのだ。中国で大金を稼ぐという夢を。

マッキンゼーの主要クライアントである多国籍企業にとって、世界最大の携帯電話市場、世界最大の自動車市場、世界最大の輸出国、そして二〇一〇年にはアメリカに次ぐ世界第二位の経済大国となった市場に手を出さないでいることは常識で考えられなかった[22]。

マッキンゼーは、中国移動、中国電信、石油大手の中国石油化工や中国石油天然気などの国有企業をクライアントリストに追加し続け、石炭、鉄鋼、銀行、食品、海運などのコングロマリットもクライアントにした。

地方自治体や北京の省庁もマッキンゼーに助言を求めた[23]。上海は都市計画のために同社を雇った。二〇〇九年、イアン・デイビスが北京を訪れ、中国商務部との契約に署名した。同年、マッキンゼーは、世界金融危機の影響に対抗するための経済刺激策を立案するよう政府から要請された[24]。マッキンゼーの役割は、テレビの値下げが需要を喚起するかどうかを見極めるというささやかなものだったが、その年にデイビスの後任としてマッキンゼーのマネージングパートナーに就任したドミニク・バートンは、中国の産業政策を監督する強力な企画機関、国家発展改革委員会にマッキンゼーの知見を提出した。

以前中国で働いていたマッキンゼーのコンサルタントのひとりは、国営企業をクライアントとして獲得するためにコンサルティング料を割引することもあると述べ、その結果、「西洋からの知的財産の移転」が起こり、「中国と国営企業の発展」に貢献したと述べている[25]。

「現在は、強力なライバルがいる。」個人的には、割引料金で国営企業のために働くのはあまり気が進まなかった」と彼は言う。

マッキンゼーの中国での活動が本格化するなか、中国の国有企業や官庁は、「世界で最も権威のあるコンサルティングファームを雇った」と熱心に周囲にアピールした。

マッキンゼーの名は中国でも非常に有名で、「成都マッキンゼー経営コンサルティング会社」なる偽物の模倣企業ができたほどだ。この偽マッキンゼーは、二〇〇九年、四川省政府の経済計画策定を支援する契約を獲得した。

中国経済ウィークリー誌はすっかり騙され、マッキンゼー（本物）を「影響力の触手を広げるタコ」と表現した[26]。さらに、同社を「第一二次五カ年計画を支える外国の頭脳」と呼び、偽マッキンゼーの四川省における仕事を大きく取り上げた。

マッキンゼーとそのグローバルクライアントが中国で事業を拡大する一方で、中国の人権に関する記録は国際的な非難を呼び起こした。ノーベル平和賞を受賞したリウ・シャオポー（劉暁波）のような活動家が投獄され、リウは獄中で死亡した。中国共産党は、自分たちの支配に抵抗しかねないグループを漏れなく弾圧した。しかし、二〇〇〇年のクリントンと同様、中国の好景気が最終的には政治にも波及することを人々は期待していた。二〇〇八年、中国はオリンピックを開催した。何千万人という中国の若者たちが、国内のダイナミックなソーシャルメディアを通じてみずからの意見を発信できることを知り始めた。アメリカと中国の関係は、しばしば険悪だったが、ときには友好的だった。

＊＊＊

しかし、状況は間もなく変わった。二〇一二年一一月、中華人民共和国の建国者たちの流れをくむシー・ジンピン（習近平）が、政権を握る共産党の指導者に就任したのだ。

習近平は、前任の平凡な官僚とはまったく異なる世界観を持っていた。腐敗と、報道の自由や法の支配といった西側思想の流入によって、共産党は崩壊の危機に瀕している、と考えた。習近平は、中国のゴルバチョフになって党の崩壊を見届けたくはなかった。一九九一年のソ連崩壊を「誰も立ち上がり、抵抗する勇気がなかった」と非難する演説を行なった[27]。また、人権擁護者やフェミニストを投獄した。自由奔放だった国内のソーシャルメディアを、積極的な検閲によって抑制した。さらに、新疆ウイグル自治区のイスラム教徒に対して冷酷な弾圧を開始し、大量拘留と強制不妊手術を行なった。ほどなくしてアメリカ政府はこうした行為を「ジェノサイド」と批判することになる。

共産党によって支配されている公式メディアは、マオ・ツォートン（毛沢東）時代以来見られなかった英雄的な言葉で習近平を描写し、彼の権力を強化した。アメリカとの関係は悪化した。しかし、マッキンゼーのビジネスは、通常どおりだった。

ＢＭＷ、アップル、ボーイング、スターバックスなどの多国籍企業も中国での事業を継続しているのは事実だが、これらの企業が販売する自動車、電話、飛行機、コーヒーなどはマッキンゼーの主力商品とは異なる。マッキンゼーは、南シナ海に島々を建設した中国通信などの国有企業にノウハウを提供することで、中国の国家権力と共産党を強化したのだ。習近平は党幹部に対し、「党の指導を堅持し、党の建設を強化することは、わが国の国有企業の輝かしい伝統である」と語り、中国通信のような有力国有企業と共産党のあいだに距離がないことを明らかにした[28]。

二〇一三年秋、習近平は毛沢東ふうの党内「是正」キャンペーンを開始し、ソーシャルメディアに残っていた言論の自由のかけらを封じ込めた。しかし、この時点でマッキンゼーは、中国の国有企業や政府機関にアドバイスを提供するだけでなく、さらに一歩進んで、北京の特徴的な政策のいくつかを支持するようになった。政策のうちには、アメリカや欧州と対立する内容も含まれていた。

その一つが「一帯一路」構想だ。古代のシルクロードを想起させるこの計画は、アジア、アフリカのほか、世界各地に港湾、道路、橋、鉄道などを建設し、中国の影響力を拡大しようとするもので、一兆ドル規模だった。

この構想はすぐにワシントンやほかの西側諸国の首都で警鐘を鳴らした。中国政府がこの構想を、自国の軍事的影響力を拡大するためのステルス計画として利用し、貧困国に返済不可能な金を貸して罠に嵌め、それらの国々を北京支配の勢力圏に縛り付けるのではないか、と西側諸国の指導者たちは恐れた。フランスのエマニュエル・マクロン大統領は中国を訪問した際、「これらの道路は、あらたな覇権の道であってはならず、道路を通過する国々を属国に変えてはならない」と述べた。[29]

マッキンゼーは異なる見解を示した。[30] 当時マッキンゼーのマネージングパートナーだったバートンは、二〇一五年三月に北京で開かれた年次会議で基調講演を行ない、この「一帯一路」をテーマにした。バートンは、マッキンゼーが「一帯一路」構想に非常に期待していると述べた。また、この構想が中国の影響力を拡大する道具になるという懸念をおおやけに否定した。

マッキンゼーは政府高官を招集し、この構想について議論し、「私利私欲や地政学的な意図からではなく」この構想に着手しているという中国政府のメッセージを増幅させた。[31]

「世界は〝一帯一路〟という壮大な青写真が夢から現実になるのを待っている」。バートンらは二〇一五年五月、同社の中国語サイトへの投稿でそう述べている。[32]「われわれは政府、企業、シンクタンクなどと協力して、上記の提案についてより詳細な調査を行ない、人類社会の繁栄拡大に少しでも貢献したいと思う！」

やがて、マッキンゼーのコンサルタントは、中国の「一帯一路」の重要性をクライアントに喧伝し始めた。それを受けて二〇一五年、マレーシア政府が、マレー半島の東側にある港と西側の繁栄する都市を結ぶ鉄道路線という、同国で構想されている史上最大の公共事業プロジェクトの経済性報告書を作成するため、マッキンゼーに調査を依頼した。

マッキンゼーのコンサルタントはスライドで、このプロジェクトは「一帯一路」構想にとって重要であり、マレーシアがこのプロジェクトに着手すれば、中国との「国と国の関係を築く」ことにつながると説いた。[33]また、中国が東南アジアの鉄道路線に関心を持つのは「地政学的な理由」だと指摘した。別のスライドでは、中国がインドネシアの鉄道路線に融資した際、インドネシアにとって寛大な条件が付されていたと述べ、マッキンゼーはこれを「ゲームチェンジャー」と呼んだ。

二〇一六年、マッキンゼーのクライアントであり、南シナ海で島々を建設していたあの中国通信建設が、マレーシアの鉄道建設を一三〇億ドルで受注した。[34]当時の首相補佐官によると、マレーシアが中国通信に鉄道契約を申し出たのは、汚職した政府投資基金が負った借金を返済する計画の一環だったという。

マッキンゼーは、このプロジェクトにおける同社の役割は「社会経済的影響と財務的実現可能性の研究」に限られており、マレーシア政府が中国通信建設を採用する決定に関与していない、と述べた。[35]マッキンゼーは二〇一八年一二月、ニューヨーク・タイムズ紙が「一帯一路」関連プロジェクトにおける同社の仕事について報じたのを受け、「独立したクライアントチームやプロジェクトを通じて、あらゆる政府の課題を推進するためにわれわれが裏で動いているとする見方は、ひとことで言って、事実ではない」と声明を発表した。

マッキンゼーにとって、「一帯一路」構想を喧伝することは良いビジネスだった。[36]この構想のプロジェクトを請け負った中国企業の上位一五社のうち九社がマッキンゼーのクライアントだった。

マッキンゼーは、議論を呼んでいる中国の産業政策「メイド・イン・チャイナ2025」にも重点を置いた。二〇一五年に初めて導入されたこの計画は、電気自動車、バイオ医薬品、航空宇宙などの業界で中国を支配的なプレーヤーにすることをめざしている。そのため、数千億ドルの融資をこれらの分野に集中させる。中国の主要貿易相手国は、中国が産業全体とサプライチェーンを支配しようともくろんでいるのでは、と懸念している。それにより、自国の経済が弱体化し、最終的には中国という巨大市場から外国企業が追い出されるおそれがある。二〇二一年三月、バイデン政権はこれを中国の「より広範囲にわたる有害な産業計画」の一つと呼んだ[37]。

マッキンゼーは「メイド・イン・チャイナ2025」について、少なくとも一〇本の中国語のレポートを作成した。しかし二〇一八年五月、きわめて重要な貿易相手国からの批判の嵐にさらされた中国政府は、国内のメディアにこの政策についての記事を書くのをやめるよう命じた。マッキンゼーも、この政策について言及するのをやめた。

世界の一部の地域では物議を醸しているが、中国のマッキンゼーのコンサルタントの多くにとっては、この仕事はふつうであり、受け入れられるものだった。マッキンゼーの中国スタッフの大半は現地採用で、ますます多くがパートナーやシニアパートナーになり、新しいクライアントを引き受ける権限を持ちつつある。

中国人のコンサルタントの多くはハーバードやスタンフォードなどで修士号を取得しているが、本来、彼らは中国のエリートであり、一党独裁の最大の受益者といえる。そのひとりが、上海の交通大学で光学工学の博士号を取得し、二〇〇七年にマッキンゼーに入社したパートナー、チェン・グァンだ[38]。

二〇一七年一二月、チェンは深圳《シンセン》で開かれた中国商城集団の会合で講演した。中国商城集団は「一帯一路」の最大級の請負業者であり、戦略的に重要な国有企業だ。[39]この会合のおもな焦点は、「質の高いプロフェッショナルな幹部チームの構築」だった。つい少し前に終わった五年に一度の中国共産党大会において、そのようなチーム構築が必要とされたのだった。チェンは、軍隊とビジネスを比較しながら話し、スライドにはライフルを構えた兵士の写真が映し出された。

マッキンゼーが中国で推進したもう一つの物議を醸すプロジェクトは、「スマートシティ」に焦点を当てたものだ。スマートシティとは、ネットワーク化されたカメラを使用して交通をより良く管理したり、「スマート」メーターを使用して水や電気の使用量を削減し、都市部をより快適にするという構想をさす。マッキンゼーは、この構想を世界じゅうで推進した。

マッキンゼーは二〇一八年、毛沢東時代の国家計画官僚制度から派生した政府委員会とともに、中国南部で開催されたスマートシティ会議に参加した。[40]二〇一九年には、同社初の現地採用者のひとりでシニアパートナーのシャ・シャが、中国スマートシティエキスポで講演した。マッキンゼーは、最も信頼性の高い中国のクライアントである平安保険と提携し、この保険会社が南寧市で金融詐欺を監視するスマートシティシステムを導入できるよう支援した。

しかし、スマートシティの構想は、テクノロジーを使って交通管理を改善したり、電気や水の使用量を節約したりするよりもはるかに多くのことを含んでいる。たとえば、警察活動や、犯罪を未然に防ぐための予測分析などだ。マッキンゼーはこの事実を中国語で一般向けに伝えた。

マッキンゼーは、中国語に翻訳したスマートシティに関するグローバルレポートのなかで、こう述べている。「たとえば、警察はあらゆる場所を巡回できるわけではないが、予測分析を通じ、適切な場所に適切なタイミングで人員を配置できる」この報告書は、中国の国営メディアで広く報道された。

中国のような権威主義国家では、警察にはほとんど制約がなく、法の支配がまともに機能していないため、この報告書は、ロンドン、東京、ニューヨークなどではまったく違う解釈で受け取られた。アメリカ連邦議会の中国に関する委員会が発表した報告書には、中国の治安当局がスマートシティ技術を利用して「大規模な監視のための情報収集と分析の拡大、改善、自動化」を行なっている、と記された[41]。

まさにそのとおりの状況になっているのが、中国の最西部の地域だ。中国政府が世界最大級の監視カメラネットワークと治安検問所――ニューヨーク・タイムズ紙のふたりの記者、クリス・バックリーとポール・モズールが「仮想の檻」と表現したもの――が設置されている。この地域の少数派のイスラム教徒を「中国共産党にけっして逆らわない世俗市民にする」ための広大な拘留所ネットワークを補完するものだ[42]。

この新疆ウイグル自治区は、二〇一八年九月、マッキンゼーの中国本部チームが毎年恒例の研修合宿を開催した地域でもある。

＊＊＊

豪華なイベントだった。あるセッションでは、砂丘やオープンテントのまわりに赤い絨毯が敷かれ、マッキンゼーの若い男女が礼拝用の敷物や枕の上でくつろいだ。別のセッションでは、シルクロードの古都で野外ディナーを楽しみ、日が沈むと光のショーが始まって、色とりどりの二頭のラクダが城壁に映し出された。

あるいは、スルタンの宮殿を思わせるような豪華な宴会場で、パワーポイントを使ってのスピーチが行なわれた。天井から吊られた看板には、場の雰囲気を代弁するせりふが書かれていた。「冷静じゃいられない。マッキンゼーで働いてるんだから」

通常、企業の研修合宿がマスメディアのヘッドラインを飾ることはない[43]。しかし、この合宿のようすをとらえた一枚の写真——赤い絨毯や砂丘も写っている——が、二〇一八年一二月一六日のニューヨーク・タイムズ紙の一面に掲載された。理由は、マッキンゼーのコンサルタントたちが新疆ウイグル自治区でパーティーを開いたからだ。パーティー会場からわずか六キロほど離れた場所に収容所があった。中国西部に無数にある収容所の一つで、ウイグル族のイスラム教徒やそのほかの少数民族が一〇〇万人以上収容されていた[44]。

マッキンゼーのコンサルタントが新疆のシルクロードの古都カシュガルに集まったこのころには、収容所のことはよく知られていた。二〇一六年、イスラム系少数民族と多数派の漢民族とのあいだで暴力事件が多発したあと、この地域の共産党責任者であるチェン・クワングオが、新疆の二五〇〇万人の約半分に、集団監視と検問の厳しいシステムを課したのだ。医師、音楽家、教師、企業経営者もすべて対象となり、二〇一八年には大規模な拘留システムに発展した。マッキンゼーが新疆で研修合宿を開く数日前、国連の委員会は中国に対し、不当に拘束された人々を「直ちに釈放」するよう求めた。

両親が収容所に拘束された子供たちは、共産党への服従を植え付ける教化学校に送られた。女性たちは、子供が多すぎるという罪で拘留され、強制的に不妊手術や中絶を受けさせられることもあった。AP通信の調査によると、中国のほかの地域では出産規制が緩和されたのに対し、新疆では政府によって「子供を持つことに対する恐怖の風潮」がつくり出され、出生率が急落したという[45]。

アメリカはこれがジェノサイドに相当すると非難している。二〇二一年三月のアメリカ国務省の報告書には、中国政府により、新疆ウイグル自治区のウイグル族などの少数民族に対してレイプ、拷問、強制労働を含むジェノサイドや人道に対する罪が犯されている、と書かれている。[46]

マッキンゼーのコンサルタントは、そんなことはお構いなしだった。ディズニーのような体験を写真に撮り、インスタグラムに投稿した。たとえば、実写版映画『アラジン』のエキストラのような服装をしたカップルが、砂丘の頂上から飛び降りる写真や、砂漠でおおぜいがラクダに乗り、ピースサインを出している者もいる写真……。ハーバード大学出身の中国マッキンゼーのトップ、ジョー・ンガイは、従業員たちと記念撮影をした。背景では、「つながり合おう」という会議のテーマを記した看板のもと、黄色のガウンを着たウイグル族の女性パフォーマーたちが踊っていた。

マッキンゼーは、新疆ウイグル自治区における中国政府の行動には責任がないものの、そういう地域でパーティーを開催したことを強く批判された。ジョージタウン大学でこの地域を研究しているジェームズ・ミルワード教授は、「彼らがあの恐ろしい光景に気づかなかったことに驚いている」と語った。「誰かひとりくらいニュースを知っていて、『ちょっと待て、あそこでうちの会社のロゴを使うのはまずい』と警告すべきだった」

元マッキンゼーのシニアパートナーで、現在は米中関係の専門家を自称するピーター・ウォーカーは、二〇二〇年四月、FOXニュースのインタビューで、北京政府のウイグル族少数民族政策について説明を試みた。[47]

司会のタッカー・カールソンに向かって、ウォーカーは、拘束されている人が多いとはいえ、新疆のほとんどの人々は「生活の質の面で物質的に恵まれている」と語り、[48]中国の指導者がどのように考えているかについて自分なりの見解を示したうえで、「それに賛成かと訊かれれば、いや、わたしは賛成できない」と述べた。

新疆における合宿研修がニューヨーク・タイムズ紙で報じられたのを受けて、マッキンゼーは「今後、このような選択にはさらに慎重を期す」と声明した。[49]

マッキンゼーがいかに中国を重要視しているかを示す表われとして、最近のマネージングパートナーであるバートンとケビン・スニーダーは、トップに昇格する前、ともにアジアの事業部を率いていた。バートンは上海に住み、スニーダーは二〇一八年半ばにトップに就任したあとも香港を拠点に活動していた。

香港では、二〇一九年に大規模な民主化運動が勃発し、二〇二〇年まで続いた。香港中心部にあるマッキンゼーのオフィス付近でデモが行なわれたことも多い。集会の自由、報道の自由、宗教の自由など、中国本土の人々にはない自由をそれまで享受していた旧英国植民地に対して、北京がますます強権的になってきたため、数百万人の人々が街頭に出て抗議した。

マッキンゼーは、香港のデモ隊を支持する広告を出したり、署名したりしなかった。北京が強硬な国家安全保障法を制定して香港の民主化運動を抑え込み、市民の自由を奪ったときも、公然と異議を唱えることはなかった。

これとは対照的に、ジョージ・フロイドが殺害されたあと、アメリカ全土で大規模な抗議運動が起こった際、マッキンゼーはいち早くその運動に加担した。同社は、フロイドの追悼に捧げられたニューヨーク・タイムズ紙の全面広告にも署名している。会社のロゴの下にはスニーダーの名前が記されていた。

中国に滞在した経験のあるアメリカのマッキンゼーの若手従業員は、この矛盾に違和感を覚えたという。

「ケビン・スニーダーは香港に拠点を置いている。[50] 人種的な正義について情熱を持って語るのなら、自宅のすぐ前にいる人々にも、同じような率直さを向けるべきではないのか？」

ドナルド・トランプが大統領だった四年間、中国とアメリカの関係が悪化するなか、マッキンゼーの中国での仕事は与野党の注目を集めた。フロリダ州選出のマルコ・ルビオ上院議員は二〇二〇年六月、スニーダーに宛てた書簡で、「アメリカにとって重要な国益分野」――同議員の定義によれば、ヘルスケア、テレコミュニケーション、医薬品、軍事・民間防衛など幅広い業界――でマッキンゼーが国家、共産党、中国企業のどこと仕事をしているのか明らかにせよ、と要請した。[51]

同上院議員の事務所によると、マッキンゼーは議員に返事を出したが、中国のクライアントの名前を明かすことは拒否したという。[52]

もしマッキンゼーが中国のクライアントリストを明かしていたら、ルビオはこんな事実を知っただろう。同社の内部記録や中国企業の発表によれば、二〇一八年から二〇二〇年初頭まで、マッキンゼーの中国本土のクライアント五四社のうち、一九社が国有企業だった。そのうちの一つである国有資産監督管理委員会は、国が企業の株式をどれだけ保有するかを監督する政府機関だ。この政府機関の仕事を指揮していたパートナーは少なくとも二名いて、記録によると、そのひとりは、マッキンゼーの中国市場担当パートナーであるチェン・グアンだった。彼は、中国商船集団のセッションで共産党大会についてスピーチした人物でもある。もっとも、マッキンゼー側は、「国有資産監督管理委員会にはサービスを提供していない。中国の中央政府は、現在、マッキンゼーのクライアントではないし、われわれの知るかぎり、クライアントだったことはこれまで一回もない」としている。この声明は、中国政府の下層部との仕事については触れていない。現実に、マッキンゼーは二〇二〇年、中国南西部の雲南省にある国有資産監督管理委員会に招かれ、この地域最大の国有企業数社に戦略的アドバイスを提供した、と地元メディアが報じている。[53]

マッキンゼーのクライアントリストには、中国建設銀行、中国工商銀行などの大手国有商業銀行や、山東鋼鉄、石油化学メーカーの上海華誼集団などが含まれている。また、中国電信、中国石油化工、第一汽車、石炭会社の神華などもリストアップされており、いずれも、戦略的国有企業である九六社の「中央企業」に含まれる会社だ。[54]

＊＊＊

マッキンゼーが中国、サウジアラビア、ロシアなど非民主主義的な国で活動していることがニューヨーク・タイムズ紙で報道されたあと、同社は新規顧客の受け入れ方法を変更すると発表した。[55]新規のクライアント候補はすべて、マッキンゼーのスタッフと外部の専門家で構成される委員会が審査を行なう、と。また、新規クライアントを募集するパートナーも、そのクライアントが適切かどうかを事前に審査するように指示したという。さらに、権威主義的な国家の軍隊、情報機関、警察、司法当局への助言、政党や政治的支持団体への仕事、ロビー活動についても、今後はいっさい行なわないとした。マッキンゼーによると、この方針は中国にも適用される。エコノミスト誌が発表した一〇段階評価の民主主義指数で、中国は六点以下の国だからだ。

マッキンゼーの現役従業員や元従業員の何人かは、マッキンゼーがこの新しい方針を貫くかどうか疑わしいとしている。その理由として、世界中のシニアパートナーが新規クライアントを受け入れるための広い裁量権を持っていること、過去にもスクリーニングに取り組んだものの、問題のあるクライアント（製薬会社パーデュー・ファーマなど）の仕事を排除できなかったことを挙げている。

また、ふたりの元シニアパートナーは、このような方針が軌道に乗った場合、マッキンゼーのビジネスモデルが損なわれるおそれがあると指摘する。同社のビジネスモデルは、重要な意思決定を行なうパートナーに多大な信頼を置くことに依存している。

「対価は、誠実さだ」と、ロンドンオフィスの元シニアパートナーであるジョージ・フェイガーは語った。

第六章　冥界の門番——タバコと電子タバコ

裁きが下るまで、長い歳月がかかった。半世紀近くものあいだ、タバコ業界は嘘と欺瞞を重ね、アメリカ史上最も致命的な消費財を販売した責任を逃れてきた。年々、研究が進み、タバコが喫煙者を中毒にし、死亡させるという証拠が積み重なっていった。不満を抱いた人々は訴訟を起こし、議員たちは法律を提案したが、すべて失敗に終わった。タバコ会社の弁護士と近しい政治家の計らいにより、タバコ会社の経営者らは表舞台から隠れ、株主だけにこたえた。

一九九四年四月一四日、レイバーン議員会館の二一二三号室ですべてが一変した。[1] 下院の委員会が、それまで考えられなかったことを行なったのだ。タバコ最大手七社の経営陣を召喚し、宣誓のもと、製品について初めて質問にこたえさせたのだ。この公聴会に先立って、タバコ会社がわざとタバコの中毒性が高くなるようにつくっていることがあらたに明らかになった。[2]

もはや、「タバコは心臓病やがんを引き起こすかどうか」だけが喫煙をめぐる議論の中心ではなくなった。製造業者は従来、成人がリスクを承知でタバコを吸うなら、それは当人の選択だと反論していた。しかし、新事実が明かされたいま、喫煙者には本当に選択肢があったのかという疑問が生まれたわけだ。もし、タバコに含まれるニコチンという中毒性のある薬物を製造業者側が操作して、喫煙を止められないようにしていたとしたらどうだろう？
証人たちは、タバコ会社が中毒症状が確実に起こる量のニコチンを製品に添加していると非難した。薬物効果を高めるため、アンモニアも加えた。ニコチン含有量の多いタバコを栽培し、さまざまな葉をブレンドして、所望のニコチン濃度を実現した。[3] ある大手タバコメーカーは、「仕入れたニコチンを細かい重量単位で管理し、効果的に利用することが、会社の長期的な利益につながる」と書いていた。[4]

タバコメーカー各社はニコチンの薬理学を密かに研究しており、ニコチンが入っていなければ人はタバコを吸わないことを知っていた。「タバコの箱を一日ぶんのニコチンの保存容器と考えよ」とフィリップモリスの研究者は書いている。[5] 「それぞれのタバコはニコチンのディスペンサー。一服の煙はニコチンの媒体ととらえるといい」。喫煙が全面禁止となるのではという憶測が流れ、タバコ株は急落した。フィリップモリスは、タバコのニコチン量が操作されているとの画期的な調査を行なった記者二名とその雇用主であるＡＢＣニュースに対して、一〇〇億ドルの訴訟を起こし、メディアを威嚇しようとした。[6,7] しかし、遅すぎた。潮目は変わっていた。

四月の公聴会は全米に生中継された。タバコ会社の幹部七人が隣り合って立ち、片手を挙げて真実を語ることを宣誓したとき、世間の人々の感情がクライマックスを迎えた。彼らは、アメリカのほとんどの人が知っている事実――タバコは中毒性があり有害であること――を真っ向から否定した。ハーバード大学の歴史学教授であるアラン・Ｍ・ブラントは、この公聴会が「企業の不正と貪欲さに対する、大衆の深い怒りを呼び起こした」と書いている。[8] 突然、タバコ会社は裁判に敗北し始め、一〇年後には、当時アメリカ史上最大の民事訴訟和解金となる二〇〇〇億ドル以上を支払うことになった。[9]
ニューヨーク・タイムズ紙は、「あの公聴会が、公衆衛生の歴史的勝利の先駆けとなった」と社説で論じた。[10] タバコ業界は、アメリカ国内でもきわめて悪名高い産業分野になった。

マッキンゼー・アンド・カンパニーも、この非難の高まりを慎重に見守っていた。同社のコンサルタントが数十年にもわたり、大手タバコ会社のためにタバコの販売拡大を支援してきたことを、みずからじゅうぶんに知っていた。そしてこの問題を、マッキンゼーの典型的な方法で処理した——闇に葬る、というかたちで。タバコに関する議会の公聴会にも、合計一四〇〇ページに及ぶ二冊のおもな研究書にも、マスメディアによるタバコ業界の調査にも、マッキンゼーの名前は登場しない。[11]

マッキンゼーとタバコ会社は、秘密を守ることで互いに利益を得ていた。タバコメーカーは、コンサルタントがマーケティング戦略をおおやけにするのを望んでいなかったし、マッキンゼーも、致死性の製品を販売する企業を支援しているとして自社の評判を落としたくなかった。万が一、双方の結びつきが世間に知れわたった場合、マッキンゼーへの就職を希望する人たちが、タバコが同社の「価値観」と合致するのか疑問に思いかねない。新入社員やクライアントのあいだでは「価値観」という言葉がさかんに飛び交っている。

たとえ評判が悪くても、タバコの会社は魅力的な顧客だった。投資家のウォーレン・バフェットはかつてこう述べた。「わたしがタバコ事業ビジネスを好きな理由を教えてよう。つくるには一セントしかかからない。それを一ドルで売れる。中毒性があり、同一銘柄を買い続ける忠誠心も素晴らしい」[12] 多くのチェーンスモーカーと同じく、マッキンゼーもタバコの誘惑には勝てなかった。利益には中毒性が高い。

マッキンゼーがタバコ業界のために行なった大規模な調査については、これまで語られる機会がなく、その詳細は一四〇〇万ページに及ぶ業界文書の奥深くに埋もれていた。[13] 同社とタバコ業界の関係は、少なくとも一九五六年までさかのぼることができる。マッキンゼーは、フィリップモリスの経営を徹底的に調査した。コンサルタントが工場を訪れ、マネージャーにインタビューし、販売データを研究した。マッキンゼーの提言は、「雇用を削減し、研究施設を拡張して、急速に変化する製造業の技術に対応する」というものだった。[14] 一年後、マッキンゼーは「極秘」と記した別の報告書を出し、実験的なパイロット農場など、研究部門のありかたについて助言した。[15]

しかし、この報告書はほかにも役割を果たした。その内容は、タバコ業界が農産物中心の販売から、化学、ニコチン操作、煙の分析を通じて、科学的にタバコを操作する産業へ変貌することを示唆していた。たとえば、マッキンゼーは「再構成タバコ」の導入を勧めている。これは、製造過程で余った原材料をシート状にし、それを刻んでタバコに加えるというものだ。途中でニコチンはほかの物質とともに除去されてしまう。だが、そのあとでニコチンを添加し、望ましいニコチン含有量に調整する。

一九五〇年代半ば、喫煙と肺がんを結びつける不穏な報道が相次ぎ、タバコはすでに攻撃を受けていた。[16] 研究者、医師、公衆衛生当局がアメリカ人に喫煙は致命的であることを警告しようとするなか、フィリップモリスは業界主導の情報操作キャンペーンに参加し、専門家らの信用を落とそうとした。マッキンゼーがこの欺瞞にひと役買ったことを示す証拠は業界の記録から見つからないものの、フィリップモリスのビジネスに深く関与していながら、コンサルタントがこの事態に気づいていなかったとは考えがたい。

一つだけ否定できない事実がある。マッキンゼーは喫煙の健康リスクについて知っていた。なぜなら、二つの任務を遂行する部署を指定するよう、フィリップモリスに勧めたからだ。その任務とは「喫煙と健康の問題に関わるあらゆる研究を手配すること」「喫煙による生理学的影響に関する研究を推奨すること」だった。マッキンゼーの一九五六年の報告書を読んだタバコ会社の製造担当副社長アンドリュー・C・ブリットンは、社内通達にこう書いている。「研究を通じて、喫煙者が意識的あるいは無意識的に何を欲しているかを正確に突き止めるための継続的な努力をすべきだと思う」[17]。喫煙者が「無意識的に」欲している快楽の一つがニコチンだった。

一九六四年のある土曜日の朝、アメリカの公衆衛生局長官、ルーサー・テリー博士が「多数の研究により、肺がんと喫煙の関係が確認された」と発表した[18]。同長官は、この発表の影響を認識しており、株価への影響を最小限に抑えるため、週末に記者会見を行なった[19]。喫煙はまだそう嫌われていない時代だった——嫌煙の流れはもっとあとに起こる——が、徹底的な調査とビジネスの知恵で知られるマッキンゼーが、このようなクライアントを引き受け、維持することによる評判リスクを理解していなかったはずはない。

マッキンゼーのコンサルタントは、すでにタバコに懸念を抱いていたとしても、それをうまく隠していた。タバコに関する警告が強まるのをよそに、マッキンゼーはR・J・レイノルズ、ロリラード、ブラウン・アンド・ウィリアムソン、ブリティッシュ・アメリカン・タバコ、さらにはJTインターナショナルなど、タバコ業界のあらたなクライアントを獲得していった。また、ドイツやラテンアメリカでもタバコの販売促進を図った。

タバコ会社がマッキンゼーを雇ったのは、自社のロゴに輝きを与えるためではない。マッキンゼーを貴重な同盟者、戦略家として見なしていた。一九八五年、マッキンゼーは近々フィリップモリスの社長になる予定のウィリアム・キャンベルに三六ページの機密文書を送り、健康への懸念から喫煙習慣にブレーキがかかった場合、同社が競争力を維持するにはどうすればよいかを提案した[20]。会社にとってもキャンベルにとっても、きわめて重大な時期だった。フィリップモリスは、長年の宿敵R・J・レイノルズを抜いて業界トップになったばかりだったし、キャンベルは昇進の途上にあった（彼は、のちに公聴会で「ニコチンに中毒性はない」と証言したタバコ会社の幹部のひとりである）。

タバコの利益を上げたい、あるいは少なくとも維持したいとはいえ、一部の選択肢は使えなかった。フィリップモリスは、クーポンによる大幅な値引きで製品の価値を下げることを拒否した。広告宣伝、とくに主力銘柄であるマールボロの宣伝は飽和状態に達していた。また、同社の製造工場は、すでに効率的で現代化されていた。マッキンゼーは、フィリップモリスに残された選択肢は、事業の拡大、営業部隊の再編成、マーチャンダイジングと商品陳列の改善だけだと告げた。[21] フィリップモリスは、商品陳列と棚スペースに八〇〇〇万ドル以上を費やしていたが、それでも競合のR・J・レイノルズよりはるかに少額だった。

マッキンゼーの強みは、営業部隊を活性化させる方法を見つけることだ。同社は「過去三年間で、アメリカのパッケージ商品メーカー上位二五社の大半と、大手小売業者の半数にサービスを提供した」と胸を張る。チームリーダーとして、アンドリュー・ジョン・パーソンズという人物を登用した。オックスフォード大学で二つの学位を取得後、ハーバード・ビジネススクールに入学し、ベーカー奨学生となったイギリス生まれの優秀な人材だ。さらに、マッキンゼーの南米事業を開発したチャールズ・ショーと、北米の消費財事業を率いたトム・ウィルソンという二名のシニアパートナーもチームに加わった。[22] リサーチアナリストとシステムコンサルタントの増員も計画した。「われわれは、同様のプロジェクトで有用と判明した三つの組織的装置の採用を提案する。すなわち、専門チーム、運営委員会、頻繁なワークショップだ」とマッキンゼーは述べた。

タバコチームに配属された若手コンサルタント、マーク・ルドゥーは、タバコ販売は苦労に見合うのかと疑問を持ち始めている小規模小売店への対応を任された。ただでさえ陳列棚はもういっぱいないのに、メーカー側は新しい銘柄を増やし続ける。いっさいのタバコ販売に反対する客もいる。そのうえ、タバコを箱単位で万引きする者や、営業時間外に店に侵入する窃盗犯もいて、小売店の薄利多売を圧迫していた。マッキンゼーは、心配することはないと小売店をなだめた。「わたしたちは数字を調べ、タバコの売上が一般的な店舗の利益の四〇パーセントを占めている事実を発見した」とルドゥーはインタビューのなかで述べている。[23]「店側はそのことに気づいていなかった。実際、タバコのおかげで経営が成り立っている店もある」

マッキンゼーがフィリップモリスにいくら請求したかは非公開だが、別のタバコ会社のクライアントに対してみずからの哲学と料金体系を説明したとき、一端が明るみに出た。マッキンゼーは、「会社や個人の利益よりも、クライアントの利益を優先させる」と約束した。[24]「クライアントの秘密は厳守」し、「報酬の一〇倍以上の価値創造が可能なプロジェクト」しか請け負わない。もちろん、「価値創造」の定義はさまざまだ。また、「クライアントの利益を最優先する」という誓いは、一見合理的に思えるが、この業界には当てはまらない。マッキンゼーのクライアントであるタバコ会社が病人や死人で病院を埋め尽くしているのに、一方で病院や政府機関に医療費削減のためのアドバイスをしていることを正当化できるだろうか？

タバコ業界の内部文書が法廷で明かされ、タバコ業界は製品の安全性を誤解させる肉食動物であるとの構図が浮かび上がってきても、マッキンゼーは、タバコ会社のクライアントと契約を継続した。一九九二年、連邦判事Ｈ・リー・サロキンは、責任訴訟に際して業界内部に目を通して非常に憤慨し、司法上の抑制を捨てて次のように書いた。「消費者の身体的健康とビジネスの財政的幸福のどちらを選ぶかについて、開示よりも隠蔽、安全よりも販売、道徳よりも金が選ばれることがあまりに多い。利益を上げる目的だけのために、購買層を危険にさらすことを故意に密かに決定し、消費者の病気や死が自分たちの繁栄の適切なコストであると信じている人たちは、いったい何者なのだろうか[25]」

強い言葉を発したせいで、サロキン判事はこの事件の担当から外された。しかし一〇年後、別の連邦判事も、威力脅迫及び腐敗組織に関する連邦法（ＲＩＣＯ法）違反の疑いでタバコ業界を審理したあと、同じような結論を表明した。

タバコ会社からお金をもらうことを正当化しようとする人は、いくらでも方法を見つけることができる。タバコ業界は何万人もの労働者を雇用していた。一九九〇年、フォーチュン誌が経営者、社外取締役、アナリストを対象に行なった調査で、フィリップモリスはアメリカで二番目に称賛されるべき企業に選ばれ、おもに投資家を喜ばせた。[26] マッキンゼーの主要クライアント、ロリラードのオーナーであるティッシュ家は、その名を冠した病院や子供動物園を持っている。ニューヨークのグランドセントラルターミナルの向かいにあるフィリップモリスの本社には、ホイットニー美術館の分館があり、同社は「社会の向上のために、民間企業がいかに公共の利益に取り組むことができるか」の一例として、この美術館を挙げている。

フィリップモリスの上級弁護士であるマレー・Ｈ・ブリングは、この業界には何も謝ることはないと述べた。「われわれは、合法的な製品を製造している」「また、われわれは名誉ある正直な人間であることも知っている」。フィリップモリスの幹部、ジェフリー・バイブルは、マッキンゼーのスライドに載りそうもない文章で、タバコ禁止の動きを牽制した。

喫煙者がタバコを吸わなかったらどうなるだろう？[27] 喫煙からは快楽も得られるし、ストレス解消などほかの有益な結果も得られる。タバコを吸わなかったら何に頼るか、誰にもわからない。配偶者を殴るかもしれない。車を爆走させるかもしれない。いったい何をしでかすか、誰にもわからない。

国内のタバコ業界は四面楚歌だったが、何百万人ものアメリカ人がまだ喫煙していたうえ、禁煙したり死亡したりした客に代わる新しい客が必要だった。要するに、コンサルティングが利益を出す余地が残っていた。ロリラードの最高経営責任者アンドリュー・ティッシュは、競合他社や政府の規制機関が市場の動向を変えるのを感じ、マッキンゼーに協力するよう従業員たちに個人的に呼びかけた。ロリラードは戦略を再考する必要があり、マッキンゼーのコンサルタントは「問題解決と機会創出の能力で名高い」とコメントした。[28]

マッキンゼーの戦略を成功させるには、マールボロに次いで全米で二番目に人気のあるロリラードの銘柄「ニューポート」を巻き込む必要があった。市場で最も高いニコチン含有量を誇るニューポートは、アフリカ系アメリカ人にとくに人気だった。彼らが住む地域で積極的に販売されたせいもある。一九七八年、ロリラードはジェームズ・ブラウンのヒット曲「パパのニュー・バッグ」を利用して、「ニューポートはメンソールタバコの新しいバッグ」というマーケティングメッセージを発信した。[29]若いアフリカ系喫煙者の三分の二以上がニューポートのメンソールタバコを好んだ。その一方、アフリカ系の人々は、タバコ関連の病気による健康被害がほかの人種より不釣り合いに大きかった。一九九〇年代初頭、マッキンゼーは、意図的なのか偶然なのか、同社初のアフリカ系女性パートナーであるパメラ・トーマス＝グレアムをロリラード向けチームのリーダーとして送り込んだ。

マッキンゼーのとくに大きなクライアントであるR・J・レイノルズは、一時期、マッキンゼーの元パートナーであるルー・ガースナーが経営していたが、『野蛮な来訪者——RJRナビスコの陥落』という本で取り上げられて有名なレバレッジド・バイアウトによる負債で苦境に立たされた。収益性を高めるために、マッキンゼーは、オフショア化と労働者の賃金削減という、得意の二つの方法を提案し、「製品の一部をオフショア化すれば、大幅なコスト削減が可能」と指摘した。[30]「労働力の組み込みと、新興国における低賃金労働により、コスト削減の機会が生まれる」株主にとってはありがたいが、既存の従業員は仕事を奪われ、大きな痛手を負いかねない。労働から利益を生み出すことができる証拠として、マッキンゼーは、オフショア製造の専門家による「グローバルネットワーク」を有している、と述べている。

R・J・レイノルズの稼ぎ頭の銘柄「キャメル」が若い喫煙者にアピールできたのは、おもに、ジョー・キャメルというマスコットキャラクターを活かして広告キャンペーンを展開したおかげだ。[31] 若いうちに喫煙を始めさせないと、タバコを吸う習慣が付かない可能性が高い。皮肉にも、R・J・レイノルズは、キャメルが「正しいこと」を行なう人や「生きる欲望」を抱く人に最適であると売り込んだ。

マッキンゼーは、R・J・レイノルズが打ち出した路線に沿って、「ファネル分析」と呼ばれる手法を導入し、特定の層の潜在顧客――たとえば「都市部の流行に敏感な二十代やアフリカ系アメリカ人」など――にアプローチする方法を探った[32]（ファネル分析とは、顧客が商品を認知してから購入するまでのプロセスをグラフ化して分析する手法をさす）。また、マッキンゼー流の言いかたを使って、「革新的なアイデアの強力なツールキット」の活用を提案した。そのなかには「キラー・アイデア・アプローチ」なる不可解な用語も含まれていた。「キラー」という言葉を交ぜたあたり、タバコ会社には不適切かもしれないが、うってつけかもしれない。

タバコ業界にとっては、国際市場も大きな関心事だった。アメリカで禁煙運動が本格化するなか、タバコ会社は同様の感情が海外に広がるのではないかと懸念していた。そこで、ふたたびマッキンゼーが手を貸す運びとなった。マッキンゼーは、R・J・レイノルズの「キャメル」が市場シェアを失っていたドイツで、この銘柄の活性化に全力を注ぐよう助言した。[33] ただし、未成年者の喫煙を減らすことを主眼とした新しい規制が特定のプロモーションや広告に支障を来たす前に、迅速に行動する必要があった。

一九九〇年代後半、フィリップモリスの幹部たちは、いっそう野心的な国際戦略を打ち出した。ほかの二大タバコメーカー、ブリティッシュ・アメリカン・タバコおよびJTインターナショナルとともに、業界が自主規制できる行動規範を策定し、青少年喫煙の防止に取り組む姿勢を世界に信じさせようと、秘密裏に活動していた。それにより、世界保健機関（WHO）の初の世界的な公衆衛生条約という大きな脅威を回避しようと考えたのだ。[34] この三社は世界市場の約四一パーセントを支配していたので、マッキンゼーばかりか、ほかのコンサルタントや弁護士、さらには一九八二年に元アメリカ国務長官が設立したキッシンジャー・アソシエイツも雇えるだけの資金力を持っていた。[35]

このプロジェクトは、ギリシャ神話に登場する冥界の門を守る三つ頭の犬にちなんで、「ケルベロス計画」と名付けられた。

一九九九年から二〇〇一年にかけて、ケルベロス計画チームはロンドン、ジュネーブ、ニューヨークで会議を重ね、プランを練った。経費を節約する気はなかったらしい。ロンドンでは、ハイドパークとメイフェアの高級ショッピング、ダイニング、アート地区をを見下ろす歴史あるホテル、グローブナーハウスで会合を開いた。マッキンゼーは、戦略会議の開催を支援し、競合する三社が共通の目標に向かって努力する方法を提案した。[36]

ロンドンでの会議のあと、マッキンゼーは、業界の孤立を解消し、タバコ規制の議論において発言力を取り戻し、安定したビジネス環境を実現することなど、このグループの目標を機密事項として書きまとめた。当初は、信頼性を高めるため、各社が約束を果たしているかどうかを確認するための独立した監査機関を設置することも検討していた。しかし、監視のありかたをめぐって意見が対立し、この条項は破棄された。

　だが結局、ケルベロス計画の壮大な夢は実現しなかった。業界の提案がようやくおおやけになったとき、ほとんど世間の注目を集めなかった。二〇〇一年九月一一日、テロリストがハイジャックした飛行機を世界貿易センターとペンタゴンに突入させ、数千人の犠牲者を出したからだ。

　ケルベロス計画はＷＨＯの禁煙キャンペーンを止められなかったが、タバコ会社は降伏しなかった。それどころか、世界各国のタバコ規制策を弱めようとした。一方、ケルベロス計画に関する調査報告がアメリカン・ジャーナル・オブ・パブリック・ヘルス誌に掲載され、保健医療専門家は業界を信用してはならないとあらためて結論付けた。「この点は、とくに開発途上国において重要である。そうした国々では、政府、政策立案者、一般市民が、タバコ業界の慣行に慣れておらず、その影響力に対抗する準備が不十分だからである」と調査報告の筆者たちは警鐘を鳴らした[37]。

　一九九〇年代後半になると、ついにアメリカ司法省がタバコ業界を標的にし始め、喫煙の危険性を不正に隠してＲＩＣＯ法に違反していると告発した[38]。六年にわたる訴訟と九カ月に及ぶ裁判のすえ、連邦判事のグラディス・ケスラーが、この問題にきっぱりと決着を付けた。

　二〇〇六年八月、ケスラー判事は一六〇〇ページを超える判決を下し、何十年にもわたって業界の不正を暴くために戦ってきた保健当局者の声を代弁した[39]。マッキンゼーの主要クライアント四社が被告人となった。判決文では、大手タバコメーカーについて、ふつうなら組織犯罪に関して使う「ラチエット」という用語――肥大化し、もはや取り締まりが困難な犯罪組織をさす言葉――が使われていた。また、かつてのサロキン判事と同様に、この業界は「致死性の製品を、熱心に、欺瞞的にマーケティングし、販売した。自分たちの金銭的な成功だけを考え、その成功がもたらす人間の悲劇や社会的コストを顧みなかった」と書かれている[40]。自社製品に中毒性があり、死を招くものであることをタバコメーカーの経営者たちは知らなかった、という主張も、完全に却下した。ケスラー判事はこう書いている。

被告人は、これらの事実の多くを少なくとも五〇年以上前から知っていた。[41] にもかかわらず、一貫して、繰り返し、尋常ならざる技能と精緻さを用い、公衆、政府、公衆衛生界の前でこれらの事実を否定してきた。

内部文書によると、裁判所がタバコ業界を徹底的に批判してから丸一〇年経っても、マッキンゼーはフィリップモリス（現・アルトリア）のタバコの販売増に貢献しようとしていた。「われわれは一つのチームであり、肩を並べて仕事をしている」とマッキンゼーはビジネス提案書に書いている。タバコのチームメイトとして、マッキンゼーは「アルトリアのために機能する、実用的で実行可能なロイヤルティプログラム」を提供することに「深い関与」を表明した。このプログラムは、代表的な銘柄であるマールボロを含む同社のタバコをより多く購入する顧客には報酬を与える内容だった。

マッキンゼーは、二〇〇九年以降、アルトリアなどのタバコ製品を規制する権限を持つＦＤＡのチームメイトでもある。言い換えれば、マッキンゼーは攻撃と防御の両方に関わっている。この怪しい慣行は長いあいだ秘密にされてきた。二〇〇九年以来、ＦＤＡはマッキンゼーに、タバコ規制に関するアドバイスと、タバコ規制を含むＦＤＡオフィスの組織化を依頼し、一一〇〇万ドル以上を支払っている。この期間、マッキンゼーはＦＤＡにこの潜在的な利益相反を開示せず、世界最大のタバコ会社のコンサルティングも行なっていたと、ＦＤＡの元高官二名が証言している。

二〇一九年現在、マッキンゼーのタバコのクライアントには、アルトリア、フィリップモリス・インターナショナル、インペリアル・タバコ・グループ、ブリティッシュ・アメリカン・タバコ、JTインターナショナルが含まれている。[42] アルトリアだけに限っても、マッキンゼーは二〇一八年と二〇一九年に合わせて三〇〇〇万ドル以上の報酬を請求した。[43] 規制する側とされる側に奉仕することは、とくに連邦政府がらみでマッキンゼーがよく用いる手口だ。

マッキンゼーは、FDAのタバコ製品局の顧問として一一〇万ドルの契約を獲得した際、「われわれは三〇以上のイニシアチブでFDAに貢献してきた」と書いている。[44] マッキンゼーの仕事は、「リスクの特定と軽減」、タバコ規制当局の「目標や目的に反する行動、意見、慣行に影響を与えること」などだった。[45] おそらく、「目標や目的に反する」もののなかにはマッキンゼーのクライアントのタバコ会社も含まれるだろう。

FDAのタバコ製品局の前局長、エリック・N・リンドブロムは、マッキンゼーがタバコ会社のために長年コンサルティングを行なってきた事実を知って、「刮目《かつもく》し、仰天した」という。「まさか、彼らが業界にも奉仕していたとは思わなかった」と彼は言う。「そのような事実が話題になったことすら記憶にない」

この政策局の初代局長であるローレンス・デイトン博士も、マッキンゼーがタバコの利権に手を染めていたことを知らなかったといい、「そんな事実があるなら開示すべきだった」と述べている。「もし、マッキンゼーが業界の企業と関係を持ち、仕事に影響を与えるような立場であれば、資格審査の際、その点も議論するのが妥当だろう」

マッキンゼーのコンサルタントは、半世紀ものあいだ、タバコ会社が有害な製品をペナルティなしに売りさばくのを助け、それによって莫大な利益を上げた。経営コンサルタントは、リスクの高いクライアントを引き受けるかどうかという倫理的な問題につねに直面しているが、その対処法はさまざまだ。マッキンゼーの場合、個々のコンサルタントは、特定のクライアントに対して倫理的に抵抗を感じるなら、仕事を断ることができる。しかし、パートナーがどうしてもそのクライアントを欲しがっている場合や、ぜひとも新しい収益源を見つけなければならないという重圧がかかっている場合、前向きなほかの従業員を集めてチームを編成することはたいてい容易だ。また、マッキンゼーは分散型の管理体制をとっており、意思決定においてパートナーが大きな自由を与えられている。コンサルタント個人個人が良心に従って行動しても、会社全体は依然として利益を上げられる（マッキンゼーによれば、現在ではクライアントをより慎重に選別し、ここ二年間はタバコ問題に関するコンサルティングを中止しているという）。

また、この会社は、問題を手っ取り早く解決しようとする怪しい会社が後を絶たないのを知っており、解決策がときには市民の犠牲のうえに成り立っていると承知している。やがて、ニコチンは別の製品でふたたび注目を浴び、マッキンゼーもふたたび扉を開くことになる。

＊＊＊

タバコ業界は深い痛手を負ったものの、敗北したとは言いがたい。何百万人ものアメリカ人がタバコを買い続けた。しかし、その数は数十年前に比べれば減少していた。タバコ業界が収益を上げ続けるうえで不可欠な若年層の喫煙者の割合は急落し、最終的には一桁台にまで落ち込んだ。[46] ミレニアル世代は親世代とは異なる価値観を持っており、がんの原因となる煙を屋外で肺いっぱい吸うことには魅力を感じなかった。

こうした意識の変化を踏まえ、オバマ大統領は二〇〇九年、タバコ、およびＦＤＡが「タバコ製品」と見なすあらゆる新製品を規制する権限をＦＤＡに明示的に与える法案に署名した。[47]この法律は、ニコチンを主たる対象とする新しい部署、タバコ製品局を通じて施行された。この部署をより効果的に運営するために、ＦＤＡは規制の考えかたを見直した。すでに起こった事態に対応するだけでなく、本格的な危機に陥る前に健康リスクを特定する積極的な活動を展開することにしたのだ。この根本的な戦略の転換に伴い、タバコ製品局には、大規模な政府組織の再編成に長《た》けた外部のアドバイザーが必要になった。

ＦＤＡは、著名な会社――マッキンゼーに目を向けた。ＦＤＡの契約を獲得する際、マッキンゼーは「連邦政府の同様の組織で一般的な、より事後的な管理形態」ではなく、「積極的な思考態度」を採用することの重要性を認めた。この契約を担当したマッキンゼーのシニアリーダーの名前は、企業秘密を理由に政府の記録から削除された。疑惑を招くものの、このような措置は珍しくない。

電子タバコの登場により、マッキンゼーの仕事は、早くも試練を迎えた。電子タバコとは、携帯可能なデバイスで、バッテリーで生成された熱ではなく、燃焼ではなく、バッテリーが発する熱でニコチンを気化させる。成人の喫煙者にとっては、有害な煙を吐き出さずにニコチン中毒を満たせる、より安全な手段だった。

法律にもとづき、ＦＤＡは電子タバコを「新しいタバコ製品」と見なして、規制措置を速やかに講じることができたはずだ。ところが、ＦＤＡはそうしなかった。規制に取りかかったのは六年後だった。この判断は、ティーンエイジャーに深刻な影響を与え、ＦＤＡの新しい「プロアクティブ」な姿勢に疑問を投げかけることになる。

メーカー側にしてみれば、タバコを吸わない十代の若者に電子タバコを本格的に売り込むのは難しいにしろ、年長者にタバコより害が少ないとアピールすれば、幅広い支持を得られるかもしれなかった。ただ、電子タバコメーカーには、二つの大きな問題があった。第一は、独自の高いレベルのニコチンを不快な味なしに均一に供給する必要があること、第二は、おそらく警戒を強めているＦＤＡをすり抜ける、あるいは回避しなければならないことだ。第一は、技術や化学の問題であり、もう一つは政治的な問題だった。

技術的な問題を解消し、業界を一変させる新製品が登場したのは二〇一五年のことだ。製品名は「ジュール」だった。[48] 洗練されたデザインと、コンピューターのポートで充電できるバッテリーを備え、「電子タバコのｉＰｈｏｎｅ」と呼ばれた。このハイテク製品は、ミレニアル世代やさらに若い潜在顧客にアピールした。また、タバコ二〇本分のニコチンが摂取できるなど、業界で最高レベルのニコチン含有量を持つパワフルな製品でもあった。さらに、ニコチンの味を隠すために、フルーティーで子供にも好まれるフレーバーが用意された。サイズが小さいので、親や教師から隠すことができ、タバコと違って服にタバコの臭いが残らないという利点もあった。

ジュールは、ソーシャルメディアキャンペーンを通じて、ライフスタイルを強調するかたちで、新しい電子タバコの登場を巧みに広め、若い喫煙者を取り込むことに成功した。また、ニューヨーク・タイムズ紙によると、十代の若者とじかに接するべく、チャータースクールのグループに一三万四〇〇〇ドルを支払ってサマーキャンプを実施したという。「電子タバコ会社は、全米のほかの学校には一万ドルを払い、教室や放課後の学生と話をする権利を得た」と同紙は報じている。[49]

わずか数年のあいだに、電子タバコ業界は十代の若者のあいだにニコチン流行の種をまいた。このような脅威こそ、ＦＤＡがあらたに設けたタバコ製品局が早期に特定して対処することになっていたのだが。

イリノイ州選出の上院議員リチャード・ダービンは、数十年前からタバコ戦争に取り組むベテランであり、ほかの議員に先駆けて電子タバコに警鐘を鳴らした。ダービン議員の父親は一日二箱のキャメルスモーカーで、議員が幼いころに肺がんで亡くなった。そのことを忘れていなかった。「貴重な市場シェアを失ったタバコ業界は、研究者やマーケティング担当者を動員した」と彼は言う。「発がん性タバコとは違う、道徳的な汚名を帯びていない新しい製品が必要だった。USBメモリーに似ていて、子供のノートパソコンに簡単に差し込めるようなものなら、さらに良かった」[50]

もしダービン上院議員らがジュールの従業員名簿を調べていたら、かつてタバコ会社五社に勤めていた三九人が集結していることに気づいただろう。五社ともマッキンゼーの元クライアントだ。[51]

医療関係者は、電子タバコが青少年のあいだで急速に人気を博していることに深い懸念を表明した。マサチューセッツ総合病院で小児科医を務めるジョナサン・P・ウィニコフ博士は、自分の若い患者の多くが「ジュールに大量のニコチンが含有されている事実を知らず、ニコチンの危険性を理解していない」と語った。[52]いったん電子タバコを始めると、多くは「止めるのがほぼ不可能」だという。

これに対してダービン上院議員は、ジュールが大人向けの禁煙グッズと位置づけられている点に異議を唱えた。「一八歳未満の子供の二〇パーセント以上が電子タバコを吸っているのに対し、成人は三パーセント未満だ」とダービン上院議員は述べた。[53]「ジュールは、自分たちの利益がどこから来るかをよく知っている。禁煙を考えている大人たちからではなく、わたしたちの子供たちからなのだ」

FDAはなぜ手をこまねいているのか、と彼は知りたがった。

ジュールが市場に出る二年前の二〇一三年、五人のアメリカ上院議員がFDAに手紙を出し、電子タバコに対する規制権限を行使するよう求めていた。[54]しかし、動きはなかった。上院議員たちはさらに手紙を書き、保健当局もますます警告を発したが、またもや結果は出なかった。そのあいだも、ジュールは若い客にアピールするためにフレーバー付きのニコチンを売り続けていた。「小児科医の報告によれば、十代の患者が電子タバコを枕元に置いてひと晩じゅう吸っているらしい」とアメリカ小児科学会会長のサリー・ゴザ医師は語った。[55]

人気が高いわりに、電子タバコについてはまだほとんど何もわかっていなかった。未成年の電子タバコ使用は、成人になってからの喫煙につながるのか？　誰もわからなかった。ジュールのニコチンカートリッジや、他の銘柄の利用者がオープンシステムの電子タバコに装着するニコチン容器には、ほかにどのような化学物質が含まれているのか？　これらの質問に対して社会が回答を求める理由はいくらでもあった。とくに、思春期の脳はニコチン依存に非常に弱い。

この警戒心の欠如は、米国食品医薬品局（ＦＤＡ）の元局長であるジョシュア・シャーフステイン博士が「まったくの大惨事」と呼ぶ結果を招いた。[56]

ＦＤＡがこの危機をつくり出したわけではないものの、危機を食い止めることはほとんどできなかった。ＦＤＡの幹部たちは、成人の禁煙を支援することと、電子タバコを子供から遠ざけることのあいだの適切なバランスを見つけるのに苦労した、と述べている。また、不利な司法判決により監督権が弱体化したと訴えた。しかし、ＦＤＡはみずから「規制上の裁量」を発動し、電子タバコの精査を数年遅らせると決定しており、司法を非難するのは妥当といえない。ダービン上院議員は、ＦＤＡが監視役よりも共犯者のような行動を取っていると非難し、「電子タバコ業界の合理的な規制を遅らせている」「違法な製品を市場から排除することを拒否している」「偽りの健康の主張に沈黙している」とコメントした。[57]

ニューヨーク・タイムズ紙も、ＦＤＡに対して厳しい評価を下した。

数十回にわたるインタビューの結果、連邦当局や公衆衛生専門家は、一〇年にわたる無策の原因として、電子タバコ業界やタバコ業界による激しいロビー活動、タバコに寛容な州での政治的反発のおそれ、官僚的な遅延、かつて電子タバコ喫煙ラウンジのチェーンの取締役を務めていたFDAのコミッショナーの圧力による遅延、を挙げた。[58]

強い世論に押されて、FDAは二〇一七年七月、ニコチンと依存症を「タバコ規制の取り組みの中心に据える」と発表した。その二カ月後、FDAはニコチン運営委員会を立ち上げた。委員会のおもなメンバーは、FDAの医薬品評価室とタバコ製品局のシニアリーダーたちであり、その二つの部署はともにマッキンゼーのクライアントだ。「遅きに失しても、やらないよりまし」という意見もあるだろうが、依存症の若者を持つ親にとっては、許しがたい遅れだった。

そうとうな巻き返しが必要だった。二〇一七年末には二〇〇万人以上の中高生が電子タバコを使用していた。[59]その数は、二〇一九年には五四〇万人にまで増加する見通しだった。[60]ジュールの成功の陰には、同社をクライアントとするマッキンゼーの存在があった。

FDAの規制実績について、きわめて重大な事実がある。二〇一九年末の議会証言によると、アメリカで合法的に販売されたジュール機器は一台もないというのだ。[61]電子タバコ機器の合法的な販売にはFDAによる市販前審査が必要であり、二〇一九年の時点では審査が行なわれていなかった。にもかかわらず、ジュールの電子タバコの売上げは二〇一八年に一〇億ドルに達し、同社の推定評価額は三八〇億ドルとなり、フォード・モーター・カンパニーを上回った。[62]マッキンゼーがFDAに具体的にどんな助言をしていたかは不明だが、FDAが電子タバコを迫り来る脅威として認識して「積極的に」対処できなかったことは疑いない（二〇二一年末までに、FDAが販売を承認した電子タバコ製品は三つだけで、いずれもジュール製ではない）。

FDAが未成年者のあいだの電子タバコ普及をほとんど阻止しなかった一方で、マッキンゼーは電子タバコ市場の支配を狙う二大勢力、ジュールとアルトリアへのコンサルティングに奔走していた。[63] 両社とも独自の電子タバコ製品を用意して競っていたが、結局、アルトリアは市場リーダーであるジュールの支援に回ることにした。二〇一八年、アルトリアはかつてのライバル会社に一三〇億ドル近くを投資した。また、提携の円滑化をめざし、一五〇〇人のジュールの従業員に二〇億ドルのボーナスを配った。

ジュールのコンサルティングは、マッキンゼーに大きな利益をもたらした。マッキンゼーのパートナーであるアルフォンソ・プリドは、北カリフォルニア連邦地裁の製造物責任訴訟における宣誓証言の際、二年弱の仕事でマッキンゼーはジュールから一五〇〇万ドルから一七〇〇万ドルを受け取ったと述べている。[64]

依存症のティーンエイジャーを抱える両親も、政府の規制当局も、マッキンゼーの複雑な利害関係を知らなかった。マッキンゼー社内の規定により、利益が相反するクライアントの担当コンサルタントたちは、機密情報を共有することが禁じられている。プリドは宣誓証言のとき、その規定がどのように施行されているのかを尋ねられたが、持って回った言いかたで煙に巻いた。「そうした規定は、チームをどのように編成し、組織し、クライアントにどのようにサービスを提供するかを規定するプロセスと手順によって施行されている」

マッキンゼーは、一三歳から一七歳の子供たちにアピールするフレーバー名を調査するなど、非常に際どいトピックについてジュールにコンサルティングを行なった。しかし同社は、青少年の電子タバコ使用を防止するための取り組みを支援する仕事だったと述べている。同社はさらに、ジュールがマリファナ市場向けに製品を開発する際の「リスクの枠組み」を調査することまで申し出ている。[65] そのような調査に対して、マッキンゼー社内では何の赤旗も出なかった、とジュールを担当したあるパートナーは語っている。

ジュールの従業員は、造船所を改装したピア七〇のサンフランシスコ本社に、マッキンゼーのコンサルタントが出入りしているのを見たと話している。倉庫とアートギャラリーが混在するトレンディな場所、ドッグパッチ地区にあった。壁にToDoリストや重要事項が貼り出された「ウォー・ルーム」で戦略会議が開かれた。

こうした会議を直接知っている従業員に、マッキンゼーがFDAの問題に取り組んでいたかどうかを尋ねたところ、返事はこうだった。「なんと、マッキンゼーはジュールがFDAに提出する書類を作成するのを手伝った。本当の話だ」[66]。プリドも、宣誓証言のなかで、ジュールのマーケティング手法をめぐってFDAの調査に対する回答書の作成をマッキンゼーが手伝ったと認めている。

マッキンゼーは、規制の不確実性と「青少年の電子タバコ使用への意識の高まり」から、二〇一九年春にジュールへのコンサルティングを中止したと述べている[67]。

ジュールは、標的として狙われていることを自覚していた。そこで、フレーバー付きのニコチンが若い利用者を引きつけていることにFDAが遅まきながら懸念を示した翌日、ジュールは、マンゴー、フルーツ、クリームブリュレ、キュウリのフレーバーについて、九万店の小売業者からの注文受付を停止した。ミントとメンソールは例外だった。ジュールの元グローバルファイナンス担当上級副社長、シッダールス・ブレジャによると、この決定は公約ほどの効果がなかったという。不当解雇訴訟でブレジャは「ミント製品にもフルーティーな風味があるので、ほかのフレーバーの売上げを補うことができ、販売全体は落ち込まないだろうとわかっていた」と証言している[68]。なぜジュールはそうわかっていたのか？　「その点は、マッキンゼーが実施した調査によって確認された」と彼は語った（その後、ジュールはミントの出荷を停止したが、メンソールは停止していない）。

　ジュールは二〇一九年九月、アルトリアの元最高成長責任者であるK・C・クロストウェイトをCEOに起用し、タバコ業界との関係をさらに強固にした。同社は、アルトリア（旧フィリップモリス）は悪者ではないとの立場をとった。しかし一部の従業員は、タバコ会社との密接な関係に懸念を抱いていた。あるエンジニアは、自社の将来が「使命と利益のあいだで分裂している」と表現した。[69]「会社の最高レベルでは、成長し、利益を上げることが目的だった。健康に関する諸々は口実にすぎない」

　コンサルティング分野でマッキンゼーの最大級のライバルのある一社は、未成年者向けに中毒性のある製品を販売しているジュールの仕事は受けないと判断した。マッキンゼーのパートナーであるマイケル・チュイは、電子タバコへの懸念を表明するコメントをおおやけに投稿した。「十代の若者がタバコをやめる（または始めない）ようにするため、二〇年も努力を重ねてきたのに、わずか数年で、電子タバコがその努力を無に帰した」。彼は、ジュールやマッキンゼーを名指しはしなかったが、ジュールがマッキンゼーのクライアントであることを知らなかった可能性もある[70]（別の大手コンサルタント会社、ベイン・アンド・カンパニーでも、ジュールのためにいくつかのチームが稼働していた）。

　では、なぜマッキンゼーはこの物議を醸すクライアントを引き受けたのだろうか？　同社の内部文書によると、社内にジュールを強く支持する人物がいた。その人物は、二〇二一年にはシニアパートナーたちの投票により、社の最高ポストであるマネージングパートナーに選ばれるほど影響力があった。その人物の名はロバート・スターンフェルス。マッキンゼーのジュール向け顧客サービス担当ディレクターだったと内部文書に記載されている。ただしマッキンゼー側は、スターンフェルスはジュールの元オーナーと知り合いだが、ジュールとのクライアント契約には携わっていない、としている。

広く世間からタバコ業界のフロントグループ——みずからの利益を隠すために、別の組織を装って活動している団体——と見なされている、スモークフリーワールド財団に対しても、マッキンゼーはコンサルティングを行なっていた[71]。二〇一七年九月に設立されたこの非営利団体は、喫煙による死亡と疾患を減らすことを目的としており、理事会はタバコ業界とは何ら関係のない独立した存在であると声明し、寄付を募っていた。しかし、この声明の注目すべき点は、フィリップモリス・インターナショナルがこの財団の設立時に八四〇万ドルを寄付したという事実に触れていないことだ[72]。そのうち四〇万ドル以上はマッキンゼーに支払われた[73]。フィリップモリス・インターナショナルはこの財団の唯一の寄付者であり、マッキンゼーは唯一のコンサルタントだった。

「われわれの使命は、この世代で喫煙を終わらせることだ」と同財団はホームページに書いている。「また、喫煙者の現在の健康リスクを軽減し、完全な禁煙を助けるのに役立つ代替製品や代替方法の開発をサポートしている」と述べ、「研究に資金を提供し、喫煙による害と死亡を減らすための進歩を加速させる」と約束した。

しかし、保健当局は信じなかった。イギリスの医学専門誌ランセットに寄稿した手紙のなかで、バース大学の研究者たちは、同財団が研究よりも広報に多額の資金を費やしていると報告した。「これは、財団が描いている科学的な機関という姿とは一致せず、むしろ、この財団はフィリップモリスの重要な広報機能を担っているのではないかと観測の高まりを裏付けている」[74]。それどころか、世界保健機関（WHO）や「世界各国の数百の公衆衛生機関が、同財団との協力を強硬に拒否している」

二〇一七年、マッキンゼーがこの財団から報酬を受け取ったのと同じ年、トランプ政権下のFDAはマッキンゼーと一二〇万ドルの契約を結び、タバコ部門と医療品部門の雇用を刷新した。その二年後、FDAはふたたびマッキンゼーと一五〇万ドルの契約を結んで、タバコ部門の科学局の「好奇心、創造性、革新」を促進した[75]。

二〇一九年九月、トランプはみずから電子タバコの危険性に言及した。夫人のメラニア・トランプとともに大統領執務室に座り、メンソール以外のすべてのフレーバーのニコチン蒸気を禁止する方向に進んでいると明かした。「子供たちが大きな影響を与えられているのを看過できない」。しかし二カ月後、政治的な打撃を受けかねないと警告されたトランプは、方針を撤回し、この問題にはさらなる研究が必要だと述べた[76]。

ジュールに対する反発は続いた。二〇一九年一一月下旬、アルトリアは、一部の地域で電子タバコが禁じられたことや、FDAがフレーバー付きのニコチンを禁止する可能性が高まっていることを理由に、ジュールへの投資を四五億ドル切り下げたと発表した[77]。

やがて二〇二〇年一月二日、トランプは再度方針を転換し、ほとんどのニコチンフレーバーを禁止すると表明した[78]。ただしメンソールは含まれていなかった。また、この命令は、電子タバコ喫煙ラウンジには適用されなかった。喫煙ラウンジのほとんどの利益は、消費者が自分でニコチン瓶を装着する、いわゆるオープンタンク式のデバイス向けにニコチン瓶を売ることによるものだった。依存症の研究者たちは、このトランプの発表――とくに、メンソールを市場に残す判断――に反発した。メンソールはニコチンの効果を高め、禁煙をいっそう困難にするとの理由からだった[79]。アメリカ小児科学会のゴザ博士によると、メンソールの清涼感がニコチンのきつい味を隠すため、子供にはより魅力的になるという。「メンソールが大人向けのフレーバーであるという考えは、単純に間違っている[80]」

FDAは、おおやけに抗議しなかった。二週間後、ニューヨーク・タイムズ紙の社説が、FDAは苦境にあって修復が必要であり、さもなければ影響力のない規制当局に成り下がるおそれがあると訴えた。ただしこの社説は、舞台裏でFDAのためにマッキンゼーが行なった仕事については言及していない。

　マッキンゼーは、タバコや電子タバコだけでなく、オピオイドでも静かに利益を上げていたことが、証拠によって裏付けられている。ほかにも、賭博という中毒性のある行動分野にまで踏み込み、ある大手カジノに対して、ギャンブル依存症患者が退場しそうになったときテーブルに留まらせ続ける方法を助言した。

　マッキンゼーが見いだしたとおり、依存症は、売る側には大きな報酬を、買う側には大きな危険をもたらす。マッキンゼーのパートナーたちは、間違いなく売り手側だった。

第七章　オピオイドの販売促進

二〇〇二年、マッキンゼーはあらたなクライアントを探していた。今回は、製薬業界がターゲットだった。製薬業界は、すでに同社の主要な収入源になっていた。マッキンゼーは、業界誌に記事を掲載し、製薬業界は営業部隊の扱いを誤っており、むざむざ利益を失っていると主張して、関心を高めようとした[1]。

マッキンゼーに仕事を依頼するクライアントの多くは、評判や紹介によるものだが、その一方、同社は、企業が問題を抱えていることを示唆する論文を発表し、新規ビジネスの獲得をめざす場合もある。今回の論文の筆頭執筆者であるマーティン・エリングは、ハーバード大学の法学部出身で、のちにマッキンゼーの製薬業界での活躍において大きな推進力となった。

エリングの論文は、製薬会社が「ピンボール・ウィザード」と呼ばれる営業モデルに頼っていることを非難した。ピンボール・ウィザードとは、営業担当者が医師を個別に訪ねてまわる方式をさす。このモデルのもとでは、大きな成果を収めた営業担当者も、生産性の低い営業担当者も、収入は同じくらいだった。誰がどのくらい成功しているかを雇用主が見定められないからだ。マッキンゼーは、この状況では「不平等な働きぶりに対して平等な報酬」を与えていると指摘し、営業担当者が幻滅して士気が低下しかねないと問題提起した。

マッキンゼーは、製薬会社は処方箋データの分析を改善するだけで、この問題を解決できると説いた。患者が処方箋に従って薬を購入すると、その薬、製造元、処方した医師の名前がデータベースに保存される。この情報を活かせば「その時々の処方量の多少にとらわれず、長期的に見て特定の薬をより多く処方するであろう医師を見定められる」という。同時に、業績の良い営業担当者も特定でき、相応な報酬を与えられるようになる。

この論文が注目されないはずがない。貪欲な製薬会社の一つ、パーデュー・ファーマは、マッキンゼーのアイデアが気に入ったらしい。二〇〇四年から二〇一九年まで、パーデューはマッキンゼーに八三七〇万ドルの報酬を支払い、マーケティングのアドバイスを受けた。このアドバイスのおかげで、億万長者のオーナーは、鎮痛剤「オキシコンチン」の需要を煽り、さらに裕福になった。

マッキンゼーは、エリングのほか二名の医師（うちひとりは博士号取得者）からなる強力なチームをパーデューに派遣した。[2]

オキシコンチンは一九九六年に初めて店頭に並んだ。パーデューの説明によれば、この薬は、重度の痛みを長時間鎮められるため、患者は夜通し眠ることができ、依存症のリスクも低いとのことだった。ところが、この二つの特長は過大評価または誤りだとすぐに判明した。一部の患者は、強力なオピオイドであるこの薬が宣伝よりも早く効かなくなるのを感じ、多量に摂取したくなった。パーデュー側も、より高用量のオキシコンチンを提供し始め、依存症のリスクを高めた。

この薬は、服用者によっては多幸感を覚え、何度も何度も欲しくなるような化学的な高揚感を味わう。その結果、売上げが急増した。犯罪も増加した。オキシコンチンを手に入れられない依存症患者たちは、盗みを働いたり、やがてヘロインやフェンタニル（モルヒネに似た合成オピオイドだが、圧倒的に強力）に走ったりした。

データ分析の力を利用して、オピオイドを処方する可能性が高い医師を見つけることで、パーデューは、家族、学校、コミュニティに穴を開けるモンスターをつくり出した。多くの死者が出て、評判は失墜した。

結局、いけにえはエリングと同僚の医師アーナブ・ガタクだった。マッキンゼーの関与を隠すために記録を消去しようと検討していたことが社内記録で明らかになり、社から解雇されたのだ。[3] 数十年間、ほとんどニュースにならなかったマッキンゼーの名前が、突然、アメリカの新聞の一面に躍り、ひどい長期的な評判の傷を残した。何千人もがオピオイドの過剰摂取で死亡したため、パーデューがオピオイドの販売を加速させるのをマッキンゼーが助けたとして政府が調査に乗り出し、それに対処すべく、同社は不正行為を否定しながらも六億ドル以上の支払いに同意した。

パーデューは、政府の調査に伴い八〇億ドルを支払うことに同意したあと、破産を申請した。[4] 所有者であるサックラー家は、今後のオピオイド訴訟に対する法的保護と引き換えに、四五億ドルの支払いに同意した。のちに連邦裁判所は、破産裁判所にはそのような保護を付与する権限がないと裁定した。

もちろん、政府によると、本当の敗者は、オキシコンチンの販売によって引き起こされた流行で死亡した七五万人だった。[5] 二〇二一年末の時点で、オピオイドによる死亡は減る気配がない。

＊＊＊

振り返ると、この悲劇がどのように進行したかは明らかだ。ＦＤＡは適切な審査をせずオキシコンチンを承認した。オキシコンチンの効能を誇張し、リスクを軽視した。この薬品メーカーは、疼痛《とうつう》管理トレーニングカンファレンスを四〇回以上――一部は温暖なリゾート地で――開催し、医師の忠誠心をつかんだ。米国公衆衛生学会によると、こうした全費用無料の会議には、五千人以上の医師、薬剤師、看護師が参加し、パーデューにとって重要な問題を彼らが話すよう勧誘し、訓練したという。[6]

また、パーデューは、医師がオピオイド依存症を不当に恐れるあまり、痛みの治療をおろそかにしていると説得するための運動にも出資し、その恩恵を受けた。

オキシコンチンは、最初、貧しい地域に浸透した。オピオイド依存症と濫用を力強く描いた報告書『DOPESICK――アメリカを蝕むオピオイド危機』のなかで、著者ベス・メイシーは、「販売の観点から見ると、オキシコンチンは、閉鎖された工場やディスカウントショップの〝ダラー・ゼネラル〟が目立つアメリカの田舎の小さな町で、最初に最も成功した」と書いている。[7] この薬が発売されてからわずか二年間で、バージニア州西部の小さな町の高校三年生の二四パーセント、中学一年生の九パーセントがオキシコンチンを試したことがあるとこたえた。

薬を不正に処方した医師が逮捕された。そうした薬が、路上や校庭で転売されていた。メイン州の連邦検事は、二〇〇〇年二月、この危険な薬物濫用に対して、州内の医師たちに警告を発するという異例の措置をとった。[8] 一方、オピオイドを製造している企業は、悲劇が起こる可能性よりも、より大きな利益を得ることに目を向けていた。オピオイドの市場は拡大しており、その一端に食い込もうとしたのだ。

オキシコンチンは依然、限られた地方での話題だったが、状況は間もなく変化した。オハイオ州薬局委員会の調査官であるボブ・コールが、ニューヨーク・タイムズ紙の知り合いの編集者に電話し、記事のネタを伝えた。「オハイオ川沿いの郡の検死官が、解剖のために持ち込まれた死体からオキシコンチンを驚くほど多く検出している」と。[9] その編集者は、バリー・マイヤー記者に調査を依頼し、二〇〇一年春、マイヤー記者が共同執筆した記事が一面トップを飾り、オキシコンチンは全米の話題となった。[10]

パーデューは、自社の縄張りを守るために手加減しなかった。マイヤーがオピオイドに関する画期的な著書『Pain Killer』で報告したとおり、パーデューは「金銭、仕事の申し出、その他の特典を使って、批評家や潜在的な反対者を取り込み、影響を与え、あるいは打ち負かした」[11]

世間の注目が集まるなか、パーデューはマッキンゼーを雇い、オピオイド事業を守るための支援を求めた。マッキンゼーがみずからを医療製品企業向けのトップコンサルティング企業と称し、五年間で最大四五〇〇件ものプロジェクトを扱っていたことを考えると、当然の期待だろう。同様に重要なのは、マッキンゼーがオピオイドビジネスを熟知していた点だ。[12]

マッキンゼーはすでにパーデューの競合他社であるジョンソン・エンド・ジョンソン（J&J）のアドバイザーを務めていた。ジョンソン・エンド・ジョンソンはオピオイド生産の中心的存在で、長年にわたってマッキンゼーに大きな利益をもたらしてきたクライアントだ。[13] J&Jはベビー用品で有名だが、独自のオピオイド製剤も販売していた。

しかし、J&Jの疼痛治療分野における最大の貢献は、タスマニアのケシ植物の変異株からオピオイドを精製する二つの会社を所有していたことだった。この製品をパーデューなどのオピオイドメーカーに販売したため、警察当局はJ&Jをオピオイドの「首謀者《キングピン》」と呼ぶようになった。家族向けの企業として名声を築いてきた同社にとって恥ずべき呼び名だった。

マッキンゼーは、J&Jの代表的なオピオイドである「デュラジジック」という麻酔薬パッチの販売に協力した。同社はパワーポイントのスライドで、J&Jが「濫用リスクの高い患者（たとえば四〇歳未満の男性)」をターゲットにし、効力の弱いオピオイドばかり処方している医師を、より強い製剤の処方に誘導するよう提言した[14]。また、別のスライドでは、「ペインクリニックでの処方行動について、適切なターゲットを絞り、影響を及ぼしているか?」と注意喚起していた。

マッキンゼーのスライドは、数年後、オクラホマ州の検事総長がJ&J(マッキンゼーではない)を提訴した際の証拠物件になった。この訴訟は、J&Jが「狡猾で、冷酷で、欺瞞的な計画」を実行し、オピオイドの需要をつくり出し、供給し、遺伝子操作でケシを変異させて需要を増幅し、薬の効果を誇張し、リスクを最小化した」と非難するものだった[15]。

このオピオイド訴訟の初公判で、J&Jの証人は、マッキンゼーのスライドは「マッキンゼーの言葉」であり、J&Jのものではないと述べ、同社から距離を置こうと二回試みた。州側の弁護士から、同社がマッキンゼーを解雇したかどうか尋ねられた証人は、ノーとこたえ、マッキンゼーが同社のためにコンサルティングを続けていることを認めた。判事は州側の訴えを支持し、J&Jに四億六五〇〇万ドルの罰金を命じた。同社の「虚偽、誤解を招く、危険なマーケティングキャンペーン」が依存症や過剰摂取による死亡を招いたことを理由としている[16]。しかし、オクラホマ州最高裁判所は最終的にこの判決を破棄し、州がこの事件を公害として追及する法的戦略に欠陥があったと述べた[17]。

J&Jとマッキンゼーは、どちらも麻薬ビジネスの陰の部分に巻き込まれるなどありそうにない企業に思える。両社は、もっと高いこころざしで利益を追求しようとしていた。マッキンゼーは「価値観」と「異議を唱える義務」を、J&Jは「企業理念」を掲げている。J&Jの企業理念には、「患者、医師、看護師、母親、父親、さらにはわたしたちの製品とサービスを利用するすべての人」に尽くすことが第一の責任であると記されている[18]。また、従業員の苦情や提案を妨げてはならないとも述べている。

マッキンゼーの仕事が及ぼした影響は、J&Jよりも、パーデューに対してのほうがはるかに大きい。

二〇〇四年、マッキンゼーがパーデューをクライアントに迎えたとき、パーデューはすでに世間の批判にさらされていた。同社の法務チームは、営業担当者に対し、報告書に「依存症」や「濫用」といった言葉を使わないように指示した。[19] 同年、FDAはパーデューに警告書を送り、同社の広告が「深刻で致命的なリスクについて広告の本文中で言及せず、オキシコンチンの安全性プロファイルを著しく誇張している」と批判した。[20]

マッキンゼーのパーデュー向けコンサルティングチームは、三人のシニアパートナー（マネージングパートナーに次ぐ最高位）が軸となっていた。三人とも製薬分野で豊富な経験を持つ人物だった。彼らの功績は、マッキンゼーの素晴らしい資質とその矛盾点の両方を反映していた。すなわち、恵まれない人々に奉仕するかたわら、消費者の健康や安全を犠牲にして企業が利益を得る手助けをするなど、さまざまな側面があった。

チームメンバーのひとりが、プリンストン大学を優等で卒業し、ペンシルベニア大学で医学とMBAを取得したアーナブ・ガタクだった。ガタクの関心は、途上国の医療の改善にあった。オピオイドが蔓延するなかでパーデューがさらに多くの麻薬を売り込むよう支援することは、本来の使命にそぐわなかった。彼は、社内でやはりオピオイド関連のクライアントであるJ&Jの慈善プロジェクトを監督する、同じように知的な女性と結婚した。ふたりの出会いは、ニューヨーク・タイムズ紙で微笑ましいニュースとして紹介された。[21]

チームのほかの二名のシニアパートナーは、ハーバード・ロースクールを卒業し、マッキンゼーの北米製薬事業のリーダーを務めていたエリングと、同社のパートナー報酬委員会とクライアント・リスク委員会に参加していたロバート・ロシエロだった。ロシエロはのちに、マッキンゼーの元クライアントであり、救命薬の価格高騰の件で訴えられたバリアントの最高財務責任者になる。

このほかにも、少なくとも二四人のパートナーがパーデューのコンサルティングを行なった。七人のパートナーが同じ契約を結び、さらにサポートスタッフもいる以上、社内の危機管理の目をかいくぐった不正なグループであるはずがない。この仕事の規模と期間は、社に安定した収益を保証しており、上層部が介入すべき性質のものではなかった。

マッキンゼーがパーデューのコンサルティングを開始したのは、J・マイケル・ピアソンが同社の製薬部門を率いていたころだ。ピアソンは、情熱家で、ときには暴言を吐くこともあるシニアパートナーだった。スリムで規律正しいマッキンゼーのコンサルタントの典型からは外れた人物だ。しかし、マッキンゼーにおける彼の実績は素晴らしかった。二五年近くにわたり、多くのトップ製薬会社にコンサルティングを行ない、統合や合併などを指導した。やがてバリアントのＣＥＯに就任したピアソンは、製薬会社が新薬開発に多額の費用を費やしても、あまり見返りがないことに疑問を持つようになった。

＊＊＊

名だたる顧客リストと絶対の自信を誇るマッキンゼーを味方に付けただけに、パーデューは、オピオイド事業の安泰を確信していた。もっとも、マッキンゼーは秘密主義の会社だから、パーデューはおおやけにマッキンゼーの威光を借りることはできなかった。

政府による調査のメスが入るなか、対抗上、パーデューは自分たちを援護してくれる重要人物を必要とした。そこで白羽の矢を立てたのが、元ニューヨーク市長のルディ・ジュリアーニだった。「ジュリアーニがパーデュー・ファーマに助言しているとわかれば、政府関係者は態度を軟化させるに違いない」とパーデューのある上級幹部は語った。[22]「アメリカの市長」の異名を持つジュリアーニは、困難な任務を背負うことになった。なにしろ、バージニア州の連邦検察が、一〇〇ページを超える厳しい告発文書を用意していたのだ。著述家のパトリック・ラッデン・キーフは『Empire of Pain』のなかで、この告発文書を「企業の悪行カタログ」と表現した。[23]検察は、パーデューの三人の幹部に対して重罪を求めた。

パーデューは、こうした告発をもみ消すためにジュリアーニを雇い、実際にもみ消した、とキーフは記述している。二〇〇七年、パーデュー社の関連会社は、初期の欺瞞的なマーケティング手法に起因する連邦政府の告発をかわすため、六億ドルの罰金を支払うことに同意した。また、パーデュー社の幹部三人も「不当表示」一件で有罪を認め、三四五〇万ドルを支払った。

実刑判決なしの幕引きに対し、パーデューの批判者、とりわけ新薬の蔓延で子供を失った家族は激怒した。判事自身も、司法取引によって実刑判決が回避されたことに遺憾の意を示した。

しかし、パーデューへの世間の風当たりは弱まらなかった。オピオイドの過剰摂取で死亡した子供たちの母親たちが、一般市民の支持を求めて活動していた。そこで二〇〇九年六月、パーデューの将来のCEOであるクレイグ・ランドウが、このような感情的なメッセージに対抗する方法を探るよう、マッキンゼーに依頼した。[24]一つの案は、オキシコンチンの服用者を集めて、オキシコンチンの良い評判を広めさせることだった。

批判の高まりを抑えるために、パーデューは二つのマーケティング戦略を採用した。それは、公衆衛生コミュニティに対して合理的な譲歩のように見えるものを行なう一方で、できるだけ多くの人々に錠剤を配り続けるというものだった。同社は、最も強力な一六〇ミリグラムの錠剤は販売中止した。また、処方箋モニタリングとメキシコへの出荷停止を受け入れた。メキシコに輸出したぶんがアメリカに再輸入されるケースが多かったからだ。さらに、世間の圧力のもと、オキシコンチンを改良し、依存症患者がオキシコンチンの錠剤を砕けないようにした。本来、有効成分がゆっくりと体内に吸収されるはずなのに、粉砕した薬剤だと一気に吸収されてしまう。[25]

しかし、この改良にはＦＤＡの承認が必要だったため、マッキンゼーが専門知識を提供した。同社の「ＦＤＡ対策専門家」がパーデューのトップと二時間にわたって会談したのだ。マッキンゼーのマリア・ゴーディアンは、電子メールで同僚に「先方がどのように対応策を練っているのか知ることができ、きわめて有益だった」と書いている。

二〇〇九年一月二〇日、ゴーディアンは、マッキンゼーとパーデューが「昨日、非常に良いＦＤＡリハーサルを行なった」と報告し、サックラー一族のメンバー数名が参加したことを伝えた。[26]「調査、クライアントの準備、模擬会議の実施と、わがチームは素晴らしい仕事をした。きょうワシントンＤＣに行き、あすＦＤＡ会議に出席する」

パーデューは最終的にＦＤＡから薬剤改良の承認を得た。しかし依然、この薬には高い中毒性があり、もっとリスクの低い選択肢があるにもかかわらず、人々に処方され続けた。「公衆衛生の観点から見たオピオイドの本当の問題点は、依存症だ」と救急医療の専門家でＦＤＡ顧問のルイス・ネルソン医師は言う。[27]「今回の改良は、依存症の可能性や規模を減らすうえでは何の効果もない」

オキシコンチンを手に入れられなくなった依存症患者たちは、路上販売に頼り始めた。薬局なら四〇〇ドルで購入できる一〇〇錠入りのボトルが、闇市場では二〇〇〇ドルから四〇〇〇ドルで売られていた。錠剤がいっそう入手困難になると、依存症患者はこんどはヘロインに手を染めだし、オピオイド濫用の第二波と呼ばれる状況を引き起こした。ヘロインは中毒性が高く、規制されていないため、街の売人によってフェンタニルが混ぜられることがあった。モルヒネの五〇倍から一〇〇倍も強力な合成オピオイドだ。使用者はフェンタニルが添加されている事実やその量を知らないことが多く、意図せぬ過剰摂取により多くの人が死亡した。

パーデューは、処方箋の減少を食い止めるため、営業部隊を拡大した。これに対し、パーデューのオーナーであるサックラー一族のひとりが、「オキシコンチンの売上げは増加するはず。なぜ減少を予測しているのか」と疑問を呈した。こうなると、パーデューの幹部はふたたびマッキンゼーを頼らざるを得ない。

オピオイドの蔓延が深刻化するなか、売上げを伸ばすべく、マッキンゼーは抜本的な新しいアイデアを練る必要に迫られた。アイデアの一つが、オキシコンチンを、患者に「自由」と「安心」を与え、「充実した活動的な生活を送るための最高のチャンス」をもたらす薬として宣伝することだった。[28] オキシコンチンはストレスを軽減し、患者をより楽観的にし、孤立感をなくすことができる、とマッキンゼーは言った。しかし、保健当局はこの概念をばかげていると批判した。

マッキンゼーはほかに、パーデューが看護師や医師助手にもっと注意を払うべきだと助言した。彼らは医師ではないが、処方箋に影響を与えることができる。「営業担当者と接触する機会が非常に多い人たちであり、大規模な医療機関でますます重要になっている」とマッキンゼーは指摘した。[29] 看護師と医師助手が関与した処方では、オキシコンチンの売上げが二桁の伸びを記録しており、パーデューのあらたなターゲットとして有望だった。

一方、パーデューは、営業コンテストを開催し、トップセールスパーソンの特定と表彰を行なった。けっして新しいコンセプトではないが、数年前にマッキンゼーが提言した内容と一致している。

オキシコンチンの使用量は国内の一部ではまだ増加しており、パーデューは希望を抱いていた。「全米規模では減少傾向にあるものの、ミクロ市場分析では、パーデューが焦点を当てるべき重要な成長ポケットが浮かび上がった」とマッキンゼーは二〇一三年に書いている。[30]「郵便番号レベルで見れば、約四〇パーセントの郵便番号でじつはオキシコンチンの処方量が伸びており、心強い」

インディアナ州のフォートウェインがその一つだった。しかし、その「心強い」売上高を検証してみると、濫用と悲惨な状況の跡が明らかだった。フォートウェイン地区ではオピオイド関連の死亡者数が急増しており、その原因はヘロインとフェンタニルだった。

フォートウェインの疼痛クリニックで、マイケル・コッツィ医師は州内のどの医師よりも多くのオピオイドの処方箋を書き、最終的には州から医師免許の停止処分を受けた。[31]同医師は一日に最大一二〇人の患者を診察し、規制薬物の処方箋を二年間で六万四〇〇〇枚も書いた。そのうち、オキシコドン（オキシコンチンの主成分であるオピオイド）が三〇〇万単位近くを占めた。患者が現金を持っていないときは、支払いとして銃を受け取っていた。一カ月で一七〇〇人の患者に規制薬物を処方した。

この販売ブームは、少なくともひとりのパーデューの営業担当者に大きな利益をもたらした。[32]インディアナ州司法長官が「オピオイド処方のピーク」と呼んだ二〇一二年、その営業担当者はオキシコンチンを販売してまわり、全米五二五人の営業担当者のなかで一位となった。たったひとりで、二〇一二年第1四半期に二〇〇万ドルのオキシコンチンの売上げを達成したのだ。その報酬として、アルーバ島への休暇と三万六〇〇〇ドルの四半期ボーナスを受け取った。

パーデューは、この販売データをアルーバ島への休暇以外に利用することもできたはずだ。インディアナ州当局は法的文書のなかで、こう述べている。「自分たちが訪問したすべての医療機関の身元、業務、処方量を把握していたのだから、不審な処方を特定するのにじゅうぶんな状況にあった。にもかかわらず、パーデューはこの情報を患者や一般市民を守るために利用しなかった」[33]マッキンゼーも、この販売データを使って、危険な処方者をパーデューに警告できたはずだ。

とはいえ、パーデューにとってオキシコンチンの売上げは依然として不安材料だった。より高用量の錠剤、すなわち最も収益性の高い錠剤は減少しており、処方箋一枚当たりの薬の数も減少していた。パーデューの悪い評判が流れたせいで、競合他社は、オキシコンチンでないというだけでオピオイド製品を売ることができるようになった。

二〇一三年初夏、状況がいよいよ悪化した。パーデューはマッキンゼーに、本気で出血を止める方法を探すよう指示した。表面的なマーケティングの小細工では歯が立たない。

もはや戦争だ。マッキンゼーは、パーデューを攻撃する人々を敵視し始めた。薬物濫用の防止策が行き過ぎであり、本当に痛みの緩和を求める患者が助けを得がたくなっている、とマッキンゼーは主張した。この問題を解決するために、マッキンゼーはパーデューのエンジンルームに潜入し、どこが壊れているのかを突き止め、計画を練り上げなければならなかった。クライアントの期待に応えるという側面だけでなく、ミッションの緊急性から見ても、大がかりな取り組みが必要だった。

分析力に定評のあるマッキンゼーは、パーデューに対し、ますます多くのデータを購入するよう求めた。たとえば、どの医師が何ミリグラムのオキシコンチンを処方したかなどだ。コンサルタントたちも、コンピューターとスプレッドシートの前に座っているだけでなく、現場に赴き、医師、看護師、薬剤師にインタビューした。法執行機関の記録によると、さらには営業担当者に同行し、患者をより長くオピオイドに依存させるためのテクニックを研究したらしい。[34]

コンサルタントは、マッキンゼー独特の専門用語を使い、「フィールドフォースの実行」、「ベンチマーク」、同社独自の「法人化されたプロバイダーネットワークコネクター」などを議論した。こうした用語の意味をパーデューが理解していたのかどうかは定かでない。

マッキンゼーは「われわれの現在の仕事は、一〇年前からパーデューに貢献してきた経験のうえに成り立っている」と書いている。[35] そのような知見の積み重ねによって、ほかのコンサルティング会社にはない信頼を得たのだ。売上げを伸ばすために「二〇以上の明確な機会を追求している」とマッキンゼーは述べ、パーデューを安心させた。

二〇一三年七月一八日、マッキンゼーはパーデューの取締役会に対し、待望の市場分析結果を発表した。予備段階の内容ではあったが、深刻に受け止めざるを得なかった。いくつかの問題が明らかだった。オピオイドの流通を食い止めるため、麻薬取締局と司法省は、卸売業者や薬局など、サプライチェーンのさまざまなリンクに圧力をかけ始めていた。その結果、オピオイドの処方箋を持って行っても薬をもらえないという患者からのクレームが生じていた。

「小売りチャネル、つまり薬局と卸売業者は、厳しい監視と直接的なリスクにさらされている」とマッキンゼーは述べた。[36]「患者に影響を与える明確な混乱が見られ、広がりつつある。障害の範囲はさまざまで、卸売業者が薬局への供給を断つケース、薬局みずからが錠剤の数に制限を設けるケース……さらには、薬局側がオキシコンチンの在庫を置かないことを選択するケースなどがある」とし、これらの措置は「患者の利便性を損なう明確かつ直接的な脅威」だと結論付けた。「緊急に対応する必要がある」

とくに深刻な障害は、薬局で発生していた。なかでも、大手チェーンのウォルグリーンが深刻だった。ウォルグリーンは、処方箋の適切な監視を怠っていたことを認め、方針を急転換したのだ。あらたな安全対策として、不審な患者を特定し、用量制限を課した。

マッキンゼーは反撃に出る手を選んだ。マッキンゼーは、ウォルグリーンの経営陣に働きかけ、

「規制を緩める」ように頼んだ。[37] きわめて大胆な計画として、代替の医薬品配送システムをつくることを提案した。[38] 通販薬局を通じてオキシコンチンを直接患者に届け、大量で疑わしい処方箋に対して小売薬局が制限をかけなくて済むようにするという計画だった。

もう一つの策として、マッキンゼーは、麻薬取締局（DEA）や司法省などがオピオイドの過剰使用に対処すべく講じている措置に反撃するよう提言した。また、「オピオイドの責任ある処方を推進する医師団」などの影響力のあるグループへの明確な対応戦略も必要だった。

パーデューの「営業エンジン」に「ターボチャージャーを取り付ける」べき時期なのだとマッキンゼーは述べた。[39]

マッキンゼーの提案は、パーデューに好意的に受け止められた。しかし、パーデューの営業マーケティング担当副社長のラッセル・ガスディアは、マッキンゼーのアーナブ・〝アーニー〟・ガタクに対し、少なくとも一つの結論についてメールで私的に疑問を呈した。「アーニー、正直なところ……問題解決の軸として営業をターボチャージすべきだという考えには、非常に懸念を抱いている」[40]

ガタクはガスディアの不安を和らげようと思い、別のマッキンゼーのパートナーにメールで連絡した。「参考までだが……たぶん、ストレスのせいだと思う。明日、彼に直接会って話してみる」[41]

マッキンゼーはこのあと、パーデューのオーナーであるサックラー一族にターボチャージ計画を説明しなければならなかった。会議終了後、ガタクはこう報告した。「たいへん順調だった。二時間くらいかけて、スライドを一つずつ説明した。オーナー一族は、調査結果やわれわれの提案に非常に協力的だった」エリングも同意見だった。「調査結果は誰の目にも明確で、さっそく進めようというお墨付きをもらった」[42]

マッキンゼーが二〇一三年七月に発表した分析結果のなかで最も注目すべきは、ドラッグストアや警察当局が国民の血中を流れるオキシコンチンの量を制限しようとしている一方で、マッキンゼーはその逆に、安全対策を回避する方法まで提案していたという点だ。

マッキンゼーがオキシコンチンの売上げを伸ばす方法を提案してから一週間あまりあと、ＦＤＡ——国内の医薬品の安全性を監督する最高機関——が、マッキンゼーと二六〇万ドルのコンサルティング契約を結んだ[43]。契約の内容は、マッキンゼーがＦＤＡの医薬品評価研究センター——オキシコンチンを含む処方薬およびジェネリック医薬品を規制する部署——の「事務リーダー、プログラム・マネージャー、その他の主要メンバーと協力し、社内外で良好なコミュニケーションを確保するための運営モデルを設計、開発、実施する」というものだった。

続く数週間、マッキンゼーは、オキシコンチンのパイプラインを維持するため、きわめて処方数の多い患者をターゲットにすること、営業担当者の処方医への訪問を大幅に増やすこと、患者支援団体を通じて「適切なアクセス」を制限しようとする動きに対抗すること、別の医薬品流通チャネルを構築する努力を加速するとともに、ウォルグリーンとハイレベルな協議を行なうことなど、これまで以上に強力な提案を展開した[44・45]。

マッキンゼーは、「個々の問題に取り組むよりも、〝パーデューの営業エンジンにターボチャージをかける〟ための行動を推奨する。ターゲティングから、テリトリー、インセンティブ報酬にいたるまで、勝利の営業モデルのすべての要素を最適化するよう勧める」と書いた。また、ベトナム戦争の言葉を引用し、「営業部隊の心をつかみ、社の運営方法を恒久的に変革すること」の重要性を強調した。パーデューは、オピオイドで子供を亡くした家族に不快感を与えるかもしれないと気づき、「ターボチャージ」キャンペーンを「エボルブ・トゥ・エクセレンス（優秀さへの進化）」に改名した[46]。

二〇一七年、マッキンゼーは、のちにおおやけになったとき医療界を驚愕させることになる提案をした。[47] パーデューが販売した錠剤によりオキシコンチンの過剰摂取が発生するごとに、販売業者にリベートを与えるよう検討すべきだという提案だった。マッキンゼーは、こうした販売業者の利用客のうち何人が過剰摂取しそうかを試算した。たとえば、二〇一九年には、最大手のドラッグストアチェーン「ＣＶＳ」の利用客のうち二四八四人が過剰摂取またはオピオイド使用障害になると予測した。一つの「イベント」につき一万四八一〇ドルのリベートを支払うとすると、パーデューはその年、ＣＶＳに三六八〇万ドルを支払うことになる。ＣＶＳはマッキンゼーの大口顧客でもある。マッキンゼーによれば、結局、パーデューはこのリベート制度を実施しなかったという。

二〇一〇年代が終わろうとするころ、マッキンゼーはオピオイドの製造業者をクライアントとして引き受けない方針を発表した。[48] その時点までに、四〇万人のアメリカ人が処方薬や非合法のオピオイドの濫用で死亡していた。[49] また、その期間中、パーデューのオーナー一族は自社株式の売却により一〇〇億ドルを手に入れた。

マッキンゼーの仕事が重大な影響をもたらしたのか、もしまだ疑問に思うのなら、同社のパートナーのひとりでありパーデューの最高経営責任者の相談役だったマリア・ゴーディアンが、二〇〇九年に記した内部文書のなかで、明確かつ力強くこたえている。

ゴーディアンによれば、マッキンゼーが任務に就いたとき、パーデューは「不安定で困難な状況」に直面していたという。[50] パーデューにとって幸運なことに、マッキンゼーが救世主となった。「一連の取り組みを通じて、われわれは重要なオキシコンチン・フランチャイズの未来を守った」（傍点は著者が加えた）

はたしてゴーディアンはいま、同じ文言を自分の経歴書に書けるだろうか？[51]

政府の捜査官が迫るなか、ほかの恥ずべき文書も表面化した。たとえば、二〇一八年七月四日のアメリカ独立記念日に、エリングがパーデューに関わる別のシニアパートナー、ガタクにこんなメールを送った。「リスク委員会とすぐに話し合ったほうがいいかもしれない。われわれの文書やメールをすべて削除する以外に何かすべきかどうかを検討すべきだろう。間違いなく、状況が厳しくなれば誰かがわれわれに目を向ける可能性がある」[52]

「ご忠告ありがとう」とガタクは返信した。「話し合うことにする」

エリングは「良い独立記念日を」とこたえた。

マッキンゼーは両名を解雇したが、理由は特定せず、「わが社の専門的基準に違反した」とだけ述べた。

＊＊＊

二〇二一年二月四日、マッキンゼーのマネージングパートナーであるケビン・スニーダーは、会社全体に内部通達を送り、四九の州の検事総長との和解を伝えた。「間違いなく、過去のオピオイド製造業者との取引は合法であり、害を意図したものではなかった。しかし、われわれは高い基準をみずからに課している。その基準に達しなかった。身近なコミュニティで広まっているオピオイドの濫用や、依存症の恐ろしい影響をじゅうぶんに認識していなかった。その点は本当に申し訳ない」[53]

スニーダーは、オピオイド供給チェーンのさまざまなリンク、たとえば小売薬局や主要な医薬品卸売業者を対象としたマッキンゼーのコンサルティング作業については言及しなかった。これらの会社の一部は、オピオイドの取り扱いに関する政府の調査を和解に持ち込むために、数百万ドルを支払うはめになったところもある。これらの会社へのマッキンゼーの助言については特定できなかった。

二〇二一年八月までに、マッキンゼーは州やアメリカ領土からの請求に和解するために約六億四一〇〇万ドルを支払ったが、それでも訴訟は終わらなかった。マッキンゼーの弁護士は、カリフォルニア州の連邦裁判所の審理で、同社は市や郡、ネイティブアメリカンの部族、組合の医療給付制度、学校などから、さらに五〇件の訴訟を起こされていると述べた[54]。

また、マッキンゼーは、自分たちが引き起こした問題を軽減することにも着手した。

二〇一八年、クリーブランドオフィスのシニアパートナーであるトム・ラトコビックは、「オピオイド危機と戦うためにより大胆な行動が必要である理由」と題した記事を共同執筆した[55]。彼はマッキンゼーの記事にも参加し、一〇の「洞察」をオピオイド危機に提供した。その一つは、オピオイドが「既知または潜在的な濫用リスク要因」を持つ患者に頻繁に処方されていることを警告した[56]。

マッキンゼーは、薬物依存のスティグマ解消に取り組む非営利団体「シャタープルーフ」も支援した。その創設者であるゲーリー・メンデルは、息子が依存症に苦しんだすえに自殺し、マッキンゼーのヘルスケア会議などで、オピオイド依存症に対するスティグマが蔓延を食い止めるための努力をいかに遅らせたかについて、感情的なスピーチを行なった。

ラトコビックも同じようなメッセージを発した。「オピオイドに関する仕事をするにつれ、スティグマがこの危機に深い、じつに悪質な役割を果たしていることを理解するようになった[57]」

薬物依存のスティグマに対するラトコビックの取り組みは称賛に値する。しかし、スティグマへの攻撃は、社会全体に責任を問うものであるのに対し、オピオイドの製造業者、販売業者、医師に対する攻撃は、事情が違う。ビジネスに悪影響を与える。長年、マッキンゼー社内では、パーデューのオピオイド販売促進を手助けしていることを、あえて公的に批判する人はいなかった[58]。

だがマッキンゼーは、「ヘルスケアを通じた社会的利益センター」の設立を誇りにしていた。「当社は、クライアントに効果的にサービスを提供するかたわら、社会的な決定要因、地方の健康、母親の健康、精神衛生、薬物使用、オピオイド危機を含む行動衛生など、社会に深く関わる問題に投資することで、みずからの使命を果たしてきた」と述べている。

＊＊＊

パーデューだけがオピオイド蔓延の原因ではない。[59] 医師はオキシコンチンを過剰に処方し、薬剤師は不正に処方された処方箋を調剤してボーナスを受け取った。ＦＤＡとＤＥＡは有効な対策を打ち出さず、議員は国民を守るための法律を制定できなかった。

「われわれは先回りできなかった。誰もできなかった」とＦＤＡ長官のスコット・ゴットリーブ博士は二〇一七年一〇月の医学会議で語った。[60] ＦＤＡはオキシコンチンの使用を特定の患者だけに限定すべきだったが、そうしなかった。また、この薬の中毒性の高さを早期に強く警告しなかった。オキシコンチンの医薬品申請の審査を指揮したＦＤＡ職員は、ＦＤＡを辞めてから二年後にパーデューに就職した。[61]

市民団体「パブリック・シチズン」の健康調査部門のディレクターを務めるマイケル・キャロム博士は、ＦＤＡが「公衆衛生を守ることよりもオピオイドメーカーの金銭的利益を優先する」という決定を下す場面があまりにも多かったと指摘している。[62]

ニューヨーク・タイムズ紙の見出しには、こんな厳しい判断が記された。「何万人もの死者が出るなか、オピオイドを取り締まらないＦＤＡ」[63]。ＦＤＡは本来、オキシコンチンなどの長時間作用型オピオイドのメーカーに出資させて、安全使用に向けて医師をトレーニングするよう求め、そういう制度が有効に機能したかどうかを評価する役割を担うべきだった。しかし、ＦＤＡは役割を放棄した、と同紙の医学研究記事は結論を下している。

「このような取り組みの欠如がＦＤＡ自身の審査プロセスで明らかになったにもかかわらず、ＦＤＡは、〝リスク評価と緩和戦略（ＲＥＭＳ）〟と呼ばれる制度の改善を主張することはなかった」とニューヨーク・タイムズ紙は書いている。この研究記事の筆頭著者であるケイレブ・アレキサンダーは、「制度の設計に当初から欠陥があったことに驚いている」と述べた。[64]

ここでもマッキンゼーは、規制される側と規制する側のアドバイザーという二重の役割を担っていた。二〇一一年、ＦＤＡはマッキンゼーと一四〇万ドルの契約を結び、今回の調査で槍玉に挙げられた制度を監督するオフィスの再編成を依頼した。

マッキンゼーがパーデューに助言をしながらＦＤＡのコンサルティングもしていたことを知らされた、ブランダイス大学の上級科学者でオピオイド政策研究の共同責任者であるアンドリュー・コロドニー博士は、驚きを表明した。「非常に明白な利益相反だ」と彼はインタビューで語った。[65]「けっして許されるべきでなく、けっして起こってはならないことだ」

上院議員たちは、マッキンゼーとＦＤＡの密接な関係が、政府がオピオイドの蔓延を認識し抑制できなかった一因なのかどうかを知りたがった。二〇二一年八月二三日、超党派の六人の上院議員グループがＦＤＡに書簡を送り、ＦＤＡがマッキンゼーと広範な契約を結んでいることについて質問した。[66・67]「マッキンゼーは、ＦＤＡと仕事をする一方で、オピオイド業界のさまざまな関係者とも仕事をしていた。そのなかには、わが国が現在直面しているオピオイド流行を煽るうえできわめて重要な役割を果たした企業も多く含まれている」と書簡は述べている。

二〇〇八年から二〇二一年のあいだにＦＤＡがマッキンゼーに発注した契約のうち、少なくとも一七件（金額にして四八〇〇万ドル以上）が、医薬品評価研究局との共同作業を必要としていたという。同局は、処方オピオイドを含む特定の医薬品の認可を担当していた。

上院議員たちは、二〇一〇年と二〇一一年にＦＤＡがマッキンゼーに二四〇万ドル以上の契約を発注し、消費者に有害な医薬品を特定する能力を強化するための「トラック&トレース」と呼ばれるシステムを設計していたことを指摘した。これらの契約は、「マッキンゼーがＦＤＡの代理人でありながら、この新しい規制プロセスの対象である民間のクライアントに積極的に関与していたことを強く示唆するもので、明らかに利益相反である」と書簡は指摘している。

マッキンゼーと連邦政府の保健当局とのつながりは、議員たちが思っている以上に深かった。二〇二二年三月、ニューヨーク・タイムズ紙は、他のメディアに先駆けてマッキンゼーの内部文書を手に入れ、国で最も影響力のある保健医療当局者となったアレックス・アザー――トランプ政権下の保健福祉長官――とマッキンゼーが密かにつながっていた事実をつかんだ。[68]

アザーは、エリ・リリーの社長を辞めたあと、あらたな職に就くためマッキンゼーに助言を求めた。おもに連絡を取った相手はエリングだった。エリングは、ガタクとともに、オピオイドが蔓延しているさなか、パーデューのオキシコンチンの売上げ急増を推進した人物だ。

アザーはエリングにメールで「ぜひ会って、きみたちが持っているアイデアや、機会を探す方法について助言をもらえればと思う」と伝えた。

エリングは即座に返信した。「こちらとしても、あなたの抱負を聞いて、何か役立つ考えを提供したい」

「素晴らしい」とアザーはこたえた。ふたりが会ったときに何が話し合われたのかは不明だが、会談から七カ月後、アザーは保健福祉省の長官の座を得た。

アザーはエリングにこう書いている。「きみたちの協力にとても感謝している。長官として経験を積んでから、実務や保健福祉省とのコネクションについてきみたちと話し合いたいものだ」

アザーの就任が上院で承認される前の数日間、マッキンゼーの内部では、オピオイド危機に関して彼に何を伝えるべきかをめぐって揉めていた。ガタクは危険性を軽視しようとし、「危機」や「蔓延」という言葉は誇張しすぎだとまで言いだしたらしい。

シニアパートナーのトム・ラトコビックは、警告を強化したいと考えた。「蜂の巣に足を踏み入れつつある、と強調しようと思う」と彼は社内通達に書いた。

内部の対立を解決する時間がなかったため、マッキンゼーは、ガタクが不快に感じた強い表現をすべて削除した。

なお、アザーの広報担当者は、保健福祉長官に就任するうえでマッキンゼーが彼を助けたことはない、と否定している。

＊＊＊

オピオイド依存症と致命的な過剰摂取は社会の広範な部分に影響を及ぼしたが、最も深刻な影響を受けたのは、「ラストベルト」地帯で暮らす労働者階級だった。彼らは、工場が閉鎖され、賃金支払いが停滞し、仕事のアウトソーシングが進むなか、生き残りに苦労していた。オピオイドの流行により、中産階級との格差がさらに拡大し、中産階級に追いつくことはますます期待薄になった。

アトゥル・ガワンデのレビューによれば、プリンストン大学のふたりの経済学者は『Deaths of Despair and the Future of Capitalism』という書籍を出し、大学を卒業していない労働者階級の人々が、薬物やアルコールの濫用、自殺でなぜ数多く亡くなっているのかという難問を追究した[69]。その死者数は、アメリカ全体の平均寿命を三年連続で低下させるほどにまで達していた。

オピオイドが一定の役割を果たしたのは確かだが、絶望的な状況が生まれたきっかけはオピオイドではない、とガワンデは指摘している。

わたしたちは、苦境にあえぐ人々のために自滅の武器を用意しているも同然だ[70]。アメリカは、ほかの国々よりも熱心に、かつ少ない制限で、オートメーションやグローバリゼーションを採り入れている。国内の失業者たちは、保護や支援をろくに受けていない状況だ。なのに、資本家や企業側が経済的利益をより多く得ることを優先してきた。

ガワンデは、前記の書籍が、「アメリカン・ドリームに何か重大な問題が生じたという、多くの人々が長いあいだ漠然と感じていた思い」を客観的に明確化した、と評している。

オピオイド濫用がアメリカを襲ったとき、その加害者たち——医師、卸売業者、規制当局——がおおやけに非難にさらされた。しかし何年ものあいだ、重要なプレーヤーが世間の監視を逃れていた。それはマッキンゼーだ。マッキンゼーは、ヘルスケア企業とその規制当局の顧問であり、ビジネススクールの知恵の泉であり、すべての人のために医療の未来を再構想すると公約していた。

二〇一九年になってようやく、マサチューセッツ州のマウラ・ヘイリー司法長官が、「パーデューの機密文書を調べ上げた結果、マッキンゼーがパーデューと深く関わっていることを発見した」と明らかにした。ヘイリーは州の司法長官として初めてパーデューのオーナーを提訴し、配下のスタッフを使ってマッキンゼーを調査して、ほかの州の司法長官がマッキンゼーの責任を問うための道を開いた。[71]

各州は、六億ドルの和解金の一部を、治療、予防、回復に充てることができた。また、マッキンゼーは、中毒性のある麻薬の製造業者との仕事を制限することに同意し、オピオイドに関する数万ページの文書を公開データベースに入れることを約束した。

オピオイド危機を煽ったマッキンゼーの役割がメディアで大きく取り上げられたにもかかわらず、多くの政府関係者は依然として同社に忠実だ。ヘイリー州司法長官の地元マサチューセッツ州では、マッキンゼーからオピオイド被害に対する賠償金を受け取る一方で、チャーリー・ベイカー知事がマッキンゼーを雇って「未来の働き方」に関する調査を担当させた。ヘイリーは、知事のマッキンゼー起用の決定を「とんでもない」と非難した。[72]

ボストン・グローブ紙の報道によれば、マサチューセッツ州保健局は、二〇二〇年初頭から、すでにマッキンゼーに一八六〇万ドル以上を支払ったという。

ニューヨーク・タイムズ紙がヘイリーの調査結果を記事にしたわずか数時間後、マッキンゼーの現役従業員と元従業員のプライベート・チャットルームに、彼らの反応が書き込まれた。何人かは、罵詈雑言を吐いて怒りをあらわにしていた。道徳的、倫理的な境界内でクライアントの利益を追求すべき、と論じる者もいた。株主価値を最大化するのはいいが、われわれの道徳的価値や社会福祉を犠牲にしてはならない、との書き込みもあった。

ニューヨーク・タイムズ紙がこうした反応を報じたあと、このチャットルームは閉鎖された。

第八章　炭鉱をダイヤモンドに変える

会場には、たくさんのノベルティグッズが用意されていた。エクソンモービル製のバッテリーで携帯電話を充電したり、モントサイナイ医療システムから提供された、折りたたんで持ち運びできるブランケットの上でくつろぎ、コロラドの山のさわやかな空気を味わったりもできた。「ギア・フォー・グッド」をモットーとする、アウトドア用品会社のコトパクシは、バックパックを無料で配布していた。建材会社のスタンダード・インダストリーズは、空き地に蒔いて世界の緑化に貢献できるよう、「野花の種を詰めた粘土玉」を用意した。さらに同社は、この年次行事を記念して、三五〇〇本の植樹も行なった。ようこそ、アスペン・アイデアズ・フェスティバルへ。

アスペン・アイデアズ・フェスティバルと、その姉妹イベントともいえる、スイスのダボスで開催される世界経済フォーラムは、招待を受けること自体が名誉となる。あなたは何か賢明な発言ができる人物であり、富裕層や権力者との交流に値する、と認められたことになるのだ。ここでは、パネルディスカッションで重要な問題が礼儀正しく議論され、スポットライトを浴びることを好む著名なジャーナリストが司会を務める。二〇一九年には、フェイスブック（現メタ）のマーク・ザッカーバーグがこの場所でスピーチしたが、民主主義を損なっているという非難の罵声を浴びせられることはなかった。

ザッカーバーグが講演した年には、ラッパーのコモンが「愛に最後の言葉を語らせよう」というスローガンを刺繍した白いTシャツを着て、参加者を迎えた。アスペン・アイデアズ・フェスティバルは、エリオット・マネージメント——ブルームバーグ・ニュースが「世界で最も恐れられる投資家」と呼んだヘッジファンド——の創設者、ポール・E・シンガーが一部を後援している。エクソンモービルも後援者だ。同社は「経営者、科学者、著名人、ジャーナリストを一堂に集めることで、われわれの世界を変えるようなアイデアを生み出すことができる」と述べている。[1]

ときおり、招待客リストに異端者が紛れ込む。二〇一九年一月のダボス会議に招かれた、オランダの歴史家ルートガー・ブレグマンがそうだった。彼は、出席者に向かって、「〝われわれはいかに地球を破壊しているか〟というデイビッド・アッテンボローの講演を聞くために、二酸化炭素を排出する無数のプライベートジェットに乗って集まった」と痛烈に批判した。続いて、金持ちがじゅうぶんな税金を払っていないという話題を取り上げた。この問題は、社会の多くの問題を解決するうえで中心的な問題だと彼は考えていたが、ダボス会議ではほとんど注目されなかったという。[2]「まるで、消防士の会合に来ているのに、水については誰も話してはいけないかのようだった」

翌年はもう、ブレグマンには招待状が届かなかった。

別の後援者、マッキンゼーにはそんな心配はない。同社のパートナーたちは、毎年招待される。いわばアカデミー賞の授賞パーティーのようなもので、宣伝を嫌うマッキンゼーは、アスペンやダボス会議を絶好の機会ととらえている。コンサルタントたちは潜在的なクライアントに会い、研究を披露し、企業の上層部や政府機関がある種の問題にまだ気づいていないと巧みに説得する。マッキンゼーなら解決できる、と。

二〇一九年六月、コロナウイルス流行前の最後のアスペン・アイデアズ・フェスティバルでは、マッキンゼーがとくに存在感を見せつけた。[3] シカゴオフィスのシニアパートナーであるアンドレ・デュアが、職場の自動化について語った。同社の最高人事責任者ラレイナ・イーは、女性企業幹部の地位に焦点を当てた。マッキンゼー・グローバル・インスティテュートのパートナーであるマイケル・チュイは、技術と信頼に関するパネルディスカッションを司会した。

また、シニアパートナーで持続可能性チームの共同発起人でもあるディコン・ピナーは、「気候変動の危機的な状況——経済的および社会的リスクを緩和するためのビジネス戦略」というパネルディスカッションの主要パネリスト三名のひとりだった。ピナーは、マッキンゼーの同僚たちと同様、三つの要点で話をまとめることが多い。彼はキャリアの大半を同社の半導体チームで過ごした。また、石油・ガスの最大手会社シェルの元エンジニアでもある。第二のパネリストは、元マッキンゼーのコンサルタントでありオックスフォードの学者でもあるキャメロン・ヘプバーンだった。シェルの顧問委員会のメンバーであり、石油産業の資金提供を受けたシンクタンクのシニアリサーチフェローでもあった。第三のパネリストは、保険会社のフィル・ウォルデックだった。気候研究にまつわる明確なバックグラウンドはないが、彼が勤務するプルデンシャルはアスペンと五〇〇万ドルのパートナーシップを結んでいた。彼は、会話のポイントを強調する際、「この点をダブルクリックしてみてほしい」と言うのが口癖だ。

ピナーは、二酸化炭素レベルと温度を三五万年前までさかのぼってグラフ化し、パワーポイントスライドにまとめてあった。当初、両者は連動して、劇的に変動していたが、約一万年前、グラフの線が平らになった。続いて、人類の文明が開花した。「気候の安定がカギになったのだ」とピナーは説明した。ところが、ここ四〇年間、その安定性は終わり、二酸化炭素レベルが三〇〇万年以上前に見られなかったレベルまで急上昇していた。太陽光発電や風力発電が発達しても、現在の政策下では地球温暖化が進み、摂氏三〜四度上昇する見込みだという。

「いま、わたしたちは正しい道を歩んでいない」とピナーは訴えた。[4]

彼は、マッキンゼーの強みである「問題を数値化する能力」を活かし、行動を急がなければならないと説得力のあるスピーチをした。

司会を務めたフィナンシャル・タイムズ紙のジリアン・テット記者は、身の毛がよだつ内容だったと評し、これを「どうでもいい」と無視する人がいたら強く抗議したい、と言った。

一刻の猶予もならなかった。[5]ピナーの講演から数カ月後、気温の上昇と干ばつが原因で大規模な山火事が発生し、オーストラリアの一部が壊滅的な被害を受けた。そして何度か季節がめぐるうち、火災は北半球に移動し、アメリカ西部を飲み込んだ。サンフランシスコの空は火星のようなオレンジ色に染まり、一万六〇〇〇平方キロメートル以上が焼けた。それさえも、二〇二一年にシベリアで発生した地獄絵図に比べれば小規模といえるだろう。その火災はチュニジアとほぼ同じ面積を焼き、同年は、ロシア史上最悪の火災シーズンとなった。

暖かい空気はより多くの水分を含むことができるため、熱帯の豪雨がニューヨーク市にも降り注いだ。[6]セントラルパークでは、二〇二一年八月二一日午後一〇時から一一時までの一時間に記録された降雨量が過去最高となったが、わずか一一日後、ハリケーン・アイダの影響でこの記録は破られ、市内の河川が氾濫した。科学者たちによると、グリーンランドの一〇〇万年前の氷床が急速に溶けており、もはや回復不能な段階まで来ている可能性があるという。つまり、地球温暖化が止まったとしても、氷床が溶け続け、世界の沿岸都市を浸水させるおそれがある。

マッキンゼーが大量に発信している二酸化炭素排出量削減のための緊急要請の数々を読むと、同社がきわめて環境に配慮した企業であるかのような印象を受けるかもしれない。マッキンゼーは世界じゅうのオフィスに「グリーンチーム」を配置し、紙の使用量を減らし、ビデオ会議を増やすことで出張を減らすなど、自社の二酸化炭素排出量を削減する方法を探っている。また、中国のソーラー調理器やパナマの熱帯雨林保護などのプロジェクトに投資し、排出量をオフセットしている。また、出張の多いコンサルタントの飛行機での移動も考慮して、自社の総二酸化炭素排出量を計算している。[7]

環境への配慮は、マッキンゼーの公式な指針に含まれており、行動規範に以下のように明記されている。「当社は、事業の環境的持続可能性に対する責任を真摯に受け止めており、各地のオフィスで環境負荷の低減に取り組んでいる。また、世界各国の民間、公共、社会セクターのクライアントに対し、気候変動への対応策を提供している」[8]

マッキンゼーが伝えたいメッセージは、公式ウェブサイトに明確に示されている。「わたしたちは、地球を保護することにコミットしている」

マッキンゼーは、クライアントが気候変動に対して緊急に行動を起こす必要性をおおやけに説いている。二〇一九年八月から二〇二〇年八月までの一年間で、このテーマに関して少なくとも五六本のレポートやメールを出した。タイトルは、たとえば「地球からＣＥＯへ——あなたの企業はすでに気候変動のリスクにさらされている」「海の下のサステナビリティ」「ファッション——ファッション業界はどのように緊急に行動して温室効果ガスの排出量を削減できるか」などだった。

これらのマッキンゼーのレポートは、危機を過小評価していない。[9]二〇一九年のあるスライドで、同社は、気候変動が「大量破壊兵器と同じくらい深刻な影響を及ぼすと予想される」と述べた。

マッキンゼーが気候変動についておおやけの場で熱く語る理由の一つは、同社が採用した何千人もの、高度な教育を受けた環境意識の高い若者たちがそれを期待しているからだ。彼らの子供たちは、おそらく次の世紀まで生きるだろう。そのとき、グリーンランドと南極の氷床が溶けて、多くの沿岸都市が水没する可能性もあり、中東やインド亜大陸の一部は人間の居住に適さなくなるかもしれない。就職希望者に「地球環境に配慮している会社」と思ってもらいたがっている。就職希望者向けのオンラインテストでも、コンピューターシミュレーションのなかで環境に関する正しい判断を下せるかを試す。最近の出題例は、「あなたは植物や動物が多様な生態系で暮らす島の管理人です」というシナリオだった[10]。健全なサンゴ礁をつくり、恐ろしいウイルスに感染した鳥の群れを治療するため適切なワクチンを見つけることが、受験者に課された課題だった。

マッキンゼーは多くの公開レポートで、迫り来る環境の脅威について明確な目で、適切に警鐘を鳴らしている。アスペンで講演した翌年の二〇二〇年、ピナーはマッキンゼー・クォータリー誌の記事を共同執筆し、世界の気温上昇を産業革命以前の水準からプラス摂氏一・五度に抑える方法を提示した。これは国連の気候変動に関する政府間パネルが定めた水準であり、同パネルはこれを超えると人類の適応がますます困難になると結論づけている。

ピナーらは、世界がこの目標をクリアできるまで時間がないとして、石油・ガス産業、電力事業、農業、自動車・トラックの排気管からの排出を削減する三つのシナリオを作成して、目標到達の方法を示した[11]。

「良いニュースは、プラス一・五度への道筋は技術的に実現可能だということだ」とマッキンゼーのコンサルタントは書いた。「悪いニュースは、実現は気が遠くなるほど難しいということだ。そのような道筋をとるには、今後一〇年間で劇的な排出量削減を必要とする。今から始めなければならない」

マッキンゼーによれば、各企業にとってきわめて難しいのは、自社の行動を変えずに、気候変動から女性やマイノリティへの対応まで、「感じの良い取り組み」に焦点を当てた広報活動を行なうことだという。「わたしたちがクライアントに投げかける課題は、机上の言葉をどのように現実化するかです。ブランディングやスローガンを、日常生活で実際に体験可能なものにどのように移行するか？[12]」

アスペンで司会者ジリアン・テットがピナーに投げかけたのも、この質問だった。危機の緊急性を考慮し、理にかなった問いを発した。「この問題をワシントンに持っていこうとしたことは？　ホワイトハウスに持ち込もうとしたか？」

ピナーは「ノー」とこたえ、マッキンゼーが移民税関捜査局やサウジアラビア政府といった物議を醸すクライアントと仕事していることを正当化する際のせりふを繰り返した。

「わたしたちが見るに、マッキンゼーが政策面で果たすべき役割はないと思う」とピナーは言った。「わたしたちが価値を見いだせるのは、科学を数字に置き換えてリスクを明らかにし、意思決定者が決断できるようなかたちにすることだ」。さらに、政府に頼るのが正解ではないと示唆した。「ここでの大きな問題は、資本形成と資本配分にあると考えている」

ピナーの大きな目的は、オフショア石油掘削装置、パイプライン、さらにはフロリダの沿岸不動産などの投資のリスクに市場がじゅうぶん目を向けていないと警告することだった。気温と海面が上昇し、世界が化石燃料から離れていくにつれて、これらの資産は大きな打撃を受けるだろう。

政策立案者に何か提言はないかと尋ねられて、彼はごく遠回しにこうこたえた。「民間部門が、よりリスクの低い資産に資本を振り向けるようにするにはどうしたらいいか」。彼は、石油や石炭の生産に影響を与えるような具体的な政策を求めるのではなく、市場が何らかのかたちで魔法のように機能すべきと呼びかけた。

崇高な意図のもとで開催されているとはいえ、アスペンで通常出る「解決策」には共通のテーマがある。それは、世界の富豪や大企業にはほとんど、あるいはまったく犠牲を求めないことだ。その代わりに、民間企業が「良い行動を取って、良くなる」ことに焦点を当て、集団行動を必要とするケースが多い緊急の問題に小さな対策を講じる。ＰＲには好適だ。

まさにそう批判したのが、元マッキンゼー・コンサルタントで元アスペンフェローのアナンド・ギリダラダスだ。彼は二〇一五年、ほかのフェローたちに向けたスピーチで、アスペンのフェローシッププログラムの根底を疑問視した。「企業の社会的責任」の旗印のもとで企業がささやかな善行を積み、金持ちや権力者はすっかり有徳な気分になっているが、彼らの本業は依然として害を及ぼし続けている、と。

ギリダラダスは、このような状況を「アスペン・コンセンサス」と名付けた。つまり、「時代の勝者たちは、より多くの善をなすよう努力しなければならない」との信念を持つ一方で[13]、「害を減らせ、と言いだしてはいけない。資本主義の粗いエッジを滑らかにし、余剰な実りを広く共有せよ、と訴えつつも、根本的なシステムを疑問視してはならない」という暗黙の了解が成り立っている、と彼は批判した。

＊＊＊

一例が、エクソンモービルだ。二〇一九年のアスペン会議では、同社研究開発部門の責任者であるヴィジャイ・スワループが、「炭素回収」の効用を称賛した。これは、煙突から排出される二酸化炭素を地中に再注入できる技術だ。エクソンモービルは、これを「いま最も注目されている技術」と称したが[14]、同社はすでに一〇年以上も前から炭素回収について言及しており、そのわりに、技術は依然として試験段階にとどまっている。そもそも炭素回収は、エクソンモービルが抱える最大の地球温暖化の要因を解決するものではない。世界じゅうの何千万台もの自動車やトラックが同社のガソリンを燃焼していることは、そっちのけだ。彼がスピーチする数カ月前、エクソンモービルは、二〇二五年までに自社の二酸化炭素排出量が二〇一七年比で一七パーセント増加し、年間二一〇〇万トンになると予測した。これは、ギリシャの年間排出量に匹敵する。[15]同社はこの予測を公表しなかった。

ピナーがアスペンでスピーチしてから三週間後、マッキンゼーを退社目前のアソシエイト、エリック・エドストロームが、企業がさも環境に配慮しているかに見せる「感じの良い取り組み」を批判した。ただし、彼の怒りの矛先は、石油会社、石炭採掘会社、自動車メーカーではなく、マッキンゼー自身に向けられていた。

＊＊＊

エドストロームは、マッキンゼーの理想的な人材像に合致するところが多い。[16]同社の多くのコンサルタントに似て、退役軍人だ。アフガニスタンで米軍の小隊を率い、アーリントン国立墓地の名誉警護隊に所属した。肉体的な強靭さを要する会社にふさわしく、最高レベルのフィットネスを誇っている。トライアスロンの選手であり、陸軍士官学校では体力テストのトップスコアラーだった。軍を退役したあとは、マッキンゼーの多くのトップリーダーを輩出しているオックスフォード大学に進学した。

しかし、エドストロームのアフガニスタンでの従軍経験は、彼の別の側面を引き出した。アフガニスタンの民間人に計り知れない苦しみをもたらし、数千人のアメリカ兵が死亡または負傷したという現実を踏まえ、アメリカを一世代にわたる戦争に巻き込んだ高官たちの判断力を疑問視するようになったのだ。みずからの戦争体験をつづった本のなかで、こう記している。「もし死者たちがよみがえって語れたら、こう言うだろう。自国の同胞のせいで罪もなく殺されたり死んだりすることほど親密な裏切りはない」[17]

軍隊にいたころ、エドストロームは、アル・ゴア元副大統領が行なった人為的な気候変動に関する啓蒙活動——その象徴は、二〇〇六年にアカデミー賞を受賞したドキュメンタリー映画『不都合な真実』——に深く影響を受けた。自分の職業人生を、この本質的な問題を解決するために捧げたいと思うようになった。オックスフォード大学では、ＭＢＡを取得するかたわら、環境変化管理の修士号も取得した。その後、メルボルンに居を構え、最初はボストン・コンサルティング・グループで、二〇一八年初頭からはマッキンゼーで働いた。

ほかの新入従業員と同様、エドストロームにも二冊の本が渡された。一つは、一九七九年に書かれたマービン・バウワー著『Perspective on McKinsey』で、マッキンゼーを形成するコアバリューや原則について解説してあった。もう一冊は、読みやすい社史『A History of the Firm』だ。

社史を通じて、エドストロームは、マッキンゼーが化石燃料会社へのコンサルティングで多大な成功を収めてきた事実を知った。

モービル・オイルは、マッキンゼーにとって一九五〇年代前半の最初のメガクライアントだった。当時はユニオン・オイルやサン・オイルにもサービスを提供していた[18]。一九五〇年代半ば、テキサコの推薦により、マッキンゼーはロイヤル・ダッチ・シェルの仕事を請け負い、まず一九五六年にベネズエラでコンサルティングを始めた。シェルはマッキンゼーを高く評価し、翌年には世界規模の企業再編を依頼した。こうしてマッキンゼーはヨーロッパ大陸に根を下ろした、と社史は伝えている。一九六〇年には、テキサコがマッキンゼーの最大のクライアントとなった。

そのあと、マッキンゼーは、メキシコのペメックス、ベネズエラのPDVSA、サウジアラムコといった政府系石油企業との仕事を手がけるようになった。また、炭鉱の顧客も早くから獲得していた。一九六三年にメルボルンのオフィス——エドストロームがそのあと半世紀以上にわたって勤務することになるオフィス——を開設した際、最初のクライアントのなかには、オーストラリアで石炭を採掘していたブロークンヒル（現ＢＨＰ、時価総額世界最大の鉱山会社）が含まれていた。一九六〇年代にメルボルンのオフィスを率いたロッド・カーネギーは、その後、現在世界第二位の鉱山会社であるリオ・ティントのオーストラリア支社長に就任した。両社は現在もマッキンゼーのクライアントであり、メルボルンのエドストロームの同僚の多くが関わっていた。

マッキンゼーの初期の石油会社との関係については、歴史的な文脈のなかで理解する必要がある。二酸化炭素濃度の上昇が大気温度を上昇させるという知識は、モービルやテキサコがマッキンゼーの収益を牽引していた一九五〇年代には、まだ広く知られていなかった。しかし、タバコの場合と同様、ここ四半世紀のあいだにマッキンゼーの高学歴のコンサルタントが化石燃料企業のために行なった仕事は、クライアントが販売する製品が世界に取り返しのつかない害を及ぼすことをすでにじゅうぶん認識したうえでのものといえる。

エドストロームは環境問題に取り組みたいと考えていたが、政治的な影響力の強い大手鉱山会社が、オーストラリアとインドネシアは世界最大の石炭輸出国であり[19]、大規模で政治的に影響力のある鉱業会社が両国を支配していたため、難しいとわかった。ひとり当たりの二酸化炭素排出量はアメリカの水準を上回っており、高給取りの環境コンサルタントの需要は高くなかった。ボストン・コンサルティング・グループとマッキンゼーで、エドストロームは、プライベートエクイティ会社、銀行、通信会社、ビール販売会社、保育会社などにアドバイスを提供した。また、オーストラリアのニューサウスウェールズ州では、刑務所のベッド管理を研究した。

環境関連の仕事はほとんどなかったが、石炭業界ではじゅうぶんな仕事があることに、エドストロームは間もなく気づいた。マッキンゼーは「地球環境の保護に取り組んでいる」と公言していながら、石炭会社の収益性向上に貢献することに誇りを持っていた。

ある日、オーストラリアオフィスからメールが送られてきた。動画が添付されており、件名はこうなっていた。「わたしたちの仕事は重要――クライアントに劇的なインパクトを与えた例をご覧あれ」

再生ボタンをクリックすると、「六カ月で炭鉱がダイヤモンドに変わった」というタイトルのスライドが表示された。陽気な音楽に合わせて、アジアのクライアントと思われる最近のマッキンゼーの仕事を説明し、石炭鉱山の生産量が二六パーセント増加したと述べた（その後、この動画は削除された）。世界的な気候危機が問題となるなか、電力用の石炭燃焼がエネルギー関連の炭素排出の三分の一近くを占めているにもかかわらず、マッキンゼーの誰かは、この仕事を称賛に値すると考えたのだ。

動画に登場した石炭採掘会社の責任者は、「これは当社の最も収益性の高いプロジェクトの一つだ」と述べた[20]。

マーク・シャヒニアンも、似たような経験をした。エドストロームと同じく環境科学の学位を持ち、そのスキルをマッキンゼーで活かそうと考えていた。ボストンオフィスに勤務し、エンゲージメント・マネージャー――軍隊の小隊長的な役割を果たす中堅管理職――にまで昇進した。

彼は、マッキンゼーで環境に焦点を当てて仕事を進めたことに誇りを持っている。とくに、電気自動車の動力源であるリチウムイオン電池の価格を劇的に低下させる可能性について、影響力のある調査を手がけた。しかし、マッキンゼーやその競合他社は、何年も何十年も続くプロジェクトを行なう大規模な多国籍企業に依存している、と彼は言う。石油会社はそれに該当する。一方、太陽光発電機器のスタートアップ企業はたいがい該当せず、環境にやさしいエネルギーの仕事は彼のもとにそれほど多く舞い込まなかった。マッキンゼーは利益を追いかける。

マッキンゼーは、世界各国のクライアントと協力して「気候変動に対処している」と述べているものの、二〇二〇年の時点で、大口クライアントのなかにグリーンエネルギー企業はない。ただし、ニュージーランドのマーキュリーのようなカーボンフリー電力会社や、電池の主要成分であるリチウムを採掘するアルベマールには助言をしている。[21] 風力発電のベスタスもクライアントだが、石油や石炭の大企業に比べれば規模が微々たるものにすぎない。

「マッキンゼーは、存在しない請求可能時間を生み出すことはできない」とシャヒニアンは言う。[22] だが、大手石油、ガス、石炭会社には、コンサルタントが実際に働いて報酬を請求できる時間があり、そのうえ、若手コンサルタントがキャリアを積む機会となる仕事もある。

オーストラリアは、先進国のなかでは珍しく、新規炭鉱の開設を積極的に計画している国で、とくに北東部のクイーンズランド州にある広大なガリリー盆地が代表的だ。[23] エドストロームは、アソシエイトパートナーから、クイーンズランド州の石炭プロジェクトに誘われたが、「倫理的に納得いかなければ、仕事を断ってもかまわない」という社の方針に従って、辞退した。しかし、この仕事を断ったせいで、彼は上級管理職との関係を築く機会を失い、結果的に社内用語で言う「オン・ザ・ビーチ」――クライアントからの仕事なし――の時間が長くなった。

エドストロームは、倫理的な理由でコンサルタントがプロジェクトから外れることを許可する方針は、マッキンゼー全体が立場を決めることから解放される、言い訳にすぎないと考えた。自分がやりたい分野で働けなくても、せめて、迫り来る気候危機について同僚たちの意識を高めることはできるはずだ。彼は、オーストラリアじゅうのコンサルタントが環境問題について議論する「グリーンチーム」に参加し、この問題について経営陣の考えかたに影響を与える方法を模索した。

社内旅行でグレートバリアリーフに行ったとき、仲間のコンサルタントとともに、二酸化炭素濃度の上昇がもたらす被害を目の当たりにした。「信じられないような速さで死滅しつつあった」とエドストロームは言う。[24]「まるでキャンプファイヤーの残り火で灰になった丸太のようだった」グリーンチームは社内で、このサンゴ礁の死滅は、マッキンゼーが化石燃料のクライアント向けにサービスを提供していることが一因である可能性を指摘した。「しかし、そのメッセージは無視された。旅行のあと、社内の人々は通常のクライアントの仕事に戻った。環境にとって予測可能な結果を伴う、石炭鉱山での仕事が含まれていた」

エドストロームは、マッキンゼーが炭素排出の抑制を公言していることと、石炭会社のコンサルティングを行なっていることには矛盾がある、と上司を問い詰めた。すると、「もしわれわれが石炭のクライアントにサービスを提供しなければ、ボストン・コンサルティング・グループがやるだけだ」と言われた。

エドストロームはますます幻滅した。認知の不協和は、クライアントの仕事だけでなく、二〇一八年の「オーストラリア・バリューーズ・デー」などの企業交流イベントでも起こった。このイベントは、シドニーの最高級の競馬場を見下ろすエグゼクティブ会議室で開催された。

型どおりの激励スピーチや、非常用食品でつくられたコースでのパットゴルフ大会――もちろん、イベント終了後、食品は貧しい人々に寄付された――などのあと、コンサルタントたちは夜のエンターテインメントを楽しんだ。それは、マッキンゼーのオーストラリアオフィスに所属する従業員から構成される音楽バンド「マービンズ」のコンサートだった。バンド名は、自分の利益よりも会社の利益を優先したことで知られる、事実上の創設者マービン・バウアーにちなんでいる。

マービンズの中心メンバーは、パートナーひとりとシニアパートナーふたりで、いずれも繰り返し大金を得て裕福な人物だった。名誉を重んじ質素な生活を選んだマービンの名を冠したバンドのわりに、演奏した曲目は意外なものだった。たとえば、一九九五年にイギリスのバンド、パルプが発表したヒット曲『コモンピーピル』。この曲は、裕福な少女がイギリスの労働者階級の生活を経験したいと思ったという内容だ。

おまえは庶民のように生きることはできない
庶民のやることなど絶対にやらない
庶民のようには失敗しない

続いて別のバンドが、オルタナティブ・メタル・グループ、レイジ・アゲインスト・ザ・マシーンの『キリング・イン・ザ・ネーム』を演奏した。こちらの構成メンバーは、政府に出入りするエリート中のエリート・コンサルタントたちだった。この曲は次のようなフレーズで終わっている。「くそったれ、おまえの命令なんか聞いてたまるか（一六回繰り返し）。このくそ野郎！」[25]

翌年、オーストラリアオフィスのバリューデーは、もっとシンプルで質素な方向に変わった。二〇一八年にニューヨーク・タイムズ紙が、ウイグル族のイスラム教徒を収容する広大な収容所から近い中国西部でマッキンゼーが贅沢な合宿研修を行なった、と報じたことに対する対応の一環だった。[26]マッキンゼーは「今後、場所選びにはいっそうの配慮をする」と述べていた。二〇一九年、パートナーたちのスピーチは、価値観や倫理観に重きを置いた内容だった。しかし、オーストラリアのマネージングパートナーであるジョン・ライドンが、「マッキンゼーは少なくとも、人を傷つけたり、顧客を騙したりするクライアントにはサービスを提供しない」と話し終えたあと、エドストロームは声を上げずにいられなかった。誰かが、彼にマイクを渡した。

「もしマッキンゼーが、ほかの社内コンサルタントの母国を爆撃する兵器を製造している武器メーカーにサービスを提供中だとしたら、どうだろう？　それは、マッキンゼーの価値観に合致しているのだろうか？」

その後ほどなくして、マッキンゼーでの彼の仕事は終わりを迎えた。石炭プロジェクトを断ったせいもあり、まともな仕事が割り当てられず、勤務評定が悪化した。マッキンゼー用語で言えば、「退職をカウンセリング」された。彼は、自分の率直な性格も原因ではないかと考えている。

＊＊＊

退社の直前、エドストロームはついに、環境に配慮したプロジェクトに取り組むことができた。クライアントは、グリーンエネルギーのみを扱うニュージーランドの電力会社「マーキュリー」だった。この会社が顧客を維持しつつ新規顧客を獲得することに貢献し、成功を収めた。やりがいがあり、満足感のある仕事だった。しかしすでに、彼の運命は決まっていた。

エドストロームは退職を間近に控えた二〇一九年七月中旬――ピナーがアスペンで講演した三週間後――一連の別れのメールの口火を切るメールを発信した。それが世界じゅうのマッキンゼーのオフィスに飛び交った。

従業員が退職するときにメールを送るのは、どの会社でも珍しいことではない。メールという当たり障りのない形式であれば、最後の印象を良くして将来の関係を保てるケースが多い。マッキンゼーのコンサルタントの場合、たとえ辞めても、会社と完全に関係を断つわけではないから、なおさら重要だ。強力な同窓会ネットワークが組織化されており、退職後も何十年にもわたり、メールや同窓会を通じて、マッキンゼーとつながりを持つことになる。何より重大なのは、今後の仕事の見通しだ。会社を批判すると、ネットワークを一生失う危険がある。

エドストロームがその例だった。

メールの最初の数段落で早くも、マッキンゼーで働くことができた名誉に感謝して離職の悲しみを表明するという通常の路線に沿っていないのが明らかだった。数人の同僚に簡単に謝意を述べたあと、文面は一転し、マッキンゼーの倫理的基盤である価値観の核を攻撃し始めた。

「マッキンゼーで過ごした短い時間に、この会社がどれほどのインパクトを与えられるかを学んだ。そのなかでごく小さな役割を果たせたことを非常に誇りに思う。しかし、インパクトを与えることは、絶対的な善ではない」。さらに彼は、良い仕事をすることと、善をなすことはイコールではない、と付け加えた。「マッキンゼーは、クライアントの選択に関して、先例となる行動をとるべきときが来たと思う。組織として、この会社は価値観や原則について多くを語るものの、何に対しても評価や原則にもとづいた立場をとっていないように思える」

続いて、自分のメッセージが失われないようにするため、マッキンゼーのリーダーにはめったに向けられない言葉を使った。「私の考えでは、マッキンゼーは非道徳的な会社だと思う」。マッキンゼーは他者に害をもたらすクライアントを定期的に引き受けていると述べ、「多くの場合、これは社会、マッキンゼーの評判、ひいては地球に不利益をもたらすと思う」と批判した。

エドストロームはとくに二つの分野を攻撃した。バリューデイで彼が批判の焦点としていたマッキンゼーの軍事関連の仕事、および石炭鉱業会社との仕事だ。「石炭は命を奪う」と彼は訴えた。「石炭会社が黒字であり続けるほど、環境に不可逆的なダメージが加わる」

しかし、それこそまさにマッキンゼーが多くの石炭クライアントのために行なっていることなのだ、と彼は続けた。クライアントがより効率的に利益を上げられるようにし、かつてピナーが述べたような市場の力によって、企業が廃業する日を先延ばしにしている。多くの企業が「非道徳的」だが、マッキンゼーの非道徳性は自社にのみ影響を及ぼすわけではない。世界で最も影響力のあるコンサルティング会社だけに、何千ものクライアントの慣行を形成している。

「ビジネスや製品を実際よりも〝持続可能〟であるかのように見せるために用いられる偽善的なエコマーケティングについて、〝グリーンウォッシュ〟という言葉がよく使われる」

エドストロームは、マッキンゼーが地域の石炭会社の生産を二六パーセント増加させた例を挙げた。証拠として、例の動画へのリンクを添付した。マッキンゼーの少人数のコンサルタントが、このクライアント（動画中では特定されていない）を助け、メガトン級の二酸化炭素を排出する石炭を世界に供給してきた。[27]

「考えてみてほしい」と彼は続けた。「人類を理解不能な速度で地球全体の滅亡へ導く直接的な責任者よりも、もっとひどいクライアントなど存在するだろうか？」

このメールの送信から数時間のうちに、世界じゅうの何十人ものマッキンゼーのコンサルタントが彼に返事を書いた。[28] オーストラリアにいるある同僚は、石炭のクライアントと仕事をすることに異議を唱えたところ、「嫌ならかまわない。その仕事をするアソシエイトはほかにいくらでもいる」と言われたという。

別の人物は、「わたしたちは往々にして、正気を保つために意図的に目をつぶるが、それは長い目で見れば良いことではない」と書いた。さらに別の人物は、「個人的な意見では、われわれはもっと反省しなければならないと思う」と述べた。

オーストラリアで環境問題について立ち上がったマッキンゼーのコンサルタントは、エドストロームはだけではない。数年前、数人のコンサルタントが、パプアニューギニアの近くにあるカナダの金鉱会社とのプロジェクトをやめた。この鉱山は、何十年もの長期間、川に直接、廃棄物（選鉱くず）を投棄し、苦情の対象となっていた。

マッキンゼーは内部者に対してすら自社の秘密を厳重に守っているため、これらの汚染企業とどれだけ深く関わっているのか、エドストロームは知ることができなかった。創業以来一〇〇年近くのあいだ、マッキンゼーのクライアントリストを入手したジャーナリストはいなかった。しかし、本書を執筆する過程で、われわれは入手に成功した。

マッキンゼーは、「地球環境保護に取り組む」会社でありながら、少なくとも一七社の鉱山会社や化石燃料会社を大口クライアントにしている。内部記録によれば、これらのクライアントは近年、合わせて数億ドルをマッキンゼーにもたらした。非営利団体「クライメイト・アカウンタビリティ・インスティテュート」がまとめた「一九六五年以降、最も多くの二酸化炭素を大気中へ排出してきた一〇〇社」のうち、少なくとも四三社とマッキンゼーは二〇一〇年以降に仕事をしてきた[29]。これら四三社は、その製品の利用者も含めると、二〇一八年、化石燃料から排出された地球の温室効果ガスの三六パーセント以上を占めた。

歴史的汚染者リストの三位、マッキンゼーの最大のクライアントの一つであるシェブロンは、二〇一九年、少なくとも五〇〇〇万ドルのコンサルティング料を支払った。リストの一位であるサウジアラムコは、少なくとも一九七〇年代からマッキンゼーのクライアントだ。

その半世紀のあいだにシェブロンが排出した二酸化炭素の総量は四三・七ギガトン（四三〇億トン）にのぼる。国際エネルギー機関（ＩＥＡ）によると、二〇一九年、地球全体のエネルギー関連排出量は約三三ギガトンだった。[30]

＊＊＊

マッキンゼーの化石燃料関連のトップクライアントには、ほかにエクソンモービル、ＢＰ、ロイヤル・ダッチ・シェル、ロシアのガスプロム、カタール・ペトロリアムなどがある。[31]

もし、マッキンゼーがこれらの企業に対して、二酸化炭素排出量の削減方法についてアドバイスしているのであれば、その仕事はマッキンゼーの企業理念を反映したものであるはずだ。[32]ところが、必ずしもそうではないらしい。マッキンゼーが最近、巨大な国際石油資本であるシェブロンのために行なったプロジェクト（あるいは「研究」）は、炭素排出量の削減が仕事の軸ではないことを示している。たとえば、「石油・ガスの上流部門のデジタル・ロードマップ」は、石油の探査・開発・生産をデジタル技術で効率化するプロジェクトだ。なかでも最大規模なのが、シェブロンのミッドコンチネント事業部向けの製品ソリューションで、この事業部は、シェブロンがトップシェアを誇るテキサス州パーミアン盆地も含め、アメリカ南部の油田地帯を管轄している。

シェブロンなどの石油会社は、化石燃料からの脱却を求める世界的な動きという、自社のビジネスモデル存亡の危機を乗り越えるために、マッキンゼーの優秀なコンサルタントを必要としているといえるだろう。BPやシェルは、クリーンエネルギー事業の拡大に躍起になっている。

では、マッキンゼーのコンサルタント軍団による戦略アドバイスのもと、シェブロンはどのようなアプローチを選んだのか？――それは、「掘れ、とにかく掘り進め」だった。

ブルームバーグ・ビジネスウィーク誌によると、二〇二〇年七月、世界的なパンデミックのせいでシェブロンのガソリン需要が激減するなか、同社のマイク・ワースCEOはテキサス石油ガス協会で講演し、世界的なクリーンエネルギーの推進は「石油とガスの終わりを意味しない」と述べた。[33]「シェブロンは石油とガスをより効率的に、より環境にやさしいものにする方法を見つけるだろう」

ヨーロッパの石油会社との違いは、これ以上ないほど大きかった。ワースの発言から数週間後、BPは一〇年で石油・ガス生産を四〇パーセント削減すると発表した。BPとシェルは、化石燃料からの脱却をめざすため、配当金を減額した。

二〇二二年初頭、マッキンゼーは、クライアントと二〇〇〇件以上の「サステナビリティ・エンゲージメント」を実施したと述べた。マッキンゼーが挙げた例の一つは、「主要なエネルギー供給者（具体的には特定されていない）」の二酸化炭素排出量を八二パーセント削減したことだ。

しかし近年、マッキンゼーは化石燃料のあらたなクライアントを獲得し続けており、より収益性の高い、地中からの炭素抽出の効率化を実現した。

＊＊＊

エドストロームがメルボルンの同僚に別れを告げたころ、カナダのマッキンゼーのコンサルタントたちは、バンクーバーにある石炭採掘会社の本社に出向いた。新規の大口クライアントだった。

エルク川は、カナディアン・ロッキーの原生林を縫うように南へ流れている。上流のブリティッシユコロンビア州とアルバータ州の境界近くの深い山々では、手つかずだった自然の風景が突如、戦場と化していた。そびえ立つ山々の一部が爆破され、その土砂が周囲の谷を埋め尽くしている。

ここが、北米最大の冶金《やきん》用石炭生産者であるテック・リソースの主たる生産地、グリーンヒルズ鉱山だ。製鉄所では、この石炭を使って高炉で鉄鉱石から酸素を取り除き、鉄の原料となる金属を生産するが、その際、大量の二酸化炭素を排出するため、世界の温室効果ガス排出量の約七パーセントを鉄鋼業が占めると言われている。

世界最大級の製鉄用石炭輸出企業であるテックは、採掘した石炭の多くをアジアの顧客に販売している。[34]顧客が燃やす石炭を考慮すると、テックは二〇一九年に七三メガトンの二酸化炭素を排出した。これは同年のカナダの二酸化炭素総排出量の約一〇分の一に相当する。

グリーンヒルズの露天掘り技術は、アパラチア山脈の山頂除去採掘に似ている。この方法だと、天然に存在する毒素であるセレンが地表に露出し、エルク川流域の一部であるフォディング川上流に染み込ませる。イェール大学環境学部が二〇一九年に発表した論文によると、この流出によって、下流のモンタナ州境まで南下した魚が死んだり変形したり、飲料水が汚染されたりしているという。[35]高濃度のセレンは、人間に吐き気、疲労、皮膚の病変、神経系の障害を引き起こすおそれがある。

二〇一八年秋、テックは新しい会長を迎えた。グローバルビジネス界で最も著名なカナダ人かもしれないドミニク・バートンだ。バートンは、二〇一八年七月までマッキンゼーのマネージングパートナーを務め、同社の環境に配慮した実績を誇りにしていた。バートンがテックに加わる直前、マッキンゼーは同社に対してほとんどまったくというほど仕事をしていなかったことが、内部記録から明らかだ。ところがバートンが会長に就任したあと、状況は変わった。ある社内指標によると、二〇一九年、マッキンゼーはテックから約二〇〇〇万ドルの報酬を受け取った。テックは、マッキンゼーの最大級のクライアントになったわけだ。[36]

マッキンゼーがテックのために行なった仕事を調べてみると、グリーンヒルズ鉱山における「石炭処理の最適化」に焦点を当てたものや、「露天掘りモデルと中央サポート」というプロジェクト、さらには「掘削と爆破」なる驚くべきプロジェクトも含まれていた。

テックで一年働いたあと、バートンはカナダの駐中国大使に任命された。中国は世界の鉄鋼の半分を生産しており、それに伴って深刻な公害が発生している。その鉄鋼の一部はテックの石炭でつくられている。中国の政府系投資ファンドがテックの株式を所有しており、中国の元外交官が取締役会のメンバーに名を連ねている。[37]テックは二〇五〇年までにカーボンニュートラルをめざしているという。バートンは去ったが、マッキンゼーのコンサルタントたちはテックに残り、引き続き数百万ドルの料金を徴収し続けた。

＊＊＊

二〇二一年、世界経済がCOVID‐19による減速から回復するにつれて、炭素排出量も回復した。世界全体の四分の一以上を排出する主要な汚染国は中国だ。北京の計画立案者は建設ブームを煽って経済を活性化させ、鉄鋼生産と発電を大幅に増加させたが、どちらも石炭を多量に消費する。

中国では、マッキンゼーは、カナダの大口クライアントであるテックの原料炭を欲しがっている、最大手の鉄鋼メーカーのいくつかに助言していた。[38]そのなかには、河北省金渓鋼鉄、国有企業の山東鋼鉄、山西省利亨鉄鋼などが含まれていた。最近数年間は、中国の二大石油会社である中国石油天然気集団とシノペックにも助言しており、二〇一九年八月には三番手の中国海洋石油の取締役会にも報告書を提出した。

中国の産業を支える石炭の多くは東南アジアで産出されており、マッキンゼーは同地域の大手炭鉱会社と連携していた。マッキンゼーの近年の主要クライアントの一つは、東南アジア各地に炭鉱を持つタイのエネルギー企業、バンプーだ。[39]

オーストラリアに次ぐ世界第二位の石炭輸出国であるインドネシアでは、マッキンゼーは最近、大手炭鉱会社二社をクライアントに迎え、インドネシア第二位の石油生産会社であるプルタミナとも仕事をしている。

この仕事は、マッキンゼーの気候変動と闘う緊急性に関するおおやけの声明とは対照的であり、同社の性質を物語っている。マッキンゼーでは、世界各国に散らばったシニアパートナーがそれぞれの地域でビジネスを主導しているのだ。

かつてディコン・ピナーがアスペンで熱弁を振るい、六〇ギガトン以上の温室効果ガス排出を市場の魔法が減らすだろうと主張したが、二〇二一年までに、残念ながらそう安易には事が運ばないと証明された。アメリカの石炭輸出は、発電所向けにも鉄鋼炉向けにも急増していた。[40]石炭価格も二〇二〇年八月から二〇二一年八月にかけて二倍以上に跳ね上がった。

マッキンゼーの石炭王たち、つまり石炭ビジネスを統括するパートナーたちは、報われただけでなく、称賛された。インドネシアでは、ビシャル・アガルワルがシニアパートナーに昇進した。グローバルエネルギー・マテリアルズチームの内部文書は彼を称え、テレビシリーズ『アウトランダー』をもじって『アウトスタンダー』なるグラフィックを載せた。

「ビシャル・ザ・グレート、インドネシアのＧＥＭ（環境にやさしいエネルギー材料）産業を世界に挑むチャンピオンに変えたリーダーの物語」と書かれていた。

また、グラフィックの背景には、露天掘りの鉱山が描かれていた。

マッキンゼーの若手コンサルタントたちは、気候変動という大災害に直面し、怒りや不満を募らせていた。マッキンゼーが優先的に取り組むべき課題に関する社内アンケート調査に回答した四六五人のうち、三六九人が「気候変動と二酸化炭素排出量」を挙げ、どの課題よりも圧倒的に多い結果となった。[41]「報酬と福利厚生」を挙げた人は七九人にすぎなかった。

二〇二一年三月二三日、一一二人ほどのジュニアとミドルレベルのコンサルタントが、同社の経営陣に公開書簡を送った。このグループのメンバーの何人かは、二〇一九年のエリック・エドストロームの別れの手紙を読んで触発され、その手紙をもとに、さらに踏み込んだ内容の文面を作成したのだった。

「気候の危機は、わたしたちの世代を決定づける問題だ」と彼らは書いた。[42]「わが社のクライアントが地球を取り返しのつかないほど変えてしまうなか、われわれが行動しなければ、ほかの領域でのわが社のポジティブな影響は何の意味も持たないだろう」

彼らは、マッキンゼーが汚染者の利益を助ける活動を続けていることは、「わが社の評判、クライアントとの関係、有能な人材を惹きつける能力に深刻なリスクをもたらす」と警告した。「数年前から、わが社は世界に対して、温暖化一・五℃目標の排出量ガイドラインに合わせて思いきった策をとるよう言ってきた。わが社がみずからこの助言に従うのは当然で、遅すぎる」

彼らは、マッキンゼーが二〇三〇年までにカーボンオフセットを購入し、一九二六年の創業以来排出したすべての二酸化炭素を相殺すべきだと論じた。さらに重要なことに、マッキンゼーはクライアントの総排出量に関する情報を開示し、国連が定めた温暖化一・五℃目標という行動指針に沿うようすべてのクライアントに働きかけ、自社の評判と影響力を利用して「幅広い連合を招集し、炭素中心の経済からの秩序ある移行を促す」べきだと述べた。

二週間のうちに、一一〇〇人以上のマッキンゼーの従業員がこの手紙に賛同の署名をした。ピナーともうひとりのシニアパートナー、ダニエル・パクトホードは、マッキンゼーのサステナビリティ活動の共同リーダーとして、手紙の書き手と電話で話す機会を設けた。

ピナーは、この考えに共感していた。マッキンゼーが石炭会社との仕事を終わらせるという案を支持したが、マッキンゼーの強力なシニアパートナーが各地域にいることを考えると、彼がマッキンゼーの方針を変えられるとは思えなかった。「中東、中央アジア、アフリカ、オーストラリア、南米のシニアパートナーがいないと、この話はまとまらない」と電話会議の参加者のひとりが言った。[43]

パクトホードは「現実的になる必要がある。われわれは非営利団体ではないのだ」と応じた。

全体に向けて、ピナーは一つだけ、緊急の要請をした。「ニューヨーク・タイムズ紙にはこの件を持ち込まないでくれ。われわれの意見の隔たりはごくわずかだ」

スニーダーと後任のボブ・スターンフェルスは、書簡が出た二週間後に反応し、「気候問題が地球とすべての世代にとって決定的な問題であるという見解に共感する」と伝え、[44]二〇二一年四月二二日のアースデイにこのテーマで「何でも質問可」という会議を予定していることを伝えた。

アースデイの二日前、マッキンゼーは、二〇三〇年までに世界の炭素排出量を半減し、二〇五〇年までに排出量ゼロを達成するという目標を達成すべく、クライアントを支援するプラットフォーム「マッキンゼー・サステナビリティ」の設立を発表した。「わたしたちの目標は、脱炭素社会の実現に向けた民間企業最大の触媒となることだ」とスニーダーは語った。

アースデイの講演で、同社のリーダーたちは、その考えをあらためて示した。当時まだマッキンゼーを率いていたスニーダーとスターンフェルス、それにピナーやパクトホードを含む数人のシニアパートナーが質問にこたえた。マッキンゼーの上層部が発したメッセージは、シンプルだった。マッキンゼーは、排出量の大きな企業の実現に引き続きサービスを提供する。「化石燃料を扱う企業との関係を維持しなければ、脱炭素社会の実現に貢献できないから」だ。ただし、汚染企業との関係を公表するつもりはなかった。これは重要点だ。情報を開示しない以上、「マッキンゼーは秘密保持のカーテンに隠れて、気候変動を長引かせることができてしまう」とある参加者は指摘した。

その二カ月後の六月三〇日、カナダのブリティッシュコロンビア州のリットンという町が大火災に見舞われた[45]。その前日、気温が摂氏四九度まで上昇して、カナダの暑さ記録を塗り替え、ラスベガスの史上最高気温すら上回った。

数週間後、ドバイにいるマッキンゼーの中堅コンサルタント、スリーバツァ・プラビーンは、手助けを求める呼びかけをした。アジアのある電力会社が、八〇〇メガワットの石炭火力発電所の建設を計画しており、ボイラーや冷却水システムなどの設備を供給してくれる業者を探している[46]。誰か連絡先を教えてくれないか？

気候変動に関する書簡の作成に携わったマッキンゼーの中堅コンサルタント、リズワン・ナビードは、同僚たちに宛てた送別の電子メールのなかで、マッキンゼーが公言していることと、機密保持の名のもとにクライアントに対して行なっていることのあいだに大きな隔たりがある、と述べた。「自社が発行した気候変動に関する資料を読むだけでも、きわめて排出量の多いクライアントが排出量をさらに制限なく増やし続ける手助けをしており、われわれが事実上、環境破壊を幇助しているのは明らかだ[47]」

彼はまた二〇二一年七月三〇日付のメールでこう書いている。「わが社が世界じゅうで持続可能性に関する議論をしてみたところで、排出量の多い産業と提携している事実に目をつぶっているのなら、しょせんグリーンウォッシングにすぎず、持続可能性に関わっているクライアントや同僚、その影響を企業イメージの〝洗剤〟として使っているに等しい」

ナビードは、マッキンゼーでの仕事がおもにクライアントの排出量を測定することだったと述べ、シニアパートナーたちが持続可能性に理解を示し、排出量抑制について正しい言葉を発しつつも、結局、自社が汚染企業と手を組んでいる現実を変えようとはしないことに不満を覚えた、と書いている。

二〇二一年一〇月下旬、ニューヨーク・タイムズ紙が、この手紙とそれが巻き起こした社内論争についての記事を掲載した。シニアパートナーたちが示していた持続可能性の理解はほとんど消え、むしろマッキンゼーの仕事を堂々と擁護する声が上がっていた。マッキンゼーの新しいマネージングパートナー、ボブ・スターンフェルスは、ウォール・ストリート・ジャーナル紙に反論を寄稿した。「企業を茶色から緑へ変えるためには、多少の汚れにまみれることは覚悟しなければならない。[48]その汚れ仕事をマッキンゼーが担わなければいけないのなら、それはそれで仕方がない」

さらにこう論じた。「われわれにとって、このケースは単純明快だ。大企業であればあるほど、大きな削減が望める。排出量がきわめて大きい企業と手を組まなかったら、目標に向かって前進できない」

あるライターは、スターンフェルスの主張は論点を歪《ゆが》める「ストローマン手法」だと指摘した。批判派は、マッキンゼーがそういうクライアントと手を切るよう求めているのではなく、クライアントが排出している総炭素量を開示し、その排出量の削減に注力するように要求しているのだ、と。スターンフェルスは、マッキンゼーがこれらの企業の多くを、緑に近づけるどころか、ますます茶色にしたこと、その見返りとして何億ドルもの報酬を受け取ったことには触れていない。

マッキンゼーを退職したシニアパートナー、カーター・ベイルズは、状況を異なる視点で見ていた。この一連の内部論争が起こる三年近く前のインタビューで、増え続ける排出量への警戒と、汚染者に助言を与えるマッキンゼーの役割についていち早く言及している。

ベイルズほどマッキンゼーを愛したベテランは数少ない。彼は同社で最も成功したコンサルタントのひとりだった。熱心な自然保護主義者であり、社内に環境管理チームを創設した。二〇一九年に亡くなる前年、喉頭がんでしゃがれた声で、マッキンゼーが大規模な汚染者のコンサルティングに踏みきったことを反省した。

「長期的に見て、とんでもない決断だ[49]」

第九章　有毒な債務——ウォール街のマッキンゼー

二〇〇七年一月二二日の朝、マイケル・ブルームバーグ市長とチャック・シューマー上院議員がニューヨーク市庁舎の「ブルールーム」と呼ばれる部屋に到着したとき、アメリカ経済を破滅させる金融時限爆弾はすでにカウントダウンを始めていた。ふたりは、トーマス・ジェファーソンの油絵の前で肩を並べて立ち、「過剰な政府規制はウォール街の繁栄を脅かす」と警告した。両政治家は長いあいだ、この街の金融市場から利益を得てきた。ここ最近、ウォール街のとある慣行が報道の見出しを飾り始めていた。その慣行が、ほどなくして数千の家族から家、仕事、貯蓄、中流階級の生活を奪うことになる。

みずからの主張を裏付けるため、ブルームバーグ市長とシューマー上院議員は、マッキンゼーに依頼して行なった調査結果を紹介した。一九三〇年代から、マッキンゼーはシティバンクのウォルター・ウィストンやチェース・マンハッタンのデイビッド・ロックフェラーなど、金融界で最も重要なリーダーたちと密接に仕事をしてきた。経営コンサルティングの最高峰であるマッキンゼーによれば、規制があまりにも多いせいで経済が危機に瀕しているという。

同社はさらに、このままではニューヨークは世界の金融の中心地としての地位を失うかもしれないと警告した。そうなれば、人材も資本もヨーロッパ、とくにロンドンに流れ、雇用が失われ、その影響は全米に波及するだろう。「わたしはこの問題に非常に注目している」とシューマーは記者団に語った。[1]

実際のところは、ここ数年、金融機関や金融市場に対する規制は緩和されていた。大恐慌時代に証券会社と商業銀行の分離ルールが導入され、金融機関が預金者の資金でリスクの高い投資することが禁じられていたが、すでに一〇年近く前に廃止された。おかげで金融市場は、異色の新商品も自由に試すことができ、莫大な利益を得るようになった。住宅ローン業者は、いまでは簡単にローンを売却でき、さらに多くのローンを組むための資金が確保された。住宅ローン、自動車ローンなどがまとめて売買可能になった。このような信用の証券化は、個人の借り入れを促進させたが、大きなマイナス面もあった。ウォール街は、住宅ローンや自動車ローン、とくに利回りの高いサブプライムローンの購入に飽くなき欲求を持っていたため、融資担当者は、借り手が信用に値するかどうかを気にしないようになったのだ。

イージー・マネーが時代を支配していた。無責任な融資に歯止めをかけるはずの信用格付けが、リスクの高い投資商品を「安全」と誤って認定した。世界最大の保険会社AIGは、信用デフォルト・スワップと呼ばれる金融商品を熱心に販売した。その目的は、破滅的な損失から投資家を保護することだったが、同社のトップはそんな損失が起こるはずはないと確信していた。

市長と上院議員が会見しているころ、ウォール街が巨大なカジノに変貌していることは、まだ一般市民の意識に浸透していなかった。しかし、その証拠は見つけようと思えば見つけられた。カリフォルニアやネバダなど、最も熱い市場の住宅価格が、信じられないほど下落していた。[2]市役所から一五分ほど歩いたところにあるブロードストリート八五番地の高層ビルでは、そこに本社を置くゴールドマン・サックスの銀行家たちが、やがて「有毒債権」と呼ばれるようになるもののリスクから逃れようと躍起になっていた。[3]

しかし、この日、ブルームバーグ市長とシューマー上院議員にはほかの優先事項があり、金融市場を批判することは優先ではなかった。ブルームバーグは元債券トレーダーで、ウォール街に金融情報を売り込んで全米屈指の富豪になった。一方、ニューヨーク州選出のシューマー上院議員は、どこよりも証券業界から強力な支持を受けており、民主党のために二億五〇〇〇万ドル近い選挙資金をこの業界から得ていた。[4] 彼は、証券取引委員会が信用格付け機関を規制することを阻止する立法修正案を支持した。また、ウォール街が要求する証券取引委員会への資金提供の削減や、商業銀行と投資銀行の合併を認めることも支持した。

ブルームバーグ市長とシューマー上院議員は、ウォール街を熟知した会社としてマッキンゼーを雇ったのだった。マッキンゼーのパートナーたちは、大手銀行にコンサルティングをするばかりか、銀行の経営に携わることも多い。二〇〇七年には、マッキンゼーのベテランのパートナーが、リーマン・ブラザーズ、モルガン・スタンレー、UBSなどのトップポジションに就いていた。[5] 元マネージングパートナーのラジャット・グプタは、前年一一月にマッキンゼーを退社したあと、数日後にゴールドマン・サックスの取締役会入りした。

マッキンゼーは、五〇人以上の金融サービスCEOを直接インタビューし、三〇〇人の上級管理職を対象に調査を実施したと誇らしげに述べている。労働組合や消費者団体にも接触したが、その数は公表していない。

同社は、ヨーロッパが「アメリカ式の信用条件を受け入れ始めている」と結論づけ、「レバレッジド・レンディング」とサブプライム市場におけるアメリカの優位性が脅かされている、と指摘した。[6]

あるビジネスリーダーは、アメリカがデリバティブ市場で重要性を失いつつあることに懸念を表明した。マッキンゼーは、「とくにロンドンでは、規制環境がより緩やかで協力的なので、企業が新しいデリバティブ商品をつくりやすい」と述べた。

唯一の明るい点は、米国が依然として信用の証券化で世界をリードしていることだった。マッキンゼーは、「しかし、変化の種はすでに芽生えつつある」とし、このコンセプトがヨーロッパで人気になっていると分析した。

コンサルタントたちは、二〇〇二年のサーベンス・オクスリー法の一部を弱体化させることを勧めた。この法律は、エンロンの破産につながったような企業の不正を防止することを目的としている。エンロンのCEOはマッキンゼーの元シニアパートナーであり、このスキャンダルで有罪判決を受けた。

シューマー上院議員とブルームバーグ市長がマッキンゼーの報告書を発表してからわずか一年後、この報告書は姿を消した。ウォール街が大恐慌以来の経済危機の深みにはまり、誰もこの報告書を復活させようとはしなかった。ニュース記事やベストセラー本、定評あるドキュメンタリー番組が、この壊滅的な崩壊の原因を探っている。元凶となった人々は数多い。より大きな利益を求める銀行家、保護すべき人々を無視した規制当局、妥協した政治家……。

こうした分析は、マッキンゼーについてはめったに言及しない。

***

マッキンゼーは、設立当初は、金融システムの周縁部で、ホワイトカラーの雑用係のように機能していた。[7] 大恐慌の時代は、当時「バンカーズ・スタディ」と呼ばれていた、銀行が顧客のために債券を引き受ける前に必要な調査を行ない、投資銀行からわずかな手数料を得ていた。ジェームズ・O・マッキンゼーは、企業の売上げ、資産、従業員、組織構造などを調査するこの単純作業を、より多くのビジネスを獲得するための鍵だと見なしていた。

しかし、マッキンゼーの仕事の核心は、そのような仕事ではなく、初期のころから、ゼネラルモーターズ、USスチール、テキサコといったアメリカの主流企業だった。これらの企業は、マッキンゼーに報酬を支払う余裕があり、毎年新しい仕事を生み出してくれるクライアントだった。マッキンゼーが真価を発揮できるクライアントだ。

世界恐慌の悪化に大きな役割を果たしたあと、厳しく規制された銀行は、マッキンゼーの収益の柱としての役割を取り戻すには、まだ数年かかった。

アメリカの銀行は、無数の州法と連邦法に阻まれ、事実上、州境での業務が終了していた。一九三三年にはグラス・スティーガル法が制定され、商業銀行と投資銀行が分離された。議会と新大統領のフランクリン・デラノ・ローズベルトは、ウォール街のパニックが二度と全米の銀行の経営悪化につながらないようにしようと考えた。銀行の破綻から預金者の口座を守るため、連邦預金保険公社が設立された。シティバンクやチェースといったニューヨークの大手金融機関は、一九六〇年まで、近隣のウェストチェスター郡にさえ、合法的に支店を開設することができなかった。[8]

大恐慌を生き延びた銀行は、規制が厳しいせいでビジネスもできるが限定され、退屈な公益事業のようなものだった。当時、「銀行家は三‐六‐三ルールで楽に働いている」と揶揄された。[9] 預金者に三パーセントの金利を支払い（政府が金利を規制していた）、六パーセントで貸し出し（多くの場合、国債の購入を活用）、午後三時にはゴルフコースにいる。預金金利と貸し出し金利の差により、たとえ経営が不振な銀行でも、わずかながら利益が出ることが保証されていた。

利益がそこそこであれば、給料もそこそこだ。一九八〇年、アメリカで最も高給取りの銀行家は、コンチネンタル・イリノイの会長、ロジャー・アンダーソンだった。[10]この年の彼の収入は七一万ドル、二〇二一年の通貨価値に換算すると二二四万ドルに相当する。二〇二一年の場合、元マッキンゼーのシニアパートナーでモルガン・スタンレーのCEOジェームズ・P・ゴーマンは三五〇〇万ドルを稼ぎ、ゴールドマン・サックスのCEOであるデイビッド・ソロモンとトップタイに並んでいる。[11]

このため、アメリカの銀行の多くは、第二次世界大戦後、マッキンゼーにとって頼もしいメガクライアントとなるような巨大企業へには発展できずにいた。しかし、一九六〇年代後半になると、状況は急変する。世界経済の好況に伴い、ニューヨークやシカゴの主要な商業銀行は、繁栄する企業クライアントに焦点を当て、世界規模で追いかけて、恐慌後の殻を破った。

一九六七年、ニューヨークのファースト・ナショナル・シティバンク（のちのシティバンク）の新CEOであるウォルター・ライストンは、みずからの組織が旧態化していると判断した。親友の経営学者ピーター・ドラッカーにどうすべきか尋ねたところ、ドラッカーはマッキンゼーを雇うべきだとこたえた。ライストンはそれに従った。

マッキンゼーのコンサルタントは、法人バンキングや小売業バンキングなど、事業部門別に銀行を再編成することを提案した。パートナーのひとりディック・ノイシェルは、ただしこの改革は行員同士を対立させることになる、とライストンに警告した。「あなたにはそんなことをする度胸はないだろう」とノイシェルは言った。[12]ライストンは、奇抜で腹立たしいセールストークだと思ったが、それでもマッキンゼーと契約した。マッキンゼーのコンサルタントたちがパークアベニュー三九九番地のシティバンクのドアをくぐった日、三‐六‐三ルールの時代は事実上終わった。

一五カ月の準備期間を経て、一九六八年のクリスマスイブに、シティバンクはマッキンゼーの計画を実行に移した。[13] 銀行を地理ではなく機能に応じて組織化し、大企業向け、中小企業向け、個人顧客向けにそれぞれ新しい部門を設置した。

マッキンゼーが提案したこのシステムは「マトリックス・マネージメント」と呼ばれた。銀行記者のフィリップ・ツバイグが一九九五年に出したライストンの伝記によれば、ドラッカーはこれを「バスケットボール、テニス、サッカーを同時に同じコートで同じ人たちとプレイしようとすること」とたとえたという。[14]

このシステムは、ゼネラル・エレクトリック（GE）やゼネラルモーターズ（GM）がマッキンゼーの助けを借りてすでに行なっていたように、意思決定の分散化を目的としていた。銀行業務では、下級銀行員がより大きな融資を行なえるようになることを意味する。それにより、シティバンクの法人顧客に対して、多様な顧客を担当するゼネラリストではなく、該当の業界をよく理解している専門の担当者がサービスを提供できる。複雑な組織構造のなかで、必要なときに必要な場所に、合理的に経営資源を配分することは理にかなっている。ライストンの言葉を借りると、こうなる。「クラリネット奏者が必要なときに、専門の奏者がそこにいる、という体制が必要だった。しかし、一〇〇カ国にクラリネット奏者を配置することはできないので、マトリックスを考案したわけだ」

ツバイグによれば、この結果、会社が非人間化してしまったという。マッキンゼーの計画に加え、ライストンがプロフィットセンターごとに積極的な収益成長目標を課したのが原因だ。「ライストンの改革以前は、従業員には〝今回うまくやれば、次の仕事の心配をしなくていい〟という暗黙の保証があった」

もっとも、利益の伸びだけを見れば、マッキンゼーの取り組みは成功だった。一九七二年、マッキンゼーが設計した組織構造を持つシティバンクは、バンク・オブ・アメリカを抜いて、アメリカの金融機関のなかで最も収益性の高い銀行になった。[15] マッキンゼーはすぐさま、全米の銀行にマトリックス経営を売り込んだ。そのなかには、ライストンのライバルだったデイビッド・ロックフェラーのチェイスも含まれていた。ライストンはマッキンゼーとの契約を打ち切ったが、[16] マトリックス経営は継続した。

一九七〇年代になると、銀行業界は快適な眠りから目覚め始めた。ライバルたちは、ライストンが目標とする年間一五パーセントの利益成長に追いつこうと懸命だった。しかしそのためには、各業界に精通した戦場の将兵に融資の決定を委ねるという組織再編が必要だった。シティやチェース・マンハッタンに続き、全米の銀行がマッキンゼーを雇い、マトリックスの魔法に与ろうとした。

ウォール街のマキンゼー化が始まった。

しかし、銀行業でも投資でも、過去の実績は将来の結果を保証するものではない。シカゴでは、マッキンゼーのマトリックスが、当時最大のアメリカの銀行破綻と、大恐慌以来最悪の金融危機につながる一連の出来事の引き金となった。この危機の中心にいたのは、マッキンゼーの大口クライアントであるコンチネンタル・イリノイ、チェース、シアトル・ファースト（のちのシーファースト）だ。いずれもマッキンゼーの「教義」を熱心に受け入れていた。

かつて、コンチネンタル・イリノイは東海岸と西海岸をまたぐ最大の銀行だった。[17] 伝統的な価値観や慣習を守りつつ、新しいものを取り入れていく保守主義の模範であり、一九三四年からはニューディール派のウォルター・カミングズがCEOを務め、フランクリン・ローズベルト政権の銀行安定化プログラムで中心的な役割を果たした。この銀行の融資残高は、世界で最も安全な投資先であるアメリカ債に大きく偏っていた。カミングズは、「返済された融資だけが良い融資である」と記者に語ったと伝えられている。

彼の後継者たちのもと、コンチネンタル・イリノイはより大きなリスクを受け入れ、ニューヨークの大手銀行と互角に勝負することを望むようになった。そこで一九七五年、マッキンゼーのコンサルタントチーム――ある銀行役員によれば「無表情な連中」――が、サウスラサール通り二三一番地の入り口にあるイオニア式の円柱を通り過ぎ、コンチネンタル・イリノイの銀行フロアに入った。彼らは一年以上とどまり、用意された質問票をもとに銀行の幹部たちにインタビューを行なった。「マッキンゼーのコンサルタントたちは、少し寂しげで、退屈そうだった。彼らはよく考え、質問リストを読み、こたえを書き留めていたが、好奇心よりも忍耐力がまさっていた」[18]。当時の銀行員で、のちにコンチネンタル・イリノイの盛衰を書籍にまとめたジェームズ・P・マッコロムは、そう書いている。「明らかに、彼らは最初からこたえを知っていたからだ」

一九七七年一月、マッキンゼーの助けを借りて、同銀行はマトリックス管理を導入する準備が整った[19]。マッキンゼーは、銀行を再編成し、個々のビジネスユニットと若い銀行家に、大口ローンを承認する権限をいままでより多く与えるよう提案した。この分権化はシティバンクでうまく機能しているようすだから、コンチネンタル・イリノイでもうまくいくはずだった。

マッキンゼーが主導したコンチネンタル・イリノイの再建は、数年間は成功したかに見えた。一九八一年にはアメリカ最大の商工ローン銀行となり、ほかの大手銀行の株価が低迷するのをよそに、株価が急騰した。一九七八年、ダン・レビュー誌は、ボーイングやゼネラル・エレクトリックといった大手企業と並んで、コンチネンタル・イリノイをアメリカで最も優れた企業の一つと評した[20]。

しかし、将来の危機の兆候は無視されていた。融資が急増したものの、預金が追いつかず、各銀行はよりレバレッジをかけるようになった、と連邦預金保険公社は数年後に分析している。新規融資の多くは不良債権化し、とくに、グループUと呼ばれるエネルギー融資部門でその傾向が顕著だった。

一九七七年、コンチネンタル・イリノイのグループUにジョン・ライトルが加わった。

マッキンゼーのマトリックスが彼の人生を変えるまで、ライトルはコンチネンタル・イリノイでスターとはとても言えない存在だった。[21] 二〇年近くシカゴ周辺をほとんど出ることなく、小企業部門で約二〇〇〇万ドルのポートフォリオを管理していた。エネルギー融資という高度に専門化された分野で何の経験もないにもかかわらず、彼はすぐに六〇〇〇万ドルを監督し、大口融資の決定を下す権限を与えられた。

一九七八年、ライトルは、オクラホマシティのショッピングモール「ペン・スクエア」にある新興銀行——銀行名も同じくペン・スクエア——のエネルギー融資担当責任者を紹介された。ペン・スクエアの規模が小さかったため、オクラホマ州で急成長していた石油・ガス産業への融資には限界があった。[22] そこで同銀行は、コンチネンタル・イリノイ、チェース・マンハッタン、シアトル・ファーストといった大銀行に対し、いわゆる「アップストリーム」を行なうよう呼びかけていた。

ライトルはペン・スクエアの幹部と意気投合し、両銀行の取引が始まった。その過程で、彼は個人的にペン・スクエアから五〇万ドル以上を借りた。一九七〇年代後半、石油・ガス価格が高騰し、ペン・スクエアの杜撰な融資慣行は覆い隠されたままだった。ライトルは出世し、さらに融資を続けた。一九八二年には、コンチネンタル・イリノイはペン・スクエアのローン債権を一〇億ドル以上引き受けるまでになった。しかし、数十年にいちどの急激な景気後退が起こり、エネルギー価格が急落すると、融資は不良債権化し、連邦銀行監督当局が同年七月にペン・スクエアの閉鎖を決定した。コンチネンタル・イリノイは大恐慌以来初の損失を計上した。

ペン・スクエアに最も多くの融資をしていたのはコンチネンタル・イリノイだが、チェース・マンハッタンやシアトル・ファースト――いずれもマッキンゼーのマトリックス経営のクライアント――も打撃を受けた。ほかにも、多くの小規模な金融機関が影響を受けた。一年後、シアトル・ファーストは破綻し、バンク・オブ・アメリカに吸収合併された。続いて一九八四年の春、コンチネンタル・イリノイが破産の危機に瀕しているという噂をロイター通信が報じた。これを受けて、同銀行の大口法人顧客の多くが預金を引き揚げたため、噂は現実となった。七月、連邦政府がコンチネンタル・イリノイの株式の過半数を取得し、救済に乗り出した。二〇〇八年までアメリカ史上最大の銀行破綻だった。[23]また、「大きすぎて潰せない」という原理が生まれ、のちに訪れる不況時に金融規制当局の指針となった。

ライトルは、コンチネンタル・イリノイから二二五万ドルを騙し取ったとして三年半の懲役刑を言い渡された。[24]裁判官は、ライトルを「手に負えない人物」と呼んだ。チェース・マンハッタンも、数百万ドルにのぼるペン・スクエア不良融資から抜け出すまで、何年も費やすはめになった。

コンチネンタル・イリノイの救済時、連邦準備制度理事会のポール・ボルカー議長が、マッキンゼーの銀行業務を非難した。ダラスの連邦準備銀行の総裁から報告を受け、ボルカー議長はこう語った。「自分が議長に就いて以来、銀行は急速に成長し、豪華な新しいビルに移転し、取締役会が美術品を買い集め、上級幹部のインセンティブ報酬調査をマッキンゼーに依頼するなどしていた。いずれ問題が起こるのはわかっていた[25]」

マッキンゼーのアドバイスに疑問を持ったのは、同議長だけではなかった。マッキンゼーの内部からも警告が発せられていた。トム・ピーターズとボブ・ウォーターマンは、その著書『エクセレント・カンパニー――超優良企業の条件』のなかで、優れた企業はマトリックスの使用を避けるか、放棄したと書いている。[26]ふたりはマトリックスを「七〇年代の流行の、しかし明らかに非効率的な構造」

と評し、このシステムは、創造性や責任を数学モデルに割り当てるものであり、当然ながら機能しなかったと述べている。
コンチネンタル・イリノイのマッコロムは、「マッキンゼーは、マトリックス経営という、優秀な企業が避けた〝いんちきな薬〟を売っていた」とさらに踏み込んだ発言をしている。[27]
マッキンゼーの別の著名なコンサルタントも、同じような結論に達した。

＊＊＊

ローウェル・ブライアンは、銀行の経営不振がアメリカ中部の人々をいかに苦しめるか、肌で理解していた。少年時代、父親から、オクラホマ州の「ダストボウル」による農業危機で四つの銀行が破綻し、一家の財産が泡と消えてしまった話を聞かされていたからだ。
ノースカロライナ州のデイビッドソン大学でフットボール選手とレスリングのスター選手だったブライアンは、一九七〇年にハーバード大学でＭＢＡを取得し、卒業後は南ベトナムの人々にテレコミュニケーションシステムの運営を指導した。ベトナム戦争下でも、いたって安全な仕事だった。「北ベトナムは、自分たちがいずれ引き継ぐシステムを破壊したくなかったのだ」と彼は説明する。[28]
ブライアンは、ボストンの大手資産運用会社ステート・ストリートに一時期勤務したあと、マッキンゼーに銀行コンサルタントとして採用された。同社がコンチネンタル・イリノイの再建に乗り出したのと同じ年だった。ブライアンは、マッキンゼーの銀行業務を「アマチュア」と評した。[29] シティバンク、チェース・マンハッタン、シアトル・ファースト、コンチネンタル・イリノイなどの大型案件は、銀行業務ではなく組織やマーケティングを専門とするマッキンゼーのコンサルタントたちが、一部を遂行していた。

「自分たちの知識がほとんどない状態で、クライアントにサービスを提供しようとしていることに、ただただショックを受けた」とブライアンは数年後に振り返っている。[30]

ブライアンは、ローズ奨学金を受けてオックスフォード大学で学んだ人々が多く在籍するマッキンゼーで、まもなく知的巨人のひとりとなる。ブライアンが入社した一九七五年当時、同社の銀行業務は、クライアント業務全体の三パーセント程度に過ぎない小規模なものだった。[31] しかし、それはすぐに変わった。一九八三年には、マッキンゼーの二大拠点であるニューヨークとロンドンで、銀行と保険会社からなる金融機関グループが仕事の二五～三〇パーセントを占めるようになった。

ある意味では、マッキンゼーは流れに乗っただけだった。アメリカ経済の金融化はすでに進行中だった。大恐慌時代の規制が、商業銀行を無力化し、ウォール街を制御していたが、すでに緩和されつつあった。企業はますます商業銀行を迂回して資金を調達し、商業手形やジャンク債を発行した。預金者は商業手形に投資するマネーマーケット口座で、はるかに良い金利を得られた。一九八六年までに、貯蓄口座に対する金利の上限は過去のものとなった。

金融化によって、アメリカで最も高給取りの銀行家の年収が一〇〇万ドルを下回る時代は終わった。ウォール街の給料とボーナスがひたすら上がっていくなか、マッキンゼーは一部のスター人材を失い始めた。社史によると、「一部のパートナー、とりわけ、大きな金融センターを持つ国々の若いパートナーのあいだで、マッキンゼーでの富の創造の可能性が、投資銀行などのキャリアで得られる可能性に及ばない、という不満が高まった」という。[32]

マッキンゼーでのキャリアをより魅力的なものにするために、同社は報酬制度を刷新し、パートナーがより多くの収入を得られるようにした。[33] 一九八五年、マッキンゼーは独自の投資会社、マッキンゼー投資オフィスを設立し、年金基金やトップコンサルタントの投資を管理し始めた。マッキンゼーがウォール街に進出しただけでなく、ウォール街もマッキンゼーに進出したわけだ。あるシニアパートナーは、このような高給への期待が社の文化を変えつつあり、「けっして良い方向には向かっていない」と嘆いた。

マッキンゼーのパートナーたちには、高給を正当化できるじゅうぶんな機会があった。銀行は、何十年ものあいだ、政府が定めた金利マージンによって、経営陣が午後三時にはゴルフを始める自由を与えられてきたが、もうそんな特権を失っていた。いまやどの銀行も、適応か死かの選択を迫られていた。「行き先のない道を走っているも同然だった」。一九八一年にマッキンゼーに銀行コンサルタントとして入社したジョージ・ファイガーはそう表現した。[34]

マッキンゼーに依頼する企業もあったが、ベインやボストン・コンサルティング・グループといった新興のコンサルティング会社に相談する企業も増えていた。マッキンゼーは、型にはまった同じ公式を再利用し、次から次へいろいろなクライアントに売りつけていたからだ。新しくマネージングパートナーに就任したロン・ダニエルは、マッキンゼーをアイデアの源泉にし、それによって既存のクライアントとの関係を深め、あらたなクライアントも引き寄せたいと考えた。一九八〇年、ウィーンで自社の取締役たちに向けてこう語った。[35]「われわれは、ほかからのアイデアを取り込んで適用するだけの会社であってはならない。もっと多くの者が新しい思考や新しいアイデアの創造者となる必要がある」

ローウェル・ブライアンは、素晴らしい解決策を思いついたと考えた。金融史のなかで、一五世紀のヴェネツィアで発明された複式簿記と並ぶほどの画期的なアイデアだった。もしマッキンゼーがこの新しいアイデア——彼は「テクノロジー」と呼んだ——を独占できれば、世界じゅうの銀行が同社を雇うために殺到するだろう、と彼は思った。

ブライアンのビッグなアイデアとは、「信用の証券化」だった。証券化そのものは彼の発明ではないが、彼は証券化を推進する有名な主導者となった。

また、マッキンゼー自身がマトリックス経営と分権化によってつくり出した大量の不良債権への対応としても理にかなっていた。理論的に言えば、証券化によって、銀行は融資やそのリスクを投資家に転嫁し、運命を回避することができる。ただし、従来の銀行融資と同じように、証券化もまたリスクを抱えているのだった。

＊＊＊

一九六〇年代後半まで、アメリカの住宅ローン業界は、一九四六年の映画『素晴らしき哉《かな》、人生』でジェームズ・スチュワート演じるジョージ・ベイリーが、住宅ローン会社「ベイリー・ビルディング・アンド・ローン」の倒産を恐れてパニック状態になった顧客に説明したような仕組みで動いていた。

町のメインバンクで取り付け騒ぎが起きているのを見て、あわてて金を引き出そうとする客たちに、スチュワートは「みなさんはこの場所を勘違いしている。ここの金庫に現金をしまってあるわけではない」と説明する。「金は運用している。そのお金で、たとえば、あなたの隣のジョーの家が建った。ケネディの家もマクリンの家も、ほかにもたくさん。みなさんはそういう人たちに建築資金を貸して、精いっぱい返済してもらう」

このベイリー・ビルディング・アンド・ローンと同様、アメリカの銀行や貯蓄貸付組合は、預金者が増えないかぎり、発行できる住宅ローン数に制約があった。その問題を解決したのが、証券化だ。

一九六八年、住宅所有を促進するため、連邦議会が連邦住宅抵当公庫（通称ファニーメイ）を設立した。ファニーメイは、銀行から従来の住宅ローンを買い取り、それを取引可能な証券に束ね、投資家に販売する権限を与えられていた。[36] これにより、住宅ローン市場に大きな流動性がもたらされた。銀行、貯蓄貸付組合、さらにはカントリーワイド・ファイナンシャルのような住宅ローン専門の新会社が、借り入れた資金で住宅ローンを組み、それをファニーメイやフレディマック——ファニーメイを補完する機関——に売り渡すことができるようになったのだ。この手順が繰り返される。

一九八〇年代前半になると、ファースト・ボストンやソロモン・ブラザーズを中心とするウォール街の企業がローンの証券化ビジネスに急速に参入し、ファニーメイがカバーしない大型住宅ローンや、自動車ローン、クレジットカードなどほかの債権にもこのアイデアを適用していった。しかし、この手法はなかなか普及せず、普及を促すためには、理論的・学術的な基盤を整備する必要があった。この必要に応えたのが、前述したマッキンゼーのコンサルタント、ローウェル・ブライアンだった。

一九八六年、ブライアンはマッキンゼーで「証券化プロジェクト」を立ち上げた。その狙いは、彼によれば「大手銀行、証券会社、保険会社など、広範な金融機関クライアントに対し、マッキンゼーの能力を示すこと」だったという。[37]

マッキンゼーのコンサルタントたちは、その後、証券化のメリットを説いた論文や書籍を次々と発表し、一九八八年には、ブライアンの著書『Breaking Up the Bank』が出版された。この書籍は、証券化を基盤としたあらたな銀行システムを提唱していた。また、マッキンゼーのコンサルタント、ジェームズ・ローゼンタールとファン・オカムポが著した『Securitization of Credit』が出版された。これはこの「技術」を採用しようとする企業や銀行のためのハウツーガイドブックだった。

ブライアン、ローゼンタール、オカムポの三人は、学術誌にも証券化に関する論文を発表した。この論文は、連邦準備制度理事会が証券化という新しい現象を研究する際に参照された。ジャーナル・オブ・アプライド・コーポレート・ファイナンス誌の一九八八年秋号は、証券化を特集しており、掲載された九本の論文のうち三本がマッキンゼーのコンサルタントによって執筆されていた。[38]

証券化は、銀行だけでなく企業も貸借対照表の制約から解放することができる、とブライアンは述べた。企業は、特別目的会社を設立し、資産──住宅ローンや自動車ローンなど、借り手が長期にわたって返済するもの──を移管し、証券として投資家に売却すればいい。

貸借対照表から融資を外すことは、銀行にとってとくに魅力的だった。貸借対照表に載っている融資が多いほど、保有しなければならない現金準備金も多くなる。しかし、証券化によって資本が解放されれば、そのぶん融資を増やすことができる。「証券化の可能性は大きい。それにより、成長の制約となる資本と貸借対照表を排除できるからだ」とブライアンは述べた。[39]

だが、それだけではなかった。マッキンゼーによれば、証券化は効率的であるだけでなく、より安全な資金調達の方法である可能性が高いという。その一つの理由は、業界用語で言う「信用補完」のおかげだ。銀行や保険会社が、証券化された商品の元本や利息を保証する。おかげで、ムーディーズやS&Pといった格付け機関から、その商品に好意的な格付けをしてもらえるようになった。

信用補完によってプールの信用リスクを投資適格水準に引き上げることができる、とブライアンは書いている。[40]「その結果、信用リスクを評価する技術も意欲もない個人、年金基金、そのほかの投資家が、特別目的会社が発行する証券に投資できるようになる」

ブライアンによると、貸し手、信用補完者、格付け機関がこぞって融資を審査するシステムは、従来の方法よりも明らかに優れている。

「証券化された信用プロセスでは、単独ではなく、三者が信用の質をくわしく調べる」とブライアンは説明する。[41]

ブライアンの部下のローゼンタールとオカムポは、著書のハウツーガイドブックのなかで、信用の証券化により、より多くの不良債権を出す銀行は自然と避けられるようになり、システムがおのずと不良な貸し手を追い出したり、改善を迫ったりする善循環が生まれる、と説いている。[42]「時間の経過とともに、融資実行時の与信判断の向上につながるだろう」

もちろん、注意すべき点はあった。ブライアンは、証券化が単純なものではないことを認めている。[43]証券化の成功は、すべての関係者の能力と、あるていどの善意に依存しており、「もし、あまりにも多くの取引がお粗末で、大規模な不履行や損失が発生すれば、この有望な新しい技術は、最悪の場合、信用崩壊を早めることになりかねない」

マッキンゼーのローゼンタール、オカムポ、ブライアンの著書や論文は、ウォール街が証券化というアイデアを売り込むのに役立った。マッキンゼーのパートナーはその後、世界じゅうに散らばり、特別目的会社、資産トランシェ、信用補完に関して、知識のない人々に朗報を広めた。

証券化案件は非常に複雑だったため、弁護士が大きな役割を果たした。なかでも重要な人物が、メイヤー・ブラウンで証券化業務を立ち上げたジェイソン・クラビットだった。彼は、ローゼンタールやオカムポの著書を読み、知識に厚みを得たという。

「八〇年代から九〇年代にかけて、わたしたちは皆、発見の航海に出ていた。世界をより良い場所にしようと考えていたのだ」とクラビットは三〇年後に語っている。[44]「マッキンゼーの本が、このアイデアと商品、そして業界に大きな信用を与えたと思う」

銀行家にとって、説得が必要だったのは、ゼネラルモーターズの自動車ローンやバンク・ワンのクレジットカードなど、売掛債権の発行元だった。そういう企業がいわば「原料」をつくる。「マッキンゼーの本は、発行元との信頼を高めるのに役立った」。ソロモンに勤務していたウィリアム・ヘーリーは二〇〇八年にブルームバーグのマーク・ピットマンにそう語っている。[45]「最初はそう簡単ではなかった。いまでは会議に何千人もの人が集まるが、かつてビバリーヒルズで講演したとき、聴衆が二五人くらいしかいなかったのを覚えている」

ソロモンやファースト・ボストンは、証券化に関してマッキンゼーの助けを必要としなかった。マッキンゼーは、証券化のゲームに参加しようとする商業銀行や証券会社から、手数料を徴収するようになった。もともと、ブライアンのプロジェクトの背後には、手数料で利益を稼ぎたい狙いがあった。

マッキンゼーのパートナーは、証券化部門を立ち上げるには、たんにライバル会社から人材を引き抜けばいいというものではないことをクライアントに説明した。一九九〇年代前半にマッキンゼーの欧州銀行業務部門でシニアパートナーを務め、のちにスイスの大手銀行ＵＢＳの投資銀行部門を率いることになるジョージ・フェイガーは、「多くの場合、こうした融資を専門とする投資銀行家のリスクテイク文化に対応するには、堅苦しい商業銀行の階層型文化を変えなければならなかった」と振り返る。

マッキンゼーは、商業銀行がより多くのリスクを受け入れ、より高い収益を得るために、どのように組織を変更すべきかを助言した。貿易ファイナンス部門の設立、国際化の推進、資産証券化の専門化などだ。「彼らが実行可能なものに着手するのを手伝った」とフェイガーは言った。[46]

ブライアンの証券化プロジェクトに携わった別の元パートナーは、マッキンゼーのこの分野での取り組みが広く知れわたるにつれ、銀行が興味を持つようになったと述べている。「世界最大の銀行がわたしたちのところにやってきて、証券化で何ができるのか、自分たちの特定の資産で何ができるか、と質問してきた」[47]

一九九〇年を迎えるころには証券化が金融市場を席巻し、これを認識した連邦準備制度が報告書を発行した。同報告書は参考文献としてマッキンゼー関連の本をいくつも挙げており、ローゼンタールとオカンポの著書については「情報提供を主眼としているものの、著者たちは明らかに証券化を支持している」と記されている[48]。

証券化を発明したアメリカは、欧州やアジアのライバルより大きく先行していた。マッキンゼーは、世界各国の銀行家に証券化の概念を理解してもらう市場機会を見出した。一九九一年六月中旬、フィナンシャル・タイムズ紙が主催し、ジョージ・フェイガーが議長を務める会議が、ロンドンで開催され、この分野の専門家たちが一堂に会した。

フェイガーはプレゼンテーションを行ない、証券化のメリットと潜在的なデメリットを説明したものの、彼が代表する会社がどちらの側に立っているかは明らかだった。まず、なぜ金融機関が資産を証券化する必要があるのか、その理由を説明した。また、マッキンゼーにこの概念が深く根付いていることを示唆し、同社が「産業企業にバランスシートの再編成について助言し、金融機関にビジネス戦略とバランスシート戦略について助言してきた。資産の証券化はこれらすべての活動の重要なコンポーネントだった」と述べた[49]。

ブライアンは、このアイデアを議員たちに売り込もうとした。彼にとって、証券化の導入は革命にほかならなかった。一〇～一五年かかるだろうが、証券化された債権は古典的な銀行システムに完全に取って代わるだろうと予測した[50]。銀行システムの基本は中世以来、本質的に変わっておらず、もう長続きしない、と彼は語った。証券化の導入は、真空管からトランジスタ、集積回路への進化に似ている、と。

「マッキンゼーで考えれば考えるほど、ストラクチャード証券化クレジットは優れた技術であると確信するようになった」とブライアンは書いている。[51]

当時、アメリカの金融システムは複数の危機に直面していた。コンチネンタル・イリノイの崩壊、数多くの貯蓄貸付組合の破綻、ラテンアメリカ諸国への数十億ドルの不良債権など、危機的な状況にあり、改革を求める声が高まっていた。ブライアンは、その解決策として、証券化をアメリカの銀行の新しいコンセプトの中核に据えるべきだと考え、アメリカの銀行を、政府保証の預金に特化した「コア銀行」と、証券化された債権を利用して融資を行なう「ホールセール銀行」に分割することを提案した。

ブライアンのコア銀行構想は、議会でも一部支持を得て、一九九一年に採決に付された。[52] 四〇歳のブルックリン選出の下院議員、チャールズ・シューマーが法案を提出し、同年六月の下院銀行委員会の公聴会で賛意を表明した。しかし、銀行は全般にこの案を嫌った。ブライアンとともに、同日、三八歳の国内財務の財務次官補のジェローム・パウエルも支持したが、法案は否決された。[53]

ブライアンは一九九〇年代を通じて証券化の推進を続けた。一九九六年、彼と同僚のダイアナ・ファレルは、書籍『Market Unbound: Unleashing Global Capitalism』を刊行し、市場は政府よりも優れていると称えた。そのなかで、証券化ローンのストックが一九八〇年の一億ドルから一九九二年には一兆ドルに達するなど、目覚ましい成長を遂げていることを指摘し、二一世紀にはとくにアメリカ国外でさらに成長するだろうと予測した。

「今後、世界の流動性金融ストックの絶対的な増加にとって、ローン証券化は過去一〇年間よりも重要になるだろう」とふたりは記している。[54]

ブライアンには、そう言うだけの理由があった。マッキンゼーの元コンサルタントのひとり、ジェフリー・K・スキリングが、ブライアンの証券化のアイデアをヒューストンで実践し、地味な天然ガス販売会社をエンロンという大手エネルギー取引会社に変身させたのだ。スキリングは、マッキンゼー時代にブライアンの深い影響を受けていた[55]。エンロンのCEOとなったいま、彼はブライアンの言葉を実行に移す力を持っていた。そして、実行に移した。

＊＊＊

二〇〇一年一二月二日、エンロンは連邦破産法第一一条の適用を申請した。ヒューストン以外では、エンロンの破綻で直接被害を受けた国民はほとんどいなかった。しかし、エンロンの破綻により市場が混乱するなか、ウォール街の銀行家たちは、証券化された住宅ローンのハイリスク版を生み出し、数年のうちに大恐慌以来の経済危機を引き起こすことになる。

9・11テロ以降、金利がここ数十年で最も低くなったため、銀行家はより高い利回りを求め始めた。アメリクエストやカントリーワイドといった大手住宅ローン会社と協力し、ファニーメイやフレディマックが避けた住宅ローンを債権化した。リスクの高い借り手に向けたサブプライム住宅ローンだ。信用格付け機関は、ウォール街の同じ金融機関から手数料を受け取っていたせいもあり、アメリカ全土で人々が住宅ローンを不履行にしていることに気づかなかったか、あるいは気にしなかった。

不履行の多くは、信用力のない借り手への融資が原因だった。しかしウォール街は、サブプライムローンを必要としていた。住宅ローン担保証券や、それから派生するよりエキゾチックなデリバティブをつくりたかったからだ。借り手を引き付けるべく、変動金利、利息のみの支払い、二年後になると金利が急上昇するティーザーレートといったオプションを用意した。

ブライアンの説明では「三者」のチェックのおかげで証券化ローンは従来の融資より優れているはずだったが、その三者が手を組んで、世界の金融システムにますます多くの有害な債務を送り込んでいった。二〇〇一年から二〇〇八年のあいだに二七兆ドル以上が証券化された。これは二〇〇七年のアメリカの国内総生産のほぼ二倍に相当する。[56]

うち数兆ドルが間もなく消滅することになる。

シューマー上院議員とブルームバーグ市長が市役所で記者会見した数週間後、サブプライムローンの貸し手であるニュー・センチュリー・フィナンシャルが破綻し、続いて二〇〇七年七月には、住宅ローンの証券化案件に投資していたベア・スターンズのヘッジファンド二社が崩壊して、事態が大きくクローズアップされた。[57]

翌年三月には、アメリカ第五位の投資銀行だったベア・スターンズが、政府の仲介により破格の安値でJPモルガンに吸収された。しかし、ついにダムが決壊したのは、九月にリーマン・ブラザーズとワシントン・ミューチュアルが破産を申請したときだった。連邦政府は、何十億ドルもの「信用補完」の請求で支払い不能に陥ったAIGを一八二〇億ドル規模で救済しなければならなかった。また、マッキンゼーの長年の顧客であるメリルリンチとワコビアは、サブプライム問題で致命的な打撃を受け、強力なライバル会社に身売りした。

これらに共通する元凶は、証券化された債務だった。

シューマー上院議員とブルームバーグ市長が、マッキンゼーの調査結果をもとに、「過剰な規制がウォール街を脅かし、アメリカは資産証券化でヨーロッパに追いつかれるかもしれない」と警告してから、二年も経っていなかった。

ティム・ガイトナー財務長官とオバマ大統領の最高経済顧問であるラリー・サマーズは、二〇〇九年に新しい規制を提案する際、「理論的には、証券化は信用リスクをより広く分散させ、信用リスクを低減するはずである」と書いた[58]。「ところが、借り手と貸し手のあいだの直接的なつながりを断ち切った結果、証券化は融資基準の低下を招き、住宅バブルを助長し、市場の失敗につながった」

＊＊＊

ウォール街の銀行家たちにとっては、あくまでゲームであり、苦痛は短期間しか続かなかった。メルトダウンの数カ月後には、多くのウォール街の銀行家が年間ボーナスを受け取っていた。二〇一三年には、S&P五〇〇インデックスが過去最高を記録した。しかし、何百万人ものふつうのアメリカ人は、大不況から立ち直ることができなかった。失業率は過去一世代で最も高い水準に上昇した。二〇一三年、政府の会計検査院は、この不況が経済にもたらした損失は二二兆ドルに上ると推算した[59]。サブプライムローンの貪欲な貸し手や、うますぎる住宅ローンの借り換えの餌食にならなかったとしても、経済の悪化により、多くのアメリカ人がほどなく経済的な破綻に陥ってしまった。差し押さえが何百万件にものぼり、市場崩壊の二年後の二〇一〇年にピークに達した。とりわけマイノリティが被害をこうむった。

金融危機から一〇年後の二〇一八年、ニューヨーク・タイムズ紙の記者が、当時取材した人たちを再訪した[60]。

ジョージア州マリエッタのメグ・フィッシャーは、二〇〇九年半ばに弁護士秘書の職を失った。大学を卒業し、それまでつねに安定した仕事を見つけることができていたが、今回はできなかった。二〇〇九年に夫とともに破産を申請し、数年後、郊外の自宅を競売にかけられた。五六歳になったフィッシャーは「おそらく、正社員として働く機会は二度とないだろう」と語った。

ギレルモ・ゴンザレスは、二〇〇八年に破産を宣言し、マイアミにある自宅を差し押さえられた。それから一〇年後、徐々に立ち直りつつあった。「わたしたちは一歩ずつ前進している」

アメリカだけではない。中国では、二〇〇〇万人の出稼ぎ労働者が輸出の崩壊により突然、職を失った。アイルランドの失業率は、暴落前は五パーセント未満だったのに一六パーセントにまで急上昇した。アイスランドの銀行は、アメリカの証券化資産に多額の投資をしており、国民ひとり当たり三三万ドルの損失を被った。

「証券化は、毎分ひとりの愚か者が生まれるという前提にもとづいていた」。コロンビア大学のノーベル経済学賞受賞者であるジョゼフ・スティグリッツは、二〇〇八年一〇月にそう語った。[61]「グローバル化は、そういう愚か者を探すためのグローバルな風景があることを意味した——そして実際、あらゆる場所で愚か者を見つけたのだ」

＊＊＊

マッキンゼーやブライアンが長年にわたり証券化を推進してきたことをもし反省しているとしても、それをおもてには出さなかった。政府の規制緩和をさんざん訴えてきたブライアンは、二〇〇九年、証券化市場の崩壊は規制当局が「基本的に規制しないことを選んだ」せいで起こったのだと述べた。「一九七〇年代から二〇〇〇年ごろまでの証券化を見ると、ほとんどが利益をもたらしている」と彼はマッキンゼー・クォータリー誌に書いた。[62]「証券化が不健全になった理由は、あまりに大きな信用リスクをシステムに許してしまったことが原因である」

マッキンゼーは、証券化の普及にひと役買ったことは否定していない。「マッキンゼーは証券化の概念を発展させた。今日でも金融システムや経済全般において有益で広く利用されている」と同社は述べている。しかし、一九八〇年代の証券化は「あらたに誕生した概念であり、二〇〇八年に問題となった複雑な商品とはほとんど似ていない」ので、「二〇〇八年の金融危機を間接的にマッキンゼーの仕事のせいにすることは、深い誤解を招く」

マッキンゼーの元ディレクターで、ヨーロッパで証券化のアイデアを広めたフェイガーは、マッキンゼーはつねに証券化の良い点、悪い点、醜い点をクライアントに説明していたと語る。「証券化とは、信頼の連鎖である」とフェイガーは言う。[63]「正しく機能させるには、すべての関係者が誠実で有能でなければならない。金融崩壊で起こったことは、彼らが能力や誠実さを欠いていたのが原因だ」『Securitization of Credit』の共著者であるオカムポは、一九九五年にマッキンゼーのパートナーを辞職したブライアン同様、「技術」が悪用されたと述べている。

ブルームバーグのマーク・ピットマンは、金融崩壊の到来を予見していた数少ないウォール街の記者のひとりだ。リーマン・ブラザーズの破綻とＡＩＧの大規模な救済の数週間後、彼は証券化ブームの起源について記事を書いた。もとをたどっていった結果、オカムポの著書と、スキリングのもとで設立されたエンロンの特別目的会社に行き着いた。「証券化は強力な技術でありながら、制限速度を超えてしまった」。二〇〇八年末、オカムポはピットマンの取材にそうこたえた。[64]「この五年間は、時速一〇〇キロどころか、二〇〇キロ、二五〇キロで走行していた」

第一〇章　オールステートの秘密のスライド――「勝負はゼロサムゲーム」

二〇〇〇年の夏の終わり、デール・ディアはミズーリ州中央部の州間高速道路七〇号線を西へ走っていた。途中、工事のせいで停車の列ができていた。彼の車の後ろには、友人とケンタッキー州からラスベガスへ大陸横断旅行中の二〇歳の大学生、ジェイソン・アルドリッチの車が続いていた。アルドリッチはクルーズコントロールを調整しようとしており、前の車が停止したことに気づかなかった。数秒後、彼の乗ったマーキュリー・クーガーが、ディアのシボレー・ピックアップトラックの後部に激突し、ディアは背中と首に重傷を負った。

このような事故は、アメリカの道路で毎日のように起こる。だからこそ、ドライバーには保険の加入が法律で義務づけられている。アルドリッジは、全米で最大手の保険会社の一つ、オールステートの保険に入っていた。同社は、保険料を徴収する代わりに、予期せぬ重大な財政的損失から彼を守ると約束していた。

ディアもアルドリッジも、この事故は保険の適用範囲内だろうと思った。請求書の束を前にして、ディアは保険の上限である一〇万ドルを大幅に下回る二万四〇〇〇ドルの保険金を求めた。ところが、ここで奇妙な展開が待っていた。オールステートの損害査定人であるメアリー・グリーンは、不可解にもディアの請求を処理しなかった（のちに語ったところによると、「パスすることに決めた」という）[1]。待ちくたびれたディアは、アルドリッジを訴えた。

ケンタッキー州の大学に戻っていたアルドリッジは、ある日ドアを開けると、警察官から裁判所の召喚状を渡された。賠償金二〇〇万ドルを求めて訴えられていたのだ。かつてトレーラーパークに住んでいたこともあるアルドリッジは「人生が終わったと本気で思った。あきらめた」と話す[2]。授業にも出なくなった。

結局、アルドリッジはオールステートを告訴し、保険会社がディアに保険金を支払わないのは不当だと主張した。その際、彼の弁護士が重大な発見をした。経営コンサルティング会社のマッキンゼーが、パワーポイントのスライドを使って、保険金の支払額を節約する方法についてオールステートに助言していたのだ[3]。そこで彼らは、オールステートにそのスライドを提出するよう求めた。オールステートは拒否したが、この訴訟を担当したマイケル・マナーズ判事がスライドの提出を命じた。

オールステートはふたたび拒否した。マナーズ判事はオールステートを法廷侮辱罪に付し、命令に従うまで一日二五〇〇〇ドルの罰金を科した。それでもオールステートは拒否し続けた。二〇〇七年末、ミズーリ州最高裁判所も、オールステートに対してスライドを提出するよう命令した。二〇〇八年半ばまでに、オールステートは七〇〇万ドル以上の罰金を科された[4]。マナーズ判事はのちに、一三年近く裁判に関わっているが、こんな例は見たことがないと語った[5]。

オールステートが裁判所の命令を無視し、何百万ドルもの罰金を科される危険を冒してまでスライドを秘密にしておきたい理由は何なのだろうか？

ニューメキシコ州の元検事で、マッキンゼーのスライドが存在することを最初に記事にした弁護士、デイビッド・J・ベラルディネッリも、まさにその疑問を抱いていた。高性能車と毛皮のコートと高級ワインを愛するベラルディネッリは、三〇年以上にわたってオールステートの顧客だった老夫婦が、二〇〇一年、飲酒運転によって凍結した道路から渓谷に突き落とされ重傷を負った事件の際、代理人を任され、このスライドの存在を知った。[6]

＊＊＊

ベラルディネッリは、オールステートがなぜ請求を拒否したかを調査する一環として、マッキンゼーが保険会社の請求システムの見直しを支援し、秘密のスライドにそのすべてが説明されていることを知った。彼はスライドの提出を要求したが、オールステートは、スライドには企業秘密が含まれていると主張して、拒否した。結局、オールステートは裁判所の命令でベラルディネッリにスライドを見せることになったが、その条件は、公開しないことだった。オールステートは、スライドに透かしを入れ、スキャンやコピーができないようにした。

その後、ニューメキシコ州の控訴裁判所からスライドを公表する許可も得たベラルディネッリは、もっと読みやすいコピーが手に入るだろうと、古いスライドをオールステートに返却した。しかし、オールステートの罠だった。ベラルディネッリから古いスライドを受け取ると、オールステートは新しいスライドを渡さなかった。

ベラルディネッリは、あきらめずに、以前に作成した三〇〇ページにも及ぶスライドの要約を法廷記録として提出した。オールステートは、その要約を非公開にしようとしたが、裁判所により拒否された。一方、このような内部文書──一万二〇〇〇ページを超える文章とスライド──が存在するという情報が、アメリカの法曹界で広まった。ある弁護士は、これを原告側弁護士にとって「伝説上の聖杯のようなもの」と呼んだ。[7]

「彼らは、何年も堪え、司法の場を混乱させ、膨大な訴訟費用を費やした――すべて、この内部文書を伏せておくためだ」とベラルディネッツリは述べている。[8]

フロリダ州の保険コミッショナーがオールステートの保険慣行を聞きつけ、調査を開始した。しかしやはり、オールステートには要求された書類を提出する意思がないとわかった。「オールステートが、ミズーリ州の裁判所に一日あたり二万五千ドルの罰金を支払ってまで、その文書を提出したがらないのであれば、金銭的な制裁以上のものが必要であることは明らか」とコミッショナーは語った。[9]

コミッショナーは、スライドを提出するまで、オールステートの自動車保険の販売免許を停止した。フロリダ州は、カリフォルニア州とテキサス州に次いで自動車保有台数が多いだけに、オールステートとしても無視できなかった。二〇〇八年、同社は要求に応じ、自社のウェブサイトにスライドを一時的に掲載した。

なぜ、オールステートはこれほどまでに長く、強く抵抗したのだろう？　その最も簡潔な説明は、ベラルディネッツリが書いた本のタイトル『From Good Hands to Boxing Gloves』にある（書名は、「頼れる手」から「ボクシンググローブ」へ、の意味）。

一九五〇年以来、「〝You're in good hands with Allstate〟（オールステートと契約すれば、頼れる手に包まれているも同然）」がオールステートのスローガンであり、アメリカのビジネス界でもきわめて長い歴史を持ち、認知度の高いキャッチフレーズだ。[10] 親会社シアーズ・ローバック・アンド・カンパニーのもと、数十年にわたって、このキャッチフレーズは真実だった。オールステートは毎年、保険料収入の大半を保険金として支払い、わずかな利益を上げていた。同社の代理人は、請求者の家にわざわざ出向き、保険金の小切手を直接手渡すのが慣例だった（オフィスから出るという意味で、この慣行は「ポップアウト」と呼ばれた）。

しかし、一九九五年、オールステートはシアーズから分離独立した[11]。上場企業となったオールステートの経営陣は、金融化が進む経済を積極的に取り入れた。株式ベースの報酬を大幅に増やすことを大きな目標に据えた。シアーズ傘下の堅苦しい環境のころは考えられない話だった[12]。分社に先立ち、一九九二年末、マッキンゼーのチームがオールステートの経営陣と面談した。

＊＊＊

三年後、マッキンゼーのスライドを道しるべに、利益を上げるための計画を展開する準備が整った。三年後、彼らはマッキンゼーのスライドをロードマップとして使用して利益を増やす計画を実行する準備が整った。アルドリッジ事件の審理を務めたマナーズ判事は、マッキンゼーのオールステートへの働きかけについて、こう評した。「功を奏し、努力が報われた。たぶん彼らはこんな具合にやってかなり稼いでいるのだろう[13]」

マッキンゼーは、あるスライドのなかで、オールステートに対して、保険金請求の九〇パーセントをできるだけ早く、できるだけ安く解決するよう指示した。残りの一〇パーセント、つまりオールステートの提示に応じない、あるいはさらに悪いことに弁護士を雇った保険契約者や第三者請求人には、「ボクシンググローブ」による治療が必要だった。法廷で争い、場合によっては何年も戦い続け、勇気を奮って訴訟を起こした人を消耗させる。

マッキンゼーは「請求処理コアプロセスの再設計」を考案した。損害査定人が適正と思う和解案を提示するのではなく、迅速で低額の和解案を出すよう促す内容だった。損害査定人は、「コロッサス」と呼ばれるコンピューター化された請求処理システムに縛られ、用意された原稿を読み上げるコールセンターの職員も同然の存在になった。ポップアウトはめったになくなった。住宅保険の請求に関しては、別のコンピュータープログラム「エグザクティメイト」を用いるが、考えかたは同じだった。請求者に、本来の補償額より少ない金額を受け入れるよう迫る。オールステート側は、このような説明は「誤りであり誤解を招く」とし、「より迅速かつ正確に保険金を支払う」ために一九九〇年代に保険金請求システムを全面的に見直した、と説明している。[14] マッキンゼーはコメントを拒否した。

マッキンゼーのスライドは、一見すると無害で、次のようなフレーズで満たされていた。「保険金請求者へのアプローチや関係構築の方法によって、代理人利用率が大きく変わり、保険請求による損害の重大さを軽減できる」。しかし、オールステートの従業員は、裏の意味を理解した。口頭でわかりやすい説明が加えられたからだ。

一九九二年から二〇〇三年までオールステートの弁護士を務めたモーリン・リードは、オールステートの幹部たちとこのテーマで会議を行なったときのことをこう振り返っている。

「この会議で、マッキンゼーから、オールステートは〝請求に対して支払いが多額すぎ〟と結論したと聞かされた。[15] 請求されれば払うという企業文化が定着してしまっている。これは悪い状態だと言われた。オールステートが利益を増やすためには、請求に対して支払う金額を減らす必要がある、とマッキンゼーは助言した」

請求額を減らすうえで中心的な目標は、保険契約者が弁護士を雇わないようにすることだった、と彼女は言う。代理人を立てた請求者は、平均して、弁護士の助けを借りなかった請求者よりも何倍も大きな支払いを受けていた。

「オールステートは、請求者が弁護士を雇えないように、請求の処理方法を変えるべきだと忠告された」つまり、法廷でのあらゆる申し立てに噛みついて相手の弁護士を打ちのめし、時間と費用がかかるようにして、弁護士がオールステートを相手取って訴訟を起こす気をなくすように仕向ける。これが、戦略の「ボクシンググローブ」の部分だった。

「代理人なしの請求者が増えれば、会社はより大きな利益を上げられる」[16]。マッキンゼーはオールステートに、保険金支払い部門を利益センターに変えるように促したわけだ。

マッキンゼーがオールステートで行なったことは、アメリカの保険業界を根底から覆すものだったから、あえて傍点を振っておく。

＊＊＊

アメリカ人は保険会社と愛憎半ばの関係を何十年も続けてきた。住民は地元の保険代理人と仲がいい。保険代理人は、たいていの場合、地域社会の中心的な人物であり、リトルリーグ野球や少年フットボールのコーチを務めている。しかし、おおもとの保険会社のほうは、住民の目から見れば厄介な存在だった。書類の提出を要求してきたり、正当な請求を却下したりする。マッキンゼーが割り込んでくるまでは、保険金請求にしても、経験豊富な損害査定人が住民の代理人となり、法律にのっとって公正に処理するというルールだった[17]。戦後アメリカでは損害査定人は名誉ある職業であり、人々の憧れだった。

保険は、自動車事故、洪水による家屋の損害、突然の重度な怪我、家族の稼ぎ手の死亡など、予期せぬ損失から身を守るために絶対に必要だ。保険に入っていれば、補償が受けられる。厳粛で非常に安心感のある約束が得られる――「大丈夫、もとどおりにしてあげる」と。

保険がなければ、何百万人もの人々を中流階級にとどめている経済的な砦がすぐに崩れてしまう。「保険はアメリカの中流階級の生活水準を守る偉大な存在である」。ラトガーズ大学の法学教授で保険業界の研究者のジェイ・M・フェインマンはそう書いている。[18]「ただし、まともに機能しているときだけだ」

アメリカでは、何十年ものあいだ、まともに機能していた。人々は保険に加入した。保険会社は、その保険料を投資に回し、保険契約で定められた金額を支払った。業界全体としてほとんどの年が黒字だったが、それほど高い利益を上げていたわけではなかった。熟練した損害査定人が、公正に保険金を請求した。

マッキンゼーは、少なくとも一九五〇年代から保険会社のコンサルティングを行なっていた。一九八〇年代には、シニアパートナーのピーター・ウォーカー――のちに中国に注力する人物――が同社の保険コンサルティングビジネスを一大勢力に築き上げ、大手保険会社それぞれの業績を比較する業界本を毎年出版していた。[19]野心的な保険会社幹部への最高のプレゼントだった。

マッキンゼーは、保険ビジネスの効率を高め、コストを削減するという伝統的な役割に重点を置いていた。保険金支払部門について言えば、これは、保険金請求の処理にかかる費用――業界では「損失調整費（LAE）」と呼ばれる――をコントロールすることを意味する。余剰人員の削減、郵送費の節約、コピー用紙の価格交渉、残業代の削減など、あらゆる可能性がある。

しかし、隅々を見直し、オフィスを合理化し、経費を削減しても、たかが知れている。請求処理に費やすコストは、請求に応じて支払う保険金そのものに比べればわずかにすぎない。二〇一八年、損害保険業界は三六五九億ドルの保険金を支払い、処理コストは六四六億ドルだった。平均して、処理コストは支払い額の約一七パーセントにとどまっていた[20]。

一九九〇年代に入ると、マッキンゼーが主導した金融化が経済を席巻し、活動的な株主から利益向上を求める圧力が強まった。マッキンゼーは保険金支払額の削減という大きな新しいアイデアをクライアントに押し付けることに成功した。マッキンゼー流の言い回しを使うなら、「長年にわたってコストを切り詰めてきた経営陣は、バランス調整の大きな機会を認識し、保険金支払額の節約を実現するため、LAEに慎重な投資を行なった」のだ[21]。利益を上げるための新しいアプローチは、一部の保険金請求者に不当に高額の支払いをしていたのをやめることだった。つまり、不適切な支出、いわゆる「リーケージ」を抑制する。

マッキンゼーは、かなりの割合の保険契約者に対して事実上の宣戦布告をするよう、オールステートに指示した。あるスライドには、「勝負はゼロサムゲーム」と書かれていた。要するに、オールステートの利益は、契約者の損失のうえに成り立つ。また、鰐《わに》の絵が描かれているスライドもあった。なぜか？　オールステートはこの先、犠牲者——すなわち保険金請求者——があきらめるのを鰐のように「じっと待つ」ことになるからだ。「金の出どころは一カ所しかない。それは、オールステートの保険契約者や保険金請求者のポケットである」とベラルディネッリは書いている。

マッキンゼー以前にも、保険契約者が腹を立てるケースはあったし、マッキンゼー以前にも、保険会社が請求額を満額支払わないケースはあった。しかし、マッキンゼーはそれをシステム化した。しかも同一業界内で複数の企業をクライアントにしているため、マッキンゼーのアイデアが業界に広まった。オールステートの利益が急増し、幹部が富を得るのを見た競合他社も、マッキンゼーを雇った。これがマッキンゼーのやりかたであり、創業以来ずっと変わっていない。タバコ、銀行、製薬会社など、競争の激しい業界内で複数の企業と仕事をする。

オールステートがマッキンゼーのシステムを採用したのに続き、損害保険会社の最大手のステートファームも、同じ魔法の薬を採り入れた。一九九五年半ば、マッキンゼーが設計した「保険請求の加速システム」システムが初めて同社の支店や営業所に導入された。数年後、アメリカ自動車協会があとに続いた。リバティ・ミューチュアルもマッキンゼーのクライアントとなった。

ステートファームの元マネージャーであるスティーブン・ストレゼレックは、二〇〇八年の宣誓供述書でこう述べている。[22]「一九九〇年代初頭にステートファームとオールステートのために開発したのと同じ再設計手法と請求処理プロセスを、マッキンゼーが競合他社にも公然と販売していることは、少なくとも一九九五年以降、損害保険業界で常識になっていた」

ある元パートナーは、オールステートとの仕事について「マッキンゼーがある種のトレンドをつくった」と話す。「つまり、保険金請求のプロセスは悪そのもの、という考えかただ。現在では、ますます多くの保険会社がその姿勢に従っていると思う[23]」

オールステートの利益は、マッキンゼーのプログラムが導入されてから一〇年間で六倍以上に増加した。株価も四倍以上に膨らみ、一般的な株式市場のパフォーマンスを大きく上回った。マッキンゼーのパートナーであるアーチ・パットンが半世紀以上前に構想したとおり、オールステートのトップ五人の幹部報酬は、株価に連動して上昇した。[24]一九九四年には合計二九五万ドルだった彼らの報酬は、一〇年後には一九三〇万ドルに達した。二〇二〇年には、CEOのトーマス・ウィルソンを筆頭に、五人合わせて三八二〇万ドルにもなった。[25]その一方で、二〇二一年、オールステートの従業員の平均給与は約六万二〇〇〇ドルであり、二五年間のインフレに追いつくのがやっとの状態だった。

かたや、保険金支払いに充てられる保険料の割合は低下した。オールステート社の経営陣と株主は、多くの保険契約者が本来受け取るべき金額を受け取れないようにし、支払いを減額することで莫大な富を築いたのだ。この不当なやりかたを、元経営コンサルタントで現在はマッキンゼーが保険業界に与えた影響を研究しているラッセル・ロバーツは「逆ロビンフッド」と形容した。

オールステートの株価が急上昇するかたわら、営業コストを考慮せず保険金支払額を保険料収入で割った「純損害率」は劇的に低下した。一九八七年、オールステートは保険金収入一ドルに対して七〇・九セントの保険金を支払っていた[26]。マッキンゼーの経営再建から丸二年が経過した一九九七年には、この比率が五八・二パーセントまで低下した。二〇〇六年には、ハリケーン・カトリーナの影響で保険金請求が急増したにもかかわらず、四七・六パーセントだった。

連邦議会は、オールステート社の高収益化の追求によって保険契約者が損害を受けているかどうかを調査した。二〇〇七年、消費者連合会の保険専門家であるJ・ロバート・ハンターが、上院司法委員会に対し、マッキンゼーの助言が保険金支払いの低下につながっていると述べた。ハンターは、保険会社は独占禁止法の適用除外を一部受けているものの、同じコンサルタントであるマッキンゼーを採用することがカルテル行為に相当するのではないか、と委員会に検討するよう求めた。民間部門でこのような適用除外を受ける業界は、メジャーリーグベースボールくらいしかない。

「こうした商品を使って保険金の支払いを削減することが、消費者が保険料に対する受け取り金額が過去最低になっている一方で、保険会社が空前の利益を得ている理由の一部かもしれない」とハンターは語った[27]。

オールステートでは確かにそうだった。同社がマッキンゼーの文書を秘密にしておこうと戦っているあいだにも、同社の幹部はウォール街で新しい請求モデルの成功を吹聴していた。二〇〇六年の投資家会議で、オールステートの当時の最高経営責任者エド・リディは、マッキンゼーが「請求者コアプロセスの再設計」を最初に提案した一九九三年から二〇〇五年までに、自社が対人賠償請求で支払った金額は一〇パーセント減少したと述べた。[28]

リディ氏もその利益に与っていた。[29]二〇〇六年には二四〇〇万ドルを受け取っている。

元経営コンサルタントのロバーツは、マッキンゼー方式により、一九九五年から二〇一八年までに保険契約者からオールステートの財源に九四〇億ドルが移されたと推定している。同じ方式を採用したステートファームなどを加えると、その総額は三七四〇億ドルに近いという。「この大半が、マッキンゼーの精神によって推進されており、彼らは個人からより多くの金を引き出し、その価値を減らすことをつねに追求している。その金を自分たちや、経営者、株主に再配分している」とロバーツは語る。[30]

ロバーツは、二〇〇九年にベラルディネッリ弁護士がマッキンゼーの文書の公表にこぎ着けたことをきっかけに、マッキンゼーのアメリカ社会、とくに保険業界への影響について研究を始めた。その裁判では、ベラルディネッリの依頼人に有利な判決をが下り、オールステートの法制度の乱用が部分的に認定された。オールステートは、ロバーツの分析を「単純で無効だ」と退け、保険金請求のプロセスは時代とともに変化しているため、マッキンゼーが仕事をした一九九〇年代当時から数字を推測することは不可能であるとコメントした。[31]同社は、収入一ドルのうち九五セントが保険金支払いや運営費に使われると主張している。

マッキンゼーの保険金請求システムは、オールステートや個人の傷害保険請求にとどまらず、はるかに広範囲に及んだ。

二〇〇七年、ブルームバーグ・マーケッツ誌は、オールステート、ステートファームなどの保険会社がマッキンゼー方式を用いて、自然災害で損害を受けた住宅所有者に対して低額の提示を繰り返していると非難する記事を載せた。憤慨している請求者のうちとくに有名なのが、ミシシッピ州選出の共和党上院議員トレント・ロットだった。ハリケーン・カトリーナで自宅が被害を受けたにもかかわらず、ステートファームが保険金を支払わなかったため、同社を訴えた。ステートファームは、損害は風によるもの（補償対象）ではなく、水によるもの（補償対象外）であると主張した。

二〇〇三年、サンディエゴ地域で二〇〇〇軒以上の家が火災で焼失したが、オールステートやステートファームなどの保険会社は、保険契約者に家を再建するために必要な金額を払うのを拒否した。ブルームバーグの報道によると、保険金は時価の数十万ドルも下回っていたという。満額が支払われていない。

各州の法律では、保険会社は契約者が受け取るべき金額を公正に支払う義務がある。保険契約も契約である以上、当然だ。しかし、保険会社の義務がさらに重いのは、多くの種類の保険が任意ではないからだ。すべてのドライバーは、自動車保険に加入することが法律で義務づけられている。住宅ローン会社は住宅保険への加入を義務づけている。政府が人々に商品を買うよう強制している業界は、とくに受託者責任を果たす義務がある。

ラトガーズ大学の法学教授であるフェインマンは、「遅延、否認、防御は、すべての保険会社が認識し、査定人に教え、法的にも具現化されている保険請求処理のルールを侵害している」と非難した。[32]

＊＊＊

シャノン・ブレイディ・クマッツは、オールステート一家の出身だ。[33] 彼女の父親は三七年間、同社で働いていた。ニューメキシコ州で育った彼女は、アルバカーキから南東に数時間のところにあるルイドーソという山村やスキー場へ出かけるとき、ときどきいっしょに出かけていた。父親を誇りに思っていた。父の勤務先を聞かれると、彼女は手のひらを突き出して言った。「グッドハンズ」

一九九七年、クマッツは父親の跡をたどり、オールステートから仕事のオファーを受けた。しかし、父親は彼女に考え直すように言った。彼が一年前に退職したのは、会社が変わってしまったからで、良い変化ではなかった。

クマッツは三年間勤めた。そのあいだ、わずかふたりの保険契約者としか対面しなかった。やがて三人目の保険契約者がアルバカーキの彼女のオフィスを訪れたとき、その男は短く切ったショットガンを持って二階の受付エリアに突入し、オールステートが請求を遅らせていることに怒りをぶつけた。「怒れる保険金請求者がおおぜいいるのだから、そういう事態が起こってもおかしくない」と彼女は言う。

愚かしい人々といつまでも関わる気はなかった。クマッツは保険業界を去り、警察官になった。「イエス、サー」「ノー、サー」とはきはきこたえる日々を送っている。しかし、オールステートでの三年間は試練だった。父親が現役時代に過ごした職場とはまったく別物になっていた。

クマッツは、マッキンゼー化したオールステートの損害査定人の生活を、政治哲学者トーマス・ホッブズの有名な言葉を借りてこう表現した。「厳しく、残酷で、短い」

一〇人の損害査定人が二階の部屋に押し込められ、ボーナスのため、ひいてはクビにならないため、互いに競い合っていた。めいめい、低額の保険金請求をいかに多く成立させたかで評価された。クマッツのグループは、請求者が弁護士を雇っておらず、「非代理人部門」と呼ばれていた。マッキンゼーの提言に沿って、そのような弁護士なしの状態を維持することが任務だった。

のちに、オールステートを訴える弁護士の証人となったクマッツは、宣誓陳述のなかで、「弁護士を雇った人に支払う保険金は、そうでない人の平均二～三倍、というのが〝オールステートの常識〟だった」と述べた。[34]

そこでクマッツは、保険契約者に嘘をついたという。自分ででっち上げた嘘ではなく、「弁護士の経済学」と呼ばれるマッキンゼーの台本にもとづく嘘だった。「弁護士に依頼することを選ぶ人もいるが、わたしたちは、請求の解決に向けて、あなたと直接仕事をする機会を得たいと考えている」と、その台本には書かれていた。[35]「弁護士は一般的に、保険会社が支払う保険金の二五～四〇パーセント、プラス経費を報酬として取る。しかし、あなた自身がオールステートと直接交渉すれば、和解金の総額があなたのものになる」

つまり、マッキンゼーのスライドにでかでかと書かれた表現を使えばこうなる。「弁護士業の経済性に付け込んで勝利せよ」

時間が重要だった。マッキンゼーのシステムには、厳しい時間制限が定められていた。多くの案件を三〇日以内、さらに多くの案件を六〇日以内、すべての案件を九〇日以内に処理し終えよ。さもなくば、代理人対応グループか、詐欺対策グループに引き継ぐこと。かつ、できるかぎりコストを抑えよ。早く、安く案件を処理できれば、ボーナスや昇進のチャンスがある。時間がかかったり、契約者に余分な保険金を支払ったりした場合、間もなく上司によって自分が「失職の瀬戸際」に分類される。

毎週月曜日の朝、クマッツたちの机の上には、「三〇／六〇／九〇」の達成状況のプリントアウトが置かれていた。壁のホワイトボードでは、同僚との比較もできるようになっていた。

三〇／六〇／九〇の目標を達成するうえでの最大の味方は、貧しくて教育を受けていない保険契約者であることを、損害査定人は知っていた。英語が不得手な人、社会保障で生活している高齢者、生活上の請求書の支払いに苦慮している人たち……。「給料日前の生活をしているとわかれば、格好の標的だった」とクマッツは言う。[36] オールステートが低めの額の小切手を郵送し、請求者がそれを現金化すれば、決着したも同然だ。「小切手を現金化したら、完全に最終決定してしまう。ちょっと怖い」

目標は、可能なかぎり多くの請求を、正当に評価される前に解決し、正規の金額以下で済ませることだった。

損害査定人の役割は大幅に縮小された。彼女の父親の時代は、査定人の技能しだいで請求額が決まった。ところが、オールステートの新しいシステムでは、コンピューターが見積もりを出す。これが「コロッサス」というプログラムで、彼女のような査定人が入力したさまざまな損害を分析する。彼女はすぐに、コロッサスが請求額を低く見積もるように調整されていることに気づいた。しかも、彼女の仕事は、コロッサスが出力したものよりもさらに低い請求を受け入れるよう保険契約者を説得することだった。

コロッサスが保険会社に有利になるように調整した責任者のひとり、マーク・ロマーノは、イリノイ州ノースブルックのオールステート本社で働いていた。[37]「わたしはいわばノブを回すことができ、案件の価値を上げることができた。ノブを下に回して価値を下げることも可能だった」と彼は言う。

支払いデータに不審な点があったため、ロマーノは現場へ出向いて調査した。すると、損害査定人たちがコロッサスに椎間板ヘルニアの損傷を異常に数多く入力していることに気づいた。椎間板ヘルニアは、むち打ち症といった軟部組織の怪我よりも、請求額がはるかに高くなる。ロマーノは、全米の請求チームを「調整」せよと上司から命じられた。つまり、椎間板ヘルニアの請求の数を減らすよう指示を出せというのだ。「神経内科医、整形外科医、放射線科医など、どんな専門家が椎間板ヘルニアと診断を下そうが、お構いなしだった」

ロマーノは、すでに自分の仕事に深い疑念を抱き始めており、この件が「最後の決定的な一撃」となった。集団訴訟を受けて立つ準備を進めていたオールステートの弁護士団に対し、彼はコロッサスについての懸念を伝えた。その後、彼は重度の頭痛に悩まされるようになった。医者に診てもらったものの、原因がわからず、障害手当を受けるほどになった。やがて職場に復帰したが、異動を命じられ、事実上、このまま在籍しても未来はないと告げられた。

ロマーノは二〇〇九年に早期退職した。「わたしは負担になっていた」と本人は振り返る。

頭痛は治まった。翌年、彼は反対側の立場に回った。アメリカ消費者連盟で働きだしたのだ。同連盟で、保険業界の新しい現実を消費者に知らせる活動を始めた。

フロリダで保険の仕事に就いた当初、ロマーノは、人々が経済的な損失に対処するのを助けながら、みずからの生計を立てることができ、誇らしい職業だと考えていた。「自分がやっている仕事に、とても満足感を覚えた」

そのころは、保険金支払い部門はコストセンターではなく、ビジネスの必要な部分ととらえられていた。「保険金支払い部門は、契約者とじかに接する数少ない機会であり、契約者が気分良くなれるようにじゅうぶん配慮していた」

「ところが時間の経過につれて、いわば、利益センターにに進化した。本来の意図とはかけ離れている」とロマーノは話す。「辞める前にだんだんわかってきたが、原因の大半は、マッキンゼーによって実施された多くのプログラムの結果だった」

しかしオールステート側は、「コロッサスのシステムに〝保険金の過少支払いに関わる制度上の問題〟があるなどとは、裁判所は認定していない」としたうえで、「マッキンゼーはコロッサスの導入に関与していない」と付け加えている。[38]

長年の法廷闘争のすえ、デール・ディアとジェイソン・アルドリッジは、双方とも、オールステートから和解金を勝ち取った。ディアが受け取る金額は七五万ドル、プラス利息と決定し、オールステートは事故から七年以上経った二〇〇七年一〇月に支払った。翌年、アルドリッジもオールステートから独自の和解金を得た。[39] 和解の条件は非公開だった。

第一一章　エンロン・アストロズ

午後七時八分、曇り空のもと、ヒューストン・アストロズのオクタビオ・ドテル元投手が始球式を行ない、風変わりな新球場がヒューストンの本拠地として公式戦の開幕を迎えた。この球場は、リーグ初の開閉式屋根を備え、巨大なガラス窓からヒューストンのオフィスタワーが一望できる。外野の後方では本物の蒸気機関車が走り、センター奥にはポールが建つ人工の丘があって、大きな打球が飛ぶと、外野手はポールをよけて守備しなければならない。

二〇〇〇年四月初旬のこの日は、摂氏二〇度を超える陽気で、屋根が開け放たれ、四万一〇〇〇人の観客は野球本来の姿を屋外で体験できた。[1]

新球場の独創的なデザインは、市民から称賛を浴びた。当時、同じくヒューストンで異彩を放ち、市民から高く評価されていた企業があった。エンロン・コーポレーションだ。球場からほど近い五〇階建てのビルに本社を構えるエンロンは、ウォール街の人気者になり、好意的な記事と急成長の利益という上昇気流に乗っていた。エンロンは、「創造的破壊」という新しい流行の概念を取り入れ、企業が定期的に自己革新を図ることを奨励した。この方針に従うなら、目の前のリスクに挑んでこそ利益が得られるわけで、長期的な安定性やチームワークはさほど重要ではない。[2] 個人の能力や業績が企業全体の成功よりも重視され、失敗を恐れずにリスクを取ることができる者が報酬を受け取る。この方針については、エンロンを題材にした評価の高い書籍『The Smartest Guys in the Room』に詳しい説明がある。優秀な個人は、集団の承認を必要とせず、行動する勇気さえあればいい。

ヒューストンのシンボルであるこの革新的な企業と、きらびやかな新球場が結びつくのは、まさにふさわしいことに思われた。開幕の日、球場の名は「エンロン・フィールド」だった。命名権にかかった費用は一億ドル。しかし、アメリカ第七位の上場企業であるエンロンにとっては、手の届く金額だった。[3] 数カ月後、エンロンの株価は過去最高の九〇・五六ドルに達した。

ところが、この組み合わせは長く続かなかった。翌年末、エンロンが当時アメリカ史上最大の経営破綻に陥ったからだ。エンロンの看板は突然、恥ずべきものとなり、スタジアムから撤去された。同社の経営トップ二名が刑務所行きとなり、もう一名が収監前に死亡した。エンロンの壮大な計画が崩れるなか、大手会計事務所のアーサー・アンダーセンが社内資料をシュレッダーにかけていた事実が発覚し、同事務所は解散に追い込まれた。[4] 結果的に七万人以上が職を失い、そのほとんどがアンダーセンの従業員だった。エンロンの従業員の多くは、退職金も失った。[5]

アストロズは、それとは別の意味で屈辱を味わった。数年後、ワールドシリーズで優勝したものの、サイン盗みの不正を行なっていたことが発覚。一〇〇年前にホワイトソックスの選手が八百長でワールドシリーズに敗退した事件以来、野球界最大のスキャンダルとなった。アストロズのゼネラルマネージャーと監督が解雇された。

エンロンとアストロズが失敗した原因は、傲慢さだけでなく、テクノロジーの優位性を信じすぎた点にある。エンロンは、テクノロジーを使って、一般の人が理解できないような方法で不正行為を隠蔽し、偽りの利益を発表し、株価を高く保った。アストロズは、テクノロジーを使ってサインを盗み、選手や試合そのものを冷血なデータセットに変え、アメリカで最も愛されているスポーツの美しさとドラマを損ねた。ある雑誌は、アストロズの関係者らをエンロンになぞらえて「クラブハウスでいちばんおつむがいい男ども」と揶揄した。[6]彼らの傲慢な姿勢が、アストロズをメジャーリーグで最も嫌われるチームにしてしまった。

エンロンとアストロズには、もう一つ重大な共通項があった。マッキンゼーを信頼していたことだ。両組織は、マッキンゼーの元コンサルタントによって運営され、スタジアムから徒歩わずか一〇分の場所にある同社の所属コンサルタントたちがサポートしていた。

エンロンがスキャンダルの代名詞となったあと、ニューヨーク・タイムズ紙のコラムニスト、ポール・クルーグマンは、エンロンの破滅においてマッキンゼーが果たした役割をこう説明している。[7]「ほかの企業は、経営の専門家をコンサルタントとして雇った。エンロンは、事実上、そういう専門家たちを責任者に据えた。彼らが創造したのは、投資家を魅了するトレンディーな会社だった。それが、経営者たちが財務上の重大な不正行為を犯すうえで隠れ蓑になった」

このコラムのタイトルは「権威者がもたらした死」だった。

マッキンゼーは不法行為に加担していないことが確認された。同社のマネージングパートナーであるラジャット・グプタは、心配のあまり、顧問弁護士のジャン・モリーノを派遣して実態を調べさせたほどだったが、ひと安心だった。[8]

もっとも、グプタ個人はそう運が良くなかった。マッキンゼーを辞めたあと、彼は、インサイダー取引で実刑判決を受けた。

＊＊＊

エンロン以前は、マッキンゼーのヒューストンオフィスは、世界規模を誇る同社のなかでは、取るに足らない小さな拠点にすぎなかった。しかし、「湾岸のパリ」という異名が的確かどうかはともかく、ヒューストンは可能性を秘めており、街の急成長に乗じてリスクを冒す人々にはチャンスがあった。

そのチャンスをつかんだひとりが、ジェフリー・スキリングだ。彼は、ダラスオフィスに六カ月だけ勤務したあと異動となり、ヒューストンオフィスの三人目の従業員になった。[9] ハーバード・ビジネススクールを卒業した優秀な彼にとって、アメリカ企業のあるべき姿を具現化できる場だった。

もともと天然ガス会社だったエンロンが、スキリングにチャンスをもたらした。マッキンゼーが「産業規制の夜明け」と呼んだ時期に、彼はまずコンサルタントとして迎えられ、のちに幹部となった。[10] 彼はガス事業の再編成に着手した。ガスの輸送ではなく、ガスの取引によって高い利益が得られると考え、「ガス銀行」という概念を思いついた。銀行が低利で預金を受け入れ、その金を高利で貸し出すように、エンロンはガスを買い、転売して差額を儲ける。

堅実なガス会社だったエンロンは、間もなく電力、鉄鋼、石油化学、プラスチック、水、紙など、あらゆるものを取引するようになった。[11] また、ブロードバンド市場でも技術的なサービスを提供し始めた。数年にわたり、大手金融雑誌はエンロンを「アメリカで最も革新的な企業」と呼んだ。マッキンゼーのヒューストンオフィスは、エンロンからの顧問料だけで年間一〇〇〇万ドルを稼ぐようになり、在籍コンサルタントの数も急増した。[12]

コンサルタントたちは、蟻《あり》の軍隊のようにエンロンに潜入し、数週間、ときには数カ月も滞在した。

マッキンゼーは、未公開の社史のなかで、エンロン担当チームが「来る日も来る日も、戦略と運用の両面でエンロンに貢献した」と述べている。[13] マッキンゼーのパートナーがエンロンの取締役会会議に出席するまでになった。

エンロンの株価が上がると、好意的な記事の数も増えた。マッキンゼーのコンサルタントが執筆している場合も多かったが、文中で褒めたたえている会社から自分たちが数百万ドルもの利益を得ているという事実は読者に開示しなかった。[14]「クライアントのビジネスや、提供したアドバイスについては、けっしておおやけにしない」という同社の公約と矛盾する。マッキンゼー・クォータリー誌は、エンロンの「成功と独創性」を六年間で一二七回以上も称賛した。[15]

スキリングは、マッキンゼーで学んだアイデアをエンロンに注入した。そのなかには、部下を定期的に間引くことの重要性も含まれていた。社内で昇進するか、辞めるか。これはマッキンゼーでは「アップ・オア・アウト」、エンロンでは「ランク・アンド・ヤンク」と呼ばれていた。マッキンゼーはエンロンの戦略の正当性を認めた。リスクテイキング、ガス購入者への融資の証券化、アセットライト・アプローチ――物理的な資産を保有するよりも、契約や取引に重点を置くアプローチ――などだ。マッキンゼー・クォータリー誌は、エンロンが民間発電の世界的なリーダーになった理由を次のように説明している。「利益は建設や運営のスキルに依存するのではなく、取引の構築とリスクの配分に依存すると理解したからだ」

スキリングは、エンロンに関わり始めた当初から証券化に魅了されており、一九九〇年、証券化取引を構築できる銀行家を探し始めた。[16] その結果、該当する人物を見つけた。証券化の先駆者であるシカゴのコンチネンタル・バンクにいた、アンドリュー・ファストウという若い銀行家だ。ファストウは、妻の故郷ヒューストンへ移住したがっていた。

「わたしに声がかかったのは、具体的には、石油やガスの埋蔵量を証券化する方法を見つけるためだった」とファストウは三〇年後に回想している。[17]

ファストウはスキリングのチームを手伝い、最初の証券化を行なった。カクタスという特別目的会社を設立して、エンロンのバランスシートから負債を取り除いた。[18] エンロンが天然ガス生産者に支払うと約束した九億ドルの融資を束ね、その多くを証券化し、ジェネラル・エレクトリックなどの投資家に販売した。ファストウが設計したもう一つのオフバランスシート組織は、ジョイント・エナジー・ディベロップメント・インベストメンツ（JEDI）だった。エンロンとカリフォルニアの公務員退職年金基金が設立した合弁会社で、エネルギー投資を行なうために設立された。

スキリングのエンロンでの初期の業績に関しては、マッキンゼーの同僚四人が一九九九年の著書『Race for the World: Strategies to Build a Great Global Firm』のなかで高く評価し、とくに、スキリングがエンロン・キャピタル&トレード・リソーシズ（ECT）という部門を率いて証券化を実施した経緯を大きく取り上げた。「ECTは、商品スワップや店頭オプションなどの金融工学を駆使して、各契約におけるリスクを相殺することで市場の変動や不足に対処できた」[19]

JEDIは、ファストウがエンロンでつくった何百もの特別目的会社の一つにすぎない。とくに一九九八年にファストウが同社のCFOに就任してからは、幾多の特別目的会社を使って利益を膨らませ損失を隠すことが横行した。ファストウによると、マッキンゼーのコンサルタントは彼のプロジェクトには関与していないという。

エンロンの幹部にとって、四半期ごとの収益の向上は重要だった。そうすれば、みずから莫大な富を得る一方で、自分たちの彼らの行動を投資家に対して正当化できる。しかし、ウォール街の期待に応えることはしだいに難しくなり、エンロンは利益を高く報告し、損失を隠蔽するため、さまざまな策を弄するようになった。その被害者は投資家や銀行だけでなく、一般消費者も含まれていた。たとえば電力価格が下がったとき、エンロンは電力の供給を控え、カリフォルニアで停電を引き起こした。価格が上昇すると、全サービスが復旧した。

マッキンゼーがエンロンの違法行為に関与していたとは言えないが、社内外の多くの人が、あれほど頭の切れるコンサルタントたちが、どうやって利益を生み出しているかをまともに説明できないような企業と深く関わることの危険性をなぜ把握できなかったのだろうか、と不思議がった。また、エンロンをクライアントにし続けていたとなると、リスクマネージャーの資質にも疑問が生じる。そうした疑問は以後も何度となく表面化することになる。

時が経つにつれ、エンロンの驚異的な成功はたんなる幻想にすぎないことが明らかになった。同社の財務が、投資家や一般に報告したような利益ではなく、不正なパートナーシップや張りめぐらせた策略にもとづいていたことがおおやけになり、同社は破綻した。[20] マッキンゼーの公式の社史は、このスキャンダルを「ブラックコメディ」と呼び、同社は「冷静なアドバイザーとして始まり、熱心な支持者となったが、最後には、知らず知らずのうちに被害者となった多くのなかの一員になった」と述べている。また、エンロンとマッキンゼーの違いは「価値観」であると書いている。

エンロンの死骸を解剖してきたベテランのビジネス記者たちは、マッキンゼーが被害者であるというくだりには納得していない。「マッキンゼーはただ小切手を現金化しただけではない」と同社の歴史を描いたダフ・マクドナルドは論じている。[21]「このカルト教団を信奉し、その福音を広める手助けをしたのだ」

＊＊＊

エンロンが破綻した直後、『マネー・ボール』という本がベストセラーになった。ある著名なスポーツライターはこの書籍を「半世紀前に白人選手とそれ以外の壁が撤廃されて以来、最大の変化をプロベースボールにもたらした」と評している[22]。この本には、予算の厳しいオークランド・アスレチックスが、二〇〇二年、いかにしてリーグ優勝の寸前まで行ったかが描かれている。代々の野球選手が受け継いできた非科学的な思い込みを捨て、データ分析にもとづいて試合を戦った。のちにブラッド・ピット主演で映画化もされている。

マッキンゼーの視点で言えば、この本の人気により、スポーツ界にデータ分析を導入することが容易になった。マッキンゼーは、ダン・シンガーという人物をその方面のリーダーに指名した。彼は、ハーバード・ビジネススクールを卒業しており、クロスワードパズルを解くエキスパートとしても全米に名を馳せていた。スポーツとギャンブルという二つの形態のエンターテインメントを、ときに違和感を覚えながらも並行して管理していた[23]。

スポーツリーグは長年にわたり、ギャンブル産業と慎重な付き合いをしてきた。一方では、自分たちのゲームの健全性が損なわれることを恐れ、他方では、とくにテクノロジーが大衆が利用できる娯楽の選択肢を大幅に拡大したため、ギャンブルがスポーツへの関心を高めると認識していたからだ。数十億ドル規模の違法なインターネット・ギャンブルが成功している現実は、合法的な市場を追い求める起業家にとっても見逃せなかった。その結果生まれたのが、ファンタジースポーツだ。参加者は、過去の実績をもとに選手を選び、実際の試合結果に応じてポイントを獲得し、インターネット上でランキングを競う。さまざまなチームから選手が選ばれるため、八百長はほぼ不可能だ。しかし、一種の賭博であることに変わりはない。

もちろん、個々のチームに賭けるとなれば別問題であり、それがマッキンゼーの知られざるビジネスの一部だ。マッキンゼーは、世界で最も有名なスポーツブックメーカー、ウィリアム・ヒルの顧問を務めており、記録によると、近年は四〇〇〇万ドル近くの報酬を得ているという。[24] また、同時期に、巨大カジノ運営会社であるシーザーズ・エンターテインメントのアドバイザーとしても一四〇〇万ドルを受け取っている。シーザーズは最終的にウィリアム・ヒルを買収し、モバイルベッティング事業を八つの州に拡大し、今後さらに広く展開する見通しだ。

マッキンゼーは、ギャンブラーの再来店の意欲を高めるシステムをいくつも設定し、大手のカジノゲーム会社数社のビジネス拡大に貢献したと誇らしげに述べている。[25] たとえば、「フロントライン・エンパワーメント」と呼ばれるシステムでは、ギャンブラーの帰り際、係員が五〇ドルを差し出すことを認めている。ほかにも、「高価値の客にはセリーヌ・ディオンのショーのチケットや部屋のアップグレードを、低価値の客には空港の無料送迎を提供する」

シンガーは、ファンタジースポーツが非難を浴びたとき、立て直しに尽力し、スポーツとギャンブルの両方に足を踏み入れていた。マッキンゼーの公式の経歴紹介によると、彼は「世界の十大スポーツリーグのうち七つをはじめ、数多くのスポーツチーム、カンファレンス、政府機関の戦略アドバイザーを務めた」という。[26] また、カジノ、スポーツブックメーカー、競馬、Ｅスポーツなどのゲーム会社にもコンサルティングを行なった。

シンガーの名前が試合のニュースに出てくることはまずないが、彼の洞察力は、打点やタッチダウンで生計を立てていないデータアナリストに高く評価された。

マッキンゼーは、データサイエンスに関する専門知識を深めるため、クァンタムブラックという小規模で精鋭のコンサルティング会社を買収した。クァンタムブラックは、欧米のアスリートを評価するうえでデータを使用していた。その専門分野の一つが怪我の予測だった。これは、ギャンブラーに興味をそそる分野だ。特定の選手が怪我をしやすいかどうかという知識は、賭けのオッズに影響を与える可能性がある。ただ、その種の情報がギャンブラーに漏れていた証拠はない。[27]

クァンタムブラックのホームページによると、あるサッカーチームが「選手の健康状態を評価し、差し迫った怪我の兆候を示す可能性のある身体測定値を特定する」ことに貢献したという。クァンタムブラックの評価方法は、唾液のサンプル採取など、非常にきめ細かった。「客観的な医学的指標と過去の怪我に関する情報を用い、ハムストリング、上半身、下半身の怪我の発生に相関する特徴を見いだした」と同社は述べている。同社は、スポーツラジオやテレビコメンテーターの憶測の会話とは一線を画し、過去データにもとづく予測テストの結果、「一八四件の非衝撃性筋損傷のうち一七〇件を正しく予測できた」と報告している。

アメリカでの活動については、より慎重な姿勢で臨んでいる。

二〇一三年九月、ニューヨーク・ニックスの選手たちは、非公開の練習やチームの移動フライトの最中、正体不明の人々がメモを取っているのを見て驚いた。[28] のちに、チームのオーナーであるジェームズ・ドーランは、その人々がマッキンゼーのコンサルタントであることを認め、彼らのアドバイスにより、ニックスがプレーオフの第二ラウンドに進出したあと、ゼネラルマネージャーのグレン・グランワルドを解雇したことを明らかにした（以後、ニックスはこれほどの好成績を収めていない）。ドーランは、マッキンゼーに、テクノロジーを重視したチームの再編成を求めたというが、それがどういう意味合いを持つのかは明確にしなかった。

ニックスのシューティングコーチであるデイブ・ホプラは、この指令に困惑し、スポーツ専門サイト「ジ・アスレチック」にこう語った。「ヒュービー・ブラウンやジョン・トンプソンみたいな元N

ＢＡ選手がコンサルティングに来るなら問題ないが、ＭＩＴ出身の若い女性やスタンフォード出身の男性からなるコンサルティング会社は駄目だ。バスケットボールの初歩すら知らない連中だった」[29]

ある時期、コーチは選手といっしょに試合のフィルムを見ないようにと指示された。コーチの優先事項は、選手のパフォーマンスと態度に関する詳細な報告書を作成することになった。ホプラは、ほとんど意味のないやりかただと不満を募らせ、あるときなどは、自分の報告書をマッキンゼーの従業員の机ではなく、男子トイレに置いてきた。

そのシーズン、ニックスは一ゲーム差でプレーオフを逃し、以後二〇一一年までプレーオフに進出できず、二〇一一年も一回戦で敗退した。

もし、選手たちがマッキンゼーのやっていることをすべて知っていたら、チーム内だけでなく、リーグ全体にもっと大きな不満が生じていたかもしれない。元クァンタムブラックの社員は、本書のインタビューにこたえ、マッキンゼーは下半身の怪我を予測するため、密かに医療情報を使用していたと語った。「チーム内では、チームの医師と直接協力して、非常に秘密裏に調べを進めていた。選手に知られたくなかったからだ」と元コンサルタントは証言する。もし怪我の可能性が高いと特定された場合、その選手の契約交渉に影響があっただろうという。

結果的に、調査結果にはわずかな価値しかなかったが、チームドクターは誰に奉仕すべきなのかという長年の懸案事項を浮き彫りにした。オーナーか、選手か？　この問題は、全米フットボール連盟（ＮＦＬ）において、脳震盪により脳に永久的な損傷が残るという非常に現実的な証拠を軽視するチームドクターがいたことから、大きな論争に発展した。

しかし、マッキンゼーが最も大きな影響を与えたのは、メジャーリーグ、とくにヒューストン・アストロズだった。

新世代のビデオ機器によって、一球一打のきめ細かいデータが大量に生成された。その結果、試合に勝つための方法について、長年の常識が覆された。いまでは、打者はボールを引っ張るように指示され、スイングの軌道を変えて、ラインドライブではなくホームランを狙うようになった。投手は、カーブを多用し、シンカーを減らし、フォーシームを打者の膝元ではなくストライクゾーンの高いところに投げるように指示された。野球分析の最も極端な実践者たちは、人間の感情や情緒、そしてのちに判明するように倫理にさえ左右されない数字に、ゲーム全体を還元できると信じていた。

この問題の根底に潜む疑問は、遅かれ早かれ、データ分析がアスリートのパフォーマンスを向上させる段階から、アスリートの人間性を奪う段階まで進むのではないか、という点だった。この問題は、元マッキンゼーのコンサルタントであるジェフ・ルノーという人物がヒューストンで行なっていた仕事によって、あらたな意味合いを帯びた。

ウォートン・スクールを卒業し、ノースウェスタン大学でMBAを取得したルノーは、野球と統計にファンとしての興味はあったが、当初はスポーツ関係の仕事をこころざしていたわけではなかった。マッキンゼーに入社した直後の五年間は、例のオールステートのコンサルティングを担当するなどしていた[30]。オールステート担当チームにあとから参加したルノーが、あの策略の考案に関わったとは考えにくいが、経験から何かしら教訓を得たのではないかと想像せざるを得ない。

やがて『マネー・ボール』に出会い、好奇心を刺激されたルノーは、セントルイス・カージナルスの野球運営を見直すきっかけを得た。カージナルスのオーナーの娘婿がマッキンゼーの元同僚だった関係から、ルノーは、球団のスカウト・選手育成担当副社長という、正式な野球経験がない新参者としては驚くべき重要なポジションに就くことができた。

ルノーはすぐに、シグ・メダルなる人物を採用し、データ分析に力を入れる姿勢を示した。メダルはかつてブラックジャックのディーラーで、ロッキード・マーティンやＮＡＳＡでエンジニアを務めた経歴を持つ。[31]『マネー・ボール』に触発されて、専門分野を変えた。メダルの現代野球理論は、ケーシー・ステンゲルやヨギ・ベラといった往年の名監督の野球哲学とは似ても似つかなかった。「データベースが必要。データベースのスキルを持つ人が必要。サーバーが必要。データを分析するアナリストが必要。さらに、それを意思決定者に提示するスキルを持つアナリストが必要だ[32]」

ルノーの登場は、野球の伝統主義者を動揺させた。カージナルスの従業員は陰で彼を「ハリー・ポッター」「会計士」と呼んだ。しかし、ルノーはカージナルスのドラフト指名選手の質を大幅に向上させ、野球界に変革をもたらす存在として地位を確立した。

数字の持つ不思議な力を信じるルノーは、やがてヒューストン・アストロズの目に留まった。データ分析を活用すべく、アストロズは、球団で最も重要なポジションであるゼネラルマネージャーとしてルノーを採用した。ルノーの仕事は、チームのミッションを明確にし、必要な、しかし議論を呼ぶような決断を下し、間違いなく全員がチームの指針に沿って行動するように計らうことだった。要するに、チームを勝たせることだ。

ＮＡＳＡのエンジニアだったメダルが、行動をともにした。もうひとり、初期の段階で加わったのが、数字に強い投資銀行家のブランドン・タウブマンだ。彼も野球の知識はなかったが、選手ぞろえや試合中の戦略について、もっと論理的に判断する方法があるはずだと考えた。タウブマンは、五年間で四回昇進し、ルノーの最側近であるゼネラルマネージャー補佐にまでのぼり詰めた。そして、ほかの技術者たちも招き入れられたが、そのなかに噛み煙草の汁を吐き出すような者はひとりもいなかった。

ルノーは、以前勤めていたマッキンゼーの倫理観を持ち込んだ。マッキンゼーでは、より高い利益を達成することが、成功を測る基準だった。同社は、データ分析の価値を広くとらえていた。元マネージングパートナーであるドミニク・バートンは、「データ分析を活かせば、適切な人材を確保できる」と語った[33]。「誰が辞めるかをより的確に予測できる。また、組織のなかで誰が価値を生み出しているのか、より正確に把握できるようになる。人をめぐる分析全体が変化した」

多くの元コンサルタント仲間同様、ルノーも、「ディスラプション」という概念を受け入れた。従来常識を覆す、システム的な変化を表わす用語として、使われる機会が増えつつある。彼は、その変化の最先端に立ちたい、と述べた。マッキンゼーの教えを伝えるだけでなく、アストロズをあらたな旅立ちに導こうと考え、マッキンゼーと契約した。さらにおおぜいのアイビーリーグ卒業生が、野球人にゲームのやりかたを教えるようになった。

エンロンのときと同様、マッキンゼー・クォータリー誌が、いわば教会の聖歌隊になった。二号にわたってルノーへのインタビューを掲載し、「データ分析、組織、文化がどのように組み合わさって、ゼロサムゲームの業界で競争上の優位性を生み出すのか」を示すと約束した。勝たなければ、負けるのだ。同誌はアストロズもマッキンゼーのクライアントであることには触れていない。ルノーは野球の今後の方向性についてこう語った[34]。

ビッグデータと人工知能の組み合わせは、野球の次のビッグウェーブであり、わたしたちはまだ表面をなぞり始めたばかりだと思う。競合他社に知られたくない分野なので、詳しくは明かせない。ただ、われわれはこの分野に大きな投資をしている。ほかのチームも同様だと思う。非常に多くのデータが収集されている。メジャーリーグだけでなく、マイナーリーグ、大学、高校まで、いまや野球界のあらゆる施設にレーダーやビデオが設置されている。フィールド上のすべての人が何をしているのかがつねにわかる。バットやボールがフィールドで何をしているかも常時把握できる。

野球はビジネスであり、マッキンゼー・クォータリー誌が指摘したとおり、「ビジネスとは勝つこと」だ。ルノーは勝利をめざした。「もし、途中でミスをしないようなら、じゅうぶんにアグレッシブであるとは言えない」

ルノーの数字への関心は、選手の身体や怪我の傾向の研究にも及んだ。マッキンゼーが吸収したクァンタムブラックの専門分野であり、クァンタムブラックはアストロズとも仕事をしていた。「ペンシルベニア大学のシン・センター・フォー・ナノテクノロジーで開催された会議の参加者二〇〇人に向かって、ルノーはこう語った。[35]「われわれはよく選手の身体の非対称性を測定する。故障につながる可能性が高いからだ。怪我が起きるのを待ってから対応するのではなく、怪我を予期する必要があるのだ」。また、スポーツ医学とテクノロジーの融合の目的は「選手のパフォーマンスを最大化すること」だと述べた。

やがて、選手のパフォーマンスを向上させるもう一つの方法が、アストロズではなく、メディアによって明らかにされた。その結果、メジャーリーグの監督三名とゼネラルマネージャー一名――ルノー――が職を奪われるはめになる。

＊＊＊

二〇一七年九月、ヒューストンの蒸し暑い夜、ホワイトソックスのダニー・ファーカー投手がマウンドに上がり、アストロズ相手に3－1のリードを守ろうとした。両チームは異なる方向に進んでいた。ホワイトソックスは再建中であり、アストロズは最終的に一〇一勝を挙げるシーズンを突っ走っていた。

ミニッツメイド・パーク（旧エンロン・フィールド）の可動式屋根は閉じられており、観客席が半分以上しか埋まっていなかったため、音がよく響いた。これが、これから起こる展開に大きな意味を持った。

八回、アストロズのエバン・ガティスが打席に立った。「捕手がチェンジアップのサインを出すたびに、ダグアウトからバットラックにバットをぶつけるような音がした」とファーカーは言う。[36]「そんなことが三回あってから、わたしはプレートを外した。本当にいいチェンジアップを投げていたのに、ファウルにされてしまっていた。三回目の音のあと、いったんマウンドを降りた」

ファーカーは、ダグアウトから聞こえた物音が、打者に何の球が来るかを知らせるための合図に違いないと思った。誰かが、何らかの方法でやっている。二塁ランナーが捕手のサインを盗み見て、ジャスチャーなどで打者に伝えようとすることはよくあり、メジャーリーグでは合法だ。しかし、この場面では二塁にランナーがいなかった。

ノーワインドアップ投法のファーカーは突然、投球をやめ、捕手に歩み寄った。バッテリーふたりで相談し、もっと複雑なサインを使うことにした。ふたたびチェンジアップのサインが出たが、こんどはダグアウトから物音が響かなかった。ファーカーの証言は、ポッドキャストメディアのジョムボーイ・メディアがインターネットに公開した動画で裏付けられた。

証拠がそろっていたにもかかわらず、誰も調査に乗り出さなかった。ファーカーは、試合を取材していた記者たちが事情を尋ねてこないことに腹を立てた。結局、アストロズはフランチャイズ史上初のワールドシリーズ優勝を果たした。ワシントン・ポスト紙はこれを「データ分析ついに永久にゲームを征服した瞬間」と報じた。[37]

翌二〇一八年、アストロズを巻き込んだ不穏な事件がさらに発生した。なかでも深刻だったのは、クリーブランド・インディアンズとアストロズのプレーオフ第三戦だ。

インディアンズほど、ワールドシリーズ制覇から長く遠ざかっているチームはなかった。その二年前、ワールドシリーズ最終戦の第七戦まで行ったものの、延長戦のすえシカゴ・カブズに敗れた。その一九年前には、第七戦の九回までリードしながら敗れるという、史上初の不名誉を味わった。この試合も延長戦だった。

本拠地のクリーブランドは、雇用が減り、教育現場が悪化し、政治が腐敗するなど、苦難にあえいでいた。しかしインディアンズは、二〇一八年こそ呪いを解く年、街に誇りを取り戻す年だと信じた。前年にはアメリカンリーグ新記録の二二連勝を達成し、素晴らしいチーム状態だった。サイ・ヤング賞を受賞したコーリー・クルーバーというリーグ最高レベルの投手もいた。

その二〇一八年、先に三勝したチームが勝ち抜けとなるプレーオフで、インディアンズがアストロズと対戦したとき、問題が表面化した。最初の二試合はヒューストンで行なわれ、インディアンズは連敗した。三戦目は移動してインディアンズのホーム球場での試合だった。一矢報いるか、敗退が決まるか？

そのとき、奇妙な出来事が起こった。インディアンズのダグアウトのすぐ隣にあるメディア専用のカメラ席に、アストロズの身分証明書を持つ男が不正に侵入したのだ。携帯電話を使って、ダグアウト内のようすを盗撮していた。あまりに大胆な行為に、インディアンズの試合を担当するベテランの球場レポーター、アンドレ・ノットは驚いた。「彼の資格を見て、ヒューストン・アストロズの関係者がここでやっているのか、と不思議に思った」と彼は言う。[38] ベンチコーチのブラッド・ミルズのサインを盗むためか、それともテリー・フランコーナ監督がダグアウトの壁に貼った、投手と打者の対戦表を見るためか？

ノットは告げ口など好きではなかったが、この男の行為が異常だと思い、写真を撮ってインディアンズの関係者に送信するとともに、メジャー・リーグ・ベースボール（ＭＬＢ）の警備員に知らせた。スパイはカイル・マクラーレンと特定されて、球場から連れ出され、身分証明書を没収された。ところがその後、アストロズは試合中にふたたびスパイ行為を試みた、とインディアンズの幹部は語る。[39]

インディアンズのダグアウトで、アストロズのスパイが捕まったとの噂が広まり、選手たちは激怒した。「アストロズは勝つためなら手段を選ばない」という彼らの疑惑を――他球団も抱いていた疑惑を――裏付ける事件だった。アストロズと対戦すると、投球直前に笛の音や拍手、物を叩く音などが聞こえることがあり、球種を伝える合図なのではないか、と選手たちは疑っていた。ヒューストンでの初戦のあと、コーリー・クルーバーと捕手のヤン・ゴームズは、クルーバーの最高の球種――ボールゾーンに逸れていくスライダー――に相手チームの選手が誰もスイングしなかった、とチームメイトにショックを語った。ふだん言い訳や不満を言わないクルーバーだが、自分のスライダーを一球も打者がスイングしなかったのは初めてだ、とプライベートの会話で漏らした。[40]

インディアンズは最終戦を落とし、敗退した。試合後、チームの先発投手、マイク・クレビンジャーは、アストロズがなぜ勝ったと思うかを尋ねられた。

「ごく端的にこたえると」と彼は言った。「シリーズが始まる前に、うちのチームは分析の面で追い詰められていた」彼の不可解な発言は、その後の数週間で多くの憶測を生んだ。ノットによると、発言の真意は、アストロズが不正行為を行なったということであり、多くのメジャーリーガーがすでに疑っていたことだという。[41] 実際、試合中、クレビンジャーはアストロズの選手に向かってこう叫び、制止された。「おまえたちが不正行為をしてるのはわかってるんだぞ[42]」

インディアンズはＭＬＢに正式に抗議を申し立て、アストロズの次の対戦相手であるボストン・レッドソックスに警告した。妥当な警告だった。なにしろ、レッドソックスは初戦で、またあのアストロズの関係者カイル・マクラーレンが、クリーブランドでやったのと同じようなスパイ行為をしている現場を押さえたのだ。

ＭＬＢは両方の事件を調査し、アストロズの責任は問わないとする短い声明を発表した。「徹底的な調査の結果、アストロズの従業員は、相手チームがいかなる規則違反も犯していないことを確認するためにフィールドを監視していたにすぎない、と結論した」。詳細には触れていない。

この説明を信じる人はほとんどいなかった。ノットは「真っ赤な嘘」と批判した。インディアンズを三〇年以上取材してきたポール・ホインズ記者も同意見だった。「個人的に、受け入れられない。何もしないなんて信じられない[43]」。続いて、残念なことだと付け加えた、これらの事件はこれから起こることの前兆だろう、と。

アストロズは自分たちの主張を貫いた。「われわれは防御していただけだ」とルノーは発言した[44]。「攻撃していたわけではない。球場に不平等なところがないかを確認したいのだ」

もし当事者が言うほどＭＬＢの調査が徹底的だったとすれば、間違った人に事情聴取し、間違った質問をしたのだろう。試合中に電子機器を使用してサインを盗むことがルールで禁じられているにもかかわらず、スポーツ専門サイト「ジ・アスレチック」のケン・ローゼンタールとエバン・ドレリッチは、二〇一七年八月にアストロズの幹部がスカウトたちにメールを送り、サインを盗むよう奨励し、必要ならカメラを使うよう指示したことを突き止めた。

具体的には、たとえば、ダグアウトから出されるサインを盗むことをめざしている[45]。どれだけ見えるか、どのように情報を記録するか、カメラや双眼鏡などが必要かといった点を把握したい。そのため、試合に行き、何ができるか（できないか）を確認して、結果を報告してほしい。

そのメールから一年後、アストロズ関係者のカイル・マクラーレンが、メジャーリーグ最高峰のビッグイベントであるプレーオフ中に、インディアンズとレッドソックスのダグアウト内にカメラを向けたわけだ。しかも、処罰なしだった。この年、アストロズはレッドソックスとのプレーオフで敗れ、ワールドシリーズには進出できなかった。

アストロズは二〇一九年、ふたたびリーグ制覇を成し遂げた。しかし、試合後の騒々しい祝賀会のさなか、メジャーリーグで最も賢く最もタフな球団という、慎重に築き上げられたイメージが、予想外のスピードで崩壊し始めた。アストロズは前年のオフ、ルノーの提案により、家庭内暴力容疑で七五試合の出場停止処分を受けていた好投手ロベルト・オスナをトレードで獲得した。この獲得について当時批判した人々に向けて、優勝祝賀会の場でブランドン・タウブマン——元銀行員からゼネラルマネージャー補佐に転身した——が侮蔑を露わにしたのだった。

「神様、オスナが来てくれてよかった。オスナを獲得できて本当にうれしい[46]」。タウブマンは、女性記者三人に向かって、ロッカールームでそう叫んだ。記者のうちひとりは、家庭内暴力をなくす運動の啓発用ブレスレットを着けていた。タウブマンは六回も繰り返した。「神様、オスナが来てくれてよかった。オスナを獲得できて本当にうれしい」

ベン・リンドバーグとトラビス・ソーチックの著書『アメリカン・ベースボール革命——データ・

テクノロジーが野球の常識を変える』によると、アストロズのフロントのほとんどがこのトレードに反対したが、ルノーが、オーナーのジム・クレーンの支持を得て、強行したらしい。[47] ほかのチームがオスナの獲得を見送った一方で、道徳を無視したルノーの勝利の文化――マッキンゼーのコンサルタントたちもときおり示す態度――で、アストロズは異色の存在だった。数字が「契約しろ」と言うなら、契約する。それ以前にも、ルノーは、有罪判決を受けた児童虐待者をドラフトで指名しようとし、説得されてあきらめたことがある。

世間から批判が殺到したため、アストロズはタウブマンを解雇した。チームはワールドシリーズでワシントン・ナショナルズに敗れた。そのあと、本当に悪いニュースが飛び込んできた。スポーツ専門サイト「ジ・アスレチック」のケン・ローゼンタールとエバン・ドレリッチが、アストロズが試合に勝つために不正行為を行なっていたと報じたのだ。リーグの規則に反して、ライブ動画を使って捕手のサインを盗み、それを解読して、ダグアウトに続く通路にあるゴミ箱を叩いて打者に伝えていたのだ。

ＭＬＢが調査したところ、アストロズがドジャーズを破ったワールドシリーズを含む二〇一七年および二〇一八年にサイン盗みが行なわれていたことが発覚した。ＭＬＢコミッショナーのロブ・マンフレッドは、ルノーとＡ・Ｊ・ヒンチ監督を活動停止処分にした。ルノーは不正行為について知らなかったと否定したが、「ルノーがそうした策略について何らかの知識を持っていたことを示す証拠書類と証言の両方がある」とマンフレッドは述べた。[48] ヒンチは、この策略を承認しなかったが、止めはしなかった。活動停止処分の発表後まもなく、両名は解雇され、アストロズ在籍時にこの計画を知っていたほかの監督ふたりも解雇された。

報告書のなかで最も非難されたのは、不正行為そのものではなく、データ分析にもとづく勝利への執着が行きすぎるととんでもないことになる、という点だった。

勝利を最優先する野球運営の姿勢が、従業員の処遇、他チームとの関係、メディアや外部ステークホルダーとの関係などに表われており、非常に問題になっていたことは明らかだ。少なくともわたしの見解では、野球運営の閉鎖的な姿勢――ほかの考慮事項よりも結果を重視し、それに報いる文化――が、方向性やじゅうぶんな監視を欠きがちな個人の集団と結びつき、少なくとも部分的な原因となって、ブランドン・タウブマンの事件、そして最終的にはこの報告書に記載されている不正行為の発生を許す環境になったのだと思う。

マンフレッドの報告書にはマッキンゼーの名前はなく、不正行為とマッキンゼーを結びつける証拠も出てこなかった。しかし、マッキンゼーがアストロズの企業文化形成に果たした役割は否定できない。スポーツ専門サイト「ジ・アスレチック」のベテラン野球ライターは、「アストロズは、チケット販売や売店、グッズの見直しのためにマッキンゼーを雇ったのではない」と結論している。「あくまで野球運営にのみ関連している。球団の最も本質的で閉鎖的な部分を完全な部外者に開放しようという意思があったのだ」

アストロズの元幹部、メダルはインタビューで、マッキンゼーの仕事は一部の人が信じるほど重要ではなかったと語った。「わたしの感覚では、彼らはわれわれのプロセス、選手育成の方法、データシステムのインフラとそのバックアップ、フロントオフィスの組織化などを調べているのだと思った。そのたぐいの話だ[49]」メダルは不正行為には関与しておらず、現在はボルチモア・オリオールズで働いている。

ある野球関係者は、マッキンゼーはアストロズとの関係を、多額の報酬を得るためというより、クライアントや潜在的なクライアントに好印象を与えるために利用することがほとんどだったと述べた。ルノーがアストロズを率いていたことは、マッキンゼーだけでなく、彼がこの同社で学んだ教訓にも悪影響を与えたに違いない。もし彼が球団に解雇されていなかったら、コミッショナーはルノーに「この報告書に書かれているような事件が今後起こらないよう、経営・指導の適切なトレーニングプログラム」に参加するよう命じたことだろう。

＊＊＊

コミッショナーの報告書は、論争を終わらせるどころか、あらたな論争の火種となった。アストロズと対戦して敗れた選手たち（ふだんきわめて寡黙な大物選手も含む）が、アストロズの選手たちが誰ひとり懲戒処分を受けなかったことに怒りをむき出しにしたのだ。チームはワールドシリーズのタイトルを剝奪されず、アストロズの小柄ながらもパワフルな二塁手、ホセ・アルトゥーベもアメリカン・リーグ最優秀選手賞を取り消されなかった。

「アストロズへの軽蔑は根深い。この事件以前からそうだった」と、スポーツ専門チャンネル「ESPN」のジェフ・パスサンは書いた[50]。「原因の一端は嫉妬かもしれない。しかし残りの原因は、アストロズの傲慢さだろう。アストロズは進んで伝統的な野球のルールや慣習を破壊し、騒動を楽しんだ[51]」

このスキャンダルは、ワールドシリーズ優勝の栄誉うんぬんという次元を超えて、選手たちの暮らしにまで影を落とした。球界でも屈指の優秀かつクリーンなイメージの選手、マイク・トラウトはこう語った。「野球界にとって悲しい出来事だ。選手たちのキャリアに影響が出て、多くの人が職を失った」

この年の成績が不振に終わりメジャー残留に懸命な若い投手たちは、不正が行なわれていたことを知ってショックを受けた。同年の最優秀選手賞にしろ、不正行為がなければ、ヤンキースのスター、アーロン・ジャッジが獲得していたかもしれず、だとしたら年俸も違っていただろう。ベテラン野球記者、トム・バーデュッチはこう述べた。[52]「野球は、技術主義の高まりのなかで魂を失ってしまった。それが行き過ぎたときに何が起こるかを警告する一撃がアストロズだった」

アストロズのデータ分析革命は、スカウトとマイナーリーグという球界のふたつの伝統的な柱を弱体化させた。人間の観察眼を排除して数字に高い価値を置くことで、スカウト部門を骨抜きにしたのだ。アストロズ主導のもと、何十ものマイナーリーグチームが消滅の道へ進んだ。そうしたチームは、アメリカの田舎町の経済的、社会的な中心であり、何世代もの若者が野球に興味を持つきっかけになっていたにもかかわらず、軽視されるはめになった。

これらの決定にマッキンゼーがどれだけ貢献したかは不明だが、マッキンゼーがアストロズのスカウトたちと会っていたことは周知の事実だ。もっとも、一部のスカウトたちは、同社が何をしているのかほとんど知らなかった。コミッショナーのマンフレッドの指示により、マッキンゼーはメジャーリーグの全面的な見直しを行ない、[53]リーグの組織や人事に変化をもたらした。

データ分析によって、投手は球の回転数を上げ、打者はホームランを増やし、野手はポジションを工夫して内野安打を阻止するようになった。しかしその一方で、球場により多くの観客を呼び込む方法は見つかっていない。メジャーリーグの観客動員数は、COVID-19前の七年間のうち六年間が減少している。かつてはデータ分析を賛美していた野球ライターたちも、いまでは分析がかえってゲームを面白くなくしているのではないかと疑問に思い始めている。最近の野球では、ホームランや三振ばかりが重視され、投手の完投や、一塁走者がシングルヒットで三塁まで進む走力は軽んじられている。

あるマッキンゼーのコンサルタントは、巨額の利益を上げるメジャーリーグを優先するあまり、ルノーが低賃金のマイナーリーグ選手たちを「切り捨てた」と嘆いた。

マッキンゼーとしても、間違った馬に賭けたのを認識し、ルノーの「データ分析、組織、文化」を称賛する記事を撤回した。

マッキンゼー・クォータリー誌は、みずからの判断ミスを認める代わりに、次のようなあいまいで具体性を欠く説明を発表した。「『ヒューストン・アストロズがいかに高度なデータ分析で勝利を収めているか』は、その後の展開により、データ分析以外の要因がアストロズの成功に大きく貢献したことが示唆されたため、削除された」

要するに、いかさまで勝っていたのだ。

第一二章　アザラシを殴る――南アフリカにおける大失態

　ヒマラヤの森に囲まれた全寮制のエリート校で育ったビカス・サガールは、マッキンゼーが標榜するような社会正義、平等、リーダーシップといった価値観を幼いころから叩き込まれた。[1] アジアでも屈指の歴史と権威を誇る男女共学の学校であり、校章に刻まれたモットー「けっしてあきらめるな」が学生の生活の指針だった。この言葉に忠誠を示すかのように、エベレストに登頂する学生もいた。[2]
　何年かして、サガールは、その考えかたを胸に、マッキンゼーのヨハネスブルグオフィスでコンサルタントとして働き始めた。彼は走り、泳ぎ、自転車を漕いだ。[3] マッキンゼーは、長時間の労働、出張、睡眠不足に耐えられる人物として、アスリートを重用する。運動能力のおかげで、サガールは会社にうまく溶け込むことができた。
　しかしそれ以外の点では、彼はほかの従業員とは違っていた。誰とでもすぐにハグをするような快活な性格だから、数字やスプレッドシートやパワーポイントのスライドが特徴の会社のなかでは異色の存在だった。[4] 小規模なコンサルティング会社で幹部を務めるビアンカ・グッドソンは、サガールをよく覚えている。彼女によると、ある晩、マッキンゼーのヨハネスブルグオフィスで長いビジネス会議があったあと、サガールは突然、会議室のテーブルにのぼって踊りだしたという。[5] その話を聞いても、彼を知る人は誰も驚かなかった。

　他人から好かれ、いっしょにいて楽しい人物だったので、サガールの性格はクライアントとの関係を構築し、育成するのに役立った。ビジネスを獲得する能力をマッキンゼーの上級幹部にも高く評価され、彼は組織内で昇進を続けた。最初はパートナー、次にシニアパートナーとなり[6]、ボーナス抜きの基本給が一〇〇万ドル以上に達した[7]。

　彼がヨハネスブルグオフィスに就職したのは、絶好のタイミングだった[8]。南アフリカがマッキンゼーに財布を開き、マッキンゼーはその資金を熱心に活用した。同社は新築のガラス張りのツインタワーにオフィスを移転した。二つのタワーが高架歩道で結ばれている。金曜日には、ワイン片手に仕事抜きのディナーパーティーが開かれ、招待されていない人にも無料の飲み物が振る舞われた。黄色のフェラーリを運転するパートナーもいれば、ポルシェやＢＭＷに乗るパートナーもいた。

　この豪勢さを、マッキンゼーが契約のために依存している政府関係者も見逃さなかった。「わたしはいつになったらポルシェをもらえる？」とある政府関係者は尋ねた[9]。

＊＊＊

　アパルトヘイトが法的にまかり通っていたころ、国連が貿易禁止令を出し、南アフリカの指導者たちに人種差別政策を改めるよう圧力をかけた[10]。だが、その禁輸を破る誘惑は大きかった。南アフリカは先進国であり、ダイヤモンド、金、石炭、プラチナなどの天然資源を豊富に保有していた。マッキンゼーは、その誘惑に負けそうになった。アパルトヘイトの汚点が取り除かれる三年前、南アフリカのスタンダード・バンクがマッキンゼーを雇おうとしたのだ[11]。マッキンゼーは興味を持ったものの、結果として生じる風評被害のリスクを考慮し、ヨハネスブルグにチームを送って調査した。また、それとは別に、新入従業員のスーザン・ライス――のちのオバマ政権の国家安全保障担当顧問――に意見を求めた。しかし結局、マッキンゼーは銀行の申し出を断った。[12]

その後、南アフリカ出身の白人であるシニアパートナーのデイビッド・ファインは、自由な多人種選挙が実施されるまで、マッキンゼーはクライアントを引き受けないと誇らしげに語った。[13]やがて一九九四年、ついに選挙が実施されると、マッキンゼーのコンサルタントたちは、南アフリカの再生に携わりたいと熱望し始めた。[14]

しかし、南アフリカでのビジネスは、オールステートの保険販売やフィリップモリスのタバコ販売に協力するような単純なものではなかった。

ネルソン・マンデラの政党、アフリカ民族会議（ＡＮＣ）が、強力な中央政府が社会の変革を主導すべきと判断したため、民主主義の伝統がなく、法制度も未熟なこの国には大きな負担がかかることになった。[15]マッキンゼーは政府よりおもに企業に助言して評判を築いてきただけに、有利と呼べる状況ではなかった。

一九七〇年、マッキンゼーのパートナーがニューヨーク市の予算課で無償奉仕するかたわら、じつはニューヨーク市と別の契約を結んで利益を得ていたと新聞で報道されて以来、マッキンゼーは長年、政府機関との仕事には慎重に取り組んできた。[16]ニューヨーク市は、マッキンゼーへの一〇〇万ドルの支払いを停止した。[17]告発は行なわれず、[18]市は最終的に支払いを再開したが、[19]この一件を通じ、政府との契約には厳しい監視の目があり、風評被害のリスクがあることをマッキンゼーは学んだのだった。

しかし、コンサルティングビジネスでトップの座を維持するためには、より多くの顧客プールが必要であることを認識するにつれて、マッキンゼーの態度は次第に軟化していった。二一世紀の初めには、マッキンゼーはアメリカだけでなく、世界各国の公共の場にふたたび本格参入し始めた。
マッキンゼーは、南アフリカでは政府の仕事を引き受けるしかないと感じ、それに伴うリスクを冒すのはやむを得ないと判断した。ヨハネスブルグオフィスの元マネージャーは、「南アフリカのような国で存在感を示したいのであれば、公共部門に関わるしかない」と述べている。[20]
しかし、より寛容でより公平な国家というマンデラのビジョンは、ANCの腐敗と暴力に取って代わられた。南アフリカの黒人を支援するための巨額の公的資金をANCの幹部が横領し始めた。[21] そうした腐敗は最初のうち水面下に沈んでいたが、みずからの不正行為を隠蔽するためにANCの政治家が互いを暗殺し始めるにいたり、表沙汰になった。ANCの国家スポークスマンであるスマッツ・ンゴニャマが、公的な契約によって一〇〇〇万ドルもの利益を得ていたことが明るみに出たものの、彼は「わたしは貧しくなるために闘争に加わったのではない」と開き直り、いっさい罪に問われなかった。[22]
欧米企業も無関係ではいられなかった。
ロンドンで最も影響力のある広報会社の一つであるベル・ポッティンジャーは、クライアントの不正な公共契約から注意をそらすため、南アフリカの人種間の対立を煽った。[23] 偽のツイッターアカウントを使って、南アフリカの白人独占資本に対する怒りを燃え上がらせた。[24]
ドイツの巨大ソフトウェア会社SAPは、国営機関と契約を結ぶため、仲介者に九〇〇万ドルを支払った。[25] 監査法人のKPMGは、ジェイコブ・ズマ大統領が国税庁を解体するのに協力し、[26] ズマ大統領の盟友を批判した財務大臣の解雇につなげた。
マッキンゼーは二〇〇五年、国営鉄道・港湾部門であるトランスネットの顧問に就任し、競争に参入した。[27] 国営企業のコンサルティングを行なうには、政府の指示に従って、黒人所有の下請け業者とビジネスの一部を共有する必要があった。経済的再分配の一環だ[28]。適切な関係を築ければ、こうした下請け業者はいずれ独立できるようなスキルを身につけることができる。ただ、いわば見合い結婚のようなものだから、見ず知らずのカップルがいっしょに暮らすとなると、いろいろな問題が伴った。

マッキンゼーとしては、ルールに沿って迅速に行動することが重要だった。トランスネットは早急な立て直しを迫られていたからだ[29]。同社は国家経済の重要な部分を担っており、六万人の従業員を擁し、ほかにも二〇万人から三〇万人の雇用を支えていた[30]。テキサス州の約二倍の広さの国土に鉱物を運ぶため、鉱業業界には貨物列車が必要だった。発電所も、火力炭の定期的な輸送を求めていた。また、港湾都市ダーバンでは、輸出用の貨物を輸送するうえでトランスネットに頼っていた[31]。

マッキンゼーは、トランスネット関連の最初の下請け業者として、レツェマという小さなコンサルティング会社を雇った[32]。レツェマがどれだけの仕事に貢献したかや、マッキンゼーのコンサルタントがレツェマの従業員をどう扱うかでやや衝突があったものの、この結婚生活はおおむね順調だった。しかし二〇一三年、機関車の供給契約をめぐって、入札時にトランスネットと競合しかねないゼネラル・エレクトリックにレツェマが助言していることを知り、マッキンゼーはレツェマと袂を分かった。

マッキンゼーは、黒人経済力強化に取り組む各企業が汚職の隠れ蓑として利用されつつあったこの時期に、別のパートナーを見つけなければならなくなった[33]。国家の問題が深刻化していることを誰しも感じていた。南アフリカのもろい民主主義が、マッキンゼーのビジネスの成長も脅かしていた。

腐敗した状況に巻き込まれないためには、黒人経済力強化の新しいパートナーもクライアントも徹底的に事前審査する必要があった。ところがマッキンゼーはそうしなかった。腐敗が蔓延している政府の国有企業なのだから、本来、高度な尽職調査《デューデリジェンス》を行なうべきだったのに、トランスネットを民間企業であるかのように扱った[34]。そのせいで、トランスネットからレジメンツ・キャピタルをパートナーとして採用するよう勧められたときも、マッキンゼーは表面的な調査だけで済ませ、重大な問題点を発見できなかった。[35]

＊＊＊

トランスネットのサービスを改善するために、マッキンゼーはあらたなチームを編成した。チームメンバーは最終的にはコンサルタント一〇〇人にまで膨れ上がり、それを九四人の国際的な専門家と、数十人のトランスネット従業員がサポートした。[36] マッキンゼーのコンサルタントは組織内に深く入り込んだ。トランスネットグループのある幹部は、こうしたコンサルタントなしにトランスネットグループはもはや運営できないだろう、と感じた。

このように広い地域にわたる重要な産業には、国を知り尽くした強力なチームリーダーがふさわしい、とマッキンゼーは考えた。そこで選んだのが、南アフリカ出身のコンサルタント、デイビッド・ファインだった。ファインは、頭が良く、正義感が強いものの、とくに人望があるわけではなかった。茶目っ気のあるサガールとは違って、見ず知らずの人とハグしたり、会議テーブルの上で踊ったりはしない。数人の同僚は、彼を「社交性に欠ける人物」と評している。[37]

トランスネットは、手に負えないクライアントであることが判明した。

トランスネットの鉄道局が、以前に契約の不正行為で解雇された元貨物鉄道長、シヤボンガ・ガマを再雇用した。[38] その一方、ダイムラークライスラーの元ＣＥＯであるユルゲン・シュレンプが、突然、トランスネットの取締役を辞任した。トランスネットがブライアン・モレフェを新ＣＥＯに任命する前に何の相談もなかったことに腹を立てたのだ。[39] シュレンプは、自分に相談せずに決定を下すのは

「まったく不適切」であり、「お粗末なコーポレート・ガバナンス」の表われであると非難した。[40]マッキンゼーのドイツ人パートナーたちはシュレンプの有能さをじゅうぶん知っていたのだから、社としても彼の指摘にもっと耳を傾けるべきだった。

シュレンプは蚊帳の外に置かれていたものの、モレフェの新CEO就任は、インドから移住したアジャイ、アチュル、ラジェシュのグプタ三兄弟にとっては驚きではなかった。のちに、フロント企業を通じて国庫から巨額の金を奪い取ったという容疑で逮捕されることになるグプタ三兄弟は、すでにこのころから暗躍していた。グプタ家が経営する新聞は、新CEOの就任が公表される数カ月前に早くもこの人事を報じていた。[41]

一九九〇年代半ばに南アフリカに渡って以来、グプタ家はズマ大統領の側近たちをあやつり、鉱業、運輸、コンピューター、メディアなどのビジネス帝国を築き上げた。[42]ズマ大統領の子供ふたりを雇ったこともある。

グプタ家が富と影響力を最も大胆に誇示したのは、二〇一三年にある血縁者のために催した「世紀の結婚式」だ。花嫁の両親が、南アフリカでもとくに豪華なサンシティのリゾートホテルの全室を予約して、数日間にわたる盛大なイベントを開催した。グプタ家がチャーターしたジェット機は、インドから二〇〇人の招待客を乗せ、ヨハネスブルグの商業空港ではなく、サンシティに近いセキュリティ万全の軍事基地に着陸することを許可された。これを知って、一般の南アフリカ人は怒った。ニューヨーク・タイムズ紙によると、招待客たちは高級リゾートホテル「ザ・パラス・オブ・ザ・ロスト・シティ」の結婚式会場まで、ぜいたくな車の数々に分乗し、サイレンを鳴らす護衛の車列に守られつつ送り届けられたらしい。[43]

グプタ家はその結婚式に著名な南アフリカ人を招待した。なかにはマッキンゼーのデイビッド・ファインも含まれていた。ファインは出席しなかったと言い、グプタ家の人々には会ったこともなく、なぜ自分が招待されたのか見当もつかないとコメントした。[44] マッキンゼーの幹部たちも、グプタ家の政治的な影響力を知らなかったと主張している。[45]

しかし、もっと観察力のある人々もいた。

二〇一一年二月下旬、南アフリカのある新聞は、労働組合の有力者であるスドゥモ・ドラミニがグプタ家について懸念を表明したと報じた。「わたしたちは、不審なかたちで行なわれる大きな取引がますます増えており、不安を覚える」とドラミニは語った。[46] その数週間後、南アフリカのメール＆ガーディアン紙も、国有機関におけるグプタ家の影響力の強さについて、同様の懸念を報じた。[47]

そのような心配の声をよそに、マッキンゼーは、トランスネットの貨物鉄道局が手がけるリスクの高い新しいインフラ計画の監督を引き受けた。同局を率いる人物はほかならぬシヤボンガ・ガマ——かつて契約上の問題で解雇されたにもかかわらず、なぜか再雇用された人物——だ。[48]

トランスネットのこの計画は、大きな賭けだった。

現在の受注にもとづいてインフラ整備に投資するわけではなく、受注が確定していない段階で投資を行なう計画だったからだ。まだ存在していないビジネスに何億ドルも賭けるのも同然だった。[49] 計画を成功させるためには、マッキンゼーに将来の経済活動を正確に予測してもらう必要があった。マッキンゼーの楽観的な予測により、トランスネットは一〇六四両の機関車を購入することを決め、購入費に充てるためトランスネットとして史上最大の資本調達を行なった。[50]

トランスネットは、姉妹機関である南アフリカ旅客鉄道公社（ＰＲＡＳＡ）を見習うべきだった。二〇一三年三月、ＰＲＡＳＡは機関車の購入に約二億ドルを支払ったが、裁判資料によると、この取引は「汚職と談合にまみれたもの」だった。[51] その挙げ句、結果はお粗末だった。高すぎる金額を払ったにもかかわらず、機関車の車高が南アフリカの鉄道システムの規格に合わなかったり、そもそも納品されずに終わったりした。一台はテスト中に脱線し、残りはオークションにかけられた。

トランスネットの機関車の購入は、国家経済にとって規模も影響もさらに大きかった。マッキンゼーは、購入額を約二六億ドルと見積もった[52]。その後もたついたが、二〇一四年初頭、トランスネットは突然、ただちに資金調達する必要あり、と決定した。マッキンゼーは期限の短さに納得がいかず、落札者が選定されようとする段階で、調達に関する助言を打ち切った[53]。

一夜にして、購入価格は一〇億ドル近くも跳ね上がった。ファインは、この高額の支払いには「多くの場合、説明のつかない余分な要素が含まれている」と述べ、「説明は不可能だ」と強調した[54]。別のマッキンゼーのシニアパートナーは、価格の急騰が信じられないようすだった。「交渉のすえに価格がむしろ上がるなどという話は聞いたことがない。価格のオファーを目の前にして、もっと高くならないかと交渉するのか？[55]」

この大失敗は、マッキンゼーにも責任があった。マッキンゼーが機関車に対する消費者の需要を過大に見積もった結果、トランスネットは本来必要のない機関車を高値で購入するはめになったのだ[56]。しかしトランスネットとは異なり、予測の誤りを利用してマッキンゼーは利益を得た。自分たちで問題を生み出しておきながら、こんどはそれを解決することを仕事にしたのだ。マッキンゼーに与えられた新しい仕事は、コスト削減と収益向上だった[57]。

憲法の専門家であり、司法委員会の一員であるマシュー・チャスカルソンは、いわゆる「国家捕獲」——国家の権力を不正に利用して、みずからの利益を図るという、事実上、静かなクーデター——を調査している人物だ。彼の説明によると、マッキンゼーは、レジメンツという会社を下請けパートナーとして雇ったあと、トランスネットの大型契約を獲得し始めたという。レジメンツは政治的に強力なグプタ家とつながっていることが判明した。チャスカルソンは、入札を経ない単独受注が一年半足らずのあいだに七件あったと指摘し、「単独受注が異常に連続している」と述べた[58]。その期間中、マッキンゼーの手数料が指数関数的に増加したという。

＊＊＊

マッキンゼーのヨハネスブルグオフィス内でも、こうした契約について――最初は静かに――疑問の声が上がった[59]。

コリン・ダグラスは、ケープタウンで在宅勤務中、トランスネットに関わる不審な行動を知っている者はいないかとマッキンゼーが尋ねてまわっていることを知った。彼は、ヨハネスブルグオフィスの初期採用者のひとりで、二〇〇四年にフリーランスになるまでの六年間、専属ライター兼コミュニケーション・スペシャリストとして働いていた[60]。在籍中にサガールと知り合いだった彼は、マッキンゼーがトランスネットについて調べていると聞いて、奇妙な出来事を思い出し、連絡を取った[61]。

その結果、ヨハネスブルグオフィスはもちろん、マッキンゼーのグローバルな帝国全体が大パニックに陥った。

ダグラスは、数年前にビカス・サガールから、ある人物のＭＢＡ論文の執筆を手伝ってほしいという不可解な依頼があったと打ち明けた。じつはその人物とは、マッキンゼーが機関車の調達を担当していたころの貨物鉄道局の悪名高い責任者、シヤボンガ・ガマだった。ダグラスはためらったものの、マッキンゼーの従業員の協力を得て、少なくとも二章を書き上げた。

この代筆への報酬として、ダグラスは、トランスネットの二つの口座から約七〇〇〇ドルを受け取った。この金額には、協力したほかのマッキンゼー従業員の報酬は含まれていない。マッキンゼーは、アメリカの外国為替取引法（ＦＣＰＡ）に違反しているおそれがあるとすぐに気づいた。贈賄と見なされかねない。そこで、徹底的な内部調査が行なわれた[62]。

同社は、ガマに提供したサービスがＦＣＰＡ違反の可能性あり、と報告すべきだと結論した。しかし、報告を受けたアメリカ政府は、ガマをサポートしたことと契約を結んだことのあいだには関連が認められないとして、何の制裁も科さなかった。

もし、マッキンゼーのベテラン幹部たちが時間をかけてサガールをじっくりと知っていれば、このような事態を予見できたかもしれない。

サガールは、レジメンツおよびトランスネットの上層部と絆を築き、互いの関係を管理した。そうした手腕――および、そこから生み出される利益――にマッキンゼーのパートナーたちは感心し、彼をシニアパートナーに選出した[63]。

もともと彼は、アメリカに留学して、ミシガン大学で学士号を、ウォートン・スクールでＭＢＡを取得し、マッキンゼーに就職した[64]。シカゴオフィスに短期間勤務したあと、クウェートで小さな情報管理会社を立ち上げ、二〇〇一年にアフリカのマッキンゼーに再入社。ファインが入社した数年後に、同社のヨハネスブルグオフィスに着任した。

サガールとの会議に出席したある女性ビジネス幹部は、彼を「傲慢だが、ボリウッドふうのハンサム」と形容した。エルメスのベルト、モンブランのカフスボタン、ルイ・ヴィトンのブリーフケースで身を飾っていた。「ピカスに話しかけられたのは一回だけだった」と彼女は話す。「わたしが真新しいプラダのバッグを会議に持って行ったところ、素晴らしいバッグだ、と彼は小声で言い、でもセリーヌを買うべきだった、と付け加えた[65]」

ファインとサガールは仕事のアプローチが異なる。ファインは会社の手続きに従い、重要な決定についてはパートナーに相談した。パートナーからシニアパートナーへ、さらにはヨハネスブルグオフィスのマネージャーへと急速に昇進し、のちには地域マネージャーになった。サガールは、性格上、クライアントと一対一でやり取りするのを好み、同僚を排除していた。[66] オフィスの上級幹部たちは、ひとりで行動するのは無責任だとサガールに警告したものの、ほとんど見て見ぬふりだった。サガールの方法がパートナーの年末ボーナス増額に役立つのなら、非正統的なやりかたであっても喜んで受け入れた。

マッキンゼーがトランスネットに提供した仕事は、面倒ではあったが収益性は高く、次の大仕事のウォーミングアップになった。次の大仕事とは、国営電力会社エスコムの再建だ。うまくいけば、マッキンゼーはエスコムから、世界のどの企業よりも多くの金、七億ドルもの報酬を得られる可能性があった。[67] 白人中心の企業が、貧困にあえぐ政府から、競争入札なしで、これだけの金額を得るとなれば、どう見ても問題だろう。アメリカやイギリスなら、このくらいの金額はほとんど注目されないかもしれない。しかし、南アフリカとなると違う。世界のどの国よりも所得格差が大きく、[68] 若者の失業率は五〇パーセントを超えている。[69] 借金まみれで経営不振の国営企業からこのような大金を引き出すなど、良心が疑われる。

エスコムが抱える問題は、一点に集約できた。大陸で最も先進的な経済を有する南アフリカが、もはやこの電力会社に頼っていては安定した電力供給が得られなくなっている、ということだ。二〇一五年の上半期、半分以上の日で停電や電力供給の低下が発生していた。[70] 毎週のように新しい難題が生じているふうだった。エスコムは、ある発電所で一〇〇〇人の労働者を解雇した。[71] 二万一〇〇〇人の契約労働者が、劣悪な生活環境と低賃金に抗議してストライキを行なった。四人の幹部が停職処分となり、スタンダード&プアーズは、エスコムの格付けを「ジャンク」に格下げした。[72] 前年には、主要なボイラー一基が爆発事故を起こした。[73]

事態を収拾しようと必死のエスコムは、ブライアン・モレフェを新しいCEOに任命した。モレフェと言えば、トランスネットで機関車プロジェクトの大失敗を引き起こした責任者だ。[74]

サガールは、トランスネット時代からモレフェを知っていた。別のシニアパートナー、アレクサンダー・ワイスも、二〇〇五年からエスコムのアドバイザーを務めていた。[75] ワイスは、土木工学と経営学という二つの博士号を持つ。[76] ベルリン在住でありながら、往復二六時間かけて、ときには毎週、ヨハネスブルグに出向き、エスコムの最高経営責任者や最高財務責任者ら十数人にコンサルティングを行なっていた。[77]

エスコムとマッキンゼーは、何をすべきか、どれだけの費用が発生するかについて、半年近くにわたり二〇日以上かけて議論した。[78] サントン――ヨハネスブルグの金融の中心地であり、「アフリカで最も豊かな一平方マイル」といわれる街――にあるマッキンゼーのガラス張りのタワーのなかで、白熱した話し合いが重ねられた。[79・80]

マッキンゼーのパートナーやシニアパートナーを含む一六人以上の現従業員、元従業員へのインタビューによると、エスコムを改革できると信じて大きな賭けに出ようとする者と、エスコムはまがい物の金脈であって深刻な風評リスクがあると考える者とに分かれ、オフィス内で激しく対立していたのだという。結果的には莫大な利益を手にすることができ、前者が勝利し、リスクは正当化された。

マッキンゼーの公式発表によれば、この議論は困難で、多くのすれ違いがあったとのことだ。しかし、少なくともひとりの元パートナーは、マッキンゼーはいたって容易に望む結果を得たと示唆している。「この議論は、まるで無防備なアザラシを殴るくらい、シンプルだった」とそのパートナーは言う。「欲望が常識を上回ったのだ」

このほか、競争入札がないことや、「アットリスク契約」と呼ばれる成果報酬型の料金体系が物議を醸した。アットリスク契約は、通常の固定報酬契約とは異なり、仕事が完了するまで最終的な報酬額がわからない。合意した目標が達成されなければ、何年間コンサルティングをしても、マッキンゼーが報酬を受け取れないおそれもある。しかし逆に、莫大な報酬額になる可能性もある。あるパートナーは、「オフィスを丸ごと賭けにさらすようなものだ」と同僚たちに警告した。「もし最終的な報酬が公開されたら、その巨額さだけで非難の嵐を浴びてしまう」

成果主義の契約には、別のリスクもあった。一九八〇年代後半、のちにエンロン破綻を招くジェフリー・スキリングは、マッキンゼーのコンサルタントの一員として、コスト削減の達成率など、成果に応じた報酬を請求すべきかどうかを検討する委員会に参加していた。この委員会は、そうした成果主義は賢明ではないと結論した。マッキンゼーがコスト削減に目がくらみ、クライアントの最善の利益につながらないのにコスト削減を指示してしまう危険性があるからだ。「そんなことをしたら、うちの会社が潰れかねない」とスキリングは言った。[81] マッキンゼーは結局、クライアントが成果主義を要望しており、競合他社も採用しているとして、委員会の提言を却下した。[82]

「エスコムで一〇〇パーセントのアットリスク契約を結ぶのは、神を演じようとするようなものだ」と南アフリカの元コンサルタントは言う。「何の問題もなしに、すべてを好転させることができる、と保証するも同然だ」。そんな保証ができるためには、マッキンゼーが持っている以上の政治的影響力と専門知識が必要だろう。「マッキンゼーが現実に成し遂げられるものとは、かけ離れている」

それでも、巨額の利益が見込めることから、ヨハネスブルグやほかのマッキンゼーのオフィスでは、エスコムのプロジェクトが人気を博した。支持者のなかには、エネルギー・電力分野を統括するふたりのシニアパートナーも含まれていた。小説家アレクサンドル・ソルジェニーツィンの長男でモスクワ在住のヤーモリー・ソルジェニーツィンと、ドイツのデュッセルドルフにいるトーマス・ファーレンカンプだ[83]。

エスコムの大型プロジェクトが二〇一六年一月に始まったが、すぐにトラブルに見舞われた。異例の報酬体系をめぐって、法律で定められているとおり国家財務省の承認を得た、というエスコム側の言葉を鵜呑みにし、裏付けを取らなかった。何カ月も経ってから、マッキンゼーは、業務が違法状態であることを知った[84]。

一方でマッキンゼーは、二〇一六年二月にレジメンツと契約解消したあと、信頼できる黒人エンパワーメントの下請け業者を見つける必要もあった[85]。サガールの推薦にもとづき、同社はレジメンツからスピンオフした新会社トリリアンを選んだ。しかし、ここでふたたび誤りを犯した。契約書も交わさなかったうえ、トリリアンが黒人の経営であることや、好ましからざる人物がいないことを確認せずに仕事を始めてしまった[86]。

トリリアンみずからの行動が、状況をさらに悪化させた。エスコムに新しいボイラーを買うよう助言するかたわら、売り手である中国企業にも助言を与えていた。「とくに問題なのは、トリリアンが潜在的な利益相反を公表していなかったことだ」とワイスは指摘する。マッキンゼーがこの利益相反を知ったのは、エスコムとの会議の最中だった[87]。

トリリアンとしても、マッキンゼーに腹を立てる理由があった。トリリアンの経営コンサルティング部門を運営していたビアンカ・グッドソンは、マッキンゼーが自分と自分の会社を無駄なお荷物扱いした、と語る[88]。ある晩のマッキンゼー本社での幹部会議で――サガールが会議室のテーブル上で踊るのをグッドソンが見たあの日――グッドソンは発言の機会を数時間待っていたが、ようやく番が回ってきたとき、ワイスが部屋を出て行ってしまった。マッキンゼーのパートナー、ロレンツ・ユングリングから、トリリアンは「依然三〇パーセントもらえるから、心配いらない」と言われた。しかしグッドソンによると、翌日、ユングリングは、トリリアンが「たいした仕事をしないくせに、金を欲しがっている」とほのめかしたらしい。

このような経緯を体験したグッドソンは、トリリアン社内で大きな影響力を持つ人物が、以前こう言ってくれたのを思い出した。「マッキンゼーの連中が何か面倒を起こしたら、わたしに連絡をくれ」

その人物とは、トリリアンのオーナーであり、グプタ家が南アフリカ政府を「捕獲」するうえで重要なパイプ役となる影の立役者、サリム・エッサだった[89]。

翌日、サガールから、同僚の言動を詫びる電話がかかってきた。

一方、ファインは、サガールがトリリアンやエスコムの幹部とプライベートで会っていることに、しだいに懸念を募らせた。「この問題をわたしは彼に提起した。わたしの同僚であるノルベルト・ドアーも同様だった。夕食会まで開いて、この問題を議論した[90]」

サガールは、この批判をこころよく思わず、「信頼が足りない」とこたえた。

サガールに難癖を付けるのはリスクがあった。彼は人気があり、エスコムとトランスネットから収益を上げて成功していた。ある試算によれば、ヨハネスブルグオフィスの収入の半分近くが、この二つのクライアントで賄われているのだった[91]。

ファインはエスコムのコンサルティングを直接担当していなかったが、責任者として、トリリアンのオーナーの正体を知りたがった。「何度も尋ねた。トリリアンは結局、何者なのか、と。こたえはなかった[92]」。ファインが知っているのは、トリリアンのＣＥＯであるエリック・ウッドだけで、ウッドは「黒人の顧問会社を始めた南アフリカの白人」だった。[93]

ファインは、この疑問にこたえを出すため、メルローズアーチ——高級小売店、屋外レストラン、ホテル、ジム、ビジネスオフィスが集まっている島——にあるレストラン「タシャス」で、サガールとウッドに二回会った。「どういう人々が投資している？」とファインは詰問した。ウッドは、数人の名前を挙げた。後日、その名前をグーグル検索して、ファインはいっそう心配になった。彼らは政界とつながっている、と判断した。

マッキンゼーとしても最大級のプロジェクトのデューデリジェンスで、ひとりのパートナーが人名をグーグル検索するという初歩的な手段に頼ったわけだ。この仕事を引き受ける事前準備がいかに疎かだったかがわかる。その後、マッキンゼーは調査員を雇ってトリリアンの内情を調べさせ、結果として、グプタ家とつながりのあるサリム・エッサの関与が明るみに出た。

サガールは、エッサとはいちども会ったこともないと同僚たちに断言した。しかし、それは嘘だった。

それどころか、サガールがエッサと定期的に連絡を取り合っていたこと、しかもそれを隠そうとしていたことをマッキンゼーは突き止めた。彼は、自分のコンピューターの記録を消去するプログラムをインストールし、私用メールアドレスを使ってエッサの秘密のアカウントと交信していた。[94]また、マッキンゼーのロゴが入った手紙をエスコムに送り、マッキンゼーが同社と結んだ契約を理由に、同社がトリリアンに直接、下請け報酬を支払うことを許可していた。[95]

マッキンゼーは二〇一六年三月、三カ月続いたトリリアンとの提携を打ち切ったとエスコムに通知した。[96]ようやく重い腰を上げたかたちだったが、実際にはすぐまたトリリアンとの共同作業を続け、決断を実行には移さなかった。

マッキンゼーはそれまで、問題まみれの契約への関与についてほとんど語らず、どうにか報道を抑えてきた。しかし、三年契約がスタートしてからわずか半年後の六月、重大な契約違反があったとして、エスコムがマッキンゼーを解雇した。[97]

マッキンゼーのパートナーたちは、イメージ悪化をほぼ封じ込めたと思っていただけに、おおいに驚いた。

＊＊＊

マッキンゼーは長年、政府とのさまざまな契約によって利益を得てきたが、国民の金をどのように使ったかについて説明する責任は問われなかった。アメリカでは、名声と政治的コネクション、有利な規制法が、追及の手からマッキンゼーを守ってきた。しかし意外なことに、二〇年前に誕生したばかりの脆弱な民主主義国家である南アフリカで、マッキンゼーはアメリカでは学ばなかった説明責任に関する教訓を学ばされるはめになった。

教訓の始まりは、二〇一六年一〇月だった。当局が「国家捕獲」について一連の調査を開始したのだ。国家捕獲とは、私人や企業が国家機関を乗っ取り、公的資源を私物化する一方、その腐敗を摘発する責任を負っている機関を弱体化させることをさす。

最初の調査に乗り出したのは、公共保護官のトゥーリ・マドンセラだった。マッキンゼーがエスコムへの助言を止めてから三カ月後、マドンセラが調査結果を発表した。そのなかで、マッキンゼーのトランスネットやエスコムにおける契約の不正を指摘したものの、「すべての当事者が取引の詳細を公表することを拒んでいるため、謎のままである」として、詳細にはほとんど触れなかった。[98]この報告書はマッキンゼーを動揺させたものの、深刻な傷は与えなかった。

翌月には、人権活動家として広く尊敬されているジェフ・バドレンダーが再調査を始めた。彼はより多くの時間をかけ、契約をさらに深く掘り下げた。マッキンゼーに会談を申し込んだが、文書による質問にしかこたえないと断られた[99]。マッキンゼーの回答書のなかで、ある一文がバドレンダーの目にとまった。「マッキンゼーは、トリリアンがSDP（サプライ・デベロップメント・パートナー）として、またはマッキンゼーの下請けとして仕事したプロジェクトには関与していない[100]」

じつはバドレンダーは、マッキンゼー側に伝えていた以上の知識を持っており、マッキンゼーを罠にかけたのだ。マッキンゼーの否定を受け取るとすぐさま、彼は、サガールがエスコムに送った書簡をおもてに出した。関与を明確に認める内容だった。「ご存じのとおり、マッキンゼーはこの契約にもとづいて行なわれるサービスの一部をトリリアンに下請けに出している」とサガールは書いていた[101]。また、エスコムがトリリアンに報酬を直接支払うことを承認していた。

バドレンダーは説明を求めた。マッキンゼーの弁護士であるベネディクト・フィリは、同僚たちと話し合ったあと、折り返し返事をするとこたえた。しかし、バドレンダーからの頻繁な催促にもかかわらず、何週間経っても返事がなかった。やがて二カ月半後、マッキンゼーはバドレンダーの「非公式な」問い合わせにこたえるのは「不適切」である、と返答してきた[102]。

「なぜ不適切なのかは、説明されていなかった」とバドレンダーは報告している。「マッキンゼーが経営コンサルティングの国際的リーダーであると自認していることや、この問題に対する世間の関心が高いことを考えると、不可解と言わざるを得ない[103]」。バドレンダーの最終判断は、こうだった。

「マッキンゼーは虚偽の情報を提出した[104]」

マッキンゼーが不正を働いていることを示唆したバドレンダーの報告書は、表面的な傷以上のものを与えた。マッキンゼーは、それを認識していた。さらに多くの調査が続くと予想され、もはや沈黙は許されなくなってきた。財務省、連邦議会、メディア、そしてレイモンド・ゾンド副首相が委員長を務める南アフリカの「国家捕獲調査委員会」が、手ぐすね引いて待っていた。[105・106]

マッキンゼーが公的な契約についてなかなか口を開かないことは、メディアにも伝わった。マッキンゼーとレジメンツのパートナーシップに関する記事のなかで、この国の主要な調査報道組織であるアマブンガネはこう書いた。「われわれはこの二カ月間、レジメンツがさまざまな〝ビジネス開発パートナー〟に高額の報酬を支払った事実を知っているか、との質問状をマッキンゼーに六回送った。[107]マッキンゼーはその都度、質問をかわした」

国家検察局は、マッキンゼーが汚職を助長したことをおおやけに非難し、いっそう圧力を強めた。さらに、マッキンゼーがエスコムに行なったコンサルティングに関し、同社が「存在しない違法な取引に正当性のベールをかぶせるうえで中心的な役割を果たした」と結論づけた。[108]ちょうどそのころ、議会が政府汚職をめぐる公聴会に突入した。[109]

マッキンゼーは、立ち向かうべきときが来たと判断した。それも、顔の見えない企業声明を出すのではなく、社内の人当たりの良いパートナー――忠実な南アフリカ人コンサルタントで、グローバル公共・社会部門の責任者にのぼりつめたデイビッド・ファイン――を介して問題に対応することにした。ファインはヨーロッパ在住だが、南アフリカへ飛んで公聴会に出席し、マッキンゼーがバドレンダーに回答しなかったことを陳謝し、ほかにも多くの過ちを認めた。

「クライアントの同意なしに調査に協力する方法をめぐり、社内で深刻な混乱があった」とファインは述べた。[110]「そういった問題を説明すべきだった。説明を怠った点はたいへん反省している」。もっとも、バドレンダーが本当に知りたかったのは、マッキンゼーがなぜ回答したがらなかったかではなく、国家捕獲が進行するうえでマッキンゼーが何をしたのか、しなかったのかだろう。
政府がどのように金を使っているかを国民に知る権利は、民主主義がまともに機能するうえで不可欠だ。しかし一般論で言えば、そうした権利はマッキンゼーのような民間クライアントが政府と結んだ契約には及ばない。そのぶん、政府へのコンサルティングは民間相手の場合より責任重大であると同社は知っていたはずだ。同社の南アフリカでの経験は、この違いを明確に示すことになった。機密情報の保持が期待されている場合でも、政府機関クライアントについておおやけに議論すべきなのか？

確実な対処法は二つしかない。政府ビジネスを請け負わないか、質問にこたえるかだ。ところが、マッキンゼーは第三のかたちを選んだ。すなわち、うちのコンサルタントたちには難しい疑問を社内で提起するよう奨励している、と述べたのだ。公的な説明責任を果たしたとはとうてい言えない[111]。しかし、少なくとも南アフリカでは、マッキンゼーは方針を転換した。クライアントを失って南アフリカオフィスも閉鎖される可能性が迫ってきたため、経済面の影響を考慮して決断を下した。おおやけの場で質問にこたえるほかない、と。それもいちどではなく四回。母国のアメリカではかつて経験したことのない状況だった。

まずはファインが、議会の委員会で四時間にわたって質疑に応じた[112]。彼は過ちを認めたものの、罪は認めなかった。会社を代表して謝罪し、エスコムからの報酬を全額返金すると明らかにした。「上限を設けた料金体系に是非ともすべきだった」とファインは反省の弁を述べた。

マッキンゼーの幹部たちは、会社ではなくサガールを生贄として差し出し、会社の問題を起こしたのは彼であり、停職処分中にすでに辞職したと明かした[113]。しかし、彼が退職金その他を全額受け取った点には触れなかった[114]。また、エスコム担当チームの共同リーダーだったアレックス・ワイスにも制裁を科したと発表したが、その内容は明かさなかった[115]。ワイスは仕事を続けた[116]。サガールは現在、ロンドンでソフトウェア会社を経営している[117]。

クライアント基盤が急速に縮小するなか、マッキンゼーは数十人の従業員を南アフリカ国外のポストに異動させた。どうにか「出血」を止めようと、ニューヨークが拠点のマネージングパートナー、ドミニク・バートンが、はるばる南アフリカに六回も出向いた[118]。

しかし、汚職と「国家捕獲」に関する別の調査——これまでで最大の調査——が二〇一八年六月に始まり、終了までに四〇〇人以上の人物から証言を聴取した[119]。レイモンド・ゾンド憲法裁判所次席判事が率いるこの委員会は、二〇二一年までその作業を続けた。

証人喚問が行なわれるなか、バートンの後継者であるケビン・スニーダーは、ヨハネスブルグを訪れて怒りの残り火を消すことが重要だと考えた。ニューヨーク・タイムズ紙がマッキンゼーの南アフリカでの活動について批判的な記事を掲載してから二週間後の二〇一八年七月の月曜日早朝、あるビジネスグループの会合に出席したスニーダーは、「申し訳ない」という言葉を一一回使った[120]。「南アフリカにおけるマッキンゼーに関して書かれたあの記事は、われわれが何よりも大切にしているもの、すなわち、わが従業員たちの判断力、人格、評判を通じてクライアントと築いてきた信頼を深く傷つけた」

「われわれのガバナンスは失敗した。自社の利益を優先するアプローチのせいで、報酬の高騰を招いた。にもかかわらず、みずからの間違いを認めなかった。さらに悪いことに、じゅうぶんに早く、じゅうぶんに明確に謝罪しなかった」スニーダーはまた、マッキンゼーがエスコムのデューデリジェンス審査に失敗したあと、トリリアンとの「相互関係」を続けるべきではなかったと認めた。

しかし、南アフリカの問題はまだ終結していなかった。

スニーダーのスピーチのあと、ゾンド次席判事が率いる委員会で、さらに悪い事実が発覚した。二〇二〇年の終わりごろ、マッキンゼーと国有企業との不正な契約があらたに二件明るみに出て、マッキンゼーは慌てふためいた。[121]

一つは南アフリカ航空との取引で、マッキンゼーとレジメンツはこの航空会社の運転資本を「ロック解除」するために雇われた。[122] このときは、入札を避ける必要はなかった。レジメンツが航空会社の財務担当者を買収したからだ。[123] 委員会の調べによると、レジメンツは事前に契約仕様を入手し、提案依頼が出される前に評価基準を変更したという。[124] また、レジメンツは、競合他社の入札など、評価プロセスに関する機密情報も入手していた。[125] 航空会社は、取締役会が審査に乗り出さないよう、一定の範囲内の契約額に抑えた。[126]

航空会社との契約におけるレジメンツの取り分は六二〇万ランド（約四二万ドル）であり、その四〇パーセントが、ペーパーカンパニーを介してグプタ家へ送金された。[127] マッキンゼー側は、この契約が賄賂によって得たものであることは知らなかったと述べている。[128]

不正な契約の二つ目は、トランスネット関連だった。レジメンツは、グプタ家が支配するフロント企業に数百万ドルを横流ししていた。[129]

この横流しについても、マッキンゼーはふたたび、何も知らなかったという立場を示した。[130] 社内調査を行ない、一〇〇万通以上の電子メール、財務記録、そのほかの文書を確認し、一一五件の聞き取り調査を実施した結果、関与なしと結論したと述べた。[131] しかし、このようなマッキンゼーの否定は、映画『カサブランカ』のクロード・レインズを思い起こさせる。彼が演じた警視は、頻繁にカジノを訪れていたにもかかわらず、終盤のカジノ摘発の際、とぼけてこんなせりふを吐く。「わたしはショックだ、本当にショックだ。ここでギャンブルが行なわれていたとは」

委員会は、もう一つ厄介な問題を取り上げた。証人として出席したワイスは、所有者名を記した正式な書類を提出するようトリリアンに強く要求した、と述べた。[132]「わたしは執拗に、たびたび求めた」。書類を証拠としてそんなに重視しているわりには、マッキンゼーがエスコムと結んだ契約について、あなたは九カ月もあとになってから書類をつくって署名したではないか、と委員会は追及した。[133]ワイスは、その程度のごまかしは取るに足りないことだと示唆した。

委員会は同意しなかった。「正しい日付の署名があれば、不正行為の疑いが浮上し、契約に対する監視の目が厳しくなる可能性があったはず」と指摘した。[134]これに対してワイスは、自分の行為が混乱を引き起こしたとすれば詫びたいと述べたうえで、こう付け加えた。「忘れてもらいたくないのは、マッキンゼーが短期間のうちに、電力供給の改善など、エスコムの経営実績に目に見えるかたちで貢献したことだ[135]」

マッキンゼーは、あらたに見つかったこれら二件の不正契約の問題を沈静化するため——結局は委員会からも、不正に関与していないと認められたにもかかわらず——委員会の要請に応じ、契約によって得た報酬のうち四〇〇〇万ドル以上を返還することにした。[136]委員会は「責任ある企業市民」だと称賛した。[137]エスコムの返金と合わせて、マッキンゼーは一億ドル以上の負担を抱え込むはめになった。

委員会がマッキンゼーを称賛したことに対し、南アフリカの非営利の汚職監視団体「コラプション・ウォッチ」でエグゼクティブディレクターを務めるデイビッド・ルイスは腹を立てた。「汚れた手で会計処理したことがばれて、報酬を返還するというのは、正直なところ、返還とは言えない」とルイスは語った。[138]「彼らは世界じゅうでいかがわしい活動をしているのだから、この国では間違いなく、営業許可証を剝奪する理由があると思う。それが適切な賠償のレベルだろう」

＊＊＊

マッキンゼーの南アフリカでの不祥事は、社内に多くの反省を促した。経営陣がもっと早く危機を打開する方法を見つけることができたのではないか？　何がいけなかったのか？　社にとくに厳しい批判を浴びせたのが、かつてヨハネスブルグオフィスに勤めていた者たちだった。「まるでスローモーションの自動車事故だった」とある従業員は述べた。

南アフリカの怒りの深さを認識するのに時間がかかりすぎたという点では、誰もの意見が一致した。この危機が進行中だった当時のマネージングパートナー、ドミニク・バートンは、シニアパートナーたちの初期の対応について「少し耳が悪かった」と評している。[139] 関係筋によると、前任のイアン・デイビスは、同社が謝罪したことを非難し、それは有罪を認めるに等しいと語ったらしい（デイビスは、この発言をしたかどうか、公式の場で話すことを拒否した）。また、バートンの後任であるケビン・スニーダーが謝罪したのは行き過ぎだ、という意見もあった。[140]

南アフリカ国内では、司法委員会のマシュー・チャスカルソン弁護士が、マッキンゼーの新しい最高リスク責任者ジャン・クリストフ・ミエザラに対し、なぜ誰も同社の「天文学的な報酬の増加」に疑問を持たなかったのかと質問した。[141]

「わたしの知るかぎりでは、とくに注目されていなかった」とミエザラはこたえた。[142]

委員会としては、マッキンゼーが会社ぐるみで不正行為に手を染めたことを裏付ける証拠を見つけられなかった。[143] しかしミエザラ自身、クライアントが苦境にあるときに世間から強欲と見なされるようでは「道徳的に間違っている」と認めた。[144]

サガールに関しては、潔白がそう明らかではなかった。「サガールとエッサの関係は〝不適切〟をはるかに超えていた」とチャスカルソン弁護士はミエザラに語った。[145]「それどころか、エスコムに対する不正行為にも関与した」さらに、証拠に照らすと「サガールは国家捕獲に関わった」と結論づけた。サガールは下っ端の会計係ではなく、信頼に足るシニアパートナーとして、マッキンゼーを代表して活動していた。

マッキンゼーは、公共部門の仕事をより厳しく監視するなど、内部ガバナンスを強化することで、南アフリカの問題に対処したと主張している。チャスカルソン弁護士はこれに納得せず、今回の失態はガバナンスの弱さではなく、マッキンゼーの企業文化を反映していると述べた。[146]

エコノミスト誌も同じ意見だった。「自信過剰の当事者たち」という見出しで、次のように論評した。

マッキンゼーは九五年近くにわたり、上品なプロフェッショナルサービス企業という自己イメージを確立しようと努めてきた。[147]たとえば、ゴールドマン・サックスの銀行員が、ヒスノイズを浴びせられることを承知で部屋に入るのとは異なり、マッキンゼーのコンサルタントは、自分の後光が注目されることを期待する。マッキンゼーの上級パートナーたちは、けっして高額の利益のために働いているではないと声高に主張しつつ、ゴールドマンの銀行員と同じくらい多くの利益を毎年得ることができる。

げんにマッキンゼーの収益は一〇年間でほぼ倍増し、一〇〇億ドルを超えた。エコノミスト誌は、こう結論している。「マッキンゼーの従業員は、昔ながらの自社のオーラ——自主性、慎重さ、知的な名声など——に浸りながら、近年もたらされた成長、利益、権力を享受している。自分たちはすべてを手に入れられる、という思いに疑念を挟むことはほとんどない」

マッキンゼーのミエザラは、その現実を認めているようすだった。

「過度に成果を上げる人々がいると、悪い行動を引き起こすおそれがある。だから慎重にならなければいけない」と彼は語った。[148]「南アフリカの事例を通じて、われわれは教訓を学び、おかげで非常に謙虚になった」

＊＊＊

エスコムもおそらく教訓を学んだのだろう。二〇二〇年一月、同社は大幅な電力削減を余儀なくされ、鉱山や工場が停止し、家庭も停電に見舞われた。[149]その数週間前、南アフリカの大統領は中東への外交訪問を切り上げ、危機に対処するために帰国した。[150]しかし一年後、ふたたび同じことが繰り返された。

メディアは、二〇二一年が過去約一〇〇年で最悪の停電の年になるかもしれないと報じた。[151]

第一三章　サウジ国家への奉仕

一九七〇年代、サウジアラビアは活況を呈していた。アラブの石油禁輸措置の影響で、原油価格が二倍、さらには四倍にまで高騰していた。資金が潤沢になった王国は、新都市、新産業、新空港、新精油所の建設といった大がかりな計画を立てたが、実現するためには国外の専門知識が必要だった。何万人もの外国人が、多くの場合は家族を連れて、この国に殺到した。*

多くのアメリカ人のなかには、マッキンゼーの人気コンサルタントであり元陸軍情報将校のサンディ・アプガーもいた。ロンドンで不動産に関する仕事を行なっていたが、石油の禁輸措置に端を発した不況で行き詰まり、サウジアラビアに活路を求めたのだ。仕事を求めて「ドアやテントを叩いてまわった」という。[1]

さいわい、多くの仕事が見つかった。彼は、大規模な拡大のさなかだった国有石油会社のアラムコに助言したほか、もともと遊牧民ベドウィンが占めていた国を現代の都市経済へ移行させるためのビ

＊　そうした外国人のなかに、本書の著者のひとりマイケル・フォーサイスもいた。彼は幼少期、一九七〇年から一九八一年までの大部分を、紅海の港町ジェッダでを過ごした。

ジネスも獲得した。[2] 四〇年以上後の現在でも、マッキンゼーのサウジアラビアでの仕事は、これら二つの柱――アラムコやエネルギー省への助言と、アラムコの石油に完全に依存した経済から政府が独立するのを助けること――を中心に展開されている。このような両面にコンサルティングを行なっていれば、リスクヘッジは万全と言える。

のちにビル・クリントン大統領の下で陸軍次官補を務めるアプガーは、この国の経済力が、彼の言葉を借りれば「政府閣僚、高官、企業家エリートの手にわりあい集中しており、そのほとんどが王室のメンバーまたはそれに近い人々である」ことをすぐに見抜いた。[3] そこで異例の措置として、そうしたエリートの息子や娘を雇い、エリートとの結びつきを強めた。

アメリカのコンサルタントにとってはチャンスが広がっていた。活動のかなめに近づくため、マッキンゼーは一九九六年、ペルシャ湾の交易の中心地であるドバイにオフィスを開設した。当時、サウジアラビアの統治者たちは、多文化的でグローバルな交通・金融センターとして台頭しつつあるドバイの成功に倣いたいと考えていた。サウジアラビアでのコンサルティングが急増し始めた。

サウジアラビアで大きな契約を勝ち取るには、ペルシャ湾経済の原動力である政府に依存する必要があった。マッキンゼーのオランダ人パートナーであり、この地域の責任者を務めるキト・デ・ボーアも、その点は心得ていた。彼は熱心なアートコレクターでもあり、のちに中東カルテット――国連、EU、アメリカ、ロシアからなる、イスラエルとパレスチナのあいだの調停を行なうグループ――の代表を務める人物だ。彼は、マッキンゼーのドバイオフィスの壁に何枚ものポスターを貼り、この地域の王族の誰と誰がどうつながっているかを独自に図解していた。[4]

二〇〇九年、マッキンゼーはサウジアラビアの首都リヤドにオフィスを開設し、同国でのビジネスを本格的に始動した。マッキンゼーは、中東最大クラスの建設会社――一族のうち悪名高いひとりによっていずれ世界じゅうにその名が知れわたる会社――サウジアラビア・ビンラディン・グループをクライアントに迎えた。[5] また、国営石油会社であるアラムコに対しても、新規株式公開（ＩＰＯ）に先立つリストラクチャリングについてアドバイスを行なうなど、積極的に貢献した。

　マッキンゼーのイントラネット「ノウ」――コンサルタントたちが、作成済みのスライドデッキなど、互いの成果物を共有できる社内ネットワーク――に掲載されている統計によると、サウジアラビアでの仕事は二〇一〇年には二件しかなかったが、翌年には四七件、二〇一六年には一三七件にまで増えた。

　マッキンゼーはサウジアラビア国家の仕事に深く入り込み、経済企画省が「マッキンゼー省」と呼ばれたほどだった。元コンサルタントの証言によると、二〇一七年に買収したサウジアラビアの子会社で働いていた同社のコンサルタントのなかには、政府の電子メールアドレスを使用している者までいたらしい。ただしマッキンゼー側は、サウジアラビア政府の電子メールアドレスを持つコンサルタントがいるとは承知していない、とコメントしている。

　マッキンゼーがサウジアラビアで爆発的な成長を遂げた背景には、王室が必死に食い止めようとしていた政治現象、すなわち「アラブの春」がある。二〇一一年から二〇一二年にかけてエジプト、リビア、バーレーン、イエメン、シリア、チュニジアを席巻した革命と反乱の波は、王室にとって存亡の危機につながりかねなかった。ドバイに拠点を置くある元コンサルタントは、数十年にわたる低成長と腐敗政治のあと混乱のなかで失脚させられたエジプトの故ムバラク大統領を引き合いに出し、「サウジの独裁者たちが、次のムバラクになりたくないと思ったからこそ、コンサルティングブームが起きた」と分析している。

　マッキンゼーやその競合他社が中心となって生み出した最終的な解決策は、女性の車の運転や映画上映の禁止など、サウジアラビアの悪名高い社会規制を一部緩和することだった。しかし同時に、反体制派の声の抑圧も強化した。

マッキンゼーのコンサルタント、とくに若いコンサルタントのなかには、サウジアラビアの王家を進んで助ける社の方針に不満を抱く者もいた。この王家は、一九二〇年代にアラビア半島の大部分を征服したリヤド出身のファミリーの血を引いており、息子たちが代々、冷酷な神権独裁体制を率いてきた。批判的なコンサルタントたちは、マッキンゼーはサウジアラビアでの事業を縮小するか、あるいは完全にやめるべきだと主張した。「サウジアラビアは存在してはならない国だ」と言明する者もいた。

しかし、パートナーたちは、クライアントの価値観を判断するのはマッキンゼーの仕事ではないと反論した。万が一サウジアラビアの仕事がなくなった場合、ボーナス支給額にどんな影響が出るかについては触れなかった。サウジアラビアにとどまるという社の決定を擁護する際、シニアパートナーたちは必ずや政治的な論理に頼り、「わが社の貢献によって、サウジアラビアは、シリアその他の破綻した国家と同じ道をたどるのを防げる」と主張する。それでいて、会社の公式見解では、「わが社は政治に関与しない」としばしば表明している。

「手始めにサウジアラビアのような国でコンサルティングを行なえば、将来の見通しを立てられる。何も変化が起こらないようなら、その地域の未来は惨憺たるものだろう」同地域の仕事を監督するあるシニアパートナーはそう語った。問題は、二〇一五年以降、サウジアラビアにおけるマッキンゼーの仕事が――ニューヨーク・タイムズ紙のベン・ハバードの表現を借りれば――「あらたな種類の電子権威主義の実験室」を運営する人物におもねっていたことだ。[6]

マッキンゼーは、その運営を手伝っていた。

＊＊＊

サウジアラビア王室の五人のメンバーからなる代表団がワシントンを訪問し、ブルッキングス研究所などのシンクタンクやロッキード・マーティンやレイセオンなどの防衛関連企業を視察した。レイセオンは、サウジアラビアが隣国イエメンの内戦に介入した際に使って数千人の民間人を殺害した爆弾の供給元だ。

この視察は、二〇一六年二月の出来事だった。一年前のアブドラ国王の死後、あらたに構築されたサウジアラビアの政治的現実を伝えるため、アメリカを訪れたのだ。新しい現実を具現化していたのが、八〇歳近いサルマン新国王の愛息、すなわちモハメッド・ビン・サルマン（ＭＢＳ）という頑健な体型の若者だった。

この時点で、ＭＢＳのことはすでによく知られており、マッキンゼーをはじめ欧米のどの企業も、サウジアラビアでビジネスをすることに疑問を感じ始めていいはずだった。ＭＢＳは冷酷だ。土地の一部を自分名義にしようとしたところ、土地登記の職員に署名を拒否されたため、銃弾を一発入れた封筒をその職員に送りつけたといわれ、「アブ・ラササ（銃弾の父）」と呼ばれるようになった。[7] 理由は定かではないが、実の母親まで拘束した。[8] サウジアラビアの政治に関心のある人なら誰でも、こうした話を知っていた。敵と思われる相手を黙らせるためならＭＢＳがどこまでやるのか、やがて全世界に知れわたることになる。

しかし、ＭＢＳの使者たちがアメリカの首都に持ち込んだメッセージは、別の種類のものだった。彼らの意図は、サウジアラビアの生活をつくり変えるというＭＢＳの壮大な目標を説明することだった。その滞在中、いわば「ツアーガイド」を務めたのが、マッキンゼーとそのライバルであるボストン・コンサルティング・グループのコンサルタントたちであり、サウジアラビアの使者たちよりも人数が多かった。行く先々で、コンサルタントたちは静かにすわってメモを取った。[9]

四年後、マッキンゼーは、外国代理人登録法（ＦＡＲＡ）にもとづき、非常に遅ればせながら司法省に業務の開示書類を提出した。これが、司法省のウェブサイトに開示されているマッキンゼー唯一の申告書だ。この申告書により、マッキンゼーは、サウジアラビア王室のたんなるコンサルタントでないことが判明した。もはや、アメリカにおける、サウジアラビア国家の利害の代理人なのだった。

マッキンゼーは以前、ＦＡＲＡの書類を提出しなければいけない理由はない、と記者団に語っていた。マッキンゼーは、サウジアラビアの外交活動を強化すべく、政府と協力し、のちのサウジアラビア国際戦略パートナーシップセンターの前身を設立した。マッキンゼーによると、このセンターは「多くの国々とサウジアラビアとの関係を管理、改善するための組織」だという。この設立プロジェクトには、当時の北米のマネージングパートナー、ゲーリー・ピンカスをはじめ、マッキンゼーの大物たちも関わっていた。マッキンゼーは、このプロジェクトの報酬として四八〇万ドルを受け取った。支払い元は、かれこれ半世紀近く前からマッキンゼーのクライアントであるアラムコだった。[10]

当時、サウジアラビアでは、アメリカのコンサルタントたちが忙しい日々を送っていた。若き皇太子ＭＢＳは彼らにぞっこんだった。自分の大きな夢を実現するためには彼らのノウハウが必要だと考えた。その夢の一つが、未来の新都市「ＮＥＯＭ」だ。ＮＥＯＭとは、ギリシャ語の neo（新しい）とアラビア語の mustaqbal（未来）を組み合わせた造語で、「新しい未来」を意味する。きわめて野心的な規模であり、「メガプロジェクト」という言葉では表現しきれない。「ギガプロジェクト」だ。[11]

この未来都市は、紅海沿岸に建設される予定で、空飛ぶドローンタクシー、人工の月、ジュラシックパークふうのロボット恐竜などが計画されている。マッキンゼーはこのプロジェクトのアドバイザーとして数百万ドルを請求したことが、会社の内部記録で明らかになっている。

リヤドのリッツ・カールトンのロビーはマッキンゼーの従業員だらけだった。当時のマッキンゼーのマネージングパートナー、ドミニク・バートンはじめ、現地のコンサルタントたちが驚くほど頻繁にリヤドを訪問した。タクシー運転手でさえ、個々のコンサルタントとその所属会社を見分けることができたほどだ。[12]

＊＊＊

過去、コンサルタントたちは、広大な王室のさまざまな領分が支配する無数の省庁で、それぞれに関係を培ってきた。ところが、ＭＢＳは権力を一元化し、コンサルタントたちを直接、王室に招き入れた。これは歴代の国王のもとではまずあり得なかった特権だ、とこの地域のある長年のコンサルタントは言う。「ＭＢＳといっしょに仕事をすることに何の疑問も持たなかった」と元コンサルタントのひとりはニューヨーク・タイムズ紙のベン・ハバードに語った。[13]「全員が参加した」

ＭＢＳが権力を握った初期に、マッキンゼーは大きな仕事を獲得した。それは、石油への依存からの脱却をめざす国家変革プロジェクトだ。二〇一五年一二月、マッキンゼーのシンクタンクであるマッキンゼー・グローバル・インスティテュートは、成果の一部として「サウジアラビア・ビヨンド・オイル」なる報告書を発表した。この報告書は、二〇三〇年までにサウジアラビアは大量の失業に直面するおそれがあるものの、採掘、観光、金融などの分野に四兆ドルの投資を行なえば回避できる、と忠告していた。投資の結果、ＧＤＰが倍増し、六〇〇〇万人の雇用が創出される。この野心的なプロジェクトの監督は、当然ながら、マッキンゼーが深く関わる経済企画省が担当する。

もっとも、マッキンゼーがサウジアラビアで全権を握っていたわけではない。ライバルのボストン・コンサルティング・グループ（ＢＣＧ）も、若き皇太子ＭＢＳを数年前からクライアントとして取り込み、彼の財団であるＭｉＳＫを支援していた。ＭｉＳＫは、「サウジアラビアのより良い未来のために、若者の学習とリーダーシップを育成し、促進する」ことを目的にしている。ほかにもＢＣＧは、政府系投資ファンドや国防省など、サウジアラビアでかなり大きな仕事をいくつか手に入れた。そのうえ、国家の長期計画として、マッキンゼーのプランではなく、ＢＣＧの「ビジョン２０３０」が採用された。

けれども、マッキンゼーはライバルにそう簡単には屈しない。マッキンゼーが影響力を強化する方法の一つは、政治的なコネクションを持つ人材を採用することだ。マッキンゼーは、これを積極的に進めた。

たとえば、さかのぼること二〇〇三年、マッキンゼーは、マゼン・アル・ジュベイルを採用した。その兄のアデルが、やがて駐米サウジアラビア大使となり、９・11事件後のワシントンＤＣでサウジアラビアの公的な顔として、流暢な英語と交渉術を操ることになる。弟のマゼン・アル・ジュベイルのほうは、マッキンゼーの多くのコンサルタントと同様、ハーバード・ビジネススクールを卒業し、名誉あるベーカー・スカラーの称号を与えられた。[14] ＢＣＧとの競争が激化するなか、マッキンゼーはふたたびこのようなコネクションづくりに力を入れたが、今回の採用者にはさほど輝かしい学歴を持たない者も含まれていた。

二〇一七年にウォール・ストリート・ジャーナル紙が報じたところによれば、その前の二年間、マッキンゼーは、アラムコ元会長の子供ふたり、財務大臣の息子、中央銀行元総裁の子供ふたり、さらには国営鉱山会社のトップを採用したという。[15] リンクトインに記されているプロフィールによると、マッキンゼーの元従業員が少なくとも五人、ＭＢＳの財団であるＭｉＳＫで働いており、政権との親密さがうかがえる。うちひとりが、元情報文化大臣の娘であるサラ・アルケヘディリだ。彼女とその兄は、ボストンのノースイースタン大学の学部を卒業したあと、マッキンゼーで働いていた。

ＭＢＳが実権を握って二年目の二〇一七年には、マッキンゼーはサウジアラビアでの地位を固め、ＢＣＧの優位性を打破すべく、非常に大胆な行動に出た。国家とのコネクションを持つコンサルティング会社を吸収合併したのだ。

＊＊＊

二〇〇五年、プロクター＆ギャンブルの元幹部ハニ・コージャは、マッキンゼーのパートナーの勧めに従い、自身のコンサルティング会社「エリクサー」を設立した。[16] 彼は計画大臣と密接な関係にあった。エリクサーはジェッダとリヤドに拠点を置いて、経済企画省内に深く入り込み、主要な契約を獲得していた。

二〇一七年四月一日、マッキンゼーが、そのエリクサーを吸収合併したと発表した。マッキンゼーは創業から九〇年間、クライアントにはしばしばＭ＆Ａを助言、提唱しながらも、みずからはＭ＆Ａを敬遠し、「有機的」な成長を主としてきたから、このような動きは非常に珍しかった。

この地域で働いていたある元パートナーは、こう証言する。「世界のどこであれ、マッキンゼーがこのようなＭ＆Ａに踏みきるのは前代未聞だ。噂によると、純粋に関係構築が目的だったらしい」[17] たちまち、マッキンゼーのサウジアラビアにおけるスタッフは一四〇人も増えた。同地域のスタッフがほぼ倍増した計算になる。

エリクサーの元従業員は、こんなふうに語った。「四、五カ月も在籍すれば、いやおうなしにエリクサーの正体に気づく。じつは政府の出先機関なのだ、と」

マッキンゼーに吸収合併されたあとに採用された現地出身の元従業員によれば、エリクサーのコンサルタントはサウジアラビアの各省庁と密接な関係にあり、政府職員と見分けがつかないことも多かったという。政府の官僚との癒着ぶりについて、その人物はこう語った。「政府の電子メールで連絡してきた相手なら誰だろうと、エリクサーのコンサルタントは話に応じる」[18]

これにより、マッキンゼーのコンサルタントは政府系クライアントと非常に近い関係になった。サウジアラビアで働いていたマッキンゼーの元コンサルタントは、これを「雇用者と被雇用者の関係の一種」と表現した。伝統的な関係は消え去った。少なくとも理論上は、マッキンゼーのコンサルタントはクライアントに厳しい事実を語ることができた。そのコンサルタントは、当時のマッキンゼーのマネージングパートナーであるイアン・デイビスが、若い従業員たちに、われわれの関係を現代版「廷臣と宰相」と見なすべきだ、と語ったことを思い出した。

言い換えればこういうことだ、とそのコンサルタントは続けた。「あまり頭を使うな。わたしが言うとおりにやればいい」

マッキンゼーの従業員が事実上、政府の役人として活動することは、民主主義国家だとしてもじゅうぶん問題だろう。まして、実質的な権力者が政敵を投獄したり殺害したりする絶対王政の助言役となると、マッキンゼーは専制君主の気まぐれに異常に弱い立場だった。

M&Aから数カ月としないうちに、それが明白になる。

＊＊＊

二〇一七年一一月の第一週に、皇太子、閣僚、実業家が三五〇人以上、サウジアラビアの首都に集まった。国王や皇太子MBSの名のもと、さまざまな口実で招かれた人々だった。

彼らがリヤドに到着すると、携帯電話、ペン、財布を警備員に没収され、リッツ・カールトンに監禁された。[19]部屋は豪華だったが、鋭利なもの――自傷行為に使えるもの――はいっさいなかった。ひとりひとり、汚職の証拠を突きつけられ、多くは、資産の大部分を国家に譲渡するよう提案された。一部の者は暴行を受け、少なくとも一名が撲殺された。

エリクサーの共同創業者で、マッキンゼーのパートナーになったばかりのハニ・コージャも拘束された。[20]以後一三カ月以上拘束され、ウォール・ストリート・ジャーナル紙の報道によれば、殴打もされた。

リッツでの粛清のもうひとりの犠牲者は、「マッキンゼー省」と揶揄された経済企画省の大臣だった。彼は汚職で起訴された。

ひどく腐敗した国で仲介業者とビジネスを行なうことは、アメリカの企業の評判を危険にさらすおそれがある。マッキンゼーはこれを経験から知っている。南アフリカでも同様のジレンマに直面したが、リスクを無視して飛び込む選択をした。[21]しかし、南アフリカとは異なり、腐敗の汚名がビジネスに大打撃を与えたわけではなかった。マッキンゼーの仕事が、サウジ家の存続にとって重要だと、MBSや政府が考えたからだろう。

原油価格の暴落はサウジアラビアの財政に大きな打撃を与えており、政府の当局は、石油補助金を削減し、国内の燃料価格を値上げするかどうかを検討していた。サウジアラビアの指導者たちは、

「アラブの春」のような抗議行動を引き起こしたくないため、補助金削減に対する大衆の姿勢を見極めようとした。そこで、マッキンゼー、ボストン・コンサルティング・グループに加え、第三のコンサルティング会社として、ロンドンに拠点を置くSCLグループに調査を依頼した。SCLグループは、子会社のケンブリッジ・アナリティカがむしろ有名だろう。報酬の支払いに同意する候補者がいれば、世界じゅうの選挙に影響を与えるといわれる、悪名高い会社だ[22]。ケンブリッジ・アナリティカのCEOであるアレクサンダー・ニックスは、イギリスの「チャンネル4ニュース」の潜入記者に対し、うちはほかの候補者を陥れるために、その候補者の家に少女を数人送り込むことができると自慢し、この仕事にはウクライナの「少女」を使うのが好きだと語った。また、同社は、ドナルド・トランプの大統領選挙キャンペーンを支援するため、フェイスブックのデータに不正にアクセスして、数百万人の有権者の心理的プロフィールを作成し、ターゲット広告の配信に寄与した。

　サウジアラビアでは、SCLグループとケンブリッジ・アナリティカの区別が事実上なくなり、現地での仕事はニックスの後任としてケンブリッジ・アナリティカのCEOに就任した人物が監督していた。目的は、王国全土でフォーカスグループを実施し、燃料の価格が上がった場合、人々がどう感じるかを調査することだった。マッキンゼーとボストン・コンサルティング・グループが調査結果を取りまとめ、省の高官に提示する。このような政治色の強い仕事は、民間企業に対して効率化によるコスト削減をアドバイスするという、マッキンゼーの伝統的な役割をはるかに超えていた。マッキンゼーとサウジアラビアの仕事に関わったケンブリッジ・アナリティカの元幹部のひとりは、背景には「騒乱のリスクを下げる」という意図があったと述べている。

　マッキンゼーは、残忍な権威主義的政権の存続を助けていたのだ。マッキンゼーと業務上の接触があったケンブリッジ・アナリティカの別の元コンサルタントは、こう振り返る。「いろいろな断片をつなぎ合わせてみると、いまにして思えばいい気はしない。われわれがやった仕事はある種の補強であり、彼らの権力強化に加担するものだった」

マッキンゼー側は、サウジアラビア経済企画省との仕事でケンブリッジ・アナリティカやＳＣＬグループと協力したことはない、と述べている。

マッキンゼーがサウジアラビアで取り組んだ仕事は、フォーカスグループの枠をはるかに超えていた。サウジアラビア国民の平均年齢は世界でもきわめて若く、ツイッターやフェイスブックなどのプラットフォームでの活動も非常に活発だ。あらたに登場した「センチメント分析」という手法を用いると、ソーシャルメディアの投稿を解析し、たとえば、企業が自社製品に対する世間の反応を測定できる。マッキンゼーはこの技術におおいに関心を寄せ、複数のレポートで言及した。サウジアラビアの専門家たちも同じく注目し、これを「オピニオン・マイニング」と呼んだ。[23]

センチメント分析が秘めている可能性は、宅配ピザの利用者の感想を調べる程度どころではない。サウジアラビア王室はそこに注目した。フェイスブックやインスタグラム、ツイッターへの書き込みが活発なサウジアラビアのような国では、政府が国民の機運を察知し、影響力のある不満分子を排除するのに使うことも可能だ。

元従業員の証言によると、ＳＣＬグループと連携していたころ、マッキンゼーのドバイオフィスを拠点とするシニアパートナーのひとり、エンリコ・ベンニが、サウジアラビアのあらたな任務に備えて、アラビア語でセンチメント分析を行なえる人材を社内全体で探していたという。サウジアラビアで働くマッキンゼー関係者たちも、この任務を公開プロフィールに堂々と記した。サウジアラビアにいるエリクサーの従業員のひとり、アハマド・アラタスは、自分の仕事の一つとして「ソーシャルメディアを監視し、一般大衆のセンチメント分析を研究」と書いている。この新しい業務領域は間もなく成果を上げたものの、おそらく、マッキンゼーが狙っていた種類のものではなかった。

＊＊＊

二〇一八年初め、サウジアラビアのある人物がオマール・アブドゥラジズに電話をかけ、安否を確認した。最近、ソーシャルメディア上であまり活動していなかったからだ。アブドゥラジズはツイッターやユーチューブで何十万人ものフォロワーを抱えていた。どうかしたのだろうか？

サウジアラビア出身のアブドゥラジズは、一〇年近くカナダのモントリオールで暮らしていた。「元気だ」と彼はこたえた。しかし、電話した人物には、なおも不安に思う理由があった。じつはこのところ、マッキンゼーと皇太子ＭＢＳのプロジェクトに携わっている、とその人物はアブドゥラジズに伝えた。マッキンゼーは、王国の臣民が政府の政策にどんな反応を示しているかについての報告書を準備した。その報告書のなかにはアブドゥラジズの名前があり、ほかの数人のサウジアラビア人とともども、国民の意見形成にきわめて影響力があり、しかもそれはポジティブな影響ではない、と断じていた。

「わたしは『へえ、そりゃすごい』と思った」[24]。二年以上あと、アブドゥラジズはそう回想している。「最初は、それほど重要なことだとは思いもしなかった。ＭＢＳがわたしの仕事に興味を持つとは想像もできなかった。だから、何も起こらないだろうと高をくくっていた」

「サウジアラビアにおける緊縮財政」という九ページの報告書は、平凡なタイトルとは裏腹に、強烈な内容だった[25]。センチメント分析をいわば武器として使っていた。箇条書きの一つには、「オマール・アブドゥラジズは、緊縮財政や王室命令などの話題に関し、多数の否定的なツイートをしている」

と書かれていた。

その年の五月、サウジアラビアの使者がモントリオールを訪れ、アブドゥラジズに帰国を促した。若くてヒップなユーチューバーとして、きっと有名人になれる、と使者は彼に伝えた。説得に当たらせるため、彼の兄まで連れてきていた。

アブドゥラジズは断った。市民社会に対するデジタルスパイ活動を調査しているトロント大学の組織「シチズン・ラボ」の報告によると、翌月、彼の電話がハッキングされたが、当人は数カ月間気づかなかった。[26] 八月、アブドゥラジズの兄と弟が投獄された。マッキンゼーの報告書で取り上げられた別の有力なオンライン批評家も逮捕された。マッキンゼーが否定的と見なした第三の人物については、ツイッターからアカウントが消えた。

電話がハッキングされたせいで、アブドゥラジズと著名なサウジアラビア人ジャーナリストとの通信も危険にさらされた。MBSのもとで電子権威主義が台頭してきた国家に対抗する策を練っていた。この国家は、インターネットトロールを行なう連中——いわゆる「荒らし《ハエ》」——を使って、オンライン上の体制反対意見を見つけては、執拗な嫌がらせ行為に及んでいた。

九月、そのジャーナリストは、対抗プロジェクトを開始するため、アブドゥラジズに五〇〇〇ドルを送金した。「荒らし対策《ミツバチ》」の集団を組織し、王室側のトロールに対抗する計画だった。

そのジャーナリストの名は、ジャマル・カショギだった。

＊＊＊

二〇一八年一〇月二日、ワシントン・ポスト紙のコラムニストでもあるカショギは、結婚の書類を受け取るためにイスタンブールのサウジアラビア領事館に入った。トルコ人の婚約者は外で待っていた。

カショギが領事館を訪問予定との知らせを受けて、サウジアラビアの暗殺部隊が待機していた。入館した彼は祖国への送還を告げられた。さらに、「しばらく連絡が取れなくても心配しないように」と息子にメッセージを書くよう命じられた。カショギは拒否した。続いて「麻酔をかける」と言われた。[27]揉み合う物音が響き、カショギは「息ができない、息ができない」と訴えたが、やがて麻薬を注射され、静寂が訪れた。しばらくして、彼の死体を解体するノコギリの音が響きわたった。アメリカの情報機関は、MBSが殺害の背後にいると結論した。

カショギの殺害の数週間後、ニューヨーク・タイムズ紙がサウジアラビアのオンライントロールを報じ、その記事のなかで、マッキンゼーの報告書の存在をおおやけにするとともに、カショギの友人であるオマール・アブドゥラジズが反体制派のひとりと名指されていることを伝えた。この記事は世界じゅうの怒りを買い、アメリカでは、マサチューセッツ州選出のエリザベス・ウォーレン上院議員が、マッキンゼーのマネージングパートナー、ケビン・スニーダーに書簡を送り、報告書を見た可能性のある人物についての情報を提出するよう求めた。

「マッキンゼーの報告書は、本来の意図を離れ、サウジアラビア王室の政策を批判する声の圧殺に悪用されたのではないか、と懸念している」とウォーレン上院議員は書いた。

これに対してマッキンゼーは、「われわれの報告書が何らかのかたちで悪用された可能性が――どんなに低くても――いくらかあると思うと、ぞっとする」と述べた。[28]同社によれば、この報告書の「想定されていたおもな読者」は社内の人々であり、リヤドのある一名のアナリストが取りまとめた文書だという。「競合他社を含むほかの多くの大企業と同様に、当社は、変化する地政学的環境を乗り切ろうと努めているが、政治活動の支援や関与はしない」

マッキンゼーのある元コンサルタントは、まったく異なる反応を示した。「サウジアラビアでのソーシャルメディア・マイニングに関するマッキンゼーのコメントは、真っ赤な嘘だ」とその人物は断じた。[29]「わたし自身、サウジアラビアでのその仕事につながる相談に参加していた。マッキンゼーが発表した〝たった一名のアナリストが取りまとめた〟というでたらめとは違い、実際にははるかに広く、地域のリーダーたちが事実関係を把握していた」

マッキンゼー側は、報告書は「すべて公開情報で構成されている」と述べ、この文書が「悪用された証拠はない」と弁明している。

ところが現実には、マッキンゼーの「内部」報告書は、いたって外部向けだった。マッキンゼーとプロジェクトを進めていたアブドゥラジズのある関係者によると、報告書は二〇一七年、MBSの側近に提示されたという。この関係者がアブドゥラジズに電子版を送り、それが訴訟でおおやけに出た。[30]

ニューヨーク・タイムズ紙は別の情報源からコピーを入手した。

マッキンゼーは二〇一五年からサウジアラビア政府と共同で、まさにこのレポートの内容、つまり補助金削減に対して国民がどう反応するかという分析を行なっていた。これは、サウジアラビア王室の維持を目的とした、どう見てもきわめて政治的な活動だ。世界でも屈指の抑圧的な政権をサポートし、その軸に関わる政治的課題に取り組んでいたことを意味する。

当時マッキンゼーのマネージングパートナーだったケビン・スニーダーは、サウジアラビアでの仕事を、ビジネスではなく地政学の観点から擁護した。「世界は、サウジアラビアから雇用機会が失われ、この地域が不安定な、厳しい状況に陥ることを望んでいない」二〇一九年三月、CNBCの取材にそうこたえ、マッキンゼーがそこで「前向きな貢献」をしていると信じていると付け加えた。[31]

事実関係が明るみに出ると、世界じゅうのマッキンゼーのスタッフたちのあいだで、陰鬱な皮肉や風刺が飛び交った。マッキンゼーの業務は意図的に区分けされているため、ほとんどのスタッフはニューヨーク・タイムズ紙の報道に驚いていた。あるオフィスでは、トレーニングセッションが非常に暗い方向に進んだ。

クライアントはサウジアラビア政府だ[32]。マッキンゼーに対し、独裁政策を批判するジャーナリストや異議を唱える人々を抑圧する方法を調査するよう依頼してきた。

あなたは、塩酸の桶《おけ》に反体制派の死体をいくつか入れて、からだを溶かして隠せ、という課題を出された。縦横高さがそれぞれ一〇フィートの塩酸の桶があると仮定して、何人の反体制派を入れられるか？　あなたのやりかたを説明しなさい。

アブドゥラジズは最終的にマッキンゼーを提訴した。彼の弁護士は訴状のなかで、「マッキンゼーは事実上、原告の背中に標的を描いた」と書いている[33]。マッキンゼーは裁判官を説得して、カリフォルニア州で起こされたこの訴訟を管轄権上の理由で却下させた。アブドゥラジズは長年にわたる政権批判者として知られ、カナダで政治亡命を認められており、報告書は一般に公開されているツイートを引用したものにすぎない、とマッキンゼーは法廷文書で述べている。

アブドゥラジズは二〇二一年にふたたびマッキンゼーを訴え、こんどはニューヨークの連邦裁判所で、自分を政権批判者とするスライドがMBSの関係者に見られ、その後、「誘拐や危害を受けないよう、身を隠してホテルからホテルへと数カ月移動しなければならなかった」と主張した[34]。マッキンゼーは再度この訴訟を却下するよう裁判官に要求し、二〇二一年九月に却下となった。理由は、時効が成立していることと、スライドの情報をサウジアラビア政府がどう使うかをマッキンゼーが制御できるか否かをアブドゥラジズ側が示していないことなどだった。

カショギが殺害されたあと、サウジアラビアは急に危険視され、人々から避けられる存在になった。ブラックストーンのCEOスティーブン・シュワルツマン、JPモルガン・チェースのジェイミー・ダイモン、当時IMFのトップだったクリスティーヌ・ラガルドなどの大物たちが、MBSが主導するリヤドの世界経済フォーラム会議、通称「砂漠のダボス会議」から身を引いた。この年の会議はカショギ殺害からわずか数週間後に開催された。

マッキンゼーほか、一部のコンサルティング会社は留まることを選んだ[35]。プログラムによれば、この年の会議でマッキンゼーは、マネーとエネルギーに関するパネルディスカッションを司会したらしい。

カショギ殺害の翌年の二〇一九年、ある社内指標によると、マッキンゼーのサウジアラビアでの収益は前年より増加したらしい。クライアントのリストを見てもコンサルティングに費やした時間を見ても、政府機関が圧倒的に多い。

二〇一八年と二〇一九年の内部記録によれば、マッキンゼーのサウジアラビアでの仕事は、同国の財務省、経済省、保健省、教育省が中心で、紅海沿いに計画されている未来都市NEOMに関連する仕事も多く含まれていた。反体制派を弾圧し、政権を維持するために重要な内務省、法務省、国防省との仕事は記録にない。しかし、マッキンゼーのサウジアラビアにおける業務に詳しい元従業員によれば、努力が足りなかったせいではないという。マッキンゼーはそのような省の仕事も打診していたが、契約が取れなかったにすぎない。「その種の契約はBCGに行ってしまった」とその人物は述べている[36]。

二〇一九年の内部文書によると、マッキンゼーは政府系企業であるアルエルム情報セキュリティの仕事を引き受けた。この企業は内務省および法務省と契約している。しかしマッキンゼー側は、それらの省とは仕事をしておらず、民間企業に対しても、これらの省との関わりかたについて助言はしていないと述べている。

マッキンゼーの元コンサルタントで、サウジアラビアのセンチメント分析に関わった人物は、安全なメッセージングシステムを通じてこう語った。「いま振り返ると、とても無知だったように思う。あとから考えれば、この仕事が何に使われるのかは明らかだが、当時は思いもよらなかった。良いことをしていると思い込んでいた。政府が国民からフィードバックを得るのを助け、民主主義へのささやかな一歩を踏み出す手伝いをしているつもりだった」

二〇一九年三月、CNBCの取材で「クライアントが殺人者だとわかったら、マッキンゼーはどうするのか」と質問されたとき、同社のマネージングパートナーであるスニーダーは端的にこたえた。

「離れる」

しかしサウジアラビアでは、マッキンゼーは明らかに離れなかった。

＊＊＊

サウジアラビアや中国での仕事は、近年、マッキンゼーが固めつつある大きな構図の一環だ。世界各国の権威主義的な政府や、その権力を支える国有企業と契約する事例が増えている。サウジアラビアの場合のように、その国のエリートがマッキンゼーに就職することも多い。

マッキンゼーの内部記録によれば、ロシアでも、二〇一四年以降、アメリカとEUの制裁下で運営されている国営VTB銀行が、マッキンゼーの売上げ上位クライアントにランクインしている。国営エネルギー大手のガスプロムも同様だ。また、ロシアの国家主権基金のトップであるキリル・ドミトリエフは、かつてマッキンゼーに勤めていた。

ウクライナでは、国内で最も裕福な少数支配者たちが、マッキンゼーを雇い、親ロシア派の大統領だったヤヌコビッチに助言を与えた。この汚職まみれの人物に、経済の改革者というあらたなイメージを植え付けようとする試みだった。[37] これと並行して、ドナルド・トランプの選挙参謀だったポール・マナフォートが、ヤヌコビッチの政治的イメージを向上させることに成功した。記録によれば、マッキンゼーはアゼルバイジャンやカザフスタンの政府など、ほかの権威主義的な政権とも直接仕事をしてきた。

二〇一九年、マッキンゼーが南アフリカ、中国、ウクライナ、サウジアラビアで活動していることをニューヨーク・タイムズ紙が報じたのを受けて、マッキンゼーは新しい規則を導入し、クライアント選定プロセスにおける監査の層を厚くした。

第一四章　チャモクラシー——イギリス国民保健サービスの半世紀

イギリスじゅうのラジオが、そのニュースを報じた。エジプトでナチスに勝利したのだ。ヨーロッパやアジアの戦場で敗北を味わい、電撃戦によって国内の多くの都市が瓦礫と化したあとだけに、一九四二年一一月のそのニュースは輝かしさに満ちていた。二年以上にわたって沈黙していた教会の鐘が鳴り響き、国土が祝賀ムードに包まれた。

アメリカが参戦し、エルビン・ロンメル元帥のドイツアフリカ軍団が全面撤退したいま、希望が生まれた。戦時中の首相、ウィンストン・チャーチルは、彼ならではの名言で状況を表現した。「これは終わりではない。終わりの始まりですらない。しかしおそらく、始まりの終わりであろう」[1]

数日後、イギリス人は、やがて勝利したあかつきにはその先に何が待っているのかを知った。より公正な社会だ。政府の報告書には、福祉国家をめざす道筋が記されており、貧困層への支援を打ち出していた。その軸として、すべての人々に医療を無料で提供する計画だった。ウェールズの炭鉱労働者から労働党の政治家に転身し、のちに国民保健サービス（NHS）を構想したアナイリン・ビーバン（愛称ナイ）は、こう語っている。「金がないという理由で病人が医療を受けられないような社会は、正しい文明社会とは呼べない」[2]

一九四八年七月にNHSが誕生する前、イギリスの医療制度は、工場労働者を底辺と見なすような不平等な階級社会を反映しており、金を持っていれば、「初歩的な医療サービスは何でも受けられる」というものだった。[3] しかし、NHSが生まれて二カ月後の九月には、イギリス国民の九三パーセントがこのサービスに加入した。それまでの医療制度がいかに不十分だったかは、人々の大きな反応から明らかだった。NHSができる前、何百万人ものイギリス人が歯医者に行けずにいた。ところがNHSが発足してから最初の九カ月で、義歯が三三〇〇万個も注文された。この数字は、当時のイギリスの人口の三分の二に相当する。[4] また、貧しい人々にとってそれまで贅沢品と思われていた眼鏡も、人気商品となった。

NHSは、国民健康保険制度とは異なる。医療は提供時点には無料であり、税収の一部で運営資金が賄われている。また、病院の大半は国有化された。[5] 完璧なシステムではなかったが、効果的だった。当時の保健大臣ナイ・ベバンは、「NHSはつねに変化し、成長し、改善され続けなければならない。つねに、まだ発展の余地がある状態でなければならない」と述べた。

一九四八年以来、NHSはイギリス人にまともなサービスを提供し続けている。GDPの数値はアメリカに劣るが、保健サービスはアメリカよりはるかに良い結果だ。妊産婦死亡率はアメリカの三分の一にすぎない。[6] 平均寿命にしろ、世界じゅうのほとんどの国と同様、着実に伸びている。一方でアメリカは、先進国のなかで唯一、平均寿命が短くなっている。[7]

世論調査によると、NHSはイギリスで最も愛されている機関であり、軍隊や女王よりも人気がある。二〇一二年のロンドンオリンピックの開会式でも紹介されるほど、高く評価されている。アメリカの社会保障制度と同じように、NHSはイギリス政治において「第三の鉄路」——すなわち、けっして触れてはならないもの——であり、戦後イギリスの歴史家ふたりの表現を借りれば「聖域中の聖域」だ。[8]

ところが近年、イギリスの指導者たちはＮＨＳに大きな変更を加えた。国の医療費のうちわずかではあるが一部を民間部門に振り分け、アメリカ企業の市場参入にも門戸を開いた。

マッキンゼーは、このような変化を形成し実施するうえで、きわめて大きな役割を果たした。マッキンゼーの最大のクライアントであるアメリカの企業二社が、その恩恵を受けた。マッキンゼーがＮＨＳの改革でどのように中心的な役割を果たしたかをたどると、マッキンゼーやイギリスについて多くのことが浮き彫りになる。

というのも、マッキンゼーはイギリスで完璧なホストを見つけたのだ。

＊＊＊

かれこれ六〇年以上前、マッキンゼーは驚くべき速さでイギリスの動脈に入り込み、アメリカにおける業務展開とはまったく異なるかたちで国民の精神に浸透した。

一九五〇年代後半、第二次世界大戦の戦禍から立ち直りつつあったヨーロッパ企業は、当時ビジネス界をリードしていたゼネラルモーターズやＧＥといったアメリカの大企業から経営の秘訣を学ぼうと躍起になっていた。マッキンゼーにとってみればグローバルに展開する時機であり、例によって、みずからの決断をきわめて高尚な言葉で表現した。

マッキンゼーのシニアパートナーであるチャールズ・Ｈ・リーは、社内通達の冒頭でフランスの政治思想家アレクシス・ド・トクビルを引用したあと、「アメリカが世界のリーダーという役割を与えられる時代」に入ったと記した。[9]

「われわれの活動は現在、国境を越え、世界的な舞台に照準を合わせつつある。市民たるわれわれの責任が拡大するとともに、新しい役割として、より広い流れのなかで責任を果たすことを求められている」[10]

一九五七年、マッキンゼーは、オランダ企業とイギリス企業が合併してできた石油会社、ロイヤル・ダッチ・シェルの仕事を引き受け、GMが先駆けとなった、企業内の部門に自主性を持たせる多部門経営体制の構築を支援した。よほどの成果を収めたとみえ、マッキンゼーは七二万ドルという当時としては破格の報酬を得た[11]。これを機に、さらに大口顧客を獲得するため、ロンドンオフィスを開設することにした[12]。

マッキンゼーは、急速に衰退する大英帝国の権力構造の中心にあるキングストリートにオフィスを構えた。国家的な問題がしばしば決定されるいくつかの社交クラブから至近距離にあり、政府機関や国会議事堂からも歩いてすぐだった。

さらに大きな意味を持つのが、このオフィスを率いるためにマッキンゼーが選んだ人物だった。すなわち、ケンブリッジ大学を卒業したアメリカ人、ヒュー・パーカーだ。ケンブリッジ大学は、オックスフォード大学と並んで、何世紀にもわたりイギリスのエリートを養成してきた。パーカーは大学時代、ボート競技に打ち込んでおり、世界で最も歴史の古いボートクラブの一つ、リーンダークラブのメンバーのなかから、マッキンゼー初のイギリス人コンサルタントを何人かスカウトした。パーカーは、見た目といい話しかたといい、じつに適任だった。イギリスの伝統的なピンストライプの服を着こなし、アメリカ英語のアクセントを保ちつつもイギリス英語の特徴を交えてしゃべった[13]。「もちろん、最初にしなければならなかったのは、イギリスで知名度を上げることだ。わたしは人生の次の一〇年間をそのためだけに集中的に費やした」二〇〇八年に亡くなったパーカーは、一九九九年に英国のチャンネル4で放映されたコンサルタントについてのドキュメンタリー番組『マスターズ

・オブ・ザ・ユニバース』のなかで、そんなふうに回想した。「わたしは自分たちのビジネスが目立つように努力した。講演をし、記事を書き、自分の全時間を知名度、認知度の向上に費やした。そして数年後、成果が出始めた」

マッキンゼーは、アメリカの新しい経営思想と、社交的な若いコンサルタントの組み合わせで、人気を博した。イギリスの産業界の大物たちが、マッキンゼーのアドバイスを求めて殺到した。シェルの成功を見て、ほかの大企業も、アメリカ流の経営手腕の秘密を学ぼうとした。一九六一年には、イギリスの製造業界でも最大手の化学製品メーカー、インペリアル・ケミカル・インダストリーズ（ＩＣＩ）が契約した。続いて、ロールス・ロイス、キャドバリー・シュウェップス、ユニリーバ、リオ・ティント、テート＆ライルといった大企業も契約した。

さらにそのあと、国営セクターが続いた。ＢＢＣ、原子力公社、イングランド銀行などだ[15]。マッキンゼーは、ブリティッシュ・スチールの国営化にも協力した（やがて数年後にふたたび民営化された）。

マッキンゼーは、どこにでもいて、人々に注目された。「もし神が世界を創造し直すとしたら、マッキンゼーに助言を求めるだろう」とサイエンス誌のロンドン特派員は書いている。一九六八年にサンデー・タイムズ紙でヒュー・パーカーの足跡を特集したジャーナリストのスティーブン・アリスは、「イギリスではフーバーという社名が真空掃除機と同義になっているが、似たように、マッキンゼーの名前が経営改革と同義になりつつある」と述べた。彼は、辞書ふうの定義まで示している。「マッキンゼー　［名詞・他動詞］　一　揺さぶりを与え、再編成し、余剰人員を宣言し、委員会の規則を廃止すること。おもに大企業に適用されるが、経営上の問題を抱えるあらゆる組織に適用可能[16]」

マッキンゼーは、驚異的なスピードでイギリスを制覇した。一九七〇年代初頭までに、イギリスのトップ企業一〇〇社のうち二五社の再建を支援したほどだ。「イギリスにオフィスを構えてから一〇年後の一九六〇年代半ばから後半にかけて、マッキンゼーはたいへんな勢いに乗った」とパーカーは振り返る。[17]

　マッキンゼーは、たんなる社交クラブの一員ではなく、ある意味では社交クラブそのものになった。パーカーともうひとりのパートナー、ロジャー・モリソンは、ロンドンの裕福なメイフェア地区にあるアールデコの有名な建築物、ドーチェスターホテルのペントハウスのスイートルームで「チェアマンズ・ディナー」なる集《つど》いを開催し始めた。その目的は、イギリスの産業界の重鎮たちとマッキンゼーの人々が会話することであり、マッキンゼーの社史によると、「双方向の対話を促す」ことだった。これは、いわば世界経済フォーラムのミニプロトタイプに進化し、ビジネスリーダーたちが集まって会話できる場となった。

　しかし、ある一つの政府機関――イギリス最大の雇用主――だけが、マッキンゼーの手を借りようとしなかった。それはＮＨＳだ。しかし、その状況は間もなく変わろうとしていた。

＊＊＊

　一九七〇年、二〇年以上にわたって運営されてきたＮＨＳは、見直しの時期を迎えていた。イギリスの医療制度は、プライマリーケア、ＮＨＳが運営する病院、看護ホームや精神保健サービスなどの地域サービスという三つに分かれており、互いのあいだで治療を調整するのは難しく、無駄も多かった。この「三つ頭の怪物」のせいで、理不尽な決定がなされるケースがあった。たとえば、高齢者を看護ホームに入れず、過密状態の病院に収容してしまうこともあった。[18]

イギリスの主要政党である労働党と保守党は、この問題を認識していたが、解決方法については意見が一致しなかった。そこで、政府はマッキンゼーに白羽の矢を立てた。数十年後、ある政府関係者はこう説明する。「マッキンゼーは経営の達人だ。経営のことをよく知っている。政府は経営には詳しくない[19]」

マッキンゼーは、『グレイブック』と呼ばれる包括的なレポートの作成に協力した。一九七二年に公表されたこのレポートは、医療システムの三つのセグメントを地理的に統合する計画を打ち出していた。その計画によると、医師、看護師、病院の管理職がチームを組み、合意にもとづいて意思決定を行なう。しかし、ある参加者は「全員が責任を負うとなると、誰も責任を負わない」と指摘した[20]。

この大規模な改革は、一九七四年に実施されたものの、ほとんど効果が出なかった。マッキンゼーは、「紙の氾濫」と「官僚機構の重複による混乱」を嘆いた[21]。しかし、この改革は、マッキンゼーのグローバル展開における重要なマイルストーンとなった。すなわち、世界最大クラスの組織であるNHSと仕事ができるようになったのだ。マッキンゼーはその後五〇年にわたり、この国の政治情勢の変化に適応する能力を示すことになる。

大きな変化がすぐに訪れた。イギリスは、「ヨーロッパの病人」と呼ばれるほど、経済的にほかのヨーロッパ諸国に後れを取っていた。ある著名なコラムニストは、「イギリスは近代史上初めて、先進国から発展途上国へ移行する国になるかもしれない」と述べた[22]。一九七九年、有権者は急進的な改革を選択し、自由市場経済の熱心な信奉者であるマーガレット・サッチャーが首相に就任した。

マッキンゼーにとって、サッチャー政権は非常に良い時代だった。彼女の哲学は、「公共の問題は民間で解決できることが多い」というマッキンゼーの新しい世界観と完全に一致するものだった。

サッチャーは、鉄鋼、造船、航空、通信など、労働党政権が過去数十年にわたって国有化を進めてきた重要産業の民営化を推進した。マッキンゼーがその手助けをした。マッキンゼーなどの経営コンサルティング会社を研究しているブリストル大学のアンドリュー・スターディ教授は、「彼らにとって、この時期は、いわば書き入れ時だった」と語る。

イギリスで自由市場を支持する優秀な人材が、マッキンゼーで働くことを熱望した。そのなかには、のちに保守党党首や外務大臣を歴任するウィリアム・ヘイグや、のちに金融サービス機構――アメリカの証券取引委員会に似た機関――の長官となるアデア・ターナーもいた。

民営化には異論もあったが、大衆のあいだの株式所有を拡大していくという政府の方針をメディアが擁護し、やがて大衆の支持を得た。何百万人ものイギリス人が、ブリティッシュ・テレコム、ブリティッシュ・ガス、ブリティッシュ・エアウェイズなどの新しく民営化された独占企業の株式を購入し、そのほかの国有企業も民間に売却された。

しかし、一部の産業、とくに公共性の高い産業では、民営化が裏目に出て、国の管理下にあったときとは比べものにならないほどのコスト高になった。代表的な失敗例が、サッチャーの後継者であるジョン・メージャー政権下で民営化されることになるイギリス国鉄だ。

二世紀前に鉄道の発祥の地となり、線路網の総距離が一万六〇〇〇キロを超える国だけに、巨大な鉄道システムの変革は、けっして容易ではない。マッキンゼーは、このプロジェクトを「プロジェクト・デスティニー」と命名した[23]。一九九四年、マッキンゼーの助言もあって、この国の鉄道インフラは新しい国営企業レイルトラックの管理下に置かれたが、一九九六年には民営化され、分割の道をたどっていく。

マッキンゼーの戦略は、メンテナンス費用を削減することだった。レールや信号などのインフラは、故障した場合や故障する直前にのみ交換し、しかも、こうした重要な作業を内部で行なうのではなく、外部委託するように勧告した。「彼らは、既存の資産を酷使しようとしているのだ」とある契約業者は言った。[24]

一九九九年八月、レイルトラックの線路保守責任者が、ロンドンからエディンバラまで続く東海岸の鉄道路線を歩いて点検したところ、線路のメンテナンスが不十分だと判明した。そこで一一月、彼は、線路の状態が「許容範囲の限界に向かっている」と、イギリスらしい控えめな表現で上司に警告し、「運行の商業面と安全面のバランスは、いまや圧倒的に商業面に傾いている」と付け加えた。[25]

彼の上司はその警告に耳を傾けるべきだった。二〇〇〇年一〇月一七日、この路線のハットフィールド近辺で旅客列車が脱線し、四人が死亡、七〇人以上が負傷した。政府の調査によると、線路には亀裂が多数あり、構造的な強度が損なわれていた。事故報告書は、レイルトラックが適切な保守を怠ったことが原因と非難した。同時期に出されたほかのいくつかの報告書は、マッキンゼーのプロジェクト・デスティニーにも言及している。[26] レイルトラックは間もなく、ふたたび国有化された。

＊＊＊

飛行機、列車、ガソリンスタンドの民営化はかなりの困難を伴ったが、広く愛されているNHSともなれば、どの政党にとってもはるかにハードルが高く、一般大衆の支持を失う結果を招きかねない難題だった。

サッチャー首相が、就任八年目になってから、清掃やケータリングの民営化など、NHSに小さな変化をもたらしたのとは違い、メージャー首相はすぐさま行動に移った。競争原理を導入し、患者が医療機関を選べるようにした。理屈で言えば、実績のさえない病院は淘汰されていくはずだ。

ところが現実には、病院では競争原理がうまく機能しなかった[27]。すでに数十年前、二〇世紀を代表する経済学者のひとり、ケネス・アローが、パンや車や航空券を売るのとは違い、医療には市場のマジックは機能しないと結論していた。患者は、医療サービスの料金を正当に評価できるような情報を持っていない。また、患者の優先順位は、できるだけ早く最高の治療を受けることであり、最も安い腫瘍専門医を見つけることではない。

しかし、メージャー首相の改革は、新しい内部市場を監督するあらたな官僚機構を生み出すことになった。その結果、NHSの管理費は高騰した[28]。一九七〇年代には、NHSの予算の約五パーセントを占めていたが、ある調査によると、二〇〇三年にはその割合が一三パーセントに上昇したという。

また、メージャー首相は、NHSが民間企業と契約して病院を建設する「プライベート・ファイナンス・イニシアティブ」というプロジェクトに取りかかった。しかし結果的に、大幅なコスト超過となり、当初は一一四億ポンドで済むはずだったプロジェクトにもかかわらず、NHSは八〇〇億ポンドの負債を背負うはめになった[29]。

やがて労働党が保守党の支配に終止符を打ったとき、NHSにはもうこれ以上メスが入るまいと予想された。一九四八年にNHSを誕生させたのは労働党だからだ。ところが、労働党のリーダーのトニー・ブレアは、同時代のアメリカのビル・クリントンと同様、硬直したイデオロギーの型にはまらない人物だった。ブレア政権下で、NHSのトップの病院は、マッキンゼーの助けを借りて、企業さながらに運営されるよう、さらに再編成された。利益誘導を防ぐために、NHSの病院を監視する「モニター」という新しい機関が設立された。

ときおり、マッキンゼーのコンサルタントと政府高官とが、まるで交換可能な存在に見えることもあった。若い医師ペニー・ダッシュは、ブレアのNHS政策の立案に協力したあと、二年後の二〇〇二年、マッキンゼーに入社した。[30] 一方、マッキンゼーのシニアパートナーだったデイビッド・ベネットは、二〇〇五年にブレアの政策顧問に就任した。ブレアの後継者であるゴードン・ブラウンも、医療政策のアドバイスをマッキンゼーに大きく依存していた。

　そして金融危機が起こった。数年にわたりNHSに多くの資金が投入され、スタッフ数が急増し、患者の待ち時間が短縮されたが、突如、資金の流れが止まってしまった。膨大な予算不足に直面した政府は、NHSの予算を削減するためにマッキンゼーに頼った。二〇〇九年三月、マッキンゼーは一二三枚のスライドを使ったパワーポイントのプレゼンテーションで、計画を発表した。[31]

　この提案は、ここ数十年で最も深刻な経済不況のなか、NHSの約一〇パーセント、約一四万人の雇用を削減することにより、二〇〇億ポンド（当時の換算で三二〇億ドル）もの節約を図る道筋を示したものだった。

　残った人たちは、従来以上に働かざるを得ない。マッキンゼーは、医師の時間の一・七パーセントがティーブレイクに費やされていると計算し、弱小な医療機関が「標準的なパフォーマンスを達成すれば」四億ポンドの節約になると述べた。[32]

　しかし、人員削減だけではじゅうぶんではなかった。マッキンゼーは、「低付加価値の医療介入」の廃止も呼びかけた。ようするに、マッキンゼーが不必要と考える医療行為を減らせということだ。たとえば、ある種の子宮摘出手術を七〇パーセント削減すれば八〇六〇万ポンドの節約になり、膝関節の手術を三〇パーセント削減すれば一億一八〇〇万ポンドの節約になるという。[33]

　マッキンゼーのあるスライドは、アメリカの統合医療システム「カイザー・パーマネンテ」を緊縮財政モデルとして称賛した。[34] しかし、その次のスライドでは、イギリスの平均的な入院費はアメリカの三分の一強であることが示されていた。

政治家だけでなく、イギリスを代表する医師のなかにも、マッキンゼーの削減案を批判する者が現われた。外科医師会のジョン・ブラック会長は、当時、「これらの手術の多くは、施術の時点では一見して直接的な好影響が小さい、あるいはわずかかもしれないが、中期や長期にわたって深刻な問題を防ぐことができる」と述べた[35]。

保守党の保健担当のアンドリュー・ランズリーは、反撃の好機と見て、NHS予算削減の試みを長年非難してきた労働党を痛烈に批判した[36]。

労働党政権は、マッキンゼーのスライドを否定した。しかし、スライドに書かれていたアイデアは、まだ死んでいなかった。

＊＊＊

二〇一〇年五月一〇日の月曜日、ロンドンは転換期を迎えていた。四日前の国政選挙で、それまで一三年間政権を担ってきた労働党が徹底的に叩きのめされたのだ。四八時間以内にデイビッド・キャメロンが首相になる予定だった。

午後一時一八分、マッキンゼーのロンドンオフィスからふたりの政府関係者にメールが送られた。翌週にロイヤルオペラハウスで上演されるヴェルディ『椿姫』に無料招待するとの内容だった[37]。この二名の政府関係者は、たんなる事務担当の官僚ではなかった。マッキンゼーの政策提言の対象となったNHSの病院を監督する監視組織、モニターの幹部だ。そのうちのひとり、エイドリアン・マスターズは、モニターの戦略責任者に就任する前、マッキンゼーに勤務していた。

まもなく別の招待メールが送られた。こんどはカナダのアクロバット集団、シルク・ドゥ・ソレイユの公演にふたりの家族全体を招待するチケットで、マッキンゼーのシニアパートナーであるニコラウス・ヘンケが案内するというものだった。マッキンゼーには、愛想を振りまくじゅうぶんな理由があった。間もなく、新しい保健大臣アンドリュー・ランズリーが、NHSに「宇宙から見えるほどの大改革を施す」と述べた[38]。あらたに政権を握った保守党の方針は、議会に法案を提出し、NHSにさらなる競争を導入することだった。

マッキンゼーは、その法案を形成するうえで主要な立場にあり、みずからの人脈を通じ、オックスフォードやハーバードで教育を受けた医療専門家たちを政府に提供した。

新政権が発足してわずか数日後、マッキンゼーは政府の規制機関であるモニターに助言するという三三万ポンドの契約を獲得した。そのあと、NHSの上層部へのコンサルティングとして六〇〇万ポンドというさらに大型の契約を得た。五月三一日までに、マッキンゼーのあるコンサルタントがモニター関係者ふたりにメールを送り、「われわれは現在、新政府のプログラムがNHSに与える影響について考えをまとめつつあり、各種のクライアントと共有し始めている」（傍点は著者が加えた）と伝え、そのふたりがマッキンゼー側と会って議論したいかどうかを尋ねた[39]。

そのメールを受け取ったふたりとは、エイドリアン・マスターズと彼の上司、デイビッド・ベネットだった。ベネットはマッキンゼーの元シニアパートナーであり、この時点ではモニターのエグゼクティブチェアマンを務めていた。

これは、イギリスの政府高官と企業幹部との親密な関係を物語っている。「多くの政府高官と多国籍企業のCEOの信念のあいだには、薄紙一枚の差すらない[40]」これらのマッキンゼーのメールを掘り起こしたイギリス人ジャーナリスト、タマシン・ケイブは、二〇一四年の著書にそう書いている。

マッキンゼーからモニターの高官たちに向けて、大量の講演依頼メールが送られた。マスターズは同年六月、セント・スティーブンズ・クラブで開かれるマッキンゼーの「最高戦略責任者の円卓会議ディナー」で講演してほしい、とのオファーを受けた。このクラブは、かつて保守党員のみが入会できるクラブだった。メールの記録によると、マスターズはNHS法案の成立までのあいだに、マッキンゼーのイベントでの講演の招待をほかに少なくとも二回受けている。[41]

マッキンゼーはモニターと密接な関係にあり、モニターが主催するイベントの講演者選定にまで協力していた。二〇一〇年一〇月には、保健省の高官で、のちにモニターのトップになるイアン・ダルトンをそうしたイベントの講演に招いた。翌年、ダルトンはパリで開催されたマッキンゼーの医療関連イベントでの講演も引き受けた。参加者たちは、豪華なウェスティン・パリに宿泊し、ミシュラン二つ星のレストラン「ル・ムーリス・アラン・デュカス」で食事した。ホテル代と食事代は、マッキンゼーの負担だった。

こうした気遣いが払われているさなか、マッキンゼーは同じ高官たちと会議を重ね、保守党政権のNHS改革計画を具体化していった。会議は、政府機関の会議室ばかりか、マッキンゼーのオフィスで開かれることもあった

二〇〇九年に労働党政権下で作成され、広く批判されたマッキンゼーの研究報告が、あらたな命を吹き込まれ、いまや保守党が、そのコスト削減効果を宣伝し始めた。

右派シンクタンク「リフォーム」の最高幹部であり、ほどなくしてキャメロン政権の顧問となるニック・セドンは、NHSが一五万人の職員を削減し、最大三万二〇〇〇床の病床を廃止し、冠状動脈バイパス手術や乳房切除術などの裁量的措置を減らすことを提言した。

ガーディアン紙に寄稿したセドンは、マッキンゼーによると、これらの対策などにより、二〇一四年から二〇一五年にかけて年間二〇〇億ポンド以上の節約につながる可能性がある、と述べた。[42]

セドンは、金融危機後の財政逼迫に対する解決策は、民間医療支出の拡大であると主張した。「国民医療へのコミットメントは、NHSへのコミットメントと同義ではない。もし同義なら、すべての国がNHSを持っているだろうが、そうではない。そろそろほかの国に追いつく時期だ」と彼は書いた。

結局、マッキンゼーの研究が新しい政府報告書に盛り込まれ、NHSの予算から二〇〇億ポンドを削減する方針が示された[43]。

発足から二カ月後、新政権は五七ページに及ぶ白書を発表し、その方針を詳述した。この文書の構想によれば、今後は、一〇〇億ドルを超えるNHS予算の大部分を医師たちが管理し、資金をどのように「使用する」か——NHS用語を使えば「委託する」か——を医師たちが決定するというのだった[44]。従来は、別の政府機関がこれらの決定を下していた。

医師たちが医療費の使い道を決めるのは、一見、合理的かもしれない。しかし現実には、医師は多忙で、予算を細かく調整する時間も余力もない[45]。誰かが——あるいは、マッキンゼーのような会社が——手伝う必要があった。モニターのベネットCEOは、民営化をさかんに進めたサッチャー時代に、マッキンゼーに入社した人物だった。

法案が固まるなかで、彼はこう語った。「イギリスでは、ほかのセクターでもこのような取り組みを行なってきた。ガス、電力、電気通信などだ。鉄道や水道でも行なったことがある。つまり、二〇年間、独占的な一枚岩の市場や事業者を経済的な規制のもとに置いてきたのだ[46]」

市場原理を導入する一つの方法は、民間企業がNHSの病院、とくに業績不振の病院を買収することだった。マッキンゼーからさかんに秋波《しゅうは》を送られた保健当局者のダルトンが、二〇一〇年一二月一七日にマッキンゼーのコンサルタントと会談し、選択肢を検討した。彼らが念頭に置いていた買い手は、ドイツの民間病院チェーンであるヘリオスだった。内部資料によると、ヘリオスの親会社は、近年、マッキンゼーのクライアントだった。

しかし、ＮＨＳの病院を民営化すると、民間企業が従業員を自由に管理できるようになるため、反対運動が起こりかねなかった。そこで、徐々に民営化を進めることにした。最終的には一〇ないし二〇の病院を民営化するつもりだったが、「さまざまな政治的制約を念頭に置いて、一つずつ取りかかる」とマッキンゼーのあるコンサルタントはダルトンに宛てて書いている。[47]

議員や官僚が新しいＮＨＳ法について検討し始めたころには、コンサルタントたちがイギリス政府に深く入り込んでいた。二〇一〇年には、ＮＨＳだけで三億一三〇〇万ポンドを経営コンサルタントに支払っている。[48]数十年前、イギリス政府はコンサルタントの助けなしにＮＨＳを立ち上げた。なのに、アメリカ政府機関と同様に、時間の経過とともにコンサルタントの影響を強く受けるようになった。

二〇一一年二月一四日、マッキンゼーは、ＮＨＳのロゴが入った四七ページのスライドデッキを配布し、政府が計画している機構の改革を説明した。[49]

あるスライドには、新しいＮＨＳモデルの着想はアメリカから得たものであること、長年マッキンゼーのクライアントであるＨＭＯのカイザー・パーマネンテと類似していることを指摘していた。カイザー・パーマネンテは、サービスごとに支払う方式ではなく、医療サービスへの支払いには上限を設け、その代わり医師に給与を支給してコスト抑制を図っている。この方式はアメリカでは熱心な支持者がいる一方、透明性に欠ける、管理費がかかりすぎるなどの批判もある。

カイザーモデルを説明するために六枚のスライドが用意され、そこにはグラフィックがふんだんに使われている。ほかの二つの選択肢は、あまり重視されなかった。

法案が具体化するあいだ、マッキンゼーは、気心の知れた仲間たちと協力した。マッキンゼーの元コンサルタントであり、政権の保健政策グループの責任者であるポール・ベイトや、マッキンゼーのシニアパートナーであり、医療に関してキャメロンの非公式顧問グループ《キッチンキャビネット》の有力メンバーであるニコラウス・ヘンケなどだ。[50]

次にいよいよ、政府――とマッキンゼー――は、法案に賛否を投じる議員たちや、実際に担当する役人たちに、この計画を売り込む必要があった。しのぎを削る戦い《ウォー・ゲーム》の始まりだ。

二〇一一年三月四日、ロンドンの医療関係者数名がロンドン塔に隣接する会議場に招かれ、マッキンゼーのコンサルタントたちとともに、新制度の仕組みに関するシミュレーション演習に参加した。[51]マッキンゼーがこの日のために用意したスライド――今回はマッキンゼーのロゴ入り――に従い、参加者たちは、めいめいが果たすべき役割が書かれたカードを渡され、「ロンドンの医療経済の未来」をシミュレーションした。

スライドは、今回の法案を称賛し、NHSの改革は患者を最優先にしており、人々の健康状態を改善すると述べた。マッキンゼーの構想は、大規模な個人医師のグループが数十万人の患者をカバーするシステムだった。

さらに同社は、世界でもトップクラスのコスト効率の高い医療システムを誇るイギリスでもなお、医療予算を削減する必要があるという考えを強調した。「現在のシステムのままでは、近々、コストが手に負えなくなる。真の変革が急務だ」

じつのところは、保守党政権は景気後退のなかで緊縮財政の道を選んだわけで、イギリスが生んだ経済学者ジョン・メイナード・ケインズの理論に逆行する決断だった。NHSまで緊縮財政の範囲に含めるとなったため、保守派のアジェンダに批判的な一派が反発した。「わが国にはNHSを維持する余裕がないと主張する人々は、きわめて重要な問いにこたえる必要がある。もし、世界で最もコスト効率の良い医療サービスを維持できないのであれば、ほかに何を維持できるのか？」[52]

マッキンゼーは保守派と組んで行動を起こし、マッキンゼーの元シニアパートナーであるデイビッド・ベネットと同じように、医療に自由市場の魔法をもたらそうとしたわけだ。それを裏付けるかのように、二〇一一年六月八日、マッキンゼーは、医療関係者を支援する専門組織「ロイヤル・カレッジ・オブ・ナーシング」の会議の企業スポンサーになった。会議が開かれたのは、キャベンディッシュスクウェアに建つみごとなジョージ王朝様式の邸宅で、企業イベント向けに改装されていた。

右派のシンクタンク「リフォーム」が主催したこの会議は、「より少ない投資でより大きな成果――医療における破壊的イノベーション」をスローガンに掲げていた。[53]「破壊的」とは、民間企業への門戸開放を意味する。リフォームは、「世界各国で営利企業や非営利団体がヘルスケアを成功させており、わが国とくらべ、同等かそれ以上の質で実現している」と訴えた。

マッキンゼーのシニアパートナー、ニコラウス・ヘンケが、マッキンゼーのコンサルタント二名とともに、首相の厚生労働政策の非公式顧問代表として、この一日かぎりの会議に参加した。彼らは、カイザー・パーマネンテのモデルの利点をふたたび強調し、NHSが「医療ケアの権限をもっと患者本人に持たせる」よう提言した。「航空会社のオンラインチェックインにしろ、スーパーマーケットのセルフレジにしろ、ほかのセクターでは、顧客みずからが大きな役割を担い、ビジネスの効率化と高い満足度を実現している」とヘンケやその同僚は述べた。

さらに、マッキンゼーのふたりのコンサルタントは、糖尿病などの慢性疾患の治療を例に挙げ、患者が病院を訪れるのではなく、電話を通じて「専門家とパートナーシップを組む」ことで、効率的な管理ができると説明した。

医療改革法案の議決が近づくころ、イギリスの関係省庁に身を置くおおぜいのマッキンゼー出身者のもとに、いわば「同窓会」への出席を促すメールが続々と届いた。そのイベントとは、ロンドンオフィスの年次パーティーであり、二〇一一年九月一四日、トラファルガー広場にあるナショナルギャラリーで開かれた。主賓として、マネージングパートナーのドミニク・バートンが出席し、ハーバード・ビジネス・レビュー誌に最近掲載された論文「長期的な資本主義」について講演を行なった。

世界金融危機のあとに書かれたこのバートンの論文は、短期的な目標を超えて視野を広げ、資本主義の高い目的について考えるようビジネスリーダーに促し、一八世紀のスコットランドの経済学者アダム・スミスの言葉を引用していた。「賢明で高潔な者は、自身の個人的な利益が公共の利益に犠牲にされることをいつでもこころよく受け入れる」[54]

＊＊＊

二〇一二年初め、新しい法案「保険社会福祉法」が成立した。この法律により、イギリスの医療費の大半は、ＮＨＳから、医師を中心とするあらたな団体を経由して、医療サービスに活かされるかたちになった。法案の第七五条により、こうした団体は入札を通じて契約を得ることが義務づけられた。つまるところ、民間会社がこの国の最大の予算項目に参入できるようになったわけだ。

当然ながら、医師たちの団体は、予算管理という新しい役割をこなすうえでサポートを必要としていた。マッキンゼーが、そのようなサポート役として七一〇万ポンドの契約を勝ち取ったことは驚くに当たらない[55]。

こうしてマッキンゼーは、政府が法案を作成するのを手伝い、その法律に最も影響を受けた団体からも報酬を受け取った[56]。NHSの民営化に反対したジャッキー・デイビス医師は、「つまり、マッキンゼーは民営化の両側で私腹を肥やしたのだ」と語った。

ほかのアメリカの会社も、医師たちの団体のいくつかを支援した。たとえば、アメリカの大手保険会社のユナイテッドヘルス・グループ――イギリスでは傘下のオプタムとして活動――もコンサルティングを行なった。そのユナイテッドヘルスは、近年、売上高でマッキンゼーのクライアントの上位一〇パーセントに含まれており、マッキンゼーが作成を手伝ったこの二〇一二年の法律によって、直接の恩恵を受けたことになる。

二〇一四年、ユナイテッドヘルスの元副社長であるサイモン・スティーブンズが、NHSの最高経営責任者に就任した。彼は、ワシントンにいたころは、オバマケアに政府の関与が拡大することに反対し、アメリカにはNHSのようなシステムは必要ないと主張していた[57]。

二〇一二年の新法が定着するにつれ、民間企業へ流れるNHSの資金の割合が増加した。これは、マッキンゼーの手助けにより制定された、医師グループの仕事は入札にかけることが義務づけられていたせいでもある。一九九〇年代にジョン・メージャーが首相を務めていたとき、政府は民間企業による医療サービスに毎年約九六〇〇万ポンドを費やしていた。労働党政権下では、この数字は八四億ポンドに上昇した[58]。労働党が二〇二一年に発表した数字によると、一〇年間にわたる保守党の支配のあとには一四四億ポンドに達したという。

しかし、民営化には限界がある。NHSが提供する多くのサービス、たとえば救急医療サービスは、民間セクターにとって魅力的ではない。NHSと契約を結んだ企業のなかには、実質的な利益を上げられず、契約を破棄した企業も少なくなかった。ある企業は、NHSの病院の経営を引き受けたものの、医療の質の低下とコストの超過を理由に、二〇一五年にプロジェクトを放棄した。[59]
NHSの専門家で、公的医療資金が民間に吸い上げられる動きを監視しているジョン・リスターは、こう語った。[60]「民間企業はすべて、自分たちが確実に利益を得られるのかどうかを知りたがる。しかし、NHSのサービス全般を運営しつつ利益が保証される可能性など、限りなく低い」
マッキンゼー側は、NHSとの仕事は、NHSの戦略的目標をサポートするためだったと述べている。「われわれは、政府の姿勢に影響を与えるような提唱やロビー活動はしておらず、NHSの民営化には断固として関わっていない」
NHSの場合、コンサルタントの活用には限界があった。信頼に足るある調査によると、コンサルタントはNHSの効率を低下させるうえ、各病院がコンサルタントに費やした平均額を活かせば、看護師三五人、医師一〇人の給与を支払うことができたという。[61]
ユナイテッドヘルス出身のスティーブンズでさえ、民営化の限界を認識し、第七五条の廃止を提案した。二〇一五年には、NHSの責任者として別のアプローチを試み、「持続可能性と変革のパートナーシップ」システムを構築する手助けをマッキンゼーに依頼した。その目的は、イングランドのNHSの全地域にわたって、NHS、地域の医師、精神医療施設、地方政府を集約した医療官僚機構を立ち上げることだった。言い換えれば、マッキンゼーは、NHSが約半世紀前に初めて同社を招いたときとほぼ同じ問題を解決し、同社が作成に携わった二〇一二年の法律の多くの条項を覆すことを求められたのだ。[62]
この統合システムは、おもにまずロンドンで試験運用され、マッキンゼーのペニー・ダッシュがその中心的役割を務めた。[63]二〇二〇年、ダッシュは、統合システム「ロンドン北西部パートナーシップ」の非執行会長に任命された。その地域では、マッキンゼーが何年も前から、ATメディックスという大規模な医師グループとともに、新システムのパイロットプロジェクトの立ち上げを支援していた。新法のもとで、このような医師グループの一部が急速に拡大した。ATメディックスは、ロンドン市民三〇万人以上の医療を管理していた。マッキンゼー側の主張によれば、ダッシュがこのポストに就いたのは、社を辞める準備を進めている段階であり、マッキンゼー在籍と重複する期間中、ダッシュはマッキンゼーのNHSプロジェクトには従事しておらず、何らかのコンサルティング会社に契約を与える決定にも関与しなかったという。

二〇二一年二月、ATメディクスが、オペローズヘルスに吸収合併されたというニュースが流れた。オペローズヘルスは、マッキンゼーの世界的なトップクライアントであるアメリカの巨大医療保険会社センティーンのイギリス子会社だ。[64] アメリカの民間企業がイギリスの医療インフラの大部分を買収することを恐れた地元の医師たちは、反対運動に奔走した。しかし、吸収合併は既成事実となった。

COVID-19の流行は、再構築されたイギリスの医療システムの大きな試金石となった。ボリス・ジョンソン首相は、重要な検査・追跡の取り組みをマッキンゼーの元コンサルタントのディド・ハーディング（現ハーディング男爵夫人）に任せた。ハーディングをはじめとする保健当局の高官たちは、NHSではなく数社の民間企業にこのプログラムの実行を依頼した。ハーディングが主導するこのプログラムの「ビジョン、目的、状況説明」を具現化するために、マッキンゼーだけでも五六万三四〇〇ポンドの報酬を受け取った。[65]

しかし、検査・追跡プログラムは大失敗だった。[66] COVID-19の濃厚接触者の四分の一以上が自己隔離の必要性を認識していなかった。この重大な欠点が、イギリスがコロナウイルスの蔓延を抑制できなかった一因となった。イギリスにおける死亡率は、パンデミックのほとんどの期間中、アメリカを上回った。

ガーディアン紙のコラムニスト、ジョージ・モンビオットは、イギリスの保健当局を非難した。[67]「政府は、効率的なNHSを迂回して、無能と失敗を特徴とする外部委託の民営化システムに頼った。システムの無駄は、ポンドのみならず、人命の数によっても測定される」

政府は、「反腐敗の象徴」となる人物を指名し、非公開入札で民間企業が受注した契約についての調査などを行なわせた。その人物とは、保守党の下院議員であり、ディド・ハーディングの夫でもあるジョン・ペンローズだった。[68] ふたりはマッキンゼーで働いていたときに出会った。ハーディングは、ジョンソン、デイビッド・キャメロンなど二六人のイギリス首相と同様、オックスフォード大学の卒業生だ。[69] かつては男子卒業生で構成されていた人脈が、昨今は女性も含むようになり、新しい名前が付けられた。「チャモクラシー」だ（訳注＝「chum（友人）」と「-ocracy（政府または支配）」を組み合わせた造語で、知人をひいきして互いに利益を供与し合うネットワークをさす）。

二〇二一年の春になると、ジョンソン首相の人気は上昇した。理由の一つは、国民に無条件にワクチン接種をさせ、明らかな成功を収めたことだ。イギリスはCOVIDワクチン接種プログラムの展開において世界をリードした。これは、NHSが組織力を活かし、医師や看護師が無料で注射を行なったことに負うところが大きい。

エピローグ

マッキンゼーについての本を書くには多くの困難があるが、最大のハードルは、そのビジネスの基盤である秘密主義文化だろう。入社したばかりのコンサルタントは、クライアントや自分のアドバイスについていっさい公言しないように教え込まれる。ほとんどのコンサルタントは、その誓いを真剣に守る。退職後数十年経っても、良いかたちでも悪いかたちでも、誓いを破るのをためらう。

マッキンゼーは、政府の監督を受けることなく、クライアントに対してのみ責任を負う。クライアントは、自社の脆弱性、過ち、ビジネス戦略——つまり、自分たちの秘密——が、秘密のままにされることを期待している。マッキンゼーほどそのような秘密を持っている機関はないだろう。そうした状況のもとでこのコンサルティング会社について取材することは、いわば影法師を追いかけるのに似ていて、アメリカでもその他の国々でも困難を極めた。しかし、公共の監視の目を免れている強大な組織が存在する、という思いほど、報道ジャーナリストの心を燃え上がらせるものはない。

マッキンゼーのある元コンサルタントは匿名でこう書いている。「秘密結社が世界を支配していると信じている人たちにとって、ふつう疑わしいのはイルミナティ、トカゲ人間、〝グローバリスト〟だろう。当然ながら、彼らは間違っている。あらゆる重要な決定を下し、人類の歴史の方向性を決定している秘密結社など存在しない。しかし、マッキンゼー・アンド・カンパニーは実在する」

このコンサルタントは、ユーモアを交えつつも、まじめな主張をしている。マッキンゼーは、世界できわめて影響力のある企業や政府の意思決定の場で、目に見えない存在感を発揮しているのだ。

マッキンゼー側が箝口令《かんこうれい》や非開示契約で情報を統制するなか、わたしたちは、一〇〇人近い現職スタッフ、元スタッフにインタビューできた。彼らは、不誠実だからではなく、マッキンゼーが求めるコンサルタント像に一致する人々だからこそ、語ることを選んだ。つまり彼らは、マッキンゼーが掲げる価値観に惹かれて入社した、有能で信念のある人材だ。

マッキンゼーは、みずからの善行を強調することに多大な努力を払っている。「重要な変革の創出」と題した二〇一八年の報告書のなかで、同社のグローバル・マネージングパートナーは、「地球を守り、コミュニティで有意義な仕事を可能にし、多様性を尊重する包括的な社会を創造することが、根本である」と書いている。

しかし、同社が経験したように、金儲け以上の目的を持って人材を採用することには、マイナス面もある。理想に燃えてマッキンゼーに入社した人々は、マッキンゼーの言葉と行動に大きな隔たりを感じ、疑問を抱くようになる。そういった思いをわたしたちに打ち明けてくれる人もいた。

本書は、インタビューだけでなく、話し言葉以外の大量の資料にもとづいている。わたしたちは部外者としては初めて、マッキンゼーのクライアントリストや請求書を覗き見た。政府もクライアントも競合他社も、それどころか自社の従業員さえも、本来見ることのできない極秘の情報だ。そうした情報をもとに、潜在的な利益相反を何層にもわたって明らかにすることができた。たとえば、利害の対立するクライアントに並行してコンサルティングを行なったり、合併・買収・提携の際、両方の側に助言したりするという「長年の方針」などだ。

競合会社のベイン・アンド・カンパニーは、これを間違ったアプローチだと考えており、同じセクターのクライアントをいちどに一社しか受け入れないという。マッキンゼー側は、社内の壁により機密情報の受け渡しを防いでいると弁明している。

マッキンゼーの自由放任主義的な経営スタイルのせいで、コンサルタントたちは、中毒性のある製品を宣伝したり、所得格差を拡大する政策を推奨したり、大気汚染の原因をつくるなど国際舞台で悪者扱いされている企業を支援したりして、巨額の報酬を得ている。マッキンゼーには「良いことをしたい」「恩に報いたい」という思いがあるのは間違いない。しかし、ある元コンサルタントが言うとおり、マッキンゼーは、害を減らす方法も見出すべきだろう。

情報源について

わたしたちがマッキンゼーに関して本格的に取材を始めたのは、二〇一八年初頭だった。南アフリカにおける同社の業務をめぐって、騒動が起きていたさなかだ。わたしたちの活動は、南アフリカの積極的な報道機関、とくにアマブンガネの調査ジャーナリストによって、計り知れないほど助けられた。その熱意を感じて、マッキンゼーのコンサルタントたちが口を開き始めた。初期の取材では、マッキンゼー自身も、間もなく退社予定だったマネージングパートナーのドミニク・バートンをはじめ、何人かのシニアパートナーをわたしたちとつなげてくれた。彼らは、こんなメッセージを世間に伝えたがっていた。南アフリカで起きたことは特殊であり、ほとんどが一部の悪徳業者のしわざだが、マッキンゼーにとって広範な教訓となった、と。同じようなことが二度と起こらないように対策を講じた、と彼らは述べた。

二〇一八年六月下旬に最初の記事が出たあと、マッキンゼーは組織全体で防御姿勢を強めた。広報担当者は引き続き対応はしたものの、幹部のコンサルタントにはインタビューできなくなった。南アフリカに関する記事は、マッキンゼーがＩＣＥと組んで仕事している件にも触れていたため、アメリカ南部国境での悲劇がさかんに報道されていた時期だっただけに、社内でも大きな反発が起こった。

いっそう多くの人が取材に応じてくれるようになった。その後、さらに記事が続いた。サウジアラビア、ゼレンスキー政権以前のウクライナ、中国などの腐敗した独裁的指導者たちをマッキンゼーがサポートしたとの報道が出た。これを受けて、ますます多くの人が口を開いてくれた。こうした情報源の多くとは、暗号化された音声やメッセージングアプリで連絡を取り合った。

わたしたちは、南アフリカでの失敗を、約一〇〇年にわたるマッキンゼーの歴史のなかで最大の問題と呼んだが、一年も経たないうちに、それを上回る大問題が表沙汰になった。二〇一九年初頭、マッキンゼーがパーデュー・ファーマと幅広く協力し、依存性の高い鎮痛剤「オキシコンチン」の売上げを急増させるためのキャンペーンに深く関わっていた事実が事細かに明るみに出たのだ。

この件は、情報源の誰かからもたらされたのではなく、マサチューセッツ州の司法長官、マウラ・ヘイリーによる召喚状によって発覚した。マッキンゼーがパーデューやほかのオピオイド製造会社のために行なっていた仕事の記録が、数百、やがて数千ページにものぼる電子メール、スプレッドシート、スライドというかたちで突然おおやけになった。

どのストーリーでも、マッキンゼー自身の言葉――多くの場合、公表されることを意図していないスライド――が中心的な役割を果たした。サウジアラビアの首都リヤドで行なわれたプレゼンテーションの九ページのスライドには、影響力の強い反体制派の人物をソーシャルメディアで特定する方法が説明されていた。六〇年前からの何百もの文書には、タバコ産業との密接な関係が記されていた。また、電子タバコの大手メーカーであるジュールとの関係も示されていた。イギリスの国民保健サービスを監督する政府高官とマッキンゼーが強く結びついていることも、数千ページに及ぶ文書に詳細に記されていた。

本書の執筆中、わたしたちは思いがけない情報源に遭遇した。マッキンゼーのクライアント名や請求額が記載された極秘の内部記録だ。おかげで、マッキンゼーがいかに巨大なコンサルティング帝国であるかを知ることができた。とくに注目すべきは、アメリカの大手ヘルスケア企業とそれを規制する政府機関との両方が、大口のクライアントになっている点だった。

何年にもわたる執筆中、わたしたちは繰り返し、マッキンゼーに直接取材を申し込んだが、ほとんどは断られた。また、詳細な質問リストを何度も同社に送付した。

マッキンゼーから回答があった場合は、その内容を本文中に反映してある。とくに、わたしたちが掘り起こした事柄に対してマッキンゼーが異論を唱えているときは、それを記した。回答を通じて、あらたな事実が判明するケースもあった。たとえば、マッキンゼーは最近、タバコ会社のコンサルティングをやめたという。ただし、いつやめたのか、何十年も前からタバコが有害であることが広く知られているのに、なぜ長いあいだタバコ業界のコンサルティングを続けたのか、といった質問には回答がなかった。

安全性の問題についての本書の記述に対して、USスチールは、現在では運営方法を改めている、と回答してきた。「社を挙げての変革努力により、当社の業績が向上したほか、持続可能な保守プログラムを構築し、また、時間をかけて従業員の安全を改善してきた」という。マッキンゼーに関しては、USスチールにおいて意思決定の権限を持っていない、と述べている。一方、ディズニーはコメントを拒否した。

マッキンゼーからは、潜在的な利益相反に関する質問にも回答があった。すなわち、同じ業界の複数の企業や政府の規制当局にサービスを提供している件だ。「クライアントに対して、当社の機密保持ポリシーと利益相反ポリシーを伝えてある」「クライアントは、当社が機密情報を安全に保管すると信頼して、当社と仕事をしている」とのことだった。

また、「競合するクライアントや潜在的に利益相反する利益を持つクライアント、さらには合併、買収、提携の当事者の双方に対してサービスを提供するケースもある、という方針を長年にわたって維持しているが、クライアント情報の機密を保持するとの職務上の責任は損わないよう留意している」「従業員が当社のポリシーに違反した場合、適切な懲戒処分、場合によっては解雇を含む措置を講じることができ、実際に講じている」と述べた。そのような違反が何回くらいあったのかという質問には、回答がなかった。

製薬会社と食品医薬品局（ＦＤＡ）の両方に関わっている件をめぐる質問に対しては、特定の医薬品やタバコ製品についてはＦＤＡに助言していないため、民間クライアントとの契約は利益相反に当たらない、とのコメントだった。ただし、マッキンゼーによると、契約提案書には製薬業界との仕事で実績を上げている点が「頻繁に」記されているという。

謝辞

数年前、ニューヨーク・タイムズ紙のディーン・バケット編集長が、わたしたちの調査ユニットの会議に立ち寄り、進行中のプロジェクトの内容について質問した。帰り際、ディーンは、なんらかの巨大な企業を深く掘り下げてはどうか、と明確に提案した。われわれの社会において権力がどのように行使されているかを読者が理解するのに役立ち、非常に興味深い、と。わたしたちは彼のアドバイスに従い、世界各国の無数の企業に秘密裏に助言しているマッキンゼーを調査することに決めた。

そんなわけで、本書が誕生するきっかけをくれたことや、報道のさまざまな現場でつねにサポートしてくれたことを彼に感謝する。

アイデアが本になるまでには、多くのステップがある。わたしたちは、全米でも屈指の優秀なニュース編集者、ポール・フィッシュレダーとマット・パーディの助けを借りて、ニューヨーク・タイムズ紙にマッキンゼーについての記事を書き始めた。同紙の弁護士であるデイビッド・マクローにもサポートしてもらった。社内のあらゆる調査ジャーナリストにとって、彼は英雄だ。当然だろう。鋼鉄のような意志と優れた判断力を持ち、さらに、誰にもまして、言論の自由を保証する憲法修正第一条への揺るぎない情熱に燃えている。わたしたちの調査が海外に移ったときには、国際部編集者のマイケル・スラックマンとグレッグ・ウィンターの知恵に助けられた。

ニューヨーク・タイムズ紙にマッキンゼーについての記事を掲載したあと、わたしたちの記事を読んでコメントをくれた何千人ものなかに、ＩＣＭパートナーズの文芸エージェント、アレクサンドラ・マシニストとアメリア・アトラスがいた。このふたりは、わたしたちの記事にもっと大きな物語が潜んでいると感じていた。一冊の本にまとめてはどうか、と。わたしたちはすぐには乗り気ではなかったが、ふたりの熱意と、いっしょにいて楽しい人柄に惹かれて、話し合いを続けた。やがて、このふたりのエージェント――親しみを込めてM&Aと呼んでいる――が、ダブルデイの編集者兼発行人であり、出版界で最も著名な編集者のひとりであるウィリアム・トーマスがマッキンゼーの本を望んでいることを聞きつけ、わたしたちは絶好の機会だと思った。なにしろトーマスは、わたしたちが贔屓にしている何人かの執筆者の編集を担当しているのだ。今回のプロジェクトに対しても、トーマスの熱意が揺らぐことはなかった。必要なときには励まし、指導してくれ、わたしたちの集中力を持続させてくれた。当然ながら、彼の編集のおかげで、本書は計り知れないほどブラッシュアップされた。

ダブルデイの大胆不敵な弁護士、ダニエル・ノバックは、ほどよいユーモアを交えつつ、法律面からの助言をくれた。出版界でも法曹界でも珍しい、貴重な才能の持ち主だ。ニコール・ペダーセンは、わたしたちの文章が英文として及第点を取れるよう努力してくれた。声を大にして感謝する。ダブルデイ社内では、ほかに、マイケル・ゴールドスミス、トッド・ドーティ、キャシー・ハウリガン、カリ・ドーキンスなど、この本を出版するために重要な役割を果たしてくれた人たちに謝意を表する。

わたしたちの取材には、多くの人がさまざまなかたちで協力してくれた。まず第一に、コロンビア大学ジャーナリズムスクール出身のケイト・バフチヤロワがチーフリサーチャーとして活躍してくれた。わたしたちにとって、これほど頼りになる人はいなかった。同スクールのもうひとり、ブリジット・ヒッキーは、ニューヨーク・タイムズ紙向けの記事の一つを共同執筆してくれた。また、コロンビア大学出身のチャンプ・バートン、サチ・マクレンドン、カテリーナ・エリー・バーベラ、ナターシャ・ロドリゲス、アイリーン・マリー・グレンチ、グレース・アッシュフォードにも感謝したい。

ダフ・マクドナルドは、マッキンゼーの秘密の歴史を解き明かす第一人者であり、いつも助けてくれた。また、彼の作品からはインスピレーションを得た。マッキンゼーが覆い隠した出来事の数々を暴いた執筆者としては、ほかに、ベサニー・マクレーン、アニタ・ラガバン、アナンド・ギリダラダス、ギャリソン・ラブリー、エリック・エドストローム、プロパブリカのイアン・マクドゥーガルなどがいる。

新聞業界には、「核心は冒頭部に記せ」という古い格言がある。本書はその教えに従っていないと認めざるを得ない。沈黙の誓いを破った勇気あるコンサルタントたちの助けのおかげで、徐々に核心に迫ることができたのだ。なかでも三名がとくに際立っているが、そのうちのひとりで、要求や期待を超えて貢献してくれた人物が、この場のためにあえて偽名を考えてくれた。ありがとう、クーパー・G・ダンカン。

良心と怒りの能力を持つ人々は、どんな領域においても、真実を解き明かすうえで不可欠だ。彼らがいなければ、民主主義は存続できない。わたしたちは、マッキンゼーでそのような人々を数多く見つけられたことに深く感謝している。

――ウォルト・ボグダニッチおよびマイケル・フォーサイス

ウォルト・ボグダニッチからの謝辞

マッキンゼーの深層を取材しないかとマイケル・フォーサイスを誘ったとき、わたしはまだ個人的には彼を知らなかった。しかし、中国の独裁的指導者を勇敢に調査し、脅威に屈しなかった記者だという評判は聞いていた。もっとも、共同作業を進めるうち、それ以上の存在であることを思い知った。彼は親切かつ寛大で、困っている同僚を助けるためなら何でもする。わたし自身、そんな同僚のひとりだったから、よくわかる。わたしたちの生活のあらゆるところにマッキンゼーが亡霊のように潜んでいることを突き止めるべく、わたしには、途方もない難題にひるまない強力なパートナーが必要だった。マイケルは、それをやり通すための不屈の精神と技能を持っていた。彼の報告のおかげで、わたしひとりではとうていなし得ないことができ、本書が豊かなものになった。マイケル、新しいスキルを教えてくれたことや、この列車をまっすぐに保ち、時間どおりに走らせてくれたことに感謝する。

この本は、宇宙一の調査報道プラットフォームであるニューヨーク・タイムズ社にいなければ、けっして実現しなかっただろう。その意味で、アーサー・S・サルツバーガー、A・G・サルツバーガー、ジョー・レリーベルド、ビル・ケラー、ジル・アブラムソン、ディーン・バケットに感謝する。さらに、ビジネス調査を担当するためにわたしを雇ってくれたグレン・クラモンに感謝したい。ウォール・ストリート・ジャーナル紙時代からの友人であるフィリップ・ツバイグとハンク・ギルマンにも世話になった。また、マッキンゼーについて書くことを勧めてくれたエレン・ポラック、長年離れていた故郷のインディアナ州ゲーリーを改めて紹介してくれたジョゼフ・ピートとジェームズ・レーン、マッキンゼーのクライアントについて取材した際にキーウを案内してくれたマーク・ラチケビッチも、わたしの支えとなった。ほかに、ニューヨーク・タイムズ紙の調査部門の有能な同僚たちの知恵も吸収させてもらった。ウィリー・ラッシュバウム、マイク・マッキンタイア、マイケル・ラフォルジア、レベッカ・コーベット、ディーン・マーフィー、ロリー・トーラン、ラニー・シャピロ、レベッカ・ルイス、ジョー・ベッカー、スーザン・ビーチーに感謝している。数え切れないほどの日数、狭い空間に籠城するはめになったが、ズームで顔を合わせる常連たちが、外の世界にも人生があることを思い出させてくれた。また、この暗い時代に明るい光を放ち、社屋でよく知られた存在であるボジャンにも、ありがとうと言いたい。

ほかに、旧友たちにもここで感謝を表したい。良いときも悪いときもわたしの味方をしてくれた元ABCニュースのジョン・マーティン。さらに、デイブ・キャップ、ジム・プロクター、ジョン・ローラー、フランク・クーハン、リック・タルスキー、ジャクリーン・ウィリアムズ、シーラ・カプラン、ブレント・ラーキン、バート・グレーフ、ジェームズ・ネフ、タイラー・ケプナー、故ボブ・グリーン、わたしにジャーナリズムを志すよう最初に勧めてくれた兄ジョージ、シド・ウルフ、ポール・スタイガー。この業界で最も尊敬されている団体「調査報道者協会」にも感謝する。

そして何より家族に感謝したい。四〇年来の妻であるステファニー・ソールは、並外れた技術と意欲を持つ記者でもあり、この本を完成させるうえで大小さまざまなかたちで協力してくれた。わたしにとって「触媒」のような役割も果たしてくれたと言えば、理解してもらえるだろう。ふたりの息子——才能ある小説家のニコラス、弁護士志望のピーター——は、父親としての誇りを限りなく満たしてくれた。

マイケル・フォーサイスからの謝辞

この数年にわたるプロジェクトに参加できたのは、わたしの妻であり作家で学者のレタ・ホン・フィンチャーの助言、支援、励ましがあったからだ。レタは、複数の章に貴重な示唆を与えてくれた。

執筆の初期段階に、ウォルトとわたしは、ニューメキシコ州サンタフェの乾燥高原にあるラス&メアリー・ロバート夫妻の素晴らしい家に招かれた。元経営コンサルタントのラスは、わたしたちといっしょに二日間を過ごし、マッキンゼーとオールステート保険との関係について知っていることをすべて教えてくれた。ラスと彼の執筆パートナーのドン・フィリップスは、時間だけでなく、何冊もの資料を惜しげもなく提供してくれた。

また、わたしが北京のブルームバーグ・ニュースで働いていたころの親友であるネリス・エイブリーにも感謝したい。彼女はウェールズ系のイギリス人であり、編集者としても記者としても優秀だ。NHSの章を丹念に読み、わたしのアメリカ人ならではの間違いを取り除いてくれた。

サウジアラビアについては、幼少期のほとんどをそこで過ごしたので、安心して書くことができた。わたしの両親であり、ともに博士号を持つデール・フォーサイスとサンドラ・フォーサイスに感謝しなければならない。とはいえ、ニューヨーク・タイムズ紙の同僚であるケイティ・ベナー、マーク・マゼッティ、ベン・ハバード、マイク・アイザックが、二〇一八年一〇月、マッキンゼーの衝撃的なスライドについて世界に伝えてくれなければ、本書のサウジアラビアの章は書けなかっただろう。また、ベンのみごとな著書『MBS: The Rise to Power of Mohammed bin Salman』もおおいに参考にさせてもらった。

オードリー・ジャジャ・リーは、中国に関する章の初期のリサーチに協力してくれた。気候責任研究所のリチャード・ヒーデは、環境を扱った章の骨格となるデータを大量に提供してくれた。マッキンゼーで最も名高いコンサルタントのひとりだった故カーター・ベイルズは、世界最悪の汚染企業との仕事について書く必要があるという確信を与えてくれた。ウォルトの友人でかつての同僚であるフィリップ・ツバイグは、銀行業について深く調査した二冊の書籍を執筆し、本書の第九章の枠組みをつくってくれた。

ニューヨーク・タイムズ紙の主力編集者であるレベッカ・コーベットとディーン・マーフィーにも感謝したい。わたしたちが数年にわたるプロジェクトに取り組めるだけの自由を与えてくれた。編集者のロリー・トーランとレイニー・シャピロの堅実な手腕にも感謝する。本書の執筆中、ニュース速報が飛び込んでくる場面も多々あり、マッキンゼーとパーデュー・ファーマの協業に関する報道が相次いだ際、レベッカ・コーベットが、本書にどのように取り入れるべきか、重要な助言をくれた。

最後になったが、わたしの同僚であり友人であり共著者であるウォルトに感謝したい。わたしにとって、ニューヨーク・タイムズで働くいちばんの喜びは、間違いなく、知識と経験をこころよく分け与えてくれる優秀な同僚たちに囲まれていることだ。ウォルトはそのなかでも最も優秀な人物である。

訳者あとがき

「人類の歴史の方向性を決定している秘密結社など存在しない。しかし、マッキンゼー・アンド・カンパニーは実在する」

あるコンサルタントが残したこの言葉は、世界で最も権威あるコンサルティング会社の巨大な影響力と存在感を物語っている。

マッキンゼー・アンド・カンパニー。その名は、ビジネス界のみならず、政界や国際社会にまで浸透している。それでいて、実際のところ同社がいかなる側面で何を働きかけているのかは、つねに霧に包まれてきた。守秘義務を楯に、どのクライアントとどんなプロジェクトで契約しているかをめったに明かさないからだ。

そうしてこれまでベールに包まれてきた実態を、ピュリッツァー賞受賞記者らが一四〇〇万ページに及ぶ内部文書と徹底的な取材にもとづいて白日のもとにさらした労作が本書である。

本書で明らかになるのは、利益至上主義がもたらす問題の数々だ。たとえばアメリカでは、大手製薬会社のパーデュー・ファーマにオピオイド系鎮痛剤「オキシコンチン」の販売戦略を指南し、結果として依存症の蔓延を引き起こしたらしい。マッキンゼーは、医師の処方傾向を分析し、オキシコンチンを大量に処方する医師に的を絞って営業活動を行なうよう助言した。医師への高額なリベートや、中毒性の高い高用量薬の販売促進など、その提案は、短期的には製薬会社の利益を最大化したが、半面、アメリカ社会に深刻なオピオイド危機をもたらし、年間七万人以上の命を奪う社会問題の一因となったとみられる。

トランプ政権下のアメリカ移民税関捜査局（ＩＣＥ）との契約も、物議を醸した事例の一つだ。マッキンゼーは、収容された不法移民の待遇改善よりもコスト削減を優先する非人道的な提案を行なったとみられる。収容施設における職員の削減、さらには食費や医療費の削減まで促した。

舞台はアメリカにとどまらない。中国やサウジアラビアといった権威主義国家においても、マッキンゼーは政権中枢と太いパイプを築き、国家戦略や社会政策に深く関与してきた。南シナ海に軍事拠点を建設する中国国営企業への助言や、サウジアラビアにおける反体制派の監視など、同社の活動は、人権侵害や民主主義の抑圧に加担しているとのそしりを受けかねない。

マッキンゼーは、みずからの行動規範として「クライアントファースト」を掲げる。しかしこの価値観が、ときに社会全体の利益と対立するジレンマを生み出す。

たとえば、世界的な気候変動問題において、化石燃料企業の利益を最大化するためのコンサルティングを行なう一方で、世間に向けては環境保護を訴えるという、矛盾した行動を取っている。石炭火力発電所の効率化や、新規炭鉱開発の支援など、マッキンゼーの助言による短期的な利益追求が、長期的な持続可能性を損なうリスクを生んでいるのだ。

本書が告発している問題点は、けっしてマッキンゼーに限ったものではないはずだ。現代社会において、多くの企業が、利益追求を至上命題とするあまり、環境破壊、格差拡大、人権侵害といった深刻な問題を引き起こしている。

読後、われわれは、企業が社会の一員としての責任を果たすことの重要性を改めて認識し、持続可能な社会を築くために何をすべきかを再度、真剣に考えざるを得なくなるだろう。

原　註

はじめに　マッキンゼーが街にやってきたら

1 U.S. Steel was the first billion-dollar corporation.Ohio State University Department of History, “1912: Competing Visions for America,” “Gentlemen's Agreements,” ehistory.osu.edu.

2 USスチール内の業務連絡にもとづく。

3 2021年5月、著者がゲーリー・ワークスを訪問。

4 Joseph S. Pete, “The Human Toll of the Steel Mill,” in *The Gary Anthology*, ed. Samuel Love (Cleveland: Belt, 2020), 17.

5 ポール・A・サミュエルソンは1970年に、ジョゼフ・E・スティグリッツは2001年にノーベル経済科学賞を受賞している。

6 Charlie Burton, “Inside the Jackson Machine,” *GQ*, Feb. 7, 2018.

7 Jonathan P. Hicks, “An Industrial Comeback Story: U.S. Is Competing Again in Steel,” *New York Times*, March 31, 1992.

8 James B. Lane, *City of the Century: A History of Gary, Indiana* (Bloomington: Indiana University Press, 1978), 38.

9 ベン・クレメント（ゲーリー映画テレビ局ディレクター）への筆者インタビュー。

10 Paul Sloan, “Gary Takes Over as Murder Capital of U.S.,” *Chicago Tribune*, Jan. 3, 1994.

11 Dan Carden, “NWI Population Steady over Past Decade; Gary's Plummets 14%, Census Finds,” *Times of Northwest Indiana*, Aug. 12, 2021. ゲーリーの人口は2014年の国勢調査で78,000人。

12 U.S.スチールの敷地のすぐ外にあるインディアナ有料道路の看板。2021年5月、著者がインディアナ州ゲーリーを訪問。

13 *Christakis Vrakas et al. v. United States Steel Corporation*, W.D. Pa. (2017) No. 17-579, 2.

14 Walt Bogdanich and Michael Forsythe, “How McKinsey Lost Its Way in South Africa,” *New York Times*, June 26, 2018.

15 U.S. Steel 10-K Form for the Securities and Exchange Commission, 2016.

16 Edwin Bierschenk, “Gary's Roots Founded in Steel,” *Times of Northwest Indiana*, March 19, 2016.

17 James B. Lane, *Gary's First Hundred Years* (Home Mountain Printing, 2006), 19.

18 *Art Collection of the Late Elbert H. Gary* (New York: American Art Association, 1928).

19 Lane, *Gary's First Hundred Years*, 37.

20 同上 25.

21 Duff McDonald, *The Firm* (New York: Simon & Schuster, 2013), 37.

22 George David Smith, John T. Seaman Jr., and Morgan Witzel, *A History of the Firm* (New York: McKinsey, 2011), 52. この本は、社内で出版された非公開の社史である。

23 同上 59.

24 Longhi's bio per UGI Corporation, where he has been director since April 2020.

25 Len Boselovic, "The Outlook for U.S. Steel: Bleak and Bleaker," *Pittsburgh Post-Gazette*, Nov. 1, 2015.

26 9121 SW Sixty-Second Court, Pinecrest, Fla., Zillow listing.

27 Brian Bandell, "Former U.S. Steel Corp. CEO Mario Longhi Sells Pinecrest Mansion," *South Florida Business Journal*, May 13, 2021.

28 Longhi's Fisher Island address is listed in *Bieryla v. United States Steel Corp.*, W.D. Pa. (2019) 2:19-cv-00468-CB.

29 *Christakis Vrakas et al. v. United States Steel Corporation*, W.D. Pa. (2017) No. 17-579, 28.

30 U.S. Steel 10-K Form for the Securities and Exchange Commission, 2014.

31 Vera Blei, "Mario Longhi: 'Phenomenal Change,' " *Metal Bulletin Magazine*, Dec. 2015/Jan. 2016.

32 Tom Taulli, "U.S. Steel: 'Carnegie Way' Is More Than a Slogan," *InvestorPlace*, Oct. 29, 2014.

33 John W. Miller, "U.S. Steelmakers Take Hit from Drilling Cutbacks," *Wall Street Journal*, Jan. 27, 2015.

34 Len Boselovic, "U.S. Steel Reports $75 Million First Quarter Loss," *Pittsburgh Post-Gazette*, April 28, 2015.

35 Joseph S. Pete, "USW Says U.S. Steel Layoffs Jeopardize Safety," *Times of Northwest Indiana*, Aug. 31, 2016.

36 同上

37 レイク郡検死官事務所から入手したクレムケの検死報告書より。

38 Safety Order following Kremke's death filed by the Indiana Occupational Safety and Health Administration, Oct. 4, 2016.

39 U.S. Steel "Questions and Answers" for the Securities and Exchange Commission, Third Quarter 2016.

40 ジョゼフ・S・ピート提供の抗議写真（2016年8月26日）。

41 Joseph S. Pete, "Steelworker Who Died Told Wife Mill Was Getting Less Safe," *Times of Northwest Indiana*, Oct. 3, 2016.

42 Inspection Detail filed by the Occupational Safety and Health Administration, Oct. 3, 2016.

43 Pete, "Human Toll of the Steel Mill," 17.

44 マッコールへの筆者インタビュー。

45 Inspection Detail filed by the Occupational Safety and Health Administration, Oct. 3, 2016,

and June 16, 2016.
46 List of actions provided by the Indiana Occupational Health and Safety Administration.
47 フィンケルへのインタビュー（彼は現在、ミシガン大学公衆衛生大学院で教鞭をとっている）。
48 *Christakis Vrakas et al. v. United States Steel Corporation*, W.D. Pa. (2017) No. 17-579, 79. マッキンゼーは訴訟の被告ではない。
49 同上 3. 彼らの主張の詳細については、裁判所の命令により封印されている。
50 同上 19–22. 11人のUSスチール従業員が、同社のさまざまな部署や施設で働いていた。
51 同上 45.
52 同上 47.
53 マッコールへのインタビュー。
54 *Christakis Vrakas et al. v. United States Steel Corporation*, W.D. Pa. (2017) No. 17-579, 6.
55 Michelle Fox, "US Steel Wants to Accelerate Investments, Bring Back Jobs, CEO Says," CNBC, Dec. 8, 2016.
56 Howard Burns, "Longhi Included in Trump Manufacturing Jobs Initiative," *Pittsburgh Business Times*, Jan. 27, 2017.
57 *Christakis Vrakas et al. v. United States Steel Corporation*, W.D. Pa. (2017) No. 17-579, 7.
58 同上
59 同上 13.
60 U.S. Steel 10-K Form for the Securities and Exchange Commission, 2017.
61 同上
62 マッコールへのインタビュー。
63 マッキンゼーの記録。
64 Matt Gentzel, Brian Green, and Drew Horah, "Save Money, Raise Asset Productivity: Why Maintenance Staffing Matters," McKinsey & Company, April 1, 2018.
65 2017年3月15日付のツイッターでウォルト・ディズニー・ファミリー博物館が引用したディズニーの発言。
66 Harry Trimborn, "Wizard of Fantasy Walt Disney Dies," *Los Angeles Times*, Dec. 16, 1966.
67 David Koenig, *More Mouse Tales* (Irvine, Calif.: Bonaventure Press, 1999).
68 Alistair Cooke, "From the Archive: 21 September 1959: Mr. Khrushchev Banned from Disneyland," *Guardian*, Sept. 21, 2012.
69 Chris Woodyard, "After a Successful Stint at Disney Stores, Paul Pressler Is Becoming...: the New Mayor of Disneyland," *Los Angeles Times*, Nov. 20, 1994.
70 James B. Stewart, *Disney War* (New York: Simon & Schuster, 2005), 320.
71 "Transforming Maintenance: Defining the Disney Standard," McKinsey memo to Pressler, May 13, 1997.

72 Mike Anton and Kimi Yoshino, “Disney Ride Upkeep Assailed,” *Los Angeles Times*, Nov. 9, 2003. Klostreich repeated this account in an interview with the author.

73 *Torres v. Walt Disney Company*, SCOC (2004) No. 04CC10092, 12–13.

74 同上

75 Aitken Aitken Cohn, “$25,000,000: Husband Killed and Wife Disfigured by Disney's Sailing Ship Columbia,” June 3, 2010. この法律事務所が被害者の代理人を務めた。当プレスリリースには、監督者はアシスタントマネージャーと記されている。

76 同上

77 エイトケンへの著者インタビュー。

78 Husband Killed and Wife Disfigured by Disney's Sailing Ship Columbia” 結局、ライドリードの職は復活したが、前任者たちより経験が少なかったといわれる。

79 エイトケンへのインタビュー。

80 クロストライクは1997年10月28日、「アトラクション・メンテナンス」というタイトルの社内連絡を上司のスコット・スミスに送った。1999年2月17日には、同じ社内連絡をディズニーランド・リゾートの社長シンシア・ハリスに再送した。

81 *Robert Klostreich v. Disneyland Resort*, C.D. Cal. (2000) No. 00CC09137.

82 *Torres v. Walt Disney Company*, SCOC (2004) No. 04CC10092, 13.

83 Kimi Yoshino, “Brandon Zucker Dies at 13; Injury at Disneyland Brought Focus to Amusement Park Safety,” *Los Angeles Times*, Jan. 27, 2009.

84 インタビューでコーニッグは、30年近くにわたり、800人以上のディズニーランドの従業員と話をしたと思う、と語っている。

85 ローラーへの著者インタビュー。

86 Jerry Hirsch, “Mr. Pressler's Wild Ride at Disney,” *Los Angeles Times*, Feb. 8, 2001.

87 *Torres v. Walt Disney Company*, SCOC (2004) No. 04CC10092, 4–5.

88 同上 5.

89 Amusement Ride Unit of the Division of California Occupational Safety and Health, “Accident Investigation Report Narrative” Sept. 5, 2003, 1. 〈サンダー・マウンテン〉の脱線事故を受けての報告書。

90 同上 4.

91 同上 6.

92 同上 11.

93 同上 19–20.

94 *Torres v. Walt Disney Company*, SCOC (2004) No. 04CC10092, 10.

95 Aitken Aitken Cohn, “Confidential Settlement Involving Disneyland's Big Thunder Mountain,” 2003.

96 Michael Barbaro and Andrew Ross Sorkin, “Under Fire, Gap Chief Steps Down,” *New York*

Times, Jan. 23, 2007.

第一章　罪悪感なき豊かさ——マッキンゼーの価値観

1 McKinsey operates what it calls the McKinsey Alumni Center, the firm's official contact point for former employees spread around the world.

2 オランダを拠点とするMBA入学アドバイジング会社、メンロ・コーチングの分析によると、マッキンゼーは、2018年、2019年、2020年に上位24校のビジネススクールを卒業したMBAのうち5.9%を採用した。この数字は、ほかのどんな雇用主より多い。

3 マッキンゼーは自社ウェブサイト（mckinsey.com）で、社会変革のエージェントとしての役割をアピールしている。

4 本書の著者たちによる調査結果は、これまでおおやけに報告されたことのないきわめて重要な資料も含んでいる。

5 Edmund Lee, "New York Times' Digital Subscription Growth Story May Be Ending," *Recode*, Aug. 25, 2014.

6 Walt Bogdanich and Michael Forsythe, "How McKinsey Lost Its Way in South Africa," *New York Times*, June 26, 2018.

7 MIOパートナーズが2021年7月29日に証券取引委員会へ提出したSECフォームADVを参照。

8 マッキンゼーの元コンサルタントとしては、ほかにも、バラク・オバマの国家安全保障顧問を務めたスーザン・ライスや、連邦準備制度理事会（FRB）で議長候補にもなったレール・ブレイナードFRB理事らがいる。

9 George David Smith, John T. Seaman Jr., and Morgan Witzel, *A History of the Firm* (New York: McKinsey, 2011), 7.

10 Marvin Bower, *Perspective on McKinsey* (New York: McKinsey, 1979), 177–78.

11 ベイカー奨学生とは、ハーバード・ビジネススクールで最優秀の成績を修めた学生のことで、財界人の故ジョージ・F・ベイカー（1840-1931）にちなんで命名された。アメリカ銀行界の最重鎮として知られる彼は、1924年、ハーバード・ビジネススクールに寄付金を贈った。

12 Duff McDonald, *The Golden Passport: Harvard Business School, the Limits of Capitalism, and the Moral Failure of the MBA Elite* (New York: HarperCollins, 2017), 199.

13 Manish Chopra, *Learning Curve: Tips and Tricks I Learned, Often the Hard Way, in Navigating the Firm During My Years from Associate to Partner* (New York: McKinsey, 2011), 45. このガイドブックはマッキンゼーの従業員向けに書かれたもので、社外に流布することは意図されていない。

14 カルマへの著者インタビュー。

15 あるマッキンゼー従業員（匿名希望）への著者インタビュー。

16 ある情報筋（匿名希望）への著者インタビュー。

17 Marco De Novellis, "Consulting Salaries for MBA & Master's Graduates," *BusinessBecause*, March 2, 2021.

18 Chopra, *Learning Curve*, 23.

19 "What's Ahead for McKinsey? A Conversation with Bob Sternfels," McKinsey Blog, July 1, 2021.

20 マッキンゼーによれば、機密情報が別のグループに伝わらないよう、特別な注意を払っているという。

21 Smith, Seaman, and Witzel, *History of the Firm*, 454.

22 Erik Edstrom's farewell email, July 18, 2019.

23 以下の文書に記されている、新しいマネージングディレクター選出に関する1968年3月30日の社内通達より。Smith, Seaman, and Witzel, *History of the Firm*, 171.

24 この15項目の価値観については、以下の動画で説明されている。www.youtube.com/watch?v=6aDPocw72JY

25 Smith, Seaman, and Witzel, *History of the Firm*, 85.

26 請求記録より。

27 ローゼンタールへの著者インタビュー。

28 カルマへのインタビュー。

29 ポリシーの改訂により、現在では2番目ではなく3番目の価値観となっている。

30 ローゼンタールへのインタビュー。

31 グリーンへの著者インタビュー。

32 Seth Green, "I Worked at McKinsey. Here's How the Firm Needs to Change," *Fortune*, Dec. 11, 2019.

33 Garrison Lovely, "McKinsey & Company, Capital's Willing Executioners," *Current Affairs*, Sept. 2019 初出時、ラブリーのエッセイは「匿名」となっていた。しかし本書の取材に対し、彼が執筆者であることを認めた。彼の匿名エッセイの一部はエピローグでも引用されている。

34 Walt Bogdanich and Michael Forsythe, "How McKinsey Has Helped the Stature of Authoritarian Governments," *New York Times*, Feb. 3, 2021.

35 Michael Forsythe and Walt Bogdanich, "McKinsey Settles for Nearly $600 Million over Role in Opioid Cases," *New York Times*, Feb. 3, 2021.（当初の和解金は6億ドル以下だったが、その後、州の数が増えて支払いが増加した）。

36 Walt Bogdanich and Michael Forsythe, "McKinsey Proposed Paying Pharmacy Companies Rebates for OxyContin Overdoses," *New York Times*, Nov. 27, 2020.

37 マッキンゼーの元パートナー（匿名希望）へのインタビュー。

38 Sydney Ember, Reid J. Epstein, and Trip Gabriel, "Buttigieg Struggles to Square

Transparency with Nondisclosure Agreement," *New York Times*, Dec. 7, 2019.
39 "Pete Buttigieg on How He Plans to Win the Democratic Nomination and Defeat Trump," *New Yorker*, April 2, 2019.
40 Michael Forsythe, "When Pete Buttigieg Was One of McKinsey's Whiz Kids," *New York Times*, Dec. 5, 2019.
41 Thomas J. Peters and Robert H. Waterman Jr., *In Search of Excellence: Lessons from America's Best-Run Companies* (New York: Harper Business, 1982).
42 ピーターズへの著者インタビュー。
43 カルマへのインタビュー。
44 Chopra, *Learning Curve*.
45 同上 26.
46 同上 25.
47 ペッシュマンへの著者インタビュー、およびフェイスブックの以下の投稿に対する彼のコメント。"The Smuggest Guys in the Room: McKinsey Suffers from Collective Self-Delusion," *Economist*, Feb. 25, 2018.
48 "Kevin Sneader Elected Global Managing Partner of McKinsey & Company," press release, Feb. 25, 2018.
49 結局、金は返済された。
50 "Kevin Sneader Elected Global Managing Partner of McKinsey & Company."
51 McKinsey's Code of Professional Conduct."
52 著者たちはそのディスカッションの録音を入手した。
53 Pjotr Sauer, "McKinsey Bans Moscow Staff from Attending Pro-Navalny Protest," *Moscow Times*, Jan. 23, 2021.
54 ラミロ・プルデンシオ（マッキンゼーのパートナーであり、グローバル・コミュニケーション・ディレクター）の編集部宛ての手紙より。*Financial Times*, Feb. 4, 2021.
55 Michael Forsythe, "Head of McKinsey Is Voted Out as Firm Faces Reckoning on Opioid Crisis," *New York Times*, Feb. 24, 2021.
56 ゴールドマン・サックス・グループは2021年9月8日、スニーダーがアジア太平洋地域（日本を除く）担当共同社長としてゴールドマン・サックスに入社すると発表した。

第二章　勝者と敗者——不平等マシン

1 Walter W. Ruch, "G.M., Auto Workers, Reach 5-Year Pact on Pensions, Wages," *New York Times*, May 24, 1950.
2 サム・ウォルトンの店「ウォルトンズ5＆10」は、1950年5月9日にベントンビルに開店した。

詳しくはwww.walmartmuseum.com参照。

3 George David Smith, John T. Seaman Jr., and Morgan Witzel, *A History of the Firm* (New York: McKinsey, 2011), 106.

4 Lawrence Mishel and Jori Kandra, “CEO Pay Has Skyrocketed 1,322% Since 1978,” Economic Policy Institute, Aug. 10, 2021.

5 Arch Patton, *Men, Money, and Motivation: Executive Compensation as an Instrument of Leadership* (New York: McGraw-Hill, 1961), lx.

6 Smith, Seaman, and Witzel, *History of the Firm*, 107.

7 Patton, *Men, Money, and Motivation*, 46.

8 同上 197.

9 Smith, Seaman, and Witzel, *History of the Firm*, 52.

10 同上 59.

11 同上 107.

12 同上

13 同上 233.

14 同上

15 同上 299.

16 John Kenneth Galbraith, *The New Industrial State* (Boston: Houghton Mifflin, 1967), 189.

17 Louis Hyman, *Temp: How American Work, American Business, and the American Dream Became Temporary* (New York: Viking, 2018), 4.

18 Louis Hyman, “It’s Not Technology That’s Disrupting Our Jobs,” *New York Times*, Aug. 19, 2018.

19 著者インタビュー。

20 Hyman, *Temp*, 7.

21 Smith, Seaman, and Witzel, *History of the Firm*, 188.

22 Thomas J. Peters and Robert H. Waterman Jr., *In Search of Excellence: Lessons from America’s Best-Run Companies* (New York: Harper-Business Essentials, 2006), 14.

23 Duff McDonald, *The Firm: The Story of McKinsey and Its Secret Influence on American Business* (New York: Simon & Schuster, 2013), 151.

24 フォードもマッキンゼーを雇ったが、デイビッド・ハルバースタムの著書『覇者の驕り——自動車・男たちの産業史』（日本放送出版協会）によれば、先見の明を持つフォード社長、リー・アイアコッカは、マッキンゼーが来た瞬間から「マッキンゼーの人々を嫌悪した」という。「何なんだ、この連中は？」と彼は尋ねた。「自分たちが何者なのかを外部の人間に教えてもらう必要などあるのか？」コンサルタントたちは車の製造をした経験がないから、みずからの無知ぶりに気づいていないのだろう、とアイアコッカは考えた。しかし多くの例と同様、アイアコッカはこの戦いに敗れ、フォードを退社した。もっとも、その後、クライ

スラーの最高経営責任者として大成功を収めることになる。詳しくは前述のハルバースタムの書籍を参照されたい。

25 McDonald, *Firm*, 183–84.

26 Les Leopold, *Runaway Inequality: An Activist's Guide to Economic Justice* (New York: Labor Institute Press, 2015), 53.

27 ボグダニッチによるレオポルドへのインタビュー。

28 Ed Michaels, Helen Handfield-Jones, and Beth Axelrod, *The War for Talent* (Boston: Harvard Business School Press, 2001), 7.

29 Daniel Markovits, "How McKinsey Destroyed the Middle Class," *Atlantic*, Feb. 3, 2020.

30 Sarah Kaplan and Richard N. Foster, *Creative Destruction: Why Companies That Are Built to Last Underperform the Market—and How to Successfully Transform Them* (New York: Currency/Doubleday, 2001), 10.

31 McDonald, *Firm*, 8.

32 U.S. Bureau of Labor Statistics, *Union Members Survey*, Jan. 22, 2021.

33 Digital McKinsey, *Sourcing*, n.d.

34 Steven Greenhouse, *The Big Squeeze: Tough Times for the American Worker* (New York: Alfred A. Knopf, 2008), 203.

35 Anita Raghavan, *The Billionaire's Apprentice: The Rise of the Indian-American Elite and the Fall of the Galleon Hedge Fund* (New York: Grand Central Publishing, 2013), 139–41.

36 グプタとクマーは倫理に関して同じ盲点を持っていた。グプタはマッキンゼーを去ったあと、インサイダー取引をめぐって有罪判決を受け、投獄された。ただしマッキンゼーのビジネスに関わる罪ではない。クマーのほうは、マッキンゼーのビジネスにからんでクライアントの機密情報を漏洩し、70億ドルのヘッジファンドを得た。けれども、グプタに不利な証言をすることと引き換えに刑務所を逃れた。

37 オオフショアリングを促進した業者の名は31 West。そのウェブサイトには5つの企業が明記されている。

38 Diana Farrell, ed., *Offshoring: Understanding the Emerging Global Labor Market* (Boston: Harvard Business Review Press, 2006). Farrell served as director of the McKinsey Global Institute.

39 "Offshoring: Is It a Win-Win Game?," McKinsey Global Institute, 2.

40 Michael Bloch, Shankar Narayanan, and Ishaan Seth, "Getting More out of Offshoring the Finance Function," McKinsey & Company, April 1, 2007.

41 マッキンゼーによれば、同社のシンクタンクはペンシルベニア大学から最優秀との評価を受けたという。

42 ビベンズへの著者インタビュー。

43 House of Representatives, Committee on Ways and Means, *Promoting U.S. Worker*

Effectiveness in a Globalized Economy, June 14, 2007.
44 Testimony of Marcus Courtney, representing Washington Alliance of Technical Workers, Committee on Ways and Means, June 14, 2007.
45 "Who Wins When Jobs Move Overseas?," McKinsey & Company, Oct. 26, 2003.
46 Farrell, *Offshoring*, 57.
47 同上 59.
48 Joseph E. Stiglitz, "On the Wrong Side of Globalization," *New York Times*, March 15, 2014.
49 Michaels, Handfield-Jones, and Axelrod, *War for Talent*, xiii.
50 同上 6.
51 "Pay Madness at Enron," *Forbes*, March 22, 2002, based on an analysis by Charas Consulting.
52 以下の文書の冒頭より。Representative Henry A. Waxman, Democrat of California, House of Representatives, Committee on Oversight and Government Reform, *Executive Pay: The Roles of Compensation Consultants*, Dec. 5, 2007.
53 Mishel and Kandra, "CEO Pay Has Skyrocketed 1,322% Since 1978."
54 Kevin P. Coyne and Jonathan W. Witter, "Taking the Mystery out of Investor Behavior," *Harvard Business Review*, Sept. 2002.
55 Anne Gast et al., "Purpose: Shifting from Why to How," *McKinsey Quarterly*, April 22, 2020.
56 Peter Coy, "Globalization 'Cheerleader' McKinsey Global Institute Has Second Thoughts," Bloomberg, July 15, 2016.
57 Charles Fishman, *The Wal-Mart Effect: How the World's Most Powerful Company Really Works—and How It's Transforming the American Economy* (New York: Penguin, 2006). Walmart, as the company is currently known, was previously called Wal-Mart.
58 国勢調査データ（www2.census.gov/library/publications/2008/acs/acs-09.pdf）による。世帯収入には、複数の人が働いている可能性が含まれるが、もしウォルマートで2人がフルタイムで働いているとしても、世帯収入の中央値には届かない。
59 Steven Greenhouse and Michael Barbaro, "Wal-Mart Memo Suggests Ways to Cut Employee Benefit Costs," *New York Times*, Oct. 26, 2005.
60 著者が入手した、スーザン・チェンバーズからウォルマートの取締役会への25ページに及ぶ内部文書（付属資料あり）による。
61 Andy Miller, "Wal-Mart Employees Have Highest Number of Kids on Supplemental Health Insurance," Cox News Service, Feb. 29, 2004.
62 Fishman, *Wal-Mart Effect*, 245.
63 タッカー・カールソンによるウォーカーへのインタビュー。*Tucker Carlson Tonight*, Fox News.
64 Fishman, *Wal-Mart Effect*, 227.

65 同上 269.
66 Abha Bhattarai, " 'The Status Quo Is Unacceptable': Walmart Will Stop Selling Some Ammunition and Exit the Handgun Market," *Washington Post*, Sept. 3, 2019.
67 Melissa Repko, "Walmart Ends Quarterly Bonuses for Store Employees as It Raises Employees' Hourly Pay," CNBC, Sept. 9, 2021.
68 信頼できる極秘の情報筋による。
69 Julia La Roche, "AT&T CEO Says They'll Invest 'at Least $1 Billion' and Create 7,000 New Jobs If Tax Reform Passes," *Yahoo News*, Nov. 29, 2017.
70 Tomi Kilgore, "AT&T to Pay $1,000 Bonuses over Holidays If Trump Signs Tax Bill by Christmas," *MarketWatch*, Dec. 20, 2017.
71 Jane C. Timm, "Trump Signs Tax Cut Bill, First Big Legislative Win," NBC, Dec. 22, 2017.
72 AT&Tの広報担当者への著者インタビュー。
73 マッキンゼーの記録より。
74 Communications Workers of America, press release, June 16, 2020.
75 信頼できる極秘の情報筋による。
76 Michael Sainato, "Bosses Pocket Trump Tax Windfall as Workers See Job Promises Vanish," *Guardian*, June 16, 2019.
77 Michael Sainato, " 'They're Liquidating Us': AT&T Continues Layoffs and Outsourcing Despite Profits," *Guardian*, Aug. 28, 2018.
78 Communications Workers of America, press release, June 16, 2020. 証券取引所の記録にもとづくもの。
79 McDonald, *Firm*, 197. 5年間とは1989年から1994年をさす。
80 信頼できる極秘の情報筋による。このデータは過去、報じられてこなかった。
81 著者インタビュー。
82 ガイザーへの著者インタビュー。
83 Anand Giridharadas, *Winners Take All: The Elite Charade of Changing the World* (New York: Alfred A. Knopf, 2018), 4.
84 Isabel Cairo and Jae Sim, *Market Power, Inequality, and Financial Instability*, Board of Governors of the Federal Reserve System, July 2020.
85 Gast et al., "Purpose: Shifting from Why to How."
86 アンドレ・デュア（マッキンゼーのパートナーであり『The Zip Code Reality』の著者）が同社のIdeas Festivalで講演したもの。McKinsey Blog, Jan. 31, 2019.
87 Anand Giridharadas (@anandwrites), Twitter, Nov. 12, 2019.
88 Gast et al., "Purpose: Shifting from Why to How."
89 Dana Canedy, "Arch Patton, 88; Devised First Survey of Top Executives' Pay," *New York Times*, Nov. 30, 1996.

第三章　両立——政府を助けてみずからの身も助く

1 Gary MacDougal, *Make a Difference: A Spectacular Breakthrough in the Fight Against Poverty* (New York: St. Martin's Press, 2005), 274.

2 同上 24.

3 同上 33.

4 同上 29.

5 同上 3.

6 同上 105.

7 同上 274–75. The information detailed is also sourced from author interviews.

8 同上 275.

9 同上 285.

10 Rick Pearson, "GOP Taps a Conservative; Gary MacDougal Is Charged with Mending Party," *Chicago Tribune*, July 27, 2002.

11 The State of Illinois Medicaid Managed Care Organization Request for Proposals, Feb. 27, 2017.

12 Kim Geiger, "Rauner Names Former Comptroller Munger to Deputy Governor Post," *Chicago Tribune*, Feb. 3, 2017.

13 マッキンゼーの内部記録より。

14 フェリシア・ノーウッドのリンクトインのページ、および以下の公聴会における彼女の証言による。Appropriations-Human Services Committee Hearing, Illinois House of Representatives, March 9, 2017, 2.

15 Susana A. Mendoza, "Consequences of Illinois' 2015–2017 Budget Impasse and Fiscal Outlook," Illinois Office of the Comptroller.

16 State of Illinois Comptroller, "Comptroller Mendoza Prioritizes Payments to Senior Care Givers," press release, March 28, 2017.

17 メンドーサへの著者インタビュー。

18 Julie Bosman and Monica Davey, "Everything's in Danger: Illinois Approaches 3rd Year Without Budget," *New York Times*, June 29, 2017.

19 State of Illinois Comptroller, "Comptroller Mendoza Freezes Spending on ERP Pending Answers from Rauner Administration," press release, March 14, 2017. 凍結された資金は結局、3年後にマッキンゼーに返還された。

20 Illinois Office of the Comptroller.

21 イリノイ州会計監査人の公的な契約データ。

22 同上

23 Appropriations–Human Services Committee Hearing, Illinois House of Representatives, Nov. 30, 2017, 13.

24 ノーウッドはイリノイ州家族保健サービス局の局長として契約を結んだ。 同上 19.

25 同上 5.

26 同上 12.

27 John O'Connor, "Illinois Procurement Chief Cancels Rauner Consulting Pact," Associated Press, Dec. 5, 2017.

28 "Illinois Comptroller Nixes Pay on a 2nd Rauner Contract," Associated Press, Dec. 6, 2017.

29 Appropriations–Human Services Committee Hearing, Illinois House of Representatives, Nov. 30, 2017, 1.

30 Appropriations–Human Services Committee Hearing, Illinois House of Representatives, May 10, 2017, 2.

31 Appropriations–Human Services Committee Hearing, Illinois House of Representatives, Nov. 30, 2017, 16. マッキンゼーは、ほかの政府機関との契約にも同様の文言を挿入している。本書の著者たちが、情報公開法にもとづいて食品医薬品局とマッキンゼーの契約の詳細を公表するよう申請したところ、1年待たされたあげく、食品医薬品局から、公開可能な情報についてマッキンゼーに確認する必要がある、との回答が届いた。

32 Appropriations–Human Services Committee Hearing, Illinois House of Representatives, March 9, 2017, 2. 州当局は、契約評価者の名前を公表することは禁じられていると述べた。

33 同上 5.

34 マッキンゼーの社内記録。

35 Eddie Baeb, "Consulting Firm McKinsey Signs Big Lease at Blue Cross Building," *Crain's Chicago Business*, June 22, 2011.

36 Appropriations–Human Services Committee Hearing, Illinois House of Representatives, Nov. 30, 2017, 15–19.

37 ハリスへの著者インタビュー。

38 Appropriations–Human Services Committee Hearing, Illinois House of Representatives, Nov. 30, 2017, 16–19.

39 ノーウッドのリンクトインによると、彼女は2018年6月にアンセムに入社した。歳入・福祉委員会の最後の公聴会は2017年12月だった。

40 マッキンゼーの社内記録。

41 マッキンゼーの社内記録。

42 Appropriations–Human Services Committee Hearing, Illinois House of Representatives, Nov. 30, 2017, 29–30.

43 Jack Suntrup and Kurt Erickson, "Embattled Missouri Gov. Eric Greitens Resigns;

Prosecutor Drops Computer Tampering Charge," *St. Louis Post-Dispatch*, May 30, 2018. グレイテンズは不正疑惑のなかで任期満了を待たずに辞任したが、マッキンゼーにまつわる疑惑ではない。

44 Benjamin Peters, "Greitens Names Drew Erdmann as New COO," *Missouri Times*, Jan. 11, 2017.

45 ジョエル・M・ウォルターズ（ミズーリ州歳入局長）から同州歳入局職員への電子メールより。マッキンゼーの"Organizational Health Index," 6.が、歳入局が作成したパワーポイントに転載されていた。

46 Will Schmitt, "Missouri Revamps HR Policy for State Workers After Research Project by COO's Former Firm," *Springfield News-Leader*, Jan. 6, 2018; ミズーリ州行政管理局のサラ・スティールマン局長とマッキンゼーのあいだで締結された2017年6月14日付の合意書。

47 Memorandum from Stacia Dawson to the Missouri Office of Administration Division of Purchasing, "Cooperative Contract Award Memo."

48 ミズーリ州社会福祉局が2018年4月2日に発行した業務明細書。"Rapid Response Review—Assessment of Missouri Medicaid Program."

49 当初一般に公開された、ミズーリ州社会福祉局への技術提案書の「ラピッドレスポンス・レビュー」。その後、ミズーリ州のサンシャイン法に従って、黒塗りのないバージョンが公開され、黒塗りされたバージョンは世間の目にさらされなくなった。

50 競合4社（デロイト、KPMG、ナビガント、アクセンチャー）の当初の入札が、以下の文書に記されている。Missouri Office of Administration Awarded Contract and Bid Documents Search, Bid CPPS30034901802660.

51 Tony Messenger, "Missouri COO's Former Company Wins Medicaid Bid Despite Being 3 Times Higher Than Others," *St. Louis Post-Dispatch*, June 18, 2018.

52 2018年7月17日、ミズーリ州下院予算委員会の公聴会におけるサラ・スティールマンの証言。

53 競合4社（デロイト、KPMG、ナビガント、アクセンチャー）のうち、入札額が低かったのは、KPMGが750,000ドル、ナビガントが898,725ドル、デロイトが981,000ドル。この契約は金額以上に重要であり、マッキンゼーの提言が州の医療機関の大部分に影響を与えた。Missouri Office of Administration Awarded Contract and Bid Documents Search, Bid CPPS30034901802660

54 Evaluation Narrative, "Rapid Response Review—Assessment of Missouri Medicaid Program," 4.

55 同上 2–11.

56 Karen Boeger (director of the Missouri Office of Administration Division of Purchasing) to David Mosley (Navigant Consulting), Sept. 27, 2018.

57 ラピッドレスポンス契約がマッキンゼーに授与されたことに対する、ナビガントの入札抗議書。June 12, 2018, 2.

58 同上 3.

59 Boeger to Mosley, Sept. 27, 2018.

60 Blake Nelson and Summer Ballentine, "Gov. Parson Stands By Contract for COO's Former Employer," Associated Press, June 18, 2018.

61 メリデスへの著者インタビュー。

62 Missouri Health Care for All, "The McKinsey Report on Missouri's Medicaid Program: The Good, the Bad, and the Ugly for Consumer Health," March 2019, 9.

63 マッキンゼーの社内記録。

64 Jason Clayworth, "Iowa's New Private Medicaid Manager Has Paid Millions of Dollars in Penalties in a Dozen States," *Des Moines Register*, July 1, 2018. マッキンゼーは、センティーンの仕事に関して不正行為で告発されたことはない。

65 マッキンゼーの社内記録。

66 Missouri Health Care for All, "McKinsey Report on Missouri's Medicaid Program," 5.

67 ダブルーへの著者インタビュー。

68 Missouri Health Care for All, "McKinsey Report on Missouri's Medicaid Program," 9.

69 同上 1.

70 Phil Galewitz, "Shrinking Medicaid Rolls in Missouri and Tennessee Raise Flag on Vetting Process," *Kaiser Health News*, Feb. 8, 2019.

71 メリデスへのインタビュー。

72 筆者が入手した報告書による。東ミズーリ・リーガル・サービシズのアドボカシー担当ディレクターであるジョエル・フェーバーは、筆者とのインタビューのなかで、マッキンゼーの報告書は「主に経費節減の方法を見つけるためのもの」だったと語った。

73 メリデスへのインタビュー。

74 シャーフスタインへの著者インタビュー。

75 Arkansas Legislative Audit, "Review of Selected Software Procurements and Cooperative Purchasing Agreements," June 24, 2015, 12–13.

76 アリソンへの著者インタビュー。

77 Arkansas Legislative Audit, "Review of Selected Software Procurements and Cooperative Purchasing Agreements," June 24, 2015, 14.

78 同上 13.

79 アリソンへのインタビュー。

80 Arkansas Legislative Audit, "Review of Selected Software Procurements and Cooperative Purchasing Agreements," June 24, 2015, 14.

81 たとえば、マッキンゼーの提案が承認され、ミズーリ州全体に向けた以下のリストに掲載された。Qualified Vendor List for "Management Consulting Services," 1.

82 Robert Pear and David M. Herszenhorn, "Obama Hails Vote on Health Care as Answering

‘the Call of History,’ ” *New York Times*, March 21, 2010.

83 オバマ政権の元高官は、保険料収入の80%を医療に使い、残りを顧客に還元するという条件を、保険会社は嫌っていると語った。Rick Ungar, “Busted! Health Insurers Secretly Spent Huge to Defeat Health Care Reform While Pretending to Support Obamacare,” *Forbes*, June 25, 2012.

84 Wendell Potter, “Elimination of ‘Public Option’ Threw Consumers to the Insurance Wolves,” Center for Public Integrity, Feb. 16, 2015.

85 Shubham Singhal, Jeris Stueland, and Drew Ungerman, “How US Health Care Reform Will Affect Employee Benefits,” McKinsey & Company, June 1, 2011.

86 Jonathan Cohn, “McKinsey Insider: Survey ‘Not a Good Tool for Prediction,’ ” *New Republic*, June 14, 2011.

87 U.S. House of Representatives Ways and Means Committee, “Key House Democrats Ask McKinsey to Release Methodology of Potentially Biased Health Reform,” press release, June 16, 2011.

88 U.S. Senate Committee on Finance, “Baucus Calls on McKinsey to Release Methodology Behind Survey Results,” press release, June 16, 2011.

89 Greg Sargent, “Incoming: Dems Dropping Bombs on McKinsey,” *Washington Post*, June 16, 2011.

90 U.S. House of Representatives Ways and Means Committee, “McKinsey Changes Its Tune, Acknowledges Survey Is Not Predictive,” press release, June 20, 2011.

91 U.S. Senate Committee on Finance, “Baucus Blasts McKinsey for Unjustifiable Explanations, Efforts to Back Away from Claims,” press release, June 20, 2011.

92 Nancy-Ann DeParle, “Not a Prediction,” Summary blog on President Barack Obama’s White House website, June 20, 2011.

93 デパールへの著者の電話インタビュー。

94 “Center for US Health System Reform,” McKinsey & Company Healthcare Systems & Services.

95 McKinsey & Company’s bid to the Missouri Department of Social Services for the “Rapid Response Review—Assessment of Missouri Medicaid Program,” April 16, 2018, 2.

96 ワシントンに本拠を置くセンター・フォー・レスポンシブ・ポリティックスがまとめて一般公開している選挙運動寄付記録を筆者が分析。

97 エリングの献金は圧倒的に民主党寄りだった。ワシントンに本拠を置くセンター・フォー・レスポンシブ・ポリティックスがまとめた連邦選挙委員会の資料によると、マッキンゼー従業員による連邦候補者や委員会への政治献金の約4分の1を占めている。

98 Emails titled “Convention packages,” from Daniel Parrish to Elling, May 4, 2016, and “Thank you” from Parrish to Judith Hazlewood, May 4, 2016.

99 ビビアン・リーフバーグのリンクトインのページ。

100 Wes Venteicher, "Paul Mango Appointed to Trump Administration Post at CMS," Associated Press, July 29, 2018.

101 FDAがマッキンゼーに支払う年間義務額は、usaspending.gov参照。

102 信頼できる極秘の情報筋による。さらにマッキンゼーは、医療機器、医療放射線、喫煙、電子タバコ、および組織や規制に関するさまざまな問題についてFDAの相談役を務めている。

103 マッキンゼーのウェブサイトで公開されている職務募集内容。

104 エフゲーニャ・マカロワのパートナー経歴がマッキンゼーのウェブサイトに公開されている。

105 マイケル・A・キャローム（パブリック・シチズン健康調査グループ所長）からクリスティ・A・グリム（監察総監室首席副監察官）へ。Dec. 9, 2020, 1.

106 Pam Belluck, "FDA Panel Declines to Endorse Controversial Alzheimer's Drug," *New York Times*, Nov. 6, 2020.

107 Thomas M. Burton, "FDA's Approval Decision of Alzheimer's Drug Leads to Third Adviser's Resignation," *Wall Street Journal*, June 10, 2021.

108 Rebecca Robbins and Pam Belluck, "In a Reversal, FDA Calls for Limits on Who Gets Alzheimer's Drug," *New York Times*, July 8, 2021.

109 パブリック・シチズンの書簡 June 16, 2021.

110 マッキンゼーの文書 April 15, 2021.

111 キャロームへの著者インタビュー。キャロームは著者からこの事実を知らされた。

112 情報公開法および公的契約データベースを通じて入手した記録。

113 情報公開法および公的契約データベースを通じて入手した記録。

114 BioNJ event: "Cell and Gene Therapy Manufacturing 'Crack the Code,' " Sept. 20, 2019.

115 U.S. Food and Drug Administration, Center for Biologics Evaluation and Research Responsibilities Questions and Answers. マークス博士の部署はバイオジェンの評価には関与していない。

116 BioNJ event, "Cell and Gene Therapy Manufacturing 'Crack the Code,' " Sept. 20, 2019.

117 "Helping to Accelerate Cures," Pharmaceuticals & Medical Products, McKinsey, Jan. 2019.

118 情報公開法を通じて入手した記録。

119 この契約は連邦サプライ・スケジュール契約と呼ばれる。Office of Audits, Office of Inspector General, U.S. General Services Administration, "Improper Pricing on the McKinsey Professional Services Contract May Cost the United States an Estimated $69 Million," July 23, 2019, 10.

120 これは包括購入契約と呼ばれ、チャージ・アカウントに似ている。連邦政府機関には、複数のベンダーから購入するか、単一のベンダーから購入するかの選択肢がある。

121 Office of Audits, Office of Inspector General, U.S. General Services Administration, “Improper Pricing on the McKinsey Professional Services Contract May Cost the United States an Estimated $69 Million,” i.

122 同上 8. マッキンゼーもGSA職員も、契約に関連して起訴されたわけではない。

123 同上 3.

124 同上 5.

125 監察総監の広報担当者へのインタビュー。

126 Office of Audits, Office of Inspector General, U.S. General Services Administration, “Improper Pricing on the McKinsey Professional Services Contract May Cost the United States an Estimated $69 Million,” 11.

127 同上 12.

128 同上 11. このIT契約はキャンセルされた。

129 同上 13.

130 広範囲に及ぶ記録検索の結果、ジェイコブ・バートラムという人物の名前が判明した。著者とのインタビューで、彼は不適切な行動を否定した。

131 マッキンゼー主催のイベントに関する情報はすべて、情報公開法を通じて入手した。

132 “Coronavirus in the U.S.: Latest Map and Case Count,” *New York Times*, April 7, 2022.

133 Kevin Sneader and Bob Sternfels, “From Surviving to Thriving: Reimagining the Post-COVID-19 Return,” McKinsey & Company, May 1, 2020.

134 同上

135 Ian MacDougall, “How McKinsey Is Making $100 Million (and Counting) Advising on the Government’s Bumbling Coronavirus Response,” ProPublica, July 15, 2020.

136 州の公的契約データベース。

137 Senators Elizabeth Warren, Richard Blumenthal, and Thomas R. Carper to Scott Gast (senior counsel to the president and designated ethics official of the White House), April 15, 2020.

138 長年にわたってオピオイドの販売を推進してきたマッキンゼーは、遅まきながら、みずからの過ちを認めた。 Michael Forsythe and Walt Bogdanich, “McKinsey Settles for Nearly $600 Million over Role in Opioid Crisis,” *New York Times*, Feb. 3, 2021.

139 Nicholas Florko, “Are You an American, Sir? Lawmakers Interrogate Amgen, Novartis, Mallinckrodt Executives on Why U.S. Prices Are So High,” *Stat+*, Oct. 1, 2020.

第四章　マッキンゼーと移民問題——「政策はやらない。やるのは実行だ」

1 マッキンゼーの南アフリカでの仕事、オピオイドメーカーとの仕事、独裁者との仕事に関す

る記事は、本書の著者が執筆し、ニューヨーク・タイムズ紙に掲載された。ウォール・ストリート・ジャーナル紙も、マッキンゼーの倒産処理に関する記事を掲載した。Gretchen Morgenson and Tom Corrigan, “McKinsey Is Big in Bankruptcy-and Highly Secretive,” *Wall Street Journal*, April 27, 2018

2 Walt Bogdanich and Michael Forsythe, “How McKinsey Lost Its Way in South Africa,” *New York Times*, June 26, 2018.

3 マッキンゼーのケビン・スニーダーが元従業員たちに宛てた私信。以下の記事で引用されている。Michael Forsythe and Walt Bogdanich, “McKinsey Ends Work with ICE amid Furor over Immigration Policy,” *New York Times*, July 10, 2018.

4 Ginger Thompson, “Listen to Children Who've Just Been Separated from Their Parents at the Border,” ProPublica, June 18, 2018. この記事は、いくつかの不快な真実を明らかにした。

5 Ian MacDougall, “How McKinsey Helped the Trump Administration Detain and Deport Immigrants,” ProPublica, Dec. 3, 2019.

6 2020年3月4日に著者たちへ送信された、ICEのプレスオフィスからの電子メールによる声明。

7 Michael Forsythe, “When Pete Buttigieg Was One of McKinsey's ‘Whiz Kids’, ” *New York Times*, Dec. 6, 2019. また、アンディ・スラビットは、2019年12月4日のツイッターの投稿で、「@McKinseyが提言した拘留中の移民への食事、監督、医療ケアの削減は、ICEの職員を不快にさせるほど残酷なものだった」と述べている。

8 Donald Trump Presidential Campaign Announcement Full Speech (C-SPAN), June 16, 2015, www.youtube.com/watch?v=apjNfkysjbM.

9 Executive Order: Enhancing Public Safety in the Interior of the United States, Jan. 25, 2017, www.whitehouse.gov.

10 エルダーの発言は、この電話会議に出席していた元マッキンゼー従業員（匿名希望）にインタビューし、回想で再現してもらったもの。2019年にマッキンゼーを退社したエルダーに対し、電子メールで連絡して事実関係の確認を求めたが、返答はなかった。

11 George David Smith, John T. Seaman Jr., and Morgan Witzel, A *History of the Firm* (New York: McKinsey, 2011), 176.

12 この種の仕事内容がマッキンゼーの社内ウェブサイト「Know」に掲載される場合はいつも、依頼主が明記されていない。このICEの仕事に関しても、「警察関連業務」とだけ書かれていたが、あるマッキンゼー従業員はこの仕事がICE向けであることを認めた。

13 MacDougall, “How McKinsey Helped the Trump Administration Detain and Deport Immigrants.”

14 ICE FOIA production to ProPublica, 323.

15 マッキンゼーの元コンサルタント（匿名希望）へのインタビュー。

16 “McKinsey Statement on New York Times and ProPublica Article Regarding ICE and CBP,” Dec. 4, 2019.

17 ICE FOIA production, 289.

18 同上 296.

19 ICEの元高官へのインタビュー、2020年3月8日。

20 This is a recollection of what D'Emidio told the senior ICE official. D'Emidio was sent a summary of how we would characterize him in the book via a LinkedIn direct message. Subsequently, through a McKinsey spokesman, he denied that these events took place.

21 国土安全保障省の元職員へのインタビュー、2020年2月25日。

22 "One Detained Baby Remains in ICE Custody," CBS News, March 6, 2019.

23 ICE FOIA production, 74.

24 Federal Tort Claims Act—Form 95—claim on behalf of Yazmin Juárez, dated Nov. 27, 2018, www.arnoldporter.com.

25 Arnold & Porter, press release, Nov. 27, 2018, www.arnoldporter.com.

26 ガーバスへの著者インタビュー、2020年2月28日。

27 Martin Garbus, "What I Saw at the Dilley, Texas, Immigrant Detention Center," *Nation*, March 26, 2019.

28 ICE FOIA production, p 309-.

29 同上 642.

30 声明はプロパブリカに送付され、2019年12月3日付の記事 "How McKinsey Helped the Trump Administration Detain and Deport Immigrants" に掲載された。

31 "McKinsey Statement on New York Times and ProPublica Article Regarding ICE and CBP."

32 Scott Elfenbein, "The Best Story I Know," blog post on Medium.com, May 24, 2018.

33 同上

34 Terry Aguayo and Julia Preston, "Students' Family Members Are Deported," *New York Times*, Oct. 31, 2007.

35 Julia Preston, "In Increments, Senate Revisits Immigration Bill," *New York Times*, Aug. 3, 2007.

36 参加者が録音したミーティング記録にもとづく。

37 同僚に宛てたデミディオのメール、2019年12月12日。

第五章　中国政府との仲睦まじさ

1 情報サービス会社のIHSジェーンズが分析した船の測位データを利用し、2013年末から2014年にかけて、南シナ海における天鯨号の位置をさまざまなブログが公表している。garudamiliter.blogspot.com/2014/06/world-news-china-goes-all-out-with.html また、同船とその所有権については、以下を参照。Charles Clover, "South China Sea Island-Maker Seeks

Foreign Flotation," *Financial Times*, June 11, 2015.

2 James Hardy and Sean O'Connor, "China Completes Runway on Fiery Cross Reef," *IHS Jane's Defence Weekly*, Sept. 25, 2015.

3「中央企業」の一覧については、国務院国有資産監督管理委員会の公式サイトを参照のこと。マッキンゼーのクライアントの数については、いくつかの中国語サイトに掲載されているオープンソースの調査データ、およびマッキンゼーの社内記録にもとづく。

4 "公司召开'十三五'战略咨询视频会"（同社が第13回5カ年計画戦略コンサルティング・ビデオ会議を開催）。China Communications Construction Company, Sept. 29, 2015, www.ccccltd.cn/xwzx/gsyw/201509/t20150929_41727.html（現在アクセス不能）

5 US," ABC News, Oct. 1, 2018.

6 Michael Forsythe, "Possible Radar Suggests Beijing Wants 'Effective Control' in South China Sea," *New York Times*, Feb. 24, 2016. The think tank is the Center for Strategic and International Studies.

7 "SECNAV Nominee Del Toro's Written Statements to the Senate," USNI News, July 13, 2021.

8 弾薬産業基盤に関するマッキンゼーとアメリカ陸軍との協力関係は文書に明記されている。以下を参照。"Franz's Efforts Backstop Contract Award" on the Joint Program Executive Office for Armaments & Ammunition, Jan. 21, 2016. ナショナル・ディフェンス・インダストリアル・アソシエーションの2017年10月の会合の議題も参照のこと。 www.ndia.org/-/media/sites/ndia/meetings-and-events/divisions/ munitions-technology/proceedings/final-icap-108-hilton-nj-16-apr-18-distro-a.ashx.

9 アメリカ国防総省の契約授与番号N001789D8088およびN0017819F8088を参照。

10 "McKinsey Wins $15M for Six Months' Work to Lower F-35 Costs," Defense-Aerospace.com, Feb. 11, 2019, www.defense-aerospace.com.

11 "不同寻常的入党礼物"（パーティー参加への珍しいプレゼント）, *People's Daily Online*, June 1, 2016.

12 George David Smith, John T. Seaman Jr., and Morgan Witzel, *A History of the Firm* (New York: McKinsey, 2011), 347.

13 著者は1998年から1999年にかけて、マッキンゼーをめざす3人の学生とともに清華大学の中国語集中プログラムに参加した。

14 カイザーへの著者の電話インタビュー、2021年7月8日。

15 Excerpts, speech by President Bill Clinton at the Paul H. Nitze School of Advanced International Studies, *New York Times*, March 9, 2000.

16 カイザーへの電話インタビュー。

17 北京在住のマッキンゼー元コンサルタント（クライアント情報を明かすために匿名希望）との電話インタビュー、2018年9月3日。マッキンゼーと平安との初期の仕事については、以下の文書を参照。 Smith, Seaman, and Witzel, *History of the Firm*, 389–91.

18 マッキンゼーがリュウを雇用した件については、以下の記事を参照。“Turning Tyranny into a Client,” *New York Times*, Dec. 16, 2018. ウェン首相の一族の富は、2012年にピュリッツァー賞を受賞した記事の題材にもなっている。David Barboza, “Billions Amassed in the Shadows by the Family of China's Premier,” *New York Times*, Oct. 26, 2012. その記事を裏付ける証言が、2021年に報じられた。平安の株を取得した際にウェン・チアパオ（温家宝）のビジネスパートナーだった人物の元夫が、口を開いたのである。Desmond Shum, *Red Roulette: An Insider's Story of Wealth, Power, Corruption, and Vengeance in Today's China* (New York: Scribner, 2021).

19 人脈はさらに深い。ウェン・チアパオ（温家宝）の息子、ウィンストン・ウェンのビジネスパートナーであるユ・ジェンミンは、マッキンゼーの元従業員である。

20 Smith, Seaman, and Witzel, *History of the Firm*, 348.

21 同上 435.

22 David Barboza, “China Passes Japan as Second-Largest Economy,” *New York Times*, Aug. 16, 2010.

23 上海での仕事については、2014年2月19日にウェブサイトChina.orgに掲載された以下の文章を参照。Zhang Lulu, “Foreign Consulting Firms in China.” デイビスと商務部の合意については、2009年3月21日に同部のウェブサイトに掲載された以下の文章を参照。“3月20日，易小准副部长在京会见麦肯锡公司总裁戴颐安（易小准副部長、北京でマッキンゼー・アンド・カンパニーの戴義安社長と会談）”

24 バートンは2016年、ニューヨークの外交問題評議会のパネルでこの仕事について語った。www.cfr.org を参照。

25 北京のマッキンゼー元コンサルタント（匿名希望）との電話インタビュー、2021年8月9日。

26 “隐身‘十二五’背后的‘洋外脑’：章鱼麦肯锡”（見えない「第12次5カ年計画」の背後にある“外国人ブレーン”：タコのごときマッキンゼー）, *China Economic Weekly*, Nov. 10, 2010, www.chinanews.com.

27 “Leaked Speech Shows Xi Jinping's Opposition to Reform,” *China Digital Times*, Jan. 27, 2013.

28 2016年10月10～11日に北京で開催された共産党と国有企業との会合のCCTV報道（tv.cctv.com/2016/10/11/VIDEvVXA50DJio6WTkuNjUKv161011.shtml [inactive]）。

29 Michel Rose, “China's New ‘Silk Road’ Cannot Be One-Way, France's Macron Says,” Reuters, Jan. 8, 2018.

30 実際のスピーチは英語だったが、入手できる記録は中国語に翻訳されたものであるため、完全に正確とはいえない。一帯一路構想はけっして脅威ではないという彼の公式コメントについては、以下を参照。“专访麦肯锡董事长鲍达民：建议设立‘一带一路’风险防范机制（マッキンゼーのドミニク・バートン会長の独占インタビュー：「一帯一路」リスク防止メカニズムの構築を提言）”, Yicai, April 9, 2015.

31 マッキンゼーのチャン・ハイメンと中国政府関係者との会談（中国語で行なわれた）については、マッキンゼー・チャイナのウェブサイトに2015年8月10日に掲載された以下の記事を参照。中国開発銀行のツァオ・ホンフイのコメントがある。"'一带一路'圆桌论坛：倾听一线的声音"（「一帯一路」円卓会議フォーラム：現場の声に耳を傾ける）, posted Aug. 10, 2015.

32 BRIに関するバートンのコメント（中国語）については、マッキンゼー・チャイナのウェブサイトに2015年5月27日に掲載された以下の記事を参照。"多赢的'一带一路'：让梦想化作现实（マルチウィンの「一帯一路」：夢を現実に）"

33 マッキンゼーのスライド・プレゼンテーション：「東海岸鉄道線」。スライド7はこの鉄道が中国との結びつきをいかに強めるかについて、スライド17は資金調達について焦点を当てている。

34 Rozanna Latiff and Joseph Sipalan, "Malaysia Had Plan to Use Chinese Money to Bail Out 1MDB, Court Hears," Reuters, Sept. 4, 2019.

35 ニューヨーク・タイムズ紙の記事に対する、マッキンゼーの2018年12月16日の声明を参照。www.mckinsey.com/about-us/media/statement-on-new-york-times-article

36 2021年8月現在、ワシントンに拠点を置くRWRアドバイザリー・グループがまとめたBRIの上位請負業者のリストによる。

37 U.S. Trade Representative, *2021 National Trade Estimate Report on Foreign Trade Barriers*, 96, ustr.gov.

38 チェン・グァンのリンクトインのプロフィールより。

39 "集团领导力专项培训在深圳举行（グループリーダーシップ研修、深圳で開催）", China Merchants Group statement, www.cmhk.com.

40 マッキンゼーの関与など、会議の詳細は、以下を参照。*Hexun News*, m.hexun.com/news/2018-08-15/193787173.html　また、マッキンゼーは自社ウェブサイトでシャ・シャの発言を取り上げた。マッキンゼー・チャイナのウェブサイトに2019年6月21日に掲載された以下の記事を参照。"打开智慧城市2.0时代的想象空间（スマートシティ2.0時代に向け、想像力の幅を広げる）"　平安のマッキンゼーとの仕事については、www.sohu.comに2018年9月7日に掲載された以下の記事に詳しい。"平安智慧城市，新旅程新机遇（平安のスマートシティ、新たな旅・新たな機会）"

41 Katherine Atha et al., "China's Smart Cities Development" (research report prepared on behalf of the U.S.-China Economic and Security Review Commission, Jan. 2020), 2, www.uscc.gov.

42 Christopher Buckley and Paul Mozur, "How China Uses High-Tech Surveillance to Subdue Minorities," *New York Times*, May 23, 2019.

43 Bogdanich and Forsythe, "Turning Tyranny into a Client."

44 中国（香港、マカオを含む）の第14回～第17回定期報告書に関する人種差別撤廃委員会の

最終見解の書簡、2018年8月30日、7-8を参照。大規模な収容所システムがどのように発展してきたかについては、Megha Rajagopalan, Alison Killing, and Christo Buschek, "Built to Last," *BuzzFeed News*, Aug 27, 2020を参照。2021年にピュリッツァー賞を受賞した、新疆に関する一連の記事の一部である。

45 "China Cuts Uighur Births with IUDs, Abortion, Sterilization," Associated Press, June 29, 2020.

46 *2020 Country Reports on Human Rights Practices: China*, U.S. State Department, www.state.gov.

47 ウォーカーのウェブサイトpeterbwalker.comを参照。そこでは米中問題の専門家と紹介されている。

48 2020年4月24日に放映されたウォーカーのタッカー・カールソンへのインタビューは、以下で視聴できる。video.foxnews.com/v/6151714336001#sp=show-clips

49 マッキンゼーの声明、2018年12月16日。

50 マッキンゼーのコンサルタント（匿名希望）へのインタビュー、2020年7月1日。

51 ルビオからスニーダーへの書簡、2020年6月17日。

52 ルビオのオフィスの広報担当者は2021年7月14日、マッキンゼーは同オフィスに対し、中国のクライアントに関するいかなる情報も与えていないと述べた。

53 "省国资委邀请麦肯锡咨询公司与部分省属企业开展战略规划编制交流工作（省国有資産監督管理委員会、マッキンゼー・アンド・カンパニーを招聘して一部の省内企業と戦略立案交流を実施）", Sohu.com, June 30, 2020.

54 神華が他社と合併し、2021年現在、中国能源投资集団の傘下にある。

55 マッキンゼーのウェブサイトにある以下の記事を参照。"Client Selection", www.mckinsey.com.

第六章　冥界の門番——タバコと電子タバコ

1 1994年4月15日、第113回議会、下院エネルギー商業委員会の保健環境小委員会における、タバコ製品の監視に関しての公聴会。証言は7人のタバコ産業幹部が行なった。その7人とは、アメリカン・タバコ・カンパニーの最高経営責任者ドナルド・S・ジョンストン、ブラウン・アンド・ウィリアムソン・タバコ・カンパニーの最高経営責任者トーマス・サンデファー・ジュニア、リゲット・グループの最高経営責任者エドワード・A・ホリガン・ジュニア、ロリラード・タバコ・カンパニーの最高経営責任者アンドリュー・H・ティッシュ、ユナイテッド・ステーツ・タバコ・カンパニーの社長ジョゼフ・タデオ、R・J・レイノルズの最高経営責任者ジェームズ・W・ジョンストン、フィリップモリスの最高経営責任者ウィリアム・I・キャンベルである。これら業界リーダーたちは、タバコに中毒性があるとは思

っていないと証言した。

2 デイビッド・A・ケスラー（食品医薬品局長官）と喫煙健康連合の会談、1994年2月25日。

3 1994年6月21日、保健環境小委員会におけるデイビッド・A・ケスラー（食品医薬品局長官）の証言。

4 グラディス・ケスラー連邦地裁判事の修正最終意見、2006年8月17日。Civil Action No. 99-2496, *United States of America and Tobacco-Free Kids Action Fund, American Cancer Society, American Health Association, American Lung Association, Americans for Nonsmokers' Rights, and National African American Tobacco Prevention Network v. Philip Morris USA Inc. et al., defendants*, 383.（以下、「グラディス・ケスラー判事の判決」と記す）

5 William L. Dunn Jr., Motives and Incentives in Cigarette Smoking, R107, 1972, Philip Morris Records, Master Settlement Agreement, Truth Tobacco Industry Documents. カルフォルニア大学サンフランシスコ校図書館が運営するサイトで閲覧可能。www.industrydocuments.ucsf.edu（以下、「UCSFタバコ・アーカイブ」と記す）

6 *Philip Morris Co., v. American Broadcasting Co.*, 36VA Circuit, Richmond, Va. (1994) LX-816-3.

7 "Smoke Screen," *Day One*, ABC News, Feb. 28, 1994, John Martin, correspondent, Walt Bogdanich, producer.

8 Allan M. Brandt, *The Cigarette Century: The Rise, Fall, and Deadly Persistence of the Product That Defined America* (New York: Basic Books, 2007), 368.

9 1998年11月23日、46州と大手タバコ会社4社とのあいだで結ばれた和解基本合意には、25年間で2060億ドルの支払いをはじめ、各種の和解条件を定められている。publichealthlawcenter.orgで閲覧可能。

10 "Getting Answers on Drug Prices," *New York Times*, Feb. 25, 2019.

11 Richard Kluger, *Ashes to Ashes: America's HundredYear Cigarette War, the Public Health, and the Unabashed Triumph of Philip Morris* (New York: Alfred A. Knopf, 1996); および Brandt, *Cigarette Century*. Kluger won the 1997 Pulitzer Prize for General Nonfiction.

12 バークシャー・ハサウェイの年次総会の記録、1997年5月5日。

13 UCSFタバコ・アーカイブ。

14 "Planning Facilities for Profitable Growth Philip Morris, Incorporated 56100," report by McKinsey & Company, Oct. 11, 1956, UCSFタバコ・アーカイブ。

15 "Plan of Organization Research Division," chart recommending Philip Morris restructuring, McKinsey & Company, Aug. 19, 1957.

16 門戸を開く画期的な研究が1950年に発表された。Ernest L. Wynder and Evarts A. Graham, "Tobacco Smoking as a Possible Etiologic Factor in Bronchiogenic Carcinoma: A Study of Six Hundred and Eighty-Four Proved Cases," *Journal of the American Medical Association*, May 27, 1950. その後、多くの研究があとに続くことになる。

17 Andrew C. Britton memo regarding "Five Year Research Program—McKinsey Report," March 21, 1957, UCSFタバコ・アーカイブ。

18 *Smoking and Health: Report of the Advisory Committee to the Surgeon General of the Public Health Service* (Washington, D.C.: U.S. Department of Health, Education, and Welfare, 1964).

19 National Library of Medicine Profiles, Reports of the Surgeon General, National Library of Medicine.

20 マッキンゼーからウィリアム・キャンベル（フィリップモリスのマーケティング担当副社長）およびヴィンセント・ブチェラート（同社の販売担当副社長）宛ての内部文書 "Building Competitive Advantage in Key Channels" UCSFタバコ・アーカイブ。

21 同上 4.

22 同上 13.

23 ルドゥーへの著者インタビュー。

24 "Developing RJR's Program to Build a Sustainable Competitive Position," McKinsey discussion with RJR executive management team, March 27, 2003, UCSFタバコ・アーカイブ。

25 U.S. District Judge H. Lee Sarokin order and opinion, Feb. 6, 1992, in *Susan Haines v. Liggett Group Inc.*, Civil Action 84-678, District of New Jersey, 140 F.R.D. 681, 683 (D.N.J. 1992).

26 Faye Rice et al., "Leaders of the Most Admired," *Fortune*, Jan. 29, 1990.

27 Brandt, *Cigarette Century*, 430.

28 Andrew H. Tisch memo to staff announcing that Lorillard had retained McKinsey, June 16, 1993, UCSFタバコ・アーカイブ。

29 Stephanie Saul, "A Flavoring Seen as a Means of Marketing to Blacks," *New York Times*, May 13, 2008.

30 "Developing RJR's Program to Build a Sustainable Competitive Position," 36.

31 Stuart Elliott, "Camel's Success and Controversy," *New York Times*, Dec. 12, 1991.

32 "Developing RJR's Program to Build a Sustainable Competitive Position."

33 "Building RJR International's Position and Capabilities in Germany," McKinsey memo to RJR International, Jan. 7, 1993, UCSFタバコ・アーカイブ。

34 1990年代、世界保健機関（WHO）はタバコ規制のための世界戦略に取りかかり、最終的には2005年に条約を発効した。以下の記事を参照。Ruth Roemer, Allyn Taylor, and Jean Lariviere, "Origins of the WHO Framework Convention on Tobacco Control," *American Journal of Public Health* 95, no. 6 (2005): 936–38.

35 1999年1月10日、グロブナー・ハウスで開催されたProject Cerberus: Regaining the Initiative Working Session Kickoffでは、キッシンジャー・アソシエイツの複数の人物が講演した。UCSFタバコ・アーカイブ。

36 マッキンゼーの文書によると、同社は2000年1月11日の週次会議のために作業計画書を作成した。用意した。UCSFタバコ・アーカイブ。

37 Hadii M. Mamudu, Ross Hammond, and Stanton A. Glantz, "Project Cerberus: Tobacco Industry Strategy to Create an Alternative to the Framework Convention on Tobacco Control," *American Journal of Public Health* 98, no. 9 (2008): 1630–42.

38 Marc Lacey, "Tobacco Industry Accused of Fraud in Lawsuit by U.S.," *New York Times*, Sept. 23, 1999.

39 グラディス・ケスラー判事の判決。

40 同上 4.

41 同上

42 マッキンゼー社内の記録によると、アルトリアとの業務には以下の人物が携わっていた。フォード・ハルバルディエ、ブランドン・ブラウン、イグナシオ・フェリックス、トラビス・リーブズ、マット・デイムンド、ジョナサン・マクレーン、ジェフリー・サラザール、ミーガン・パッキア、ブライアン・ヘンストーフ、ロバート・レビン。彼らがアルトリアで何をしたかは記されていなかった。

43 マッキンゼーの記録。

44 食品医薬品局の記録。

45 同上

46 Teresa W. Wang et al., "Tobacco Product Use and Associated Factors Among Middle and High School Students—United States, 2019," *MMWR Surveillance Summaries* 68, no. 12 (2019): 1–22.

47 Jeff Zeleny, "Occasional Smoker, 47, Signs Tobacco Bill," *New York Times*, June 22, 2009.

48 ジュールの歴史のより詳細な記述については、2冊の優れた本がある。Lauren Etter, *The Devil's Playbook: Big Tobacco, Juul, and the Addiction of a New Generation* (New York: Crown, 2021); および Jamie Ducharme, *Big Vape: The Incendiary Rise of Juul* (New York: Henry Holt, 2021).

49 Sheila Kaplan, "Juul Targeted Schools and Youth Camps, House Panel on Vaping Claims," *New York Times*, July 25, 2019.

50 下院監視改革委員会の経済・消費者政策小委員会における、イリノイ州選出の民主党リチャード・J・ダービン上院議員の証言。*Examining JUUL's Role in the Youth Nicotine Epidemic: Part 1*, July 24, 2019（以下、「ダービン証言」と記す）

51 コロンビア大学ジャーナリズムスクールのウォルト・ボグダニッチの調査報道クラスが作成したスプレッドシート。

52 下院監視改革委員会の経済・消費者政策小委員会における、アメリカ小児科学会代表のジョナサン・P・ウィニコフ博士の書面による証言。*Examining JUUL's Role in the Youth Nicotine Epidemic*, July 24, 2019

53 ダービン証言。

54 マーガレット・ハンバーグ食品医薬品局長官に宛てた書簡は、2013年4月16日、5人の上院民主党議員から送られた。その5人とは、イリノイ州選出のリチャード・J・ダービン、ニュージャージー州選出のフランク・ローテンバーグ、コネチカット州選出のリチャード・ブルメンタール、オハイオ州選出のシェロッド・ブラウン、ロードアイランド州選出のジャック・リードである。

55 American Academy of Pediatrics, news release, Jan. 2, 2020.

56 Joshua M. Sharfstein, “Why the FDA Was Unable to Prevent a Crisis of Vaping Among Kids,” *Stat*, Nov. 21, 2019.

57 ダービン証言。

58 Katie Thomas and Sheila Kaplan, “E-cigarettes Went Unchecked in 10 Years of Federal Inaction,” *New York Times*, Nov. 1, 2019.

59 Wang et al., “Tobacco Product Use and Associated Factors Among Middle and High School Students—United States, 2019.”

60 FDAの統計。

61 下院監視改革委員会の経済・消費者政策小委員会における、タバコ製品センター所長のミッチ・ゼラーの証言。*Examining JUUL's Role in the Youth Nicotine Epidemic: Part 1*, July 24, 2019

62 Thomas and Kaplan, “E-cigarettes Went Unchecked in 10 Years of Federal Inaction.”

63 マッキンゼーのシニアパートナー、アルフォンソ・プリドの宣誓証言が、「最高機密」と記された以下の文書に含まれている。“Juul Labs, Marketing, Sales Practices and Products Liability Litigation,” Case No. 19-md-2913-WHO.

64 同上

65 プリドの宣誓証言。プリドによれば、フレーバー名の調査は「ジュールが青少年の電子タバコ使用防止に努めているのを周知させること、および、具体的なフレーバー名を市場に紹介すること」が目的で行なわれたという。

66 マッキンゼー従業員（匿名希望）への著者インタビュー。

67 プリドの宣誓証言。

68 *Siddharth Breja v. Juul Labs*, civil action number 3:19-cv-07148WHO, U.S. District Court of Northern California.

69 著者インタビュー。

70 リンクトインを通じたメッセージに、チュイからの返答はなかった。

71 2021年9月28日、世界保健機関（WHO）は同財団に関する声明を発表し、次のように述べた。「スモークフリーワールド財団に関して言えば、タバコ会社が健康財団と称するものに資金を提供することには——とくに、その会社のブランド・ポートフォリオに含まれるタバコやその他の製品の販売を財団が促進する場合——明確な利害対立が数多く存在する。

WHOはこの財団と提携しない。各国政府もこの財団と提携すべきではなく、公衆衛生界もこれに倣うべきである」
72 スモークフリーワールド財団が2017年および2018年に提出した内国歳入庁フォーム990。
73 スモークフリーワールド財団が2017年に提出した内国歳入庁フォーム990。
74 Tess Legg et al. correspondence, "The Philip Morris–Funded Foundation for a Smoke-Free World: Tax Return Sheds Light on Funding Activities," *Lancet* 393, no. 10190 (2019): 2487
75 著者らが入手した食品医薬品局の記録。
76 Annie Karni, Maggie Haberman, and Sheila Kaplan, "Trump Retreats from Flavor Ban for E-cigarettes," *New York Times*, Nov. 17, 2019.
77 アルトリアは、自社の評価が下がったと述べた。以下を参照。"Juul's Meltdown Cost Tobacco Giant Altria $4.5 Billion," *New York Times*, Nov. 20, 2019.
78 Abby Goodnough, "With Partial Flavor Ban, Trump Splits the Difference on Vaping," *New York Times*, Jan. 2, 2020.
79 R. J. Wickham, "How Menthol Alters Tobacco-Smoking Behavior: A Biological Perspective," *Yale Journal of Biology and Medicine* 88, no. 3 (2015): 279–87.　以下も参照。Shakir Alsharari et al., "Effects of Menthol on Nicotine Pharmacokinetic, Pharmacology and Dependence in Mice," *PloS One* 10, no. 9 (2015), doi:10.1371/journal.pone.0137070.
80 アメリカ小児科学会は2020年6月2日、トランプ大統領がメンソール禁止を決定しなかったことを批判する声明を発表した。

第七章　オピオイドの販売促進

1 Martin E. Elling et al., "Making More of Pharma's Sales Force: Pharmaceutical Companies Have Lost Their Focus on Doctors. The Key to Higher Sales Is Regaining It," *McKinsey Quarterly*, no. 3 (2002).
2 ハーバード大学で医学博士号を取得したパシャ・サラフと、ペンシルバニア大学で医学博士号とMBAを取得したアーナブ・ガタクである。
3 Michael Forsythe and Walt Bogdanich, "McKinsey Settles for Nearly $600 Million over Role in Opioid Crisis," *New York Times*, July 20, 2021.
4 Jan Hoffman and Mary Williams Walsh, "Purdue Pharma, Maker of OxyContin, Files for Bankruptcy," *New York Times*, Sept. 15, 2019.
5 "Understanding the Epidemic," Centers for Disease Control and Prevention, National Center for Injury Prevention and Control.　www.cdc.govで閲覧可能。
6 Art Van Zee, "The Promotion and Marketing of Oxycontin: Commercial Triumph, Public Health Tragedy," *American Journal of Public Health* 99, no. 2 (2009): 221–27, doi.

org/10.2105/AJPH.2007.131714.

7 Beth Macy, *Dopesick: Dealers, Doctors, and the Drug Company That Addicted America* (New York: Little, Brown, 2018), 31.

8 米国上院司法委員会におけるメイン州連邦検事ジェイ・P・マクロスキーの証言。"Evaluating the Propriety and Adequacy of the OxyContin Criminal Settlement," July 31, 2007.

9 編集者はウォルト・ボグダニッチだった。

10 Francis X. Clines and Barry Meier, "Cancer Painkillers Pose New Abuse Threat," *New York Times*, Feb. 2, 2001.

11 Barry Meier, *Pain Killer: An Empire of Deceit and the Origin of America's Opioid Epidemic* (New York: Random House, 2018), 140.

12 McKinsey & Company, "About This Practice," www.mckinsey.com.

13 Walt Bogdanich, "McKinsey Advised Johnson & Johnson on Increasing Opioid Sales," *New York Times*, July 25, 2019.

14 同上。マッキンゼーは、ジョンソン・エンド・ジョンソンに向けて行なった仕事について、「当時、乱用されにくいと広く理解されていたパッチの合法的使用をサポートするためだった」と述べている。

15 ジョンソン・エンド・ジョンソンを相手取った訴訟における、オクラホマ州司法長官マイク・ハンターの最終陳述。CJ-2017-816, District Court of Cleveland County, Oklahoma.

16 Jan Hoffman, "Johnson & Johnson Ordered to Pay $572 Million in Landmark Opioid Trial," *New York Times*, Aug. 26, 2019.（のちに、オクラホマ州のサド・バルクマン地裁判事によって、罰金は4億6500万ドルに修正された）

17 Jan Hoffman, "Oklahoma's Top Court Throws Out $465 Million Opioid Ruling Against J&J," *New York Times*, Nov. 10, 2021.

18 ジョンソン・エンド・ジョンソンの信条は、同社のウェブページで全文を見ることができる。www.jnj.com

19 Meier, *Pain Killer*, 183.

20 "FDA Warns OxyContin Maker over Ads," Associated Press, Jan. 22, 2003.

21 Weddings/Celebrations, "Anu Gupta and Arnab Ghatak," *New York Times*, Nov. 27, 2005.

22 Macy, *Dopesick*, 70.

23 Patrick Radden Keefe, *Empire of Pain: The Secret History of the Sackler Dynasty* (New York: Doubleday, 2021), 273.

24 First Amended Complaint, *Commonwealth of Massachusetts v. Purdue Pharma*, Civil Action No. 1884-cv-01808, Suffolk Superior Court, Jan. 31, 2019, 249.

25 Reuters, "Harder to Break OxyContin Pill Wins Approval," *New York Times*, April 5, 2010.

26 Document 2012-1, Maria Gordian, email to McKinsey colleagues Rob Rosiello and Martin

Elling, U.S. Bankruptcy Court for the Southern District of New York, Purdue Pharma Case No. 19-23649-RDD, filed Nov. 18, 2020.

27 Matthew Perrone, "Revamped OxyContin Was Supposed to Reduce Abuse, but Has It?," Associated Press, July 24, 2019.

28 *Massachusetts v. Purdue Pharma*, First Amended Complaint, Jan. 31, 2019, 97.

29 マッキンゼーからジョン・スチュワートおよびラッセル・ガスディア（パーデュー・ファーマ）への内部文書、2013年7月13日。ジェニー・ウォジェウォダ検事総長補佐の宣誓供述書に引用されている。*Commonwealth of Massachusetts v. Purdue Pharma*, Exhibit 4.（以下、「ウォジェウォダ宣誓供述書」と記す）

30 同上

31 2016年8月11日、インディアナ州ハモンドのデイビッド・A・キャップ連邦検事によって訴状が提出された。Complaint in *United States of America v. $67,906.43 in U.S. Currency et al.*, case 2:16-cv-362-JEM.　キャップ検事は、コッツィが規制薬物の代金として受け取った現金、金塊、銃の押収を求めた。これに対し、ジョン・E・マーティン連邦判事が2019年8月13日、連邦政府への没収を命じたが、それに先立つ2018年にコッツィはトラクター事故で死亡した。

32 Complaint in *State of Indiana v. Purdue Pharma*, No. 49D01-1811-PL-045447, Circuit Court for Marion County, Indiana, Nov. 14, 2018, 16.

33 同上 10.

34 マッキンゼーからパーデューへの内部文書、2013年7月18日。以下の訴状で引用されている。*Commonwealth of Massachusetts v. McKinsey & Company Inc.*, No. 21-0258H, Suffolk Superior Court, Feb. 4, 2021.

35 マッキンゼーの内部文書がウォジェウォダ供述書の証拠4に引用されている。

36 同上

37 Michael Forsythe and Walt Bogdanich, "McKinsey Advised Purdue Pharma to 'Turbocharge' Opioid Sales, Lawsuit Says," *New York Times*, Feb. 1, 2019.

38 Maura Healey, Massachusetts Attorney General, press release, Feb. 4, 2021, www.mass.gov/news/ags-office-secures-573-million-settlement-with-mckinsey-forturbocharging-opioid-sales-and.

39 Forsythe and Bogdanich, "McKinsey Advised Purdue Pharma to 'Turbocharge' Opioid Sales, Lawsuit Says."

40 Purdue Pharma bankruptcy case, document number 2012-2, 24.

41 同上 23.

42 同上 32.

43 本書の著者たちがこの契約を発見した。

44 Purdue Pharma bankruptcy case, document 2012-2, 17.

45 Forsythe and Bogdanich, "McKinsey Advised Purdue Pharma to 'Turbocharge' Opioid Sales, Lawsuit Says."

46 ウォジェウォダ宣誓供述書, 13.

47 Walt Bogdanich and Michael Forsythe, "McKinsey Proposed Paying Pharmacy Companies Rebates for OxyContin Overdoses," *New York Times*, Nov. 27, 2020.

48 マッキンゼーの声明。www.mckinseyopioidfacts.com.

49 CDC のこの数字は 1999 年から 2018 年までの過剰摂取を表わす。www.cdc.gov/drugoverdose/epidemic/index.html

50 Purdue Pharma bankruptcy case, document 2012-1, 48–49.

51 ゴーディアンはマッキンゼーを去り、競合会社のベイン・アンド・カンパニーに移籍した。

52 Bogdanich and Forsythe, "McKinsey Proposed Paying Pharmacy Companies Rebates for OxyContin Overdoses."

53 スニーダーからマッキンゼーの同僚たちに宛てた極秘文書、2021年2月4日。

54 Jeff Overley, "McKinsey Opioid MDL Has a Need for Speed, Judge Say," *Law 360 Legal News*, July 29, 2021.

55 Sarun Charumilind et al., "Why We Need Bolder Action to Combat the Opioid Epidemic," McKinsey & Company, Sept. 6, 2018.

56 Sarun Charumilind, Elena Mendez-Escobar, and Tom Latkovic, "Ten Insights on the US Opioid Crisis from Claims Data Analysis," McKinsey & Company, June 5, 2018.

57 Franklin Crawford, "Man on a Mission," *Cornell Alumni Magazine*, Sept./Oct. 2017.

58 ラトコビックはコメントの要請を拒否した。

59 パーデューは破産手続きのすえ、会社を解散した。Jan Hoffman, "Purdue Pharma Is Dissolved and Sacklers Pay $4.5 Billion to Settle Opioid Claims," *New York Times*, Sept. 1, 2021.

60 Jayne O'Donnell, "FDA Chief Supports Opioid Prescription Limits, Regrets Agency's Prior Inaction," *USA Today*, Oct. 23, 2019.

61 アンドリュー・コロドニー博士（ブランダイス大学の上級科学者であり、複数の政府委員会で証言している依存症の専門家）への著者インタビュー。

62 著者との電子メール。

63 Abby Goodnough and Margo Sanger-Katz, "As Tens of Thousands Died, F.D.A. Failed to Police Opioids," *New York Times*, Dec. 30, 2019.

64 James Heyward et al., "Evaluation of the Extended-Release/Long-Acting Opioid Prescribing Risk Evaluation and Mitigation Strategy Program by the US Food and Drug Administration: A Review," *JAMA Internal Medicine* 180, no. 2 (2020). アレクサンダーは、オピオイド製造・販売業者に対する訴訟の専門家でもあった。

65 コロドニーへの著者インタビュー。

66 USAspending.govを著者が分析。
67 ジャネット・ウッドコック（食品医薬品局長官代行）への書簡、2021年8月23日。6人とは、マーガレット・ウッド・ハッサン上院議員（ニューハンプシャー州選出、民主党）、チャールズ・グラスリー上院議員（アイオワ州選出、共和党）、シェルドン・ホワイトハウス上院議員（ロードアイランド州選出、民主党）、ジョー・マンチン3世上院議員（ウェストバージニア州選出、民主党）、エドワード・J・マーキー、エリザベス・ウォーレン両上院議員（マサチューセッツ州選出、民主党）である。
68 Chris Hamby, Walt Bogdanich, Michael Forsythe, and Jennifer Valentino-DeVries, “McKinsey Opened a Door in Its Firewall Between Pharma Clients and Regulators,” *New York Times*, April 13, 2022.
69 Anne Case and Angus Deaton, *Deaths of Despair and the Future of Capitalism* (Princeton, N.J.: Princeton University Press, 2020).
70 Atul Gawande, “The Blight: How Our Economy Has Created an Epidemic of Despair,” *New Yorker*, March 23, 2020.
71 Danny Hakim, Roni Caryn Rabin, and William K. Rashbaum, “Lawsuits Lay Bare Sackler Family's Role in Opioid Crisis,” *New York Times*, April 1, 2019.
72 Matt Stout, “Maura Healey Attacks Charles Baker for Contracts with McKinsey in Wake of Opioid Settlement: ‘It's Outrageous,’ ” *Boston Globe*, March 25, 2021.

第八章　炭鉱をダイヤモンドに変える

1 ExxonMobil, “Five Big Ideas from the Aspen Ideas Festival,” press release, July 9, 2019.
2 “This Is Not Rocket Science: Rutger Bregman Tells Davos to Talk About Tax—Video,” *Guardian*, Jan. 29, 2019.　2020年世界経済フォーラムがダボスで開催されたのは、COVID-19の世界的な流行より前である。
3 アスペンで講演したマッキンゼーのパートナーたちについては、以下を参照。“A Festival of Ideas, Shaped by McKinsey Insight” on the McKinsey website, posted July 31, 2019, www.mckinsey.com.
4 この段落におけるピナー、テット、ウォルデックの発言は、マッキンゼーが投稿したアスペンにおけるパネルのビデオ記録からの引用。“Dispatch: Climate Breaking Points at the Aspen Ideas Festival”, McKinsey.com, July 30, 2019.
5 それまでカリフォルニアで起きた6つの大規模火災のうち5つが2020年に発生しており、翌2021年の大規模火災があらたに2位となった。同州のトップ火災リストはwww.fire.ca.govを参照。2021年のロシアの大規模火災については以下を参照。“Russia's 2021 Wildfires Now Largest in Its Recorded History,” *Moscow Times*, Sept. 7, 2021.　この火災で焼けたのは

17万平方キロメートルであり、チュニジアの面積は16万3610平方キロメートルである。

6 2021年のニューヨークの暴風雨と記録的な大雨に関する詳細は、以下を参照。"Flooding from Ida Kills Dozens of People in Four States," *New York Times*, Sept. 2, 2021.　また、こちらも参照。Olivia Rosane, "Greenland's Ice Sheet Has Reached 'Point of No Return,' " *EcoWatch*, Aug. 17, 2020.

7 マッキンゼーのウェブサイトにある"Sustainability"のトピックより。2018年のマッキンゼーの排出量は743ktCO_2e（二酸化炭素換算キロトン）だった。

8 McKinsey Code of Conduct, www.mckinsey.com.

9 "GHG Emissions and Climate Change," McKinsey discussion document, March 2019.

10 Pilita Clark, "The Job Interview of the Future Is Already Here," *Financial Times*, Dec. 15, 2018.

11 "Climate Math: What a 1.5-Degree Pathway Would Take," *McKinsey Quarterly*, April 30, 2020.

12 Naina Dhingra, Robin Nutall, and Matt Stone, "Embedding Purpose: Fewer Slogans, More Action," McKinsey's Strategy & Corporate Finance blog, Aug. 28, 2019.

13 Anand Giridharadas, "The Thriving World, the Wilting World, and You"（アスペン研究所アクションフォーラムにおけるスピーチ、2015年7月29日）、Medium.comに掲載。

14 エクソンモービルのウェブサイトに2019年7月9日に掲載された"Five Big Ideas from the Aspen Ideas Festival"を参照。エクソンモービルは、少なくとも2008年から炭素回収・貯留の可能性について論じており、同年、ワイオミング州の天然ガスプラントで二酸化炭素を回収するプロジェクトを開始した。以下を参照。Josie Garthwaite, "Exxon to Spend $170M on Carbon Capture, Storage Technology," *New York Times*, Dec. 29, 2008.

15 Kevin Crowley and Akshat Rathi, "Exxon's Plan for Surging Carbon Emissions Revealed in Leaked Documents," *Bloomberg Green*, Oct. 5, 2020.

16 エドストロームの伝記的な素材は、彼のリンクトインのプロフィールと自伝による。

17 Erik Edstrom, *Un-American: A Soldier's Reckoning of Our Longest War* (New York: Bloomsbury, 2020).

18 George David Smith, John T. Seaman Jr., and Morgan Witzel, A *History of the Firm* (New York: McKinsey, 2011), 127–98.

19 世界最大の石炭輸出国はオーストラリアまたはインドネシアである（年度による）。ひとり当たりの炭素排出量については、ユニオン・オブ・コンサーンド・サイエンティスツのウェブサイト"Each Country's Share of CO_2 Emissions,"（2020年8月12日更新）を参照。

20 マッキンゼー退社後のエドストロームへの複数のインタビューと、2019年7月のマッキンゼーからの退社時のメールから引用。

21 マッキンゼーのクリーンエネルギー企業や大手汚染企業との仕事に関する数値は、社内記録やマッキンゼーの現従業員および元従業員とのインタビューから得られたものである。

22 シャヒニアンへの著者インタビュー、2018年6月29日。

23 ガリリー盆地の新しい炭鉱は、2021年後半に石炭の輸出を開始する予定だった。以下を参照。Nickolas Zakharia, "Bravus Breaks First Coal Milestone at Carmichael," *Australian Mining*, June 25, 2021.

24 エドストロームからのテキストメッセージのスクリーンショット。

25 レイジ・アゲインスト・ザ・マシーンの『キリング・イン・ザ・ネーム』の歌詞。1992年リリース。

26 研修先の「場所選びにはいっそうの配慮をする」とのマッキンゼーのコメントは、以下を参照。"Statement on New York Times Article on McKinsey Work in Southeast Asia, China, Eastern Europe, and the Middle East," Dec. 16, 2018, www.mckinsey.com.　オーストラリアのバリューデイに関する記述は、エドストロームへのインタビューと電子メールにもとづく。

27 1メガトンは1,000キロトン。大きな炭鉱が採掘終了までのあいだに産出する石炭は、数ギガトン（数百万キロトン）の二酸化炭素を大気中に放出する量に当たる。1ギガトンはエンパイア・ステート・ビル3棟ぶんの重量に相当する。たとえばワイオミング州のパウダー・リバー流域で計画されている炭鉱のなかには、総計2ギガトン以上のCO_2を排出する産出量が見積もられているものもある。www.nwf.orgを参照。なお、エンパイア・ステート・ビルの重量は約3億3,100万トンである。

28 エドストロームが送った2019年7月18日の送別メールへの返信。

29 クライメイト・アカウンタビリティ・インスティテュートのCarbon Majors Report（2020年更新）を参照。マッキンゼーが関与した上位汚染企業の数は、社内記録、インターネット上（とくに中国）で入手可能なオープンソース資料、およびマッキンゼーの現・元コンサルタントへのインタビューから集計した。

30 International Energy Agency, "Global CO_2 Emissions in 2019," Feb. 11, 2020.

31 マッキンゼー社内記録による企業リスト。

32 マッキンゼーがシェブロンと行なった仕事の詳細は、マッキンゼーの社内記録より。

33 Kevin Crowley and Bryan Gruley, "Chevron's Answer to Climate Change Is to Keep Drilling for Oil," *Bloomberg Businessweek*, Aug. 13, 2020.

34 テックの規模とほかの製鉄用石炭輸出業者との比較は、以下を参照。"Teck: Fact Sheet: Steelmaking Coal."　テックの2019年における「スコープ3」排出量については、以下を参照。Teck Resources, "Climate Change and Energy Use," 59.　カナダは2019年に730メガトンのCO_2を排出した。Environment and Climate Change Canada, "National Inventory Report 1990-2019: Greenhouse Gas Sources and Sinks in Canada: Executive Summary," 1.を参照。

35 Chloe Williams, "From Canadian Coal Mines, Toxic Pollution That Knows No Borders," *Yale Environment 360*, April 1, 2019.

36 マッキンゼーとテックとの仕事の詳細については、マッキンゼーの社内記録より。

37 2021年10月現在、中国貿易省の次官までのぼり詰めたクァン・チョンが取締役を務めてい

る。中国政府の元役員が北米企業の取締役を務めるのは極めて異例。中国語では姓が先なので、中国式ならチョン・クァンとなる。www.teck.comを参照。テックは2019年9月4日、バートンの退任を発表した。バートンは、カナダ政府の報道官を通じてテックでの役割についてコメントを求められたが、返答しなかった。2021年10月25日の声明のなかで、テックの広報担当者クリス・スタンネルは、「当社は気候変動に対する世界的な行動を支援することにコミットしており、2050年までに社の事業全体でカーボンニュートラルをめざすなど、温室効果ガス排出量を削減するための行動を取っている」と述べた。

38 中国のクライアントについては、マッキンゼーの社内記録およびクライアント企業の中国語による発表による。以下を参照。CNOOC 2019 Annual Report (Chinese language edition), 12.

39 Banpu, "Sustainability Report, 2018," 15.

40 アメリカの石炭輸出量については、www.eia.govを参照。

41 著者たちが目にした社内調査。この調査には、マッキンゼーの元コンサルタントや採用予定者も含まれている可能性がある。

42 著者たちが確認した公開書簡、2021年3月23日。

43 マッキンゼーの元従業員から提供された電話会議の議事録。

44 スニーダーとスターンフェルスからのEメール、件名"Climate Action at McKinsey"、2021年4月5日。

45 ラスベガスの歴代最高気温は華氏117度（摂氏47.2度）である。

46 プラビーンからのEメール、件名"EPC Contractors for Building a Coal Power Plant"、2021年7月26日。

47 ナビードから同僚へのEメール、件名"Goodbye, and a call to action on our posture towards client emissions"、2021年7月30日。

48 スターンフェルスは、ウォール・ストリート・ジャーナル紙のオピニオン欄でニューヨーク・タイムズ紙の記事に対して反論した。Bob Sternfels, "Why McKinsey & Co. Does Business with Greenhouse-Gas Emitters," *Wall Street Journal*, Oct. 27, 2021.　反論の対象となった記事は以下。Michael Forsythe and Walt Bogdanich, "At McKinsey, Widespread Furor over Work with Planet's Biggest Polluters," *New York Times*, Oct. 27, 2021.

49 ベイルズへの著者インタビュー。ニューヨーク・パークアベニューの自宅にて、2018年5月14日。

第九章　有毒な債務――ウォール街のマッキンゼー

1 Jeffrey Toobin, "The Senator and the Street," *New Yorker*, July 26, 2010.

2 Martin Crutsinger, "Existing Home Sales Plunge in 2006," Associated Press, Jan. 25, 2007.

3 Bethany McLean and Joe Nocera, *All the Devils Are Here* (New York: Portfolio/Penguin, 2010), 274–76.

4 Toobin, "The Senator and the Street."

5 リーマン破綻時の最高財務責任者（CFO）イアン・ローイットは、ローズ奨学生であり、マッキンゼーの元従業員だった。金融危機時に共同社長を務めたモルガン・スタンレーのジェームズ・P・ゴーマンCEOは元マッキンゼーのシニアパートナーであり、2007年半ばまでUBSのCEOだったピーター・ウフリもマッキンゼーの元パートナーである。

6 McKinsey & Company, *Sustaining New York's and the US' Global Financial Services Leadership*, Jan. 2007, 13, graphics8.nytimes.com/images/2008/12/12/business/SchumerBloomberg.pdf.

7 George David Smith, John T. Seaman Jr., and Morgan Witzel, *A History of the Firm* (New York: McKinsey, 2011), 30.　今日に至るまで、マッキンゼーは、ライバルのベインやBCGと同様、証券会社、ベンチャーキャピタル、プライベート・エクイティ・ファームのために、投資や買収のターゲットとなる企業を調査する「デューデリジェンス」レポートを作成し、多額の報酬を得ている。

8 Phillip L. Zweig, *Wriston: Walter Wriston, Citibank, and the Rise and Fall of American Financial Supremacy* (New York: Crown, 1995), 133.

9 説明については以下を参照。John R. Walter, "The 3-6-3 Rule: An Urban Myth?," *Economic Quarterly* (Winter 2006): 51–78.

10 1980年、アンダーソンはシティバンクのウォルター・リストンを抜き、710,440ドルの給与でトップの座に就いた。*American Banker*, "Banking as a Career", UPI Archives, May 28, 1981.

11 Sridhar Natarajan, "Goldman Sachs CEO David Solomon's Pay Rockets to $35 Million," Bloomberg News, Jan. 28, 2022.

12 Zweig, *Wriston*, 244.

13 同上 245.

14 同上 249.

15 同上 365.

16 Smith, Seaman, and Witzel, *History of the Firm*, 113.

17 コンチネンタル・イリノイとマッキンゼーとの協力関係や同銀行の歴史は、元経営陣のひとりジェームズ・P・マッコロムによる、同銀行の勃興と崩壊に関する記述をおおいに参考にさせてもらった。James P. McCollom, *The Continental Affair* (New York: Dodd, Mead, 1987).　カミングズのもとでの銀行の歴史は28ページから始まる。

18 同上 185.

19 Phillip Zweig, *Belly Up: The Collapse of the Penn Square Bank* (New York: Crown, 1985), 75.を参照。

20 Federal Deposit Insurance Corporation, *History of the Eighties——Lessons for the Future* (Washington, D.C.: Federal Deposit Insurance Corporation, 1997), 1: 237.

21 Zweig, *Belly Up*, 73.

22 同上 72.

23 "Failure of Continental Illinois," Federal Reserve History website, www.federalreservehistory.org.

24 Allan Johnson and John Gorman, "Ex–Bank Executives Get Prison Terms," *Chicago Tribune*, Aug. 31, 1988, 1.

25 Gillian G. H. Garcia, "Failing Prompt Corrective Action," *Journal of Banking Regulation*, June 9, 2010.

26 Thomas J. Peters and Robert H. Waterman Jr., *In Search of Excellence: Lessons from America's Best-Run Companies* (New York: HarperCollins Ebooks), 49.

27 McCollom, *Continental Affair*, 233.

28 Michael Quint, "A Bank Expert's Plan for Change," *New York Times*, Aug. 22, 1990.

29 Smith, Seaman, and Witzel, *History of the Firm*, 189.

30 同上に、ブライアンとの1997年の口頭インタビューが収録されている。

31 Smith, Seaman, and Witzel, *History of the Firm*, 302.

32 同上 268.

33 同上 269–73.

34 フェイガーへの著者の電話インタビュー、2020年12月4日。

35 Smith, Seaman, and Witzel, *History of the Firm*, 277.

36 住宅ローン担保証券市場の起源については、以下の第1章が非常にわかりやすい。McLean and Nocera, *All the Devils Are Here*.

37 Lowell L. Bryan, *Breaking Up the Bank* (Homewood, Ill.: Dow Jones-Irwin, 1988), xiii.

38 *Journal of Applied Corporate Finance* 1, no. 3 (Fall 1988). この雑誌の発行元はコンチネンタル・バンク。同銀行は、当時、1984年の連邦準備制度による救済措置にもとづき、政府の支援を受けていた。

39 ブライアンについては以下を参照。Bethany McLean and Peter Elkind, *The Smartest Guys in the Room: The Amazing Rise and Scandalous Fall of Enron* (New York: Portfolio, 2003), 66-67.

40 Bryan, *Breaking Up the Bank*, 72.

41 同上 87.

42 James A. Rosenthal and Juan M. Ocampo, *Securitization of Credit: Inside the New Technology of Finance* (New York: Wiley, 1988), 227.

43 Bryan, *Breaking Up the Bank*, 87.

44 クラビットへの著者の電話インタビュー、2020年11月19日。

45 Mark Pittman, "Evil Wall Street Exports Boomed with 'Fools' Born to Buy Debt," Bloomberg News, Oct. 27, 2008.

46 フェイガーへの著者インタビュー、2020年12月4日。

47 匿名を条件にマッキンゼーの元パートナーにインタビュー、2020年11月16日。

48 Board of Governors of the Federal Reserve System, *An Introduction to Asset Securitization* (Washington, D.C.: Federal Reserve System, Supervision and Regulation, Task Force on Securitization, 1990), vol. 1 of 2. 引用は参考文献の1ページ目にある。

49 George M. Feiger, "Why a Bank or Building Society Should Want to Securitise Its Assets" これは、1991年6月19-20日にロンドンで開催されたフィナンシャル・タイムズ主催の会議 "The Market in Asset-Backed Securities," で発表された論文である。

50 Bryan, *Breaking Up the Bank*, 65.

51 同上 66.

52 Restructuring of Banking Industry, House hearing, June 18, 1991, www.c-span.org/video/?18461-1/restructuring-banking-industry.

53 Roll call vote for H.R. 6, Nov. 4, 1991.

54 Lowell Bryan and Diana Farrell, *Market Unbound: Unleashing Global Capitalism* (New York: Wiley, 1996), 67.

55 McLean and Elkind, *Smartest Guys in the Room*, 66.

56 数値は以下にもとづく。Pittman, "Evil Wall Street Exports Boomed with 'Fools' Born to Buy Debt."

57 ニュー・センチュリー・フィナンシャルは2007年3月初旬、連邦政府の調査対象となり、2007年4月2日に連邦破産法第11条の適用を申請したと発表した。以下を参照。Julie Creswell and Vikas Bajaj, "Home Lender Is Seeking Bankruptcy," *New York Times*, April 3, 2007.

58 Timothy Geithner and Lawrence Summers, "The Case for Regulatory Reform," *Washington Post*, June 15, 2009.

59 これには13兆ドルの生産高損失と9.1兆ドルの資産減価が含まれる。もちろん、金融危機からの回復とその後の数年間における資産価値の上昇も考慮する必要がある。以下を参照。"Financial Regulatory Reform: Financial Crisis Losses and Potential Impacts of the Dodd-Frank Act," Government Accountability Office, Jan. 2013.

60 Ben Casselman, Patricia Cohen, and Doris Burke, "The Great Recession Knocked Them Down. Only Some Got Up Again," *New York Times*, Sept. 12, 2018.

61 Pittman, "Evil Wall Street Exports Boomed with 'Fools' Born to Buy Debt."

62 以下に収録されている、リチャード・ルメルト教授とローウェル・ブライアンの対談。"Weighing the US Government's Response to the Crisis: A Dialogue," *McKinsey Quarterly*, June 2009.

63 フェイガーへの著者の電話インタビュー、2020年12月4日。
64 Pittman, "Evil Wall Street Exports Boomed with 'Fools' Born to Buy Debt." Pittman died in 2009.

第一〇章　オールステートの秘密のスライド——「勝負はゼロサムゲーム」

1 ジェフ・バウアー（アルドリッジの弁護士のひとり）への著者の電話インタビュー、2020年1月10日。
2 アルドリッジへの著者の電話インタビュー、2020年1月27日。
3 バウアーへのインタビュー。
4 Associated Press, "Allstate Settles Dispute on Claims Documents," *Chicago Tribune*, July 12, 2008, sec. 2, 3.
5 マナーズへの著者インタビュー、2019年12月31日。
6 David J. Berardinelli, *From Good Hands to Boxing Gloves* (Portland, Ore.: Trial Guides, 2008), 6.
7 Joe Lombe, "Allstate Won't Produce Records Despite $25,000-a-Day Fine," *Kansas City Star*, Dec. 20, 2007, accessed on the North Carolina Trial Law Blog.
8 Berardinelli, *From Good Hands to Boxing Gloves*, 13. Berardinelli died in 2018.
9 Florida Insurance Commissioner Kevin McCarty, press release, Jan. 16, 2008, floir.com/PressReleases/viewmediarelease.aspx?ID=1630.
10 Mae Anderson, "53 Years Later, Still in Good Hands," *Adweek*, Feb. 3, 2003.
11 "Sears Formally Spins Off Allstate," *Chicago Tribune*, July 1, 1995.
12 金融化が進む経済とは、一般に、経済的重要性において産業が金融に取って代わられた状態をさす。
13 マナーズへの著者インタビュー。
14 Email from Nicholas Nottoli, Allstate spokesman, Feb. 15, 2022.
15 モーリン・リードのニューメキシコ州ベルナリロ郡での宣誓供述、2003年4月12日。
16 モーリン・リードの宣誓供述、2003年4月12日。
17 Jay M. Feinman, *Delay, Deny, Defend: Why Insurance Companies Don't Pay Claims and What You Can Do About It* (New York: Portfolio, 2010), 68.
18 同上3.
19 マッキンゼーの元パートナーへのインタビュー、2019年12月16日。
20 National Association of Insurance Commissioners, "U.S. Property and Casualty Insurance Industry: 2018 Full Year Results."
21 "Factory and Firm: The Future of Claims Handling," McKinsey & Company.

22 Stephen Strzelec, affidavit, Aug. 4, 2008.
23 マッキンゼーの元パートナー（匿名希望）へのインタビュー、2019年12月16日。
24 オールステートのプロキシステートメント、1997年3月28日。www.allstateinvestors.com.
25 2020年のオールステートの幹部報酬は、以下のサイトより。www1.salary.com/ALLSTATE-CORP-Executive-Salaries.html. 2019年のオールステートの幹部報酬は、以下のサイトより。www.payscale.com/research/US/Employer=Allstate_Insurance_Company/Salary.
26 J. Robert Hunter, "The 'Good Hands' Company or a Leader in Anti-consumer Practices? Excessive Prices and Poor Claims Practices at the Allstate Corporation," Consumer Federation of America, July 18, 2007, 11.
27 J. ロバート・ハンターの上院司法委員会でのマッカラン・ファーガソン法に関する証言、2007年3月7日。
28 リディが2006年の投資会議で発表したスライド。
29 Becky Yerak, "Allstate Outlines CEO Pay Package," *Chicago Tribune*, April 3, 2007.
30 ロバーツへの著者インタビュー、2019年8月26日。
31 ニコラス・ノットーリ（オールステート広報担当者）からのEメール、2022年2月15日。
32 Feinman, *Delay, Deny, Defend*, 5.
33 ブレイディへの著者インタビュー、2019年8月26日。彼女はオールステート勤務時代の姓「ブレイディ」を好んで使う。
34 シャノン・ブレイディの宣誓陳述書、ニューメキシコ州ベルナリロ郡、2003年。
35 Feinman, *Delay, Deny, Defend*, 89.
36 ブレイディへのインタビュー。
37 ロマーノへの著者の電話インタビュー、2019年10月28日。
38 ニコラス・ノットーリ（オールステート広報担当者）からのEメール、2022年2月15日。
39 ディア対アルドリッジ裁判については、リーグルのウェブサイトに掲載されている関連裁判の概要を参照。www.leagle.com/decision/inksco20100416250.

第一一章　エンロン・アストロズ

1 *Baseball Reference.*
2 Bethany McLean and Peter Elkind, *The Smartest Guys in the Room: The Amazing Rise and Scandalous Fall of Enron* (New York: Portfolio/Penguin, 2013), 32.
3 Associated Press, "Enron's Founder Oversaw Company's Rise and Collapse," *New York Times*, July 5, 2006.
4 Jeffrey Zaslow, "How the Former Staff at Arthur Andersen Is Faring Two Years After Its

Collapse," *Wall Street Journal*, April 8, 2004.
5 Richard A. Oppel Jr., "Employees' Retirement Plan Is a Victim as Enron Tumbles," *New York Times*, Nov. 2, 2001.
6 David Roth, "The Smartest Guys in the Clubhouse," *New Republic*, Dec. 3, 2019.
7 Paul Krugman, "Death by Guru," *New York Times*, Dec. 18, 2001.
8 George David Smith, John T. Seaman Jr., and Morgan Witzel, *A History of the Firm* (New York: McKinsey, 2011), 418.
9 McLean and Elkind, *Smartest Guys in the Room*, 32.
10 Smith, Seaman, and Witzel, *History of the Firm*, 416.
11 同上 417.
12 Duff McDonald, *The Firm: The Story of McKinsey and Its Secret Influence on American Business* (New York: Simon & Schuster, 2013), 239.
13 Smith, Seaman, and Witzel, *History of the Firm*, 417.
14 マッキンゼーの四半期報告書、マッキンゼーのコンサルタントが執筆した書籍、クライアントからの支払いを公表しないというマッキンゼーの方針を検討した結果、著者が出した結論である。
15 Smith, Seaman, and Witzel, *History of the Firm*, 508.
16 McLean and Elkind, *Smartest Guys in the Room*, 66–67.
17 ファストウへのリンクトインのメッセージを介した著者インタビュー、2020年11月11日。
18 McLean and Elkind, *Smartest Guys in the Room*, 67.
19 Lowell Bryan et al., *Race for the World: Strategies to Build a Great Global Firm* (Boston: Harvard Business School Press, 1999), 292.
20 Associated Press, "Enron's Founder Oversaw Company's Rise and Collapse."
21 McDonald, *Firm*, 242.
22 マイケル・ルイス著『マネー・ボール〔完全版〕』（早川書房）
23 大手スポーツリーグは、長年にわたり、アトランティックシティにスポーツブックがオープンすれば「回復不可能な損害」を被るとして、ニュージャージー州がスポーツ賭博を許可しようとする動きと戦ってきた。しかし、連邦最高裁判所がネバダ州以外の州でスポーツ賭博を合法化する道を開いたため、ESPNのデイビッド・パーダムが2018年11月1日に報じたとおり、スポーツチームやリーグはスポーツブックと提携し始めた。
24 この段落で引用されている数字は、記録と著者インタビューにもとづく。
25 複数の秘密の情報筋。
26 マッキンゼーの社史。
27 マッキンゼーもクァンタムブラックも、ギャンブラーに内部情報を渡したとして告発されたことはない。
28 Mike Vaccaro, "James Dolan Dishes on Knicks, Rangers, and Isiah," *New York Post*, Nov. 22,

2013.

29 Mike Vorkunov, " 'It Was Crazy': How a Famous Consulting Firm Contributed to the Chaos of the 2013–14 Knicks," *Athletic*, Nov. 25, 2019.

30 著者が入手した社内記録。

31 Jake Kaplan, "Known as Astros Science Guy, Sig Mejdal to Experiment with Role as Minor League Coach," *Texas Sports Nation*, March 13, 2017.

32 "Analytically Speaking: Conversations with Thought Leaders," www.youtube.com/watch?v=p3HqSMhY46Q.

33 マッキンゼーのポッドキャスト、2017年5月15日。

34 "How the Houston Astros Are Winning Through Advanced Analytics," *McKinsey Quarterly*, June 2018.

35 "Astros GM Jeff Luhnow Explains How Data Analytics Helped Houston Win the World Series," *Wharton Stories*, March 29, 2018.

36 Ken Rosenthal and Evan Drellich, "The Astros Stole Signs Electronically in 2017," *Athletic*, Nov. 12, 2019.

37 Dave Sheinin, "Astros World Series Win May Be Remembered as the Moment Analytics Conquered MLB for Good," *Washington Post*, Nov. 2, 2019.

38 ノットへの著者インタビュー。

39 著者インタビュー。

40 クラブ関係者2名との著者インタビュー。

41 ノットへのインタビュー。

42 著者インタビュー。

43 ホインズへの著者インタビュー。

44 Bob Nightengale, "MLB Clears Astros of Cheating," *USA Today*, Oct. 17, 2018.

45 Ken Rosenthal and Evan Drellich, "Astros Executive Asked Scouts for Help Stealing Signs and Suggested Using Cameras, Email Shows," *Athletic*, Nov. 16, 2019.

46 Stephanie Apstein, "Astros Staffer's Outburst at Female Reporters Illustrates MLB's Forgive and Forget Attitude Toward Domestic Violence," *Sports Illustrated*, Oct. 21, 2018.

47 Ben Lindbergh and Travis Sawchik, *The MVP Machine: How Baseball's New Nonconformists Are Using Data to Build Better Players* (New York: Basic Books, 2019), 196.

48 Robert D. Manfred Jr., "Statement of the Commissioner," Jan. 13, 2020.　ルノーはアストロズに対し、自分は他人の行為のスケープゴートにされたと主張し、テキサスで訴訟を起こした。彼はふたたび、サイン盗みの計画について何も知らなかったと否定したが、両者の意見の相違が解消されたあと、訴訟は却下された。

49 メダルへの著者インタビュー。

50 Jeff Passan, "Inside the Astros Culture That Bred Brandon Taubman's Comments," ESPN,

Oct. 25, 2019.

51 Marc Carig, “Mike Trout Uncharacteristically Takes Aim at Astros, Rob Manfred,” *Athletic*, Feb. 17, 2020.

52 Tom Verducci, “Baseball's Fight to Reclaim Its Soul,” *Sports Illustrated*, March 3, 2020.

53 Eric Fisher, “Changes Expected at MLB,” *Street and Smith's Sports Business Journal*, Nov. 13, 2017.

第一二章　アザラシを殴る――南アフリカにおける大失態

1 インド、ヒマーチャル・プラデーシュ州ソラン県サナワールにあるローレンス・スクールの“Vision Statement”と題されたパンフレット。サガールのリンクトインのプロフィールによると、彼は1977年から1986年までこの学校に通っていた。

2 “Sanawar School Boys Become the Youngest Team to Scale Mount Everest,” *India Today*, May 21, 2013.

3 キャピタル・キッズ・クリケットのウェブサイトに掲載されているサガールの受託者経歴。

4 マッキンゼーの同僚たちへのインタビュー。

5 グッドソンへの筆者インタビュー。

6 サガールのリンクトイン。

7 マッキンゼーの現・元パートナーたちへのインタビュー。

8 同上

9 著者インタビューにて、マッキンゼーのあるコンサルタントが自身の見聞を回想。

10 Philip I. Levy, “Sanctions on South Africa: What Did They Do?,” Yale University Economic Growth Center, Feb. 1999.

11 George David Smith, John T. Seaman Jr., and Morgan Witzel, *A History of the Firm* (New York: McKinsey, 2011), 338, 339.

12 同上

13 マッキンゼーのウェブサイトに掲載されているファインの経歴。

14 Smith, Seaman, and Witzel, *History of the Firm*, 339.

15 Saki Macozoma, “The ANC and the Transformation of South Africa,” *Brown Journal of World Affairs* (Winter 1994).

16 Martin Tolchin, “City Paid $75-Million in 1969 in Fees to Private Consultants,” *New York Times*, July 1, 1970.

17 Martin Tolchin, “Beame Withholds Fee to Consultant; Questioning Ethics,” *New York Times*, July 3, 1970.

18 Michael C. Jensen, “McKinsey & Co.: Big Brother to Big Business,” *New York Times*, May

30, 1971.

19 Smith, Seaman, and Witzel, *History of the Firm*, 184.

20 16人の著者のうち1名が、南アフリカで働いていた、あるいは南アフリカとつながりのあったパートナーや元パートナーにインタビュー。

21 Aodhan Beirne, “Corruption in South Africa: A Guide to Our Recent Reporting,” *New York Times*, Dec. 22, 2018.

22 Martin Williams, “Mantashe Misses the Point, Rich People Can Steal,” *Citizen*, Jan. 10, 2018. That is, $10 million in 2021 U.S. dollars.

23 Ed Caesar, “The Reputation-Laundering Firm That Ruined Its Own Reputation,” *New Yorker*, June 18, 2018.

24 Andrew Cave, “Deal That Undid Bell Pottinger: Inside Story of the South Africa Scandal,” *Guardian*, Sept. 5, 2017.

25 Alexander Winning, “Exclusive: South Africa Tries to Recover $23 Million from SAP for ‘Unlawful’ Contracts,” Reuters, August 7, 2020.

26 Jeanette Chabalala, “Ntsebeza Inquiry: Claims That KPMG ‘Rogue Unit’ Report Was Cut-and-Paste Job,” *News24*, June 27, 2018.

27 Joseph Cotterill, “KPMG South Africa Executives Dismissed over Gupta Scandal,” *Financial Times*, Sept. 15, 2017.

28 連邦議会の監視グループに対するデイビッド・ファインの説明。Eskom Corporate Governance Inquiry, Nov. 11, 2017, 3（以下、「エスコム尋問」と記す）

29 South African National Treasury, “Code of Good Practice for Black Economic Empowerment in Public-Private Partnerships.”

30 エスコム尋問。Statement of Fine to Eskom Inquiry, Nov. 11, 2017, 3.

31 同上 3–5.

32 同上 5.

33 Simon Mantell, “BEE Inadvertently Became ‘Prime Enabler of State Capture and Corruption in South Africa,” *Daily Maverick*, April 3, 2019.

34 Statement of David Fine to the Portfolio Committee on Public Enterprises, Nov. 15, 2017, 15.

35 エスコム尋問。Statement of Fine to Eskom Inquiry, Nov. 11, 2017, 6–7.

36 同上 3.

37 マッキンゼーの現・元パートナーへのインタビュー。

38 “Gama Reinstated to Transnet Executive Committee,” *Mail & Guardian*, Feb. 23, 2011.

39 Transnet Inquiry Reference Book, published by Commission of Inquiry into State Capture, 10.

40 Jürgen Schrempp’s Letter of Resignation to Malusi Gigaba, Minister of Public Enterprises, Feb. 17, 2011.

41 Testimony of Popo Simon Molefe to Commission of Inquiry into State Capture, May 7, 2019, 15.

42 "The Guptas and Their Links to South Africa's Jacob Zuma," BBC, Feb. 14, 2018.

43 Lydia Polgreen, "South Africa Is Outraged by a Shortcut to a Wedding," *New York Times*, May 3, 2013.

44 Testimony of David Fine to the Eskom Inquiry, Nov. 15, 2017.

45 エスコム尋問。Statement of Fine to Eskom Inquiry, Nov. 11, 2017, 10.

46 Matuma Letsoalo, "Cosatu Raises Red Flag on Guptas," *Mail & Guardian*, Feb. 25, 2011.

47 Sam Sole, "Going off the Rails?," *Mail & Guardian*, March 4, 2011.

48 エスコム尋問。Statement of Fine to Eskom Inquiry, Nov. 11, 2017, 4.

49 同上

50 同上 14.

51 Pieter-Louis Myburgh, "Come on Baby, Do the Locomotion," *Daily Maverick*, July 23, 2019.

52 エスコム尋問。Statement of Fine to Eskom Inquiry, Nov. 11, 2017, 14.　金額はランドからドルに換算。

53 同上 15.　マッキンゼーは2014年2月に撤退。契約は翌月に結ばれた。トランスネットは、生産スケジュールの前倒しと、契約を4社に分割することを決定したのが原因で、価格が高くなったと非難した。

54 エスコム尋問。Statement of Fine to Eskom Inquiry, Nov. 11, 2017, 247–48.

55 著者インタビュー。

56 Lameez Omarjee, "Excessive Costs for 1064 Locomotive Contract Not Justifiable, Says Acting Transnet CEO," *New24*, May 15, 2019.

57 Susan Comrie, "The McKinsey Dossier, Part 5—How Transnet Cash Stuffed Gupta Letterboxes," amaBhungane, Oct. 23, 2017.

58 Matthew Chaskalson, Testimony of David Fine to Commission of Inquiry into State Capture, Dec. 10, 2020, 143.

59 Matthew Chaskalson, Testimony of Jean-Christophe Mieszala to Commission of Inquiry into State Capture, Dec. 10, 2020, 148.

60 マッキンゼーの社内記録。

61 同上。マッキンゼーのサフロドゥ・イェボア・アマンクワは声明のなかで、同社は、ガマのMBA論文執筆にサガールが協力したことを2017年7月に知ったと述べた。そのうえで、「マッキンゼーに授与されたどの仕事の支援とも関連性は見いだせなかった」とし、ガマ本人は言語に関してサポートを受けただけだと主張している、と付け加えた。

62 Statement of Safroadu Yeboah-Amankwah to Commission of Inquiry into State Capture, April 8, 2019, 9.

63 シニアパートナーへのインタビュー。

64 リンクトインのページに記載されているサガールの経歴のタイムライン。
65 Mosilo Mothepu, *Uncaptured* (Cape Town: Penguin Books, 2021).
66 マッキンゼーの同僚たちへのインタビュー。
67 “The McKinsey Dossier Part 1—How McKinsey and Trillian Ripped R1.6bn from Eskom,” amaBhungane and Scorpio, Sept. 14, 2017.　金額は2017年のレートでランドからドルへ換算。
68 世界銀行のジニ指数。各国のジニ指数をランク付けした。
69 世界銀行。
70 Statement of Yeboah-Amankwah to Commission of Inquiry into State Capture, April 8, 2019, 12.
71 “About 1,000 Workers at S. Africa's Eskom's Medupi Fired—Eskom,” Reuters, March 26, 2015.
72 Wendell Roelf, “South Africa's Eskom Chairman Under Fire as Power Crisis Deepens,” Reuters, March 25, 2015.
73 Ted Blom of the Organisation Undoing Tax Abuse, “Unplugging Corruption at Eskom.” 2017年10月18日、議会の監視グループに提出。
74 “Transnet CEO Brian Molefe Now Acting CEO of Eskom,” *News24*, April 17, 2015.
75 Statement of Alexander Weiss to Commission of Inquiry into State Capture, 2.
76 マッキンゼーのウェブサイトに掲載されているワイスの経歴。
77 Statement of Weiss to Commission of Inquiry into State Capture, 2.
78 Statement of Yeboah-Amankwah to Commission of Inquiry into State Capture, April 8, 2019, 22.
79 マッキンゼーのウェブサイトに記載されている住所。
80 “The History of Africa's Richest Square Mile,” *Sun International*, Oct. 26, 2014.
81 Anita Raghavan, *The Billionaire's Apprentice: The Rise of the Indian-American Elite and the Fall of the Galleon Hedge Fund* (New York: Grand Central Publishing, 2013).
82 Paul Solman, “Consulting Fees Based on Results Begin to Challenge Old-Style Bills,” *Financial Times*, Nov. 10, 2014.
83 マッキンゼーの現・元従業員への著者インタビュー。
84 マッキンゼー側は、許可を得たというエスコムの言葉を信用したとしている。　Statement of Yeboah-Amankwah to Commission of Inquiry into State Capture, April 8, 2019, 25.
85 Statement of Fine to Eskom Inquiry, Nov. 11, 2017, 8.
86 Statement of Weiss to Commission of Inquiry into State Capture, 10–13.
87 同上 12.
88 グッドソンへのインタビュー。
89 Statement of Yeboah-Amankwah to Commission of Inquiry into State Capture, April 8, 2019, 42.

90 Testimony of Fine to Eskom Inquiry, Nov. 15, 2017.

91 マッキンゼー関係者への著者インタビュー。

92 Testimony of Fine to Commission of Inquiry into State Capture, Dec. 10, 2020, 236.

93 Testimony of Fine to Eskom Inquiry, Nov. 15, 2017.

94 Statement of Mieszala to Commission of Inquiry into State Capture, Dec. 10, 2020, 11–12.

95 同上 10.　マッキンゼーによると、同社がトリリアンと下請け契約を結んだというこの書簡の記載は虚偽だという。

96 Statement of Yeboah-Amankwah to Commission of Inquiry into State Capture, April 8, 2019, 46.

97 Eskom Annual Financial Statement, March 31, 2019, 120.

98 Thuli Madonsela, "State of Capture: A Report of the Public Protector," Oct. 14, 2016, 57.

99 Geoff Budlender, "Report on Allegations with Regard to the Trillian Group of Companies, and Related Matters," 33.

100 同上 35.

101 同上 36.

102 同上 37.

103 同上 38.

104 同上 40.

105 Statement of Mieszala to Commission of Inquiry into State Capture, Dec. 10, 2020, 2.

106 Executive Committee page of the Commission of Inquiry into State Capture website.

107 Comrie, "McKinsey Dossier, Part 5."

108 Angelique Serrao, "NPA Concludes Eskom Payments to McKinsey and Trillian Were Criminal," *News24*, Jan. 17, 2018.

109 Meetings archive of the Public Enterprises National Assembly Committee of the Parliamentary Monitoring Group.

110 エスコム尋問。Testimony of Fine to Eskom Inquiry, Nov. 15, 2017.

111 Statement of Mieszala to Commission of Inquiry into State Capture, Dec. 10, 2020, 13.

112 エスコム尋問。Testimony of Fine to Eskom Inquiry, Nov. 15, 2017.

113 Statement of Mieszala to Commission of Inquiry into State Capture, Dec. 10, 2020, 11.

114 Athandiwe Saba, "Firms Shrug Off Corruption," *Mail & Guardian*, Dec. 8, 2017.

115 Bogdanich and Forsythe, "How McKinsey Lost Its Way in South Africa."

116 マッキンゼーのウェブサイトに掲載されているワイスの経歴。

117 サガールのリンクトイン。サガールにメッセージを送ってコメントを求めたが、返答はなかった。

118 Bogdanich and Forsythe, "How McKinsey Lost Its Way in South Africa."

119 "Judicial Commission of Inquiry into Allegations of State Capture (Call for Evidence/

Information)," Parliamentary Monitoring Group, June 22, 2018.　人数は委員会の統計ページにもとづく。

120 "Speech by Kevin Sneader, Global Managing Partner of McKinsey & Company, at Gordon Institute of Business Science Seminar, 9 July 2018,"　マッキンゼーのウェブサイト。

121 "Media Statement Released at the Chairperson's Instance on Wednesday, 9 December 2020," Commission of Inquiry into State Capture, Dec. 9, 2020.

122 "Report on the South African Airways Contract with McKinsey/Regiments Consortium," Commission of Inquiry into State Capture, Nov. 11, 2020, 5.

123 同上 4.

124 同上 5.

125 同上 7.

126 同上 8.

127 同上 7.

128 同上 4.

129 "Report on Laundering of Regiments' Proceeds of Contracts Alongside McKinsey for the Benefit of Essa/the Guptas," Commission of Inquiry into State Capture, Nov. 13, 2020, 5.

130 Statement of Mieszala to Commission of Inquiry into State Capture, Dec. 10, 2020, 2.

131 同上 4–5.

132 Testimony of Alexander Weiss to Commission of Inquiry into State Capture, Dec. 10, 2020, 30.

133 同上 52.

134 同上 53.

135 Statement of Weiss to Commission of Inquiry into State Capture, 7.

136 "McKinsey & Company Makes Further Voluntary Commitment to Repay Fees,"　マッキンゼーのウェブサイト。

137 "Media Statement Released at the Chairperson's Instance on Wednesday, 9 December 2020," Commission of Inquiry into State Capture, Dec. 9, 2020.

138 Melody Emmett, "Athol Williams on Why Companies Involved in State Capture Should Be Prosecuted," *Daily Maverick*, Jan. 18, 2021.　マッキンゼーは声明を発表し、以下のようなチャスカルソン弁護人の言葉を引用した。「委員会としては、マッキンゼーの対応に何ら不満はない。われわれとのやりとりにおいて、マッキンゼーは非常に透明性が高かった。われわれが資料の提出を求めたときには必ず提出されたし、こちらが求めなくても、提出されたこともあった」

139 バートンへの著者インタビュー。

140 著者インタビュー。

141 Testimony of Mieszala to Commission of Inquiry into State Capture, Dec. 10, 2020, 163.

142 同上 155.

143 Statement of Mieszala to Commission of Inquiry into State Capture, Dec. 10, 2020, 2.

144 Testimony of Mieszala to Commission of Inquiry into State Capture, Dec. 10, 2020, 142. パリを拠点とするシニアパートナーのミエザラは、2018年1月に最高リスク責任者に就任。南アフリカでは勤務していない。

145 同上 179.

146 同上 142.　マッキンゼーは、ウクライナ、マレーシア、アゼルバイジャン、アンゴラ、ロシアにおいて、腐敗した個人や政府と仕事をしてきた。

147 "McKinsey's Partners Suffer from Collective Self-Delusion," *Economist*, March 4, 2021.

148 Testimony of Mieszala to Commission of Inquiry into State Capture, Dec. 10, 2020, 157.

149 "Eskom Misled Ramaphosa About Extent of Load-Shedding: David Mabuza," *TimesLIVE*, Jan. 9, 2020.

150 "President Cuts Short Egyptian Visit to Attend to Electricity Crisis," South African Government News Agency, Dec. 11, 2019.

151 Jackie Cameron, "Loadshedding: 2021 to Be Worst Year Yet for SA Electricity Crisis—Chris Yelland, Energy Expert," *BizNews*, Jan. 20, 2021.

第一三章　サウジ国家への奉仕

1 "Interview with Sandy Apgar by Debbie Hepton," *Journal of Corporate Real Estate* 11, no. 4 (2009).

2 ウィルソン・センターのウェブサイトに掲載されたアプガーの経歴。www.wilsoncenter.org.

3 Mahlon Apgar IV, "Succeeding in Saudi Arabia," *Harvard Business Review*, Jan.–Feb. 1977.

4 この地域のマッキンゼーの元コンサルタント2名が、デ・ボーアはドバイのオフィスの壁にこうした組織図を貼っていたと証言している。デ・ボーアにインタビューを求めたが、拒否された。

5 マッキンゼーとビンラディン・グループとの協力関係は、サウジアラビア在住のマッキンゼー元コンサルタントへのインタビュー（2020年4月）による。

6 *The Rise to Power of Mohammed bin Salman* (New York: Tim Duggan Books, 2020), 140.

7 Dexter Filkins, "A Saudi Prince's Quest to Remake the Middle East," *New Yorker*, April 2, 2018.

8 Hubbard, MBS, 33.

9 Michael Forsythe, Mark Mazzetti, Ben Hubbard, and Walt Bogdanich, "Consulting Firms Keep Lucrative Saudi Alliance, Shaping Crown Prince's Vision," *New York Times*, Nov. 4, 2018.

10 司法省にFARA登録、2020年8月10日受理。
11 NEOM関連のウェブサイトには、NEOMで建設中または計画中の「ギガ・プロジェクト」がいくつか掲載されている。以下を参照。 www.neom-property.com.
12 ドバイ在住のマッキンゼー元コンサルタントへのインタビュー、2020年4月14日。
13 Hubbard, *MBS*, 65.
14 アル・ジュベイルのリンクトインのプロフィールを参照。
15 Justin Scheck, Bradley Hope, and Summer Said, "In Growing Saudi Business, McKinsey Hired Officials' Children," *Wall Street Journal*, Nov. 10, 2017.
16 Hani Ibrahim Khoja, *A Global Nomad in Search of True Happiness* (Self-published, 2016), 199.
17 元マッキンゼーパートナー（匿名希望）への電話インタビュー、2020年4月13日。マッキンゼーが2017年4月1日に発表した"McKinsey Has Acquired Elixir, a Saudi Arabian Consultancy", an announcement by McKinsey on April 1, 2017.を参照。mckinsey.comに掲載されている。
18 エリクサー元コンサルタント（匿名希望）へのインタビュー、2020年4月30日。
19 Account of the Ritz detention in Hubbard, *MBS*, starting on page 186-
20 Summer Said, Justin Scheck, and Bradley Hope, "Former McKinsey Executive Imprisoned by Saudis," *Wall Street Journal*, Dec. 28, 2018.
21 Walt Bogdanich and Michael Forsythe, "How McKinsey Lost Its Way in South Africa," *New York Times*, June 26, 2018; Michael Forsythe, Kyra Gurney, Scilla Alecci, and Ben Hallman, "How U.S. Firms Helped Africa's Richest Woman Exploit Her Country's Wealth," *New York Times*, Jan. 20, 2020.
22 ケンブリッジ・アナリティカの元従業員2名へのインタビュー（2020年4月〜5月）により、マッキンゼーとSCLの関係が裏付けられた。
23 Abdullah Alsaedi, Roobaea Alroobaea, and Sepi Chakaveh, "Twitter-Based Reporting System for Public Infrastructure in Saudi Arabia," *Journal of Technology Research* 8 (Jan. 2019).
24 この証言は、2020年6月にアブドゥラジズが行なったオフレコ・インタビューによるものである。アブドゥラジズは、知人が危険にさらされることを懸念して、この知人の身元を明かさなかった。
25 ニューヨーク・タイムズ紙のケイティ・ベナー記者は2018年末にこの報告書のコピーを入手した。アブドゥラジズがマッキンゼーに対して起こした訴訟の証拠資料としても、同じものが提出された。このパワーポイントのプレゼンテーションを、センチメント分析に詳しいマッキンゼーの元コンサルタントに見せたところ、これが採用されている手法であることが確認された。
26 Citizen Lab, "How a Canadian Permanent Resident and Saudi Arabian Dissident Was

Targeted with Powerful Spyware on Canadian Soil," Oct. 22, 2018.

27 音声記録にもとづくカショギ殺害に関しての記述。Hubbard, *MBS*, 262–64.

28 以下のなかでのマッキンゼーのコメント。Katie Benner, Mark Mazzetti, Ben Hubbard, and Mike Isaac, "Saudis' Image Makers: A Troll Army and a Twitter Insider," *New York Times*, Oct. 20, 2018.

29 マッキンゼー元コンサルタント（匿名希望）へのインタビュー、2020年4月21日。

30 アブドゥラジズは、マッキンゼーで働く知人の名前を明かさなかった。その人物がサウジ政府からの報復の危険にさらされることを懸念してである。

31 Sneader speaking on CNBC's *Squawk Box*, March 1, 2019.

32 オーストラリア在住のマッキンゼー元コンサルタントからのEメール、2019年9月26日。

33 *Omar Abdulaziz v. Twitter Inc., McKinsey & Co., and DOES 1-10, Inclusive*, 3:19 CV: 06694-LB.　この訴訟は2020年8月に棄却され、カリフォルニア州では立件されなかったというマッキンゼーの主張が認められた。

34 以下を参照のこと。*Abdulaziz v. McKinsey & Company Inc. et al.*, District Court for the Southern District of New York, 1:21-cv-01219-LGS.

35 Forsythe, Mazzetti, Hubbard, and Bogdanich "Consulting Firms Keep Lucrative Saudi Alliance, Shaping Crown Prince's Vision."

36 BCGのサウジ国防省との仕事の詳細については、上記の記事を参照。同記事に寄せた声明のなかでBCGは、サウジでは「経済と社会の変革に積極的に貢献できる」仕事に重点を置いており、その原則に反する仕事は断ってきたと述べている。また、広報担当者も、軍事戦略や情報戦略に関わるプロジェクトは断っていると述べた。

37 Walt Bogdanich and Michael Forsythe, "Turning Tyranny into a Client," *New York Times*, Dec. 16, 2018.　2014年にヤヌコビッチが打倒されたあと、ウクライナの人々は、エキゾチックな動物が飼育され、金のバスルームまで備えた彼の広大な邸宅の豪華さに驚いた。

第一四章　チャモクラシー——イギリス国民保健サービスの半世紀

1 ロンドンのマンション・ハウスにおけるチャーチルの演説、1942年11月10日。www.churchill-society-london.org.uk.

2 1952年のベバンのエッセイ "In Place of Fear" より。

3 Susan Cohen, *The NHS: Britain's National Health Service*, 1948–2000 (London: Bloomsbury, 2020), 15.

4 "The Story of NHS Dentistry." イギリス歯科医師会のウェブサイトに掲載されている。

5 Michael Foot, *Aneurin Bevan: A Biography* (London: Davis-Poynter, 1973), vol. 2, 273.

6 2018年、イギリスでは出生10万人あたり6.5人の母親が死亡した。アメリカでは17.4人だっ

た。Commonwealth Fundのウェブサイトに掲載されている以下を参照。"Maternal Mortality and Maternity Care in the United States Compared to 10 Other Developed Countries."

7 アメリカは2012年、GDPの16.3%を医療費に費やしていたが、2018年には16.9%に上昇した。イギリスではそれぞれ8.3%と9.8%だった。アメリカの平均寿命は2012年の78.8歳だったが、2017年には78.6歳まで低下した。イギリスではこの間に81歳から81.2歳へ上昇した。アメリカの平均寿命は調査対象11カ国の中で最低だった。なお、2020年には、COVIDパンデミックの影響により、イギリスを含む多くの国で平均余命が低下している。以下を参照。Roosa Tikkanen and Melinda K. Abrams, "U.S. Health Care from a Global Perspective, 2019: Higher Spending, Worse Outcomes?", Commonwealth Fund, Jan 30, 2020.

8 Alan Sked and Chris Cook, *Post-war Britain: A Political History* (London: Penguin Books, 1993), 523.

9 最近まで、シニアパートナーは"ディレクター"、パートナーは"プリンシパル"と呼ばれていた。ここではわかりやすくするため、現在の呼称を使用している。

10 George David Smith, John T. Seaman Jr., and Morgan Witzel, *A History of the Firm* (New York: McKinsey, 2011), 126.

11 当時のレートで換算すると26万7000ポンド。

12 Smith, Seaman, and Witzel, *History of the Firm*, 130.

13 同上 139.

14 1999年のチャンネル4のシリーズ番組"*Masters of the Universe*"にて、ロジャー・グラーフ監督がパーカーにインタビュー。

15 Smith, Seaman, and Witzel, *History of the Firm*, 137.

16 *Times* (London), Sept. 1, 1968, 上記で引用されている。

17 *Masters of the Universe* 第1話からのパーカーの引用。

18 Philip Begley and Sally Sheard, "McKinsey and the 'Tripartite Monster': The Role of Management Consultants in the 1974 NHS Reorganisation," *Medical History* 63, no. 4 (2019): 390–410.

19 2016年11月9日にロンドンのリバプール大学で開催された参考人セミナー"*The 1974 NHS Reorganization*"のトランスクリプトにあるエリック・ケインズ博士の回想。p.34.

20 同上

21 Begley and Sheard, "McKinsey and the 'Tripartite Monster,' " 403.

22 The *Guardian* columnist Peter Jenkins, cited in Sked and Cook, *Post-war Britain*, 327.

23「プロジェクト・デスティニー」は、マッキンゼーの課題のコードネームとしてよく使われているようだ。世界的な金融危機のあと、マッキンゼーが保険大手AIGの組織を大改革する計画を立てた際にも、この名称が付けられた。

24 "Railtrack Rethinks Spending," *New Civil Engineer*, Oct. 22, 1998. 以下も参照。Gerald

Crompton and Robert Jupe, " 'Basically a Halfway House': Not-for-Profit in British Transport" (working paper, Canterbury Business School, University of Kent, U.K.), citeseerx.ist.psu.edu/viewdoc/download?doi=10.1.1.198.3447&rep=rep1&type=pdf.

25 *Train Derailment at Hatfield: A Final Report by the Independent Investigation Board*, Office of Rail Regulation, July 2006, 114.

26 同上 10. 以下も参照。Richard Thompson, "Time to Switch Track," *Construction News*, Oct. 26, 2000.

27 Kenneth J. Arrow, "Uncertainty and the Welfare Economics of Health Care," *American Economic Review* 53, no. 5 (Dec. 1963).

28 以下を参照。John Lister, *The NHS After 60: For Patients or Profits?* (London: Middlesex University Press, 2008).

29 John Furse, "The NHS Dismantled," *London Review of Books*, Nov. 7, 2019.

30 ダッシュのリンクトインのプロフィールを参照。

31 "Achieving World-Class Productivity in the NHS 2009/10–2013/14: Detailing the Size of the Opportunity" (prepared for the Department of Health, March 2009). マッキンゼーのスライド。

32 同上 29.

33 同上 51, 52.

34 同上 70, 71.

35 Randeep Ramesh, "Health Secretary, Lansley Publishes NHS Report Disowned by Labour," *Guardian*, June 3, 2010.

36 Owen Bowcott, "NHS Advised to Lose One in 10 Workers," *Guardian*, Sept. 2, 2009.

37 この説明は、調査報道ジャーナリストのタマシン・ケイブが情報公開請求にもとづいて公開した電子メールから引用。メールによると、マスターズはオペラのチケットを断ったものの、ヘンケとともにシルク・ドゥ・ソレイユのイベントに参加した。

38 Polly Toynbee, "The Tories' Massive NHS U-Turn Won't Undo the Damage They Inflicted," *Guardian*, Feb. 8, 2021.

39 Email from McKinsey to David Bennett (CEO of Monitor and a former McKinsey partner), May 31, 2010. Subject line:"Future of the NHS." タマシン・ケイブが情報公開法にもとづいて入手した電子メール。 電子メールキャッシュへのリンクは以下。powerbase.info/images/6/6b/2010_Emails_-_redacted.pdf.

40 Tamasin Cave and Andy Rowell, *A Quiet Word: Lobbying, Crony Capitalism, and Broken Politics in Britain* (London: Bodley Head, 2014), loc. 1564, Kindle.

41 マスターズは、ヘルス・インベスターズ・アワードの晩餐会など、いくつかのイベントで遺憾の意を表明している。この詳細は、ジャーナリストのタマシン・ケイブが情報公開請求によって入手した電子メールにもとづく。

42 Nick Seddon, "Getting Value out of the Health Budget," *Guardian*, June 16, 2010.
43 "Delivering Efficiency Changes in the NHS," Department of Health Briefing for the House of Commons Health Committee, Sept. 2011.
44 2010年の英国全体のNHS予算は1200億ポンド、その年の平均為替レートで1840億ドルだった。しかし、この一部はスコットランドとウェールズのものであり、スコットランドおよびウェールズは別のNHS機構を持っている。Nigel de Kare-Silver, "NHS Cuts and Services: Can We Afford It?", *British Journal of General Practice* 60, no. 572 (2010): 218-19. を参照。
45 東ロンドンの開業医であるジャッキー・アップルビーは、インタビューのなかで次のように説明した。「われわれは医者であり、医療サービスを運営したいのではなく、患者を治療したいのだ。政府の言いなりにはなりたくない」
46 Jane Lewis, "Government and NHS Reform Since the 1980s," Working Paper 05-20, LSE Department of Social Policy, April 2020, citing "Gas and Power Markets Are a 'Model' for the Health Service," *Times*, Feb. 25, 2011.
47 Email from McKinsey to Dalton, Nov. 9, 2010. Subject: Collaboration. From emails from and to McKinsey employees and Ian Dalton, 2010–11. Obtained through a Freedom of Information Act request by Tamasin Cave.
48 この数字は2014年には2倍以上の6億4000万ポンドになる。Ian Kirkpatrick, Andrew Sturdy, and Gianluca Veronesi, "Using Management Consultancy Brings inefficiency to the NHS," LSE Blog, March 10, 2018, blogs.lse.ac.uk.
49 "NHS Commissioning Board: Organisational Design" (discussion draft—OD workshop, Feb. 14, 2011). マッキンゼーが作成したスライドを、情報公開請求によりタマシン・ケイブが入手。
50 David Rose, "The Firm That Hijacked the NHS," *Mail on Sunday*, Feb. 12, 2012.
51 マッキンゼーのスライドからの引用。"Simulating the Future of the London Health Economy" (pre-read for simulation event, March 2011).
52 Jacky Davis, John Lister, and David Wrigley, *NHS for Sale: Myths, Lies, and Deception* (London: Merlin Press, 2015), loc. 916, Kindle.
53 マッキンゼー主催の改革会議"A Lot More for Lot Less: Disruptive Innovation in Healthcare"のプログラムからの抜粋。ヘンケとマッキンゼーのコンサルタント、トム・キバシは、"Disruptive Innovation"と題する短い記事をプログラムに寄稿した。
54 Dominic Barton, "Capitalism for the Long Term," *Harvard Business Review*, March 2011.
55 Daniel Boffey, "NHS Reforms: American Consultancy McKinsey in Conflict of Interest Row," *Guardian*, Nov. 5, 2011.
56 デイビスへの著者の電話インタビュー、2021年5月11日。
57 Stevens cited in Chad Terhune and Keith Epstein, "The Health Insurers Have Already Won," *Bloomberg Businessweek*, Aug. 6, 2009.

58 ジョン・リスターへの著者インタビューより。2010年と2020年の数字は、以下にもとづく。Denis Campbell, "Non-NHS Healthcare Providers Given £96bn in a Decade, Says Labour," *Guardian*, May 3, 2021.

59 "Hinchingbrooke Hospital Asks for £9.6 Million Bailout as Circle Withdraws," BBC, Feb. 10, 2015, www.bbc.com.

60 リスターへの著者の電話インタビュー、2021年5月12日。

61 Ian Kirkpatrick et al., "The Impact of Management Consultants on Public Service Efficiency," *Policy and Politics* 47, no. 1 (2019): 77–95. First published online Feb. 20, 2018.

62 ICSについてはNHSのウェブサイトを参照。www.england.nhs.uk.

63 ダッシュの任命については、以下の議事録の17ページを参照。Barnet, Enfield, and Haringey Mental Health NHS Trust Board Meeting, Jan. 27, 2020.　NW London ICPにおけるAT Medicsの役割については、AT Medicsのウェブサイトにある以下のプレゼンテーションを参照。Dr. Aumran Tahir to Secretary of State for Health Andrew Lansley on June 21, 2012.　プロジェクトにおけるマッキンゼーの関与の詳細については、以下を参照。Gerald Wistow et al., "Putting Integrated Care into Practice: The North West London Experience," research paper by the Nuffield Trust and the LSE Personal Social Services Research Unit, Oct. 2015.

64 Nick Bostock, "US Company's Subsidiary to Hold Nearly 1% of GP Contracts in England," *GP Online*, Feb. 18, 2021.

65 Andrea Downey, "McKinsey Bags £560K Deciding 'Vision' for New NHS Test and Trace Body," *Consulting Point*, Aug. 27, 2020.

66 同上

67 George Monbiot, "The Government's Secretive Covid Contracts Are Heaping Misery on Britain," *Guardian*, Oct. 21, 2020.

68 gov.ukに掲載されているペンローズの略歴には、マッキンゼー出身であること、汚職防止チャンピオンであることが記されている。

69 オックスフォードに在学したイギリス首相のリストは、以下を参照。www.ox.ac.uk/about/oxford-people/british-prime-ministers.

マッキンゼー
世界を操る権力の正体

2024年7月20日　初版印刷
2024年7月25日　初版発行

＊

著　者　ウォルト・ボグダニッチ
　　　　マイケル・フォーサイス
訳　者　中《なか》山《やま》　宥《ゆう》
発行者　早川　浩

＊

印刷所　精文堂印刷株式会社
製本所　大口製本印刷株式会社

＊

発行所　株式会社　早川書房
東京都千代田区神田多町2－2
電話　03-3252-3111
振替　00160-3-47799
https://www.hayakawa-online.co.jp
定価はカバーに表示してあります
ISBN978-4-15-210348-2　C0034
Printed and bound in Japan
乱丁・落丁本は小社制作部宛お送り下さい。
送料小社負担にてお取りかえいたします。